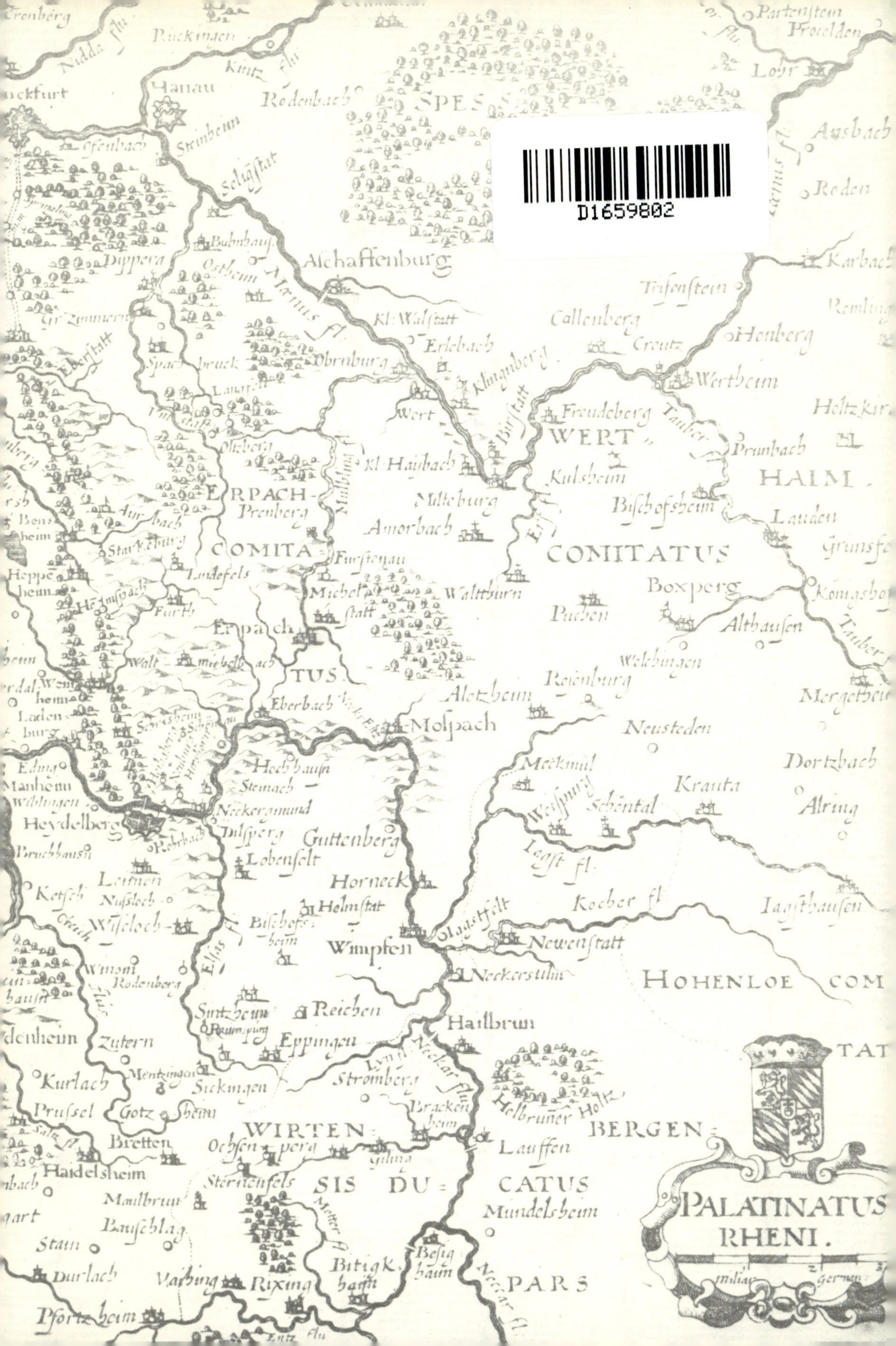
Palatinatus Rheni.
miliar. german.
Rückingen
Nidda flu
Partenstein
Kintz flu
Hanau
Rodenbach
Spes
Loyr
Steinheim
Ausbach
Selgstatt
Roden
Aschaffenburg
Karbach
Dippurg
Trifenstein
Kl. Walstatt
Callenberg
Gr. Zimmern
Erlebach
Creutz
Honberg
Eberstatt
Obrnburg
Klingenberg
Wertheim
Wert
Freudeberg
Tauber fl
Wert
Holtzkir
Erpach
Prenberg
Kl. Haybach
Kulsheim
Prunbach
Haim
Miltenburg
Bischofsheim
Amorbach
Lauden
Comita
Fürstenau
Comitatus
Grunsfe
Starkenburg
Lindefels
Michelstatt
Walthurn
Boxperg
Heppeheim
Furth
Puchen
Althausen
Erpach
Tus
Welchingen
Weinheim
Rosenburg
Ladenburg
Eberbach
Aletzheim
Mergetheim
Mospach
Neusteden
Manheim
Heydelberg
Hochhausn
Steinach
Neckergmund
Meckmul
Dortzbach
Weissburg
Schöntal
Krauta
Alring
Dilsperg
Guttenberg
Lobenfelt
Iagst fl
Leimen
Nußloch
Horneck
Ketsch
Helmstat
Kocher fl
Iagsthausen
Wißloch
Bischofsheim
Iagstfelt
Newenstatt
Wimpfen
Neckersulm
Rodenberg
Hohenloe
Com
Sintzheim
Reichen
Hailbrun
Eppingen
Zutern
Mentzingen
Sickingen
Stromberg
Neckar flu
Kurlach
Prussel
Gotzheim
Brackenheim
Helbruner Holtz
Bretten
Wirten
Bergen
Ochsenperg
Lauffen
Haidelsheim
Sternenfels
Sis
Du
Catus
Maulbrun
Mundelsheim
Bauschlag
Stain
Bitigkhaim
Besigkaim
Durlach
Vaihing
Rixing
Pars
Pfortzheim
Entz flu

Stätte
Flecken
Closter
Schlösser
Dörffer

Hunc Castelhun Neufels Catz Idstein
S. Goar Wisbaden
E. Wesel Goarhausen Langn Schwallbach
SIMMERN Rüsselsheim
Simmern Pfaltz Caub Eltvil
Oelweiler Argental Lorch Eltach
Kirchberg Bachrach DUCA- Ruddesheim Meintz
Gemunnden Halberg TUS Ingelheim Stadeck
Montzin Bingen
Schmitberg gen Mentsen S. Iohan Vlm Nierstein
Kirn Strom- Svanheim burg Partenheim S.Catharin Oppenheim
S. Veit Lobersheim Planech
Birkenfelt Naumburg Nowflu: Creutznach Sprinlinq Odernheim Windelheim
Studernum Eberberg Arnsheim Altzey
Meisen- Landsperg Hasloch
heim Muschel Sion Montzenbe
Hirsta Landsperg Morsen Permeern Westho
Liechtenberg Vlm Odebach Schall Pollant Herns
Odebach Ebersum
S. Wendel Weirs- Lautereck Pfeddersheim
Otweiler weiler Wolfstein Bockehausen Stero Cell Durmstein
Amweiler Lauter fl. Hilgen muchel Alpsen
Bleßflu. Beksbach Fransheim
Numbreben Limpach Hom- N. Leumgen
Kirchel Wurs- burg Elsbach Türkheim
weiler Empfel Otterberg Hartberg
Bheseafel Altem Zwerbruck Enkebach Limburg Wachenheim
Sarbruck Alt Keisers Lauter Esbach Speerbach
pach Hornbach Landsweiler Mofbach Munchs Frunchenstein Neusta
Anoult weiler Wollmunster Grumberg S. Lambert
Homberg Gemund Waldhausen Lamburg Anw Edickhover
Petlmg Saltzbruck Wels ler Landau
Sar alben born Than Landelheim Maude
Buckenheim Dinering Ridde ringen burg Billi
Sar werden Bitsch Finster Berg zabern
Kalten nam
OTHA busen C. Weissen burg
Vinstrungen Danbach Salmbach Hageba
INIÆ Reus Lauter
Ichenpfil bofen burg
PARS. Werdt

Kaller: Geschichte von Kloster und Stadt Otterberg

Schriftenreihe: Ortschroniken des Landkreises Kaiserslautern · Band 6

GERHARD KALLER

Geschichte von Kloster und Stadt Otterberg

BAND 1

Von den Anfängen bis zum Dreißigjährigen Krieg

VERLAG FRANZ ARBOGAST 6756 OTTERBACH

Adresse des Verfassers: Dr. Gerhard Kaller, 7500 Karlsruhe, Eugen-Richter-Str. 24
Einbandgestaltung: Prof. Siegfried Bauer, 6750 Kaiserslautern
Techn. Herstellung: F. Arbogast, 6756 Otterbach/Pfalz 1
1. Auflage 1976
2. Auflage 1984
ISBN 3 87022 027 9

Inhaltsverzeichnis

	Seite
Vorwort	9
Geleitwort	10

A. DIE GEMARKUNG VOR DER KLOSTERGRÜNDUNG
1. Geographische Lage 11
2. Ur- und Frühgeschichte 11
3. Römerzeit 17
4. Germanische Landnahme und Besiedlung 18

B. GESCHICHTE DES KLOSTERS
1. Quellenkunde
   - a) Archivalien 26
   - b) Gedruckte Quellen 31
   - c) Literatur 33
2. Die Klostergründung
   - a) Vermutungen über den Klostergründer 35
   - b) Gründungsurkunde und Gründungsjahr 38
   - c) Wege zur Ermittlung des Klostergründers . . . 44
   - d) Persönlichkeit und Lebensweg Siegfrieds von Boyneburg 47
   - e) Die Grafen von Boyneburg und das Rheinland . . 54
   - f) Die Klostergründung im Widerstreit von Königtum und Mainzer Erzbischof 56
   - g) Stiftungsgut 60
3. Der Verlauf der Klostergeschichte im Überblick . . . 65
4. Die Klostergeschichte unter den einzelnen Äbten
   - a) Die frühen Äbte (12. Jahrhundert) 68
   - b) Abt Philipp 73
   - c) Die Äbte des 13. Jahrhunderts 78
   - d) Die Äbte des 14. und 15. Jahrhunderts 94
   - e) Der letzte Abt 111
5. Wirtschaftsgeschichte
   - a) Privilegien von 1195 und 1215 112
   - b) Die Papstbulle von 1255 117
   - c) Erwerb der Waldmark 121
   - d) Übergang zur Geldwirtschaft 129
   - e) Wirtschaftlicher Niedergang 135
   - f) Bauernkrieg 143
6. Innere Geschichte des Klosters
   - a) Die Geschichte des Mönchtums und des Zisterzienserordens im Überblick 145

  b) Otterberger Äbte und ihre Amtszeiten 154
  c) Die Dignitäre des Klosters 168
  d) Die Mönche und Laienbrüder 174
  e) Ordenszucht 179
 7. Das Kloster im Ordensverband 186
 8. Klosterarchiv und -bibliothek, Siegel, Wappen
  a) Archiv und Bibliothek 190
  b) Siegel und Wappen 191
 9. Das Ende des Klosters 198
 10. Zwischenspiel 201

C. ANSIEDLUNG UND STADTGRÜNDUNG 1579–1582
 1. Die Herkunft der Glaubensflüchtlinge 205
 2. Die Ansiedlung in Otterberg 207
 3. Die Otterberger Kapitulation vom 15. 6. 1579 . . . 213
 4. Die Zweite Otterberger Kapitulation vom 4. 7. 1579 . . 222
 5. Das Stadtrecht vom 26. März 1581 225

D. OTTERBERG IN DEN JAHREN 1582–1615
 1. Allgemeine Geschichte 239
 2. Die Stadt und ihre Bewohner 240
 3. Kirche und Religion 263
 4. Gewerbe 273

Zwischenbilanz 280
Anmerkungen 281

Anhang
1. Verzeichnis des Otterberger Klosterbesitzes 308
2. Gründungsurkunde des Klosters 344
3. Die Otterberger Kapitulation vom 15. 6. 1579 346
4. Zweite Otterberger Kapitulation vom 4. 7. 1579 . . . 357
5. Stadtrechtsurkunde von 1581 359
6. Bestätigung und Ergänzung der Kapitulation durch
 Kurfürst Friedrich IV. 368
7. Otterberger Bevölkerungsliste 370

Quellen- und Literaturverzeichnis 386
Bilderverzeichnis 390
Nachträge und Ergänzungen 390a
Personen-, Orts- und Sachregister 391
Verzeichnis der Subskripenten 401

Otterberg

Stadtwappen. Schild: auf silbernem Grund drei (2:1) rechtshingekehrte hockende rote Eichhörnchen, jedes mit einer goldenen Nuß in den Pfoten. Helmzier: zwei geschlossene Büffelhörner, davon das rechte: rot-silber, das linke: silber-rot, mit dazwischen hockendem roten Eichhörnchen wie im Schild. Mantel: rot-silber.

Das Wappen der Stadt Otterberg bildet eine heraldische Ausnahme, weil es mit Helm und Helmzier ausgestattet ist, was sonst bei Stadt- und Gemeindewappen nicht üblich ist. Verlag: Pfälzische Familien- und Wappenkunde, Ludwigshafen/Rh. Schulstr. 30

Blick auf die Abteikirche, 1974

Zeichnung: Siegfried Bauer

Vorwort

Der vorliegende erste Band der „Geschichte von Kloster und Stadt Otterberg" ist die Frucht einer Arbeit, die vor über 15 Jahren begann. Nachdem meine Abhandlung über das Zisterzienserkloster Otterberg von dem unterdessen verstorbenen Heidelberger Professor Dr. Fritz Ernst als Dissertation angenommen und mir von der philosophischen Fakultät der Universität dafür der Doktorgrad verliehen worden war, erschien sie im Jahr 1961 in der Reihe der Heidelberger Veröffentlichungen zur Landeskunde und Landesgeschichte im Druck. Karten im Pfalzatlas und verschiedene Zeitschriftenaufsätze zum Thema Otterberg folgten. Im Auftrag der Stadtverwaltung Otterberg habe ich meine Untersuchungen fortgesetzt und kann jetzt einen ersten Band den Bürgern der Stadt Otterberg und der Öffentlichkeit vorlegen.

Bei meiner Arbeit bin ich überall auf Verständnis gestoßen und habe willige Unterstützung erfahren. Zwei Männern aber habe ich vor allen anderen zu danken: Herrn Altbürgermeister Woll und Herrn Landrat Wagner. Herr Bürgermeister Woll hat während seiner Amtszeit mein Vorhaben in jeder Weise unterstützt und mir die Schätze des Stadtarchivs bereitwillig zur Verfügung gestellt. Durch die Ausarbeitung eines Registers hat er aktiven Anteil an dem Buch. Herr Landrat Wagner, der große Anreger und gute Geist der pfälzischen Geschichtsforschung, hat das Entstehen mit lebhaftem Interesse verfolgt und stets seine Zeit und seinen Einfluß zu dessem Nutzen zur Verfügung gestellt. Danken muß ich auch dem verstorbenen Otterberger Heimatforscher Richard Louis. Herr Louis hat sich viele Jahre in uneigennütziger Weise mit der Geschichte von Otterberg beschäftigt, in seinem Sammelbändchen „Otterberg und seine Bürger" habe auch ich erstmals über Otterberg gehandelt. Es ist mir eine besondere Genugtuung, das Werk von Herrn Louis weiterführen und vollenden zu können. Herr Hermann Karch aus Otterberg und Herr Dr. Steinebrei aus Kaiserslautern haben mir Hilfestellung bei der Behandlung der Stadtgeschichte gegeben. Ferner danke ich Herrn Dr. Karlwerner Kaiser vom Staatlichen Amt für Vor- und Frühgeschichte in Speyer für Hinweise und Berichtigungen aus seinem Fachgebiet, Herrn Oberstudienrat Dr. Seeling und Herrn Prof. Dr. Christmann, der einen Abschnitt „Flurnamen" für den zweiten Band zur Verfügung stellte. Die Beamten des Staatsarchivs Speyer, insbesondere Herr Oberarchivrat Dr. Doll, haben mich bei der Benutzung der dortigen Akten beraten und meine Arbeiten gefördert.

Die Stadt Otterberg besitzt eine Vergangenheit, deren Bedeutung die vieler größerer Gemeinwesen übersteigt. Die Besitzungen des Klosters reichten über die Pfalz hinaus, und die Gründung der Stadt durch wallonische Glaubensflüchtlinge steht in dem großen Rahmen der Glaubenskämpfe des 16. Jahrhunderts, die ganz Europa erschütterten. Bei der Bearbeitung meines Themas mußte ich daher versuchen, einen Mittelweg zu finden zwischen einer allen wissenschaftlichen Ansprüchen genügenden Veröffentlichung und einem Buch, das Eingang in jedes Haus finden kann. Selbst große Dichter wie Gotthold Ephraim Lessing wünschten sich, weniger gelobt, dafür aber mehr gelesen zu werden. Lessings Wunsch möchte ich auch diesem Buch mit auf den Weg geben.

Karlsruhe, im Januar 1975   Dr. Gerhard Kaller

Geleitwort

Otterberg besitzt eine reiche Geschichte. In vielen Beiträgen ist darüber geschrieben und publiziert worden. Keine dieser Schriften wollte und konnte für sich den Anspruch erheben, ein abschließendes und umfassendes Bild dieser geschichtlichen Vergangenheit zu zeichnen.

So hat der Drang nach dem Wissen um diese Vergangenheit das allmählich stärker werdende Verlangen geboren, die historischen Zusammenhänge um die Entstehung und Entwicklung unserer Heimatstadt näher zu erforschen und möglichst lückenlos aufzuzeigen. Ein erster großer Schritt dahin konnte nunmehr mit der Vollendung des ersten Bandes der „Geschichte von Kloster und Stadt Otterberg" erfreulicherweise getan werden.

Dank dafür gebührt Herrn Altbürgermeister Bernhard Woll für seine Initiative und den Mitgliedern des Stadtrates für ihre bereitwillige Unterstützung, ohne die der Grundstein für dieses Werk nicht hätte gelegt werden können. Nicht zuletzt aber auch Dank und Anerkennung an Herrn Oberstaatsarchivrat Dr. Kaller aus Karlsruhe, der sich der schwierigen Aufgabe, dieses Werk zu verfassen, angenommen hat.

Möge dieser Band, der die Geschichte Otterbergs bis in das 17. Jahrhundert hinein zum Inhalt hat, bei allen Bürgern und Freunden unserer Stadt freudige Aufnahme finden und ihnen viel Erbauung und Besinnung schenken.

Otterberg, im Dezember 1975   Karl Bernhardt, Bürgermeister

A. Die Gemarkung vor der Klostergründung

1. Geographische Lage

Die Landstadt Otterberg liegt etwa 5 km nördlich von Kaiserslautern in ca. 250 m Meereshöhe, nach dem geographischen Gradnetz 7 Grad 46 Min. Länge (östlich von Greenwich), 49 Grad 30 Min. nördlicher Breite. Der namengebende Otterbach nimmt den aus dem Schellental kommenden Badstubenbach vor seinem Eintritt in das Stadtgebiet auf und vereinigt sich in diesem mit dem vom Dragonerloch herfließenden Grafenthaler Bach sowie mit einem vom Weinbrunnerhof herziehenden Wasserlauf bei der Beutlermühle mit dem Mühlbach. Durch diese Seitentälchen entsteht eine kesselartige Erweiterung. Beim Austritt des Otterbaches auf die Gemarkung der gleichnamigen Nachbargemeinde liegt auch der tiefste Punkt der Stadtgemarkung (230 m Meereshöhe). Die höchsten Punkte finden wir am Nordrand (Andreasberg und Kirchwald, beide 401 m Meershöhe). Über die mit 3214 ha im Vergleich zu Nachbarorten sehr große Gemarkung läuft in Nord-Süd-Richtung die Wasserscheide zwischen Lauter und Alsenz. Der Otterbach mit seinen Zuflüssen wendet sich der Lauter zu, der Lanzenbach fließt zur Alsenz, ebenso zwei weitere die Gemarkung nur kurz berührende Bäche (Krebsbach im Norden und Erlenbach im Nordosten). Geologisch gehören der westliche und nördliche Gemarkungsteil zum Bereich der Olsbrücker Scholle und damit des Unteren Buntsandsteins, der östliche Teil besteht aus Trifelsschichten. An den Rändern des Grafenthales finden sich Schichten des Oberrotliegenden.

2. Ur- und Frühgeschichte

Unsere Untersuchungen über die frühesten Spuren menschlichen Lebens auf der Gemarkung Otterberg fußen vollständig auf wenigen Bodendenkmalen (Monolithen) und auf Bodenfunden. Wir besitzen für diese Zeit keinerlei schriftliche Quellen, weswegen man sie auch „Vorgeschichte" (Prähistorie) genannt hat. Dieser Ausdruck ist allerdings nicht ganz zutreffend; denn auch in der Vorgeschichte lebten Menschen, und die damaligen Ereignisse waren für sie einmal Gegenwart und jüngste Vergangenheit. Man sollte daher besser von Ur- und Frühgeschichte sprechen. Da die Häuser und Geräte der Menschen damals – abgesehen von der Verwendung von Steinen, Knochen und später von Metallen – in größerem

Umfang aus leichter vergänglichem Material hergestellt waren, sind ihre in die Erde gelangten und heute wiederauffindbaren Spuren verhältnismäßig gering. Außerdem harren viele Überreste sicher noch der Entdeckung.

Die Fundsituation auf der Gemarkung Otterberg entspricht im großen und ganzen den Verhältnissen, die wir im gesamten Kreis Kaiserslautern antreffen. Funde aus der Altsteinzeit (früher als 8000 v. Chr.) sind nicht nur in der Pfalz, sondern in ganz Süddeutschland nicht allzu häufig. Das rauhe Klima (Eiszeit) hat hier einer Besiedlung entgegengestanden, die Menschen lebten als herumstreifende Jäger und Sammler, die nur Weniges ihr eigen nannten[1]. Auch von den Jägernomaden der Mittelsteinzeit (8000 bis spätestens 3000 v. Chr.) zeugen nur einige wenige Funde, obwohl die klimatischen Lebensbedingungen jetzt erheblich besser wurden. Die nun bäuerliche Jungsteinzeit (3000–1800 v. Chr.) ist fundreicher in der Otterberger Gemarkung wie im Kreisgebiet. Aus Otterberg (Walddistrikt Enkersdorf-Nord) und Kaiserslautern sind nun Siedlungsstellen bekannt[2].

In der Gemarkung Otterberg sind heute noch zwei Monolithe sichtbar. Der größere und schon immer als Menhir erkannte Stein markiert praktisch die Gemarkungsgrenze. Am nur 90 cm entfernten Grenzstein stoßen die Gemarkungen Horterhof-Heiligenmoschel, Höringen und Otterberg zusammen[3]. Der Stein aus Geröllsandstein, der an Ort und Stelle gebrochen wurde, ist 2,26 m hoch, 1,53 m breit und am Boden 0,60 m dick. Er neigt sich etwas zur Seite. Die Gestalt erinnert an ein gleichschenkliges Dreieck[4]. Ein Teil des Menhirs steckt in der Erde; denn derartige hoch aufgerichtete Steine bedürfen einer Fundamentierung. Bei der Wiederaufrichtung des im Kriege umgelegten Gollensteins bei Blieskastel stellte sich jedoch heraus, daß dieser 7 m hohe Menhir nur etwa 1 m tief eingegraben war. Früher nahm man meist eine sehr viel tiefere Verankerung an[5]. Der Volksglaube schrieb ihnen eine gleiche Länge über und unter der Erde zu oder sogar eine Verankerung mit gewachsenem Fels[6]. Der Stein heißt im Volksmund Hinkelstein, eine Bezeichnung, die er auch auf älteren, bayerischen, amtlichen topographischen Karten trägt[7]. Der Name Hinkelstein wird auch in der wissenschaftlichen Literatur verwendet. Ein Buch von Ernst Christmann trägt den Titel „Menhire und Hinkelsteine". Letztere ähneln an Gestalt den Pyramiden, am Boden breiter als an der Spitze, die Menhire im engeren Sinne dagegen mehr den Obelisken. Christmann glaubt, daß die Menhire ihre Gestalt einer künst-

Menhir („Hinkelstein") und Grenzstein des Klosters am Dreigemeinden-Eck
Otterberg-Heiligenmoschel-Höringen
Zeichnung: Siegfried Bauer

lichen Bearbeitung verdanken, Hinkelsteine aber Natursteine sind, die
höchstens grob behauen wurden. Tatsächlich fällt dieser Unterschied auf.
„Die in sorgfältiger Arbeit erzielte regelmäßige Gestalt" einiger Menhire
wurde bereits als Hinweis für die Datierung in die Jungsteinzeit benutzt[8].
Kirchner sieht keinen Grund für eine Unterscheidung von Hinkelsteinen
und Menhiren, da beide zusammengehören, sachlich eins und nur formal
geschieden sind[9]. Die vom Staatlichen Amt für Vor- und Frühgeschichte
in Speyer herausgegebenen „Fundberichte aus der Pfalz"[10] sprechen, um
Fehldeutungen zu vermeiden, grundsätzlich nur von Monolithen. „Der
Komplex Menhir-Hinkelstein – schon da gehen die Meinungen auseinan-
der – ist in seiner Erscheinungsform noch nicht klar genug umgrenzt, ganz
abgesehen von seiner Deutung"[11]. In den bisher die Jahre 1938–1960
umfassenden Fundberichten sind eine ganze Reihe neuer Monolithe be-
kanntgeworden, wenn eine Anzahl vermutlich auch Grenzsteine sind, so
ein an der Gemarkungsgrenze von Mehlbach stehender, gleichfalls Hinkelstein genannter Stein[12]. Die älteste überlieferte Bezeichnung des Otterberger Steins ist Kriemhildenstein[13]. Wie schwierig gerade Namen zu
deuten und einzuordnen sind, die aus dem Kreis der Nibelungensage
stammen, zeigt die große Zahl der Arbeiten über den Kriemhildenstuhl
bzw. Brunhildenstuhl bei Bad Dürkheim. Das Literaturverzeichnis eines
1965 zu diesem Thema erschienenen Zeitschriftenaufsatzes[14] nennt 220
Arbeiten. Nicht viel besser steht es um die Deutung des Namens Hinkelstein. Er taucht erstmals 1600 in der Beforchung des Otterberger Haupt-
waldes durch den Bezirksförster Vellmann[15] auf. Daniel Häberle bringt
ihn mit einer Hühnerabgabe für die Weidenutzung eines vom fraglichen
Stein als Grenzstein markierten Gebiets in Verbindung, was zwar für den
Otterberger Stein eine Erklärung sein könnte, nicht aber für die zahlreichen anderen Hinkelsteine. Sein Hinweis auf den Volksglauben, daß
man beim Anstoßen an den Stein eine Henne mit 7 Jungtieren höre, findet
Unterstützung durch eine vom Langenstein bei Olk (Kr. Trier) berichtete
Sage[16], im Kindstein bei Unterwiddersheim (Hessen) höre man die
Kinder schreien, wenn man das Ohr an den Stein lege[17]. Diese Deutung
führt in einen alten Fruchtbarkeitskult, der den Steinen magische Kräfte
zuschreibt[18]. Christmann gibt eine ausführliche Übersicht über die bisherigen Deutungsversuche des Namens Hinkelstein, etwa die Herleitung
von den unter vielen Grenzsteinen angebrachten kleineren Steinen, die
man Zeugen, Gemerke oder Eier nannte[19]. Er selbst entscheidet sich für
eine Deutung, die erstmals Remigius Vollmann vertrat und die sich an das

Wort hiunen (gesprochen hünen) = Riesen anschließt. Das germanische Wort hiunen vermengte sich erst später mit der Bezeichnung für die Hunnen (ahd. Huni, mhd. Hiune). Es kommt sonst wiederholt in den Namen frühgeschichtlicher Ringwälle vor; den Menschen schienen beide, Ringwälle und Steine, so gewaltig, daß ihre Phantasie Riesen zu den Erbauern machte[20]. Das Wort Hüne geriet später weitgehend außer Gebrauch, und so wurden die Steine mit den Hühnern in Verbindung gebracht, in Gegenden wie der hiesigen, wo diese Tiere im Volksmund Hinkel heißen, erhielten schließlich auch die Steine diesen Namen. Das Meßtischblatt 1 : 25000 verzeichnet einen Hünenstein und stellt damit die alte Form wieder her. Ein zweiter Monolith steht im Waldbezirk Lichtenbruch, also in der Nähe des anderen. Im Jahr 1954 mußte er zum Schutz bei Holzfällarbeiten umgelegt werden, anschließend wurde eine Grabung durchgeführt. Der Stein ist wesentlich kleiner als der „Hinkelstein", von seinen 64 cm ragen nur 30 cm aus dem Boden. Die Breite beträgt am Fuß 36 cm, der Stein verjüngt sich zur Spitze auf 25 cm. Um und unter dem Stein wurden Scherben und Knochenstücke gefunden. Es handelt sich vermutlich um ein latènezeitliches Flachgrab, das durch den Stein (Grabstelle) gekennzeichnet ist. Der Stein wurde aus größerer Entfernung herangeschleift[21].
Die Menhire gehören nach der gängigen Meinung der jüngeren Steinzeit (Neolithicum 3000 bis 1800 v. Chr.) an. Dieser zeitliche Ansatz wird anerkannt, auch wenn „eine solche Datierung eigentlich für keinen von ihnen erwiesen ist"[22]. Nach Grabungen im Bereich des „Langen Steins" nordwestlich von Einselthum (Kr. Kirchheimbolanden) bringt Bosinski die Menhire neuerdings mit der Rössener Kultur (benannt nach dem Fundort Rössen, Kr. Merseburg) in Verbindung. Zur sicheren Klärung eines Zusammenhangs bedarf es noch weiterer Grabungen[23]. An der oben gegebenen zeitlichen Einordnung ändert sich dadurch nichts; denn die Rössener Kultur gehört als Sonderform der weit verbreiteten Ackerbaukultur der Bandkeramiker in die Jungsteinzeit. Die Steine, die in der Bretagne besonders häufig sind und dort in Gruppen und in Höhe von sieben und mehr Metern vorkommen, sind in Mitteleuropa vor allem in einem Streifen nachgewiesen, der vom Neuenburger See in der Schweiz über das Elsaß, die Pfalz, das Moseltal, den Rheingau und Hessen nach Mitteldeutschland zieht[24]. Kirchner zählt 20 sicher nachgewiesene Menhire in der Pfalz, dazu einen etwas unsicheren bei Börrstadt (Kr. Rockenhausen) und fünf nur durch Flurnamen zu erschließende abgegangene Standorte[25].

Die Menhire zählen wahrscheinlich zu den ältesten Spuren seiner Tätigkeit, die der Mensch auf dem Gebiet unserer Stadt hinterließ. Da außer ihrem Vorhandensein keinerlei andere Quellen in diesen Epochen Bedeutung und Zweck der Menhire erläutern, ist eine Sinngebung außerordentlich schwierig. Der bekannte Prähistoriker Schuchhardt deutete den Menhir als Seelenstein, auf dem die als Vogel aus dem Grabe aufsteigende Seele sich niederläßt[26]. Dem steht jedoch entgegen, daß bei dem Otterberger Stein keine Spuren einer Bestattung zu finden waren, als Jakob Engel und R. Pfeiffer 1934 dort eine Grabung unternahmen[27]. Kirchner glaubt, daß die Steine einen Ersatzleib darstellen, in den die Seele des Toten überwechseln kann, sobald der irdische Leib durch Verwesung verschwunden ist[28]. Solche Ersatzleibsteine waren zunächst in den Grabhügeln verborgen und unsichtbar. Rücksichten der rituellen Praxis, die in einer engen Grabkammer nicht voll befriedigt werden konnten, führten später dazu, daß der Stein ans Tageslicht trat[29]. Die Größe der Steine wuchs nun an; in der neuen Freiheit war ihrer Länge keine enge Grenze mehr gesetzt[30]. Die Steine verselbständigten sich schließlich auch von der Grabstelle. Die Erinnerung an ihre Herkunft ist noch im Brauchtum greifbar, das ähnlich auch mit den Megalithgräbern verbunden ist. Gewinnung von Fruchtbarkeit und Gesundheit werden hier wie dort gesucht und erhofft.

Dem Megalithwesen war bei den Kelten eine Renaissance beschieden[31]. In Gallien sind Menhire noch in römischer Zeit verehrt worden. So spannt sich eine gedankliche Brücke von den Menschen der Jungsteinzeit zu den Steinsetzungen auf Hügeln, die in der vorrömischen Eisenzeit in der Pfalz, im Elsaß und im rechtsrheinischen Südwestdeutschland anzutreffen sind[32], ihnen gesellen sich jene Steine zu, die hallstatt- und latènezeitliche Flachgräber äußerlich kenntlich machten[33], die Steine also, die durch den neu entdeckten Monolith auf unserer Gemarkung vertreten sind. Die glaubensgeschichtliche Bedeutung — auch in späterer Zeit — wird dadurch belegt, daß eine Reihe dieser Steine der Christianisierung unterworfen wurden, etwa indem man ihnen ein Kreuz aufsetzte[34] oder eine Nische für ein Andachtsbild einmeißelte[35].

Die weiteren vor- und frühgeschichtlichen Funde sind nicht mit gut sichtbaren Flurdenkmalen verbunden. Eine Ergänzung der jungsteinzeitlichen Überreste stellen ein Feuersteinbeil und einen Schleifstein dar, die 1959 beim Bau einer Forststraße in der Waldabteilung Sonnenkopf gefunden wurden[36]. In größerer Zahl sind Grabhügel der Hallstattzeit in den Wäldern um Otterberg vorhanden[37]. Dem zweiten Monolith ordnet sich zeitlich ein Münzfund zu, der 1962 zwischen Drehenthaler- und Weinbrunnerhof gemacht wurde[38].

Die Bronzezeit (1800–1200 v. Chr.) ist wieder fundarm, ein Umstand, der allgemein gilt. Die Besiedlung der Mittelgebirge und damit des Kreisgebietes ging offensichtlich zurück, eine Verlegung der Siedlungen von den Hängen in die Flußtäler führte möglicherweise auch zu einer schlechteren Erhaltung der Siedlungsspuren[39]. In der älteren vorchristlichen Eisenzeit (1200–450 v. Chr.) fehlen in den ersten fünf Jahrhunderten (Urnenfelderkultur) Siedlungsfunde, hier besteht für unser Gebiet im Gegensatz zu den reichen Funden in der gesamten Vorderpfalz eine wirkliche Siedlungslücke. In den folgenden Jahrhunderten der älteren vorchristlichen Eisenzeit – seit etwa 750 v. Chr. – ist dagegen auch in unserem Raum die Hallstattkultur, benannt nach dem Fundort Hallstatt in Österreich, in einer verhältnismäßig dichten Besiedlung verbreitet. Wir erinnern an die Grabhügel auf Otterberger Gemarkung und in den östlichen Nachbarorten. Während der jüngeren vorchristlichen Eisenzeit (450 v. Chr. – Chr. Geb.) werden die Zeugnisse einer Besiedlung wieder sehr gering, was seinen Ausdruck in der Spärlichkeit der Bodenfunde findet. Politische Entwicklungen oder Strukturänderungen der Bevölkerung können die Ursache sein.

3. Römerzeit

Um 60 v. Chr. stießen altgermanische Stämme über den Rhein in die von Kelten besiedelten Gebiete westlich des Stromes zwischen Hoch- und Mittelrhein vor. Von ausschlaggebender Bedeutung wurde für unsere Gegend die Eroberung Galliens durch Caesar in den Jahren 58–51 v. Chr. Nachdem Caesar die Sueben unter Ariovist im Raume Schlettstadt/Elsaß im Jahre 58 v. Chr. geschlagen und über den Rhein zurückgedrängt hatte, wurde auch das Gebiet der heutigen Pfalz noch vor Chr. Geb. dem Römischen Reich eingegliedert und blieb es über 400 Jahre. Der Strom war auf ein knappes Jahrhundert Reichsgrenze. Gegen Mitte des 1. nachchristlichen Jahrhunderts wurden die altgermanischen Stämme aus der Reihe der „Ariovistgermanen" die Nemeter im Raume um Speyer und die Wangionen im Raume um Worms auf dem linken Rheinufer von Römern angesiedelt. Die nun römische Provinz erfreute sich einer langen Periode des Friedens (Pax Romana). Die Römer legten ein vorbildliches Straßennetz an, das es ihnen auch ermöglichte, Truppen schnell von einem Standort zum anderen zu verlegen. Dies war angesichts der nahen Grenze des Römerreiches (zunächst am Rhein, gegen Ende des 1. Jh. n. Chr. am Limes im Odenwald und am Neckar) von großer Bedeutung. Die Hauptverbindungsstraße von Worms nach dem Westen benutzte die Route Eisenberg–Enkenbach–Kaiserslautern–Landstuhl[40], eine Straße zweiter Ordnung zog aus dem Alsenztal über Otterberg, Otterbach nach Rodenbach, wo sie im Bereich des Fuchshübels die Römerstraße Kaiserslautern–Trier kreuzte. Im weiteren Verlauf nach Westen ist sie Ramstein zu in der schnurgeraden Waldstraße heute noch zu erkennen[41]. Am Platz des heutigen Otterbergs kreuzte sie eine Straße, die von Süden kommend in Richtung Bad Kreuznach nordwärts weiterzog. An der Stelle der späteren Otterburg lag wahrscheinlich eine spätrömische Befestigung, über deren Art und Gesamtbedeutung wir jedoch noch keine Aussagen machen können. Systematische Ausgrabungen auf dem Schloßberg fehlen. Im Jahre 1938 fand eine kleine Grabung durch August Lacher statt, und 1953 wurde in der vermutlichen Spitze der Bergfläche ein Wasserreservoir ausgeschachtet. Nach wissenschaftlichen Gesichtspunkten erfolgte lediglich in den Jahren 1963–64 anläßlich eines Wegbaues zum Hof von Martin Schippke eine Grabung durch Dr. KW. Kaiser. Dabei traten zwei Mauerzüge und Spuren eines Friedhofes zu Tage. Einige aufgefundene Quader besitzen Abspitzungen, wie sie in spätrömischer Zeit gebräuchlich waren. Die Steine waren in einer Mauer der hochmittelalterlichen Otterburg wieder verwendet worden[42].

4. Germanische Landnahme und Besiedlung

Die Schilderung der germanischen Besiedlung unseres Raumes ist eine der wichtigsten und schwersten Aufgaben, wichtig, weil von nun an eine dauernde Besiedlung einsetzte und die hauptsächlichen Wurzeln der heutigen Bevölkerung bis hierher zurückreichen, schwierig, weil örtliche Quellen überhaupt fehlen und sie auch für die großräumigen Bewegungen nur spärlich zur Verfügung stehen. Das Vordringen der Germanen über den Rhein und in das zum Römischen Reich gehörige Gebiet ist ein Teil der großen Völkerwanderung, die Germanen bis nach Süditalien, Spanien und Nordafrika brachte. Diese gewaltigen Züge der Goten und Wandalen, beides ostgermanische Stämme, stellen wohl Höhepunkte in der Geschichte dar. Die Wanderungsbewegungen der Franken und Alamannen, westgermanische Stämme, sind aber für die weitere Entwicklung des deutschen Siedlungsgebietes von ungleich größerer Bedeutung.

Zur Verdeutlichung der Entwicklung müssen wir hier etwas auf die Geschehnisse der allgemeinen Geschichte eingehen. Als Grenznachbarn standen Germanen und Römer seit Jahrhunderten in größeren und kleineren Auseinandersetzungen. Römische Schriftsteller sind es, denen wir die ersten schriftlichen Nachrichten über die Germanen verdanken; ich nenne nur Cäsar für den Sieg über Ariovist im Raume Schlettstadt und Tacitus für seine Beschreibung der Germanen und ihren Sitten schlechthin. Der Rhein bildete dabei kein unüberschreitbares Hindernis. Schon 257 überquerten die dabei erstmals genannten Franken zu einem Einfall in Gallien am Niederrhein den Strom. Im Jahre 287 erfolgte die erste Besiedlung der linksrheinischen „Insel der Bataver" durch die Franken. Um die Mitte des 4. Jh. finden wir diesen Landstrich im Besitz der fränkischen Salier sowie das Gebiet zwischen Maas und Schelde. Kurz darauf werden sie von Rom als Bundesgenossen angenommen und leisten Heerfolge. Dieses Gebiet wird zur Keimzelle des Merowingerreichs der Franken. 378 wären die Alamannen wieder ins Elsaß eingebrochen; doch die Römer besiegten sie nochmals bei Colmar. Das alamannische Land zwischen Taunus und Neckar ging seit etwa 385 in den Besitz der südwärts vordrängenden Franken über. Die am Mittelmain sitzenden ostgermanischen Burgunder stießen im Winter 406/07 und 409 auf das linke Rheinufer durch und gründeten als römische Bundesgenossen 413 das geschichtliche Reich von Worms auf linksrheinischem Boden, das bis 443 bestand. Der Winter 406/07 brachte am nördlichen Oberrhein über die burgundische Teilaktion hinaus den die römische Provinz aufrollenden Einbruch weiterer germanischer Stämme mit den Wandalen an der Spitze. Die Römer verlegten ihr Oberkommando von Trier nach Arles in Südfrankreich. Für das nordpfälzische Bergland und die Westpfalz entziehen sich seither die Bevölkerungsreste unserem Blick. War unsere durch die Latifundien wirtschaftlich in römischer Zeit gekennzeichnete Gegend im Vergleich zur Vorderpfalz oder den Tälern von Blies und Glan schon immer ärmer an römerzeitlichen Ortssiedlungen[43], so stehen die Archäologen nach dem Zusammenbruch der römischen Herrschaft einer fast leeren Fundkarte gegenüber[44]. Während im Moseltal eine Fülle vorgermanischer Siedlungsnamen erhalten ist und man so mit dem Weiterleben einer galloromischen Bevölkerung rechnen kann, tragen in der Pfalz nur einige Bäche und Flüsse, vielleicht auch Fluren, vorgermanische Namen, wenn man von

einigen Siedlungsnamen, wie z. B. Altrip, Rheinzabern, Pfortz und Bliesbolchen, absieht, die von unserem Raum weit entfernt liegen. Die Beurteilung der Zeit der Völkerwanderung und der germanischen Landnahme steht und fällt wegen der spärlichen Quellen mit deren Deutung und Interpretation. Diese kann nach dem bisherigen Wissensstand nur zu einer Wahrscheinlichkeit führen, nicht zu einer unanfechtbaren Sicherheit der Aussage. In unserem Fall wird das an den Forschungsergebnissen und deren Wandel bei zwei angesehenen Namenkundlern besonders deutlich. Christmann glaubte 1938 noch Reste einer keltoromanischen Vorbevölkerung in der Pfalz annehmen zu dürfen[45], wandte sich dann aber immer eindeutiger der Katastrophentheorie zu. Fritz Langenbeck, welcher der gleichen Generation angehört, ging für das benachbarte Elsaß genau den umgekehrten Weg. Er war zur Zeit seiner Arbeiten am Elsaß-Lothringischen Atlas ein Anhänger der Katastrophentheorie[46], wandte sich aber später der Kontinuitätstheorie zu[47]. Er nimmt für die Weilernamen eine Entlehnung aus vorgermanischem Sprachgut um das Jahr 600 an. In fränkischer Zeit war Weiler dann in der elsässischen Volkssprache heimisch[48]. Langenbecks Anschauungen erhalten für das Gebiet der Pfalz eine Unterstützung durch den Archäologen Otto Roller, Speyer, der die Katastrophentheorie ablehnt. Zum gleichen Urteil kam Landesarchäologe Karlwerner Kaiser aufgrund seiner Forschungen. Nur den Wohlhabenden war eine Flucht möglich; andere Menschen, etwa die christlichen Pfarrer, blieben, um die geistliche Aufgabe an ihren Gemeinden weiter zu erfüllen. Die Lebensbeschreibung des heiligen Severin[49] ist ein deutliches Beispiel für diese Haltung[50]. Es würde zu weit führen, hier in diese Auseinandersetzung einzugreifen; denn in Otterberg lag kein Zentrum römischer Besiedlung[51].
Der germanische Einfall auf das linke Rheinufer in endrömischer Zeit, bei dem auch Speyer zerstört wurde, blieb nicht der einzige Kriegszug jener Zeit. Das Hunnenreich dehnte sich unter Attila seit 434 gewaltig aus. Die aus Ungarn kommenden Hunnen unterwarfen viele germanische Stämme, zwangen sie zur Heerfolge, überschritten den Rhein, durchquerten die Pfalz, eroberten Metz und belagerten Orléans. Im Jahre 451 wurden sie auf den Katalaunischen Feldern von den Römern, denen gleichfalls germanische Hilfstruppen zur Seite standen, geschlagen und kehrten nach Ungarn zurück. Der Name dieses Volkes blieb im Gedächtnis der Menschen bis heute mit Angst und Schrecken verbunden.

Wo nach dem Zurückschlagen der Hunnen bei der Landnahme von Alamannen und Franken nach Mitte des 5. Jh. im nördlichen Oberrheinischen die Grenze zwischen diesen beiden germanischen Stämmen (Franken im Norden und Alamannen im Süden) verlief, ist strittig. Ewig[52] rechnet für die Jahre 457–480 Mainz zu den Franken, Worms zu den Alamannen. Die Diskussion über diese Stammesgrenze und ihre Verschiebung ist bei Christmann, der selbst für eine Linie eintritt, die etwa von Ludwigshafen nach Bad Dürkheim verläuft, ausführlich wiedergegeben[53]. Für unser Gebiet ist diese Frage von keiner unmittelbaren Bedeutung, weil es noch in einer verhältnismäßigen Siedlungsleere verharrte. Am Ende des 5. Jahrhunderts errangen die Franken unter Chlodwig einen entscheidenden Sieg über die Alamannen. Das genaue Jahr (496, 497, 505, 506), der Schlachtort und der exakte Name des Königs (Chlodwig oder Chlodowech) sind heute noch in der Forschung umstritten. Der Sieg führte zu einem Zurückdrängen des alamannischen Machtbereichs auf die Südhälfte des linken Oberrheins, wobei eine gebliebene alamannische Bevölkerung in Rheinhessen und der Vorderpfalz nach Aussage der Bodenurkunden eine Überschichtung und politische Eingliederung durch das fränkische Staatsvolk erfuhr[54].

Der Stamm der Franken errang immer mehr eine Vorherrschaft unter den germanischen Stämmen. Bayern und Schwaben wurden unterworfen, das Herzogtum Schwaben 744 aufgehoben. Unter den fränkischen Königen aus dem Hause der Merowinger (bis 751/52) und vor allem der Karolinger entstand ein mächtiges Reich. Karl der Große (768–814), zu Weihnachten 800 vom Papst zum Kaiser gekrönt und damit aus dem Kreis der Herrscher des Abendlandes emporgehoben, eroberte neue Gebiete (Sachsen = Niedersachsen, Spanische Mark, Langobardenreich in Norditalien) und hinterließ bei seinem Tode ein Reich, das sich vom Ebro und den Pyrenäen bis an den Böhmerwald, Saale, Elbe und die Ostsee bei Kiel erstreckte. Im Jahr 843 erfolgte eine Teilung zwischen den Brüdern Karl II. (Westteil), Lothar I. (Mittelteil) und Ludwig (Ostteil), wobei auf weite Strecken der Rhein die Grenze zwischen dem Mittelreich und dem Ostreich bildete. Am Oberrhein kamen Mainz-, Worms- und Speyergau aber zum Ostreich. Die Pfalz wurde so eine Grenzlandschaft; denn der Bliesgau mit Homburg, Zweibrücken und Pirmasens gehörte zum Mittelreich[55].

Im Jahr 870 verschob sich durch die Aufteilung des Mittelreiches diese Grenze weiter nach Westen. Nach dem Aussterben der Karolinger 911

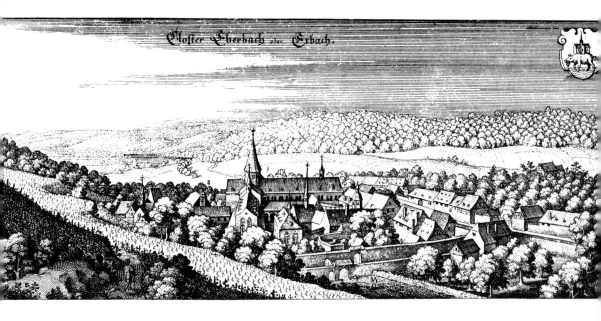

Kloster Eberbach (Rheingau) nach Merian

herrschten Kaiser und Könige aus verschiedenen Geschlechtern über das Ostreich, das sich durch die Verschiedenheit der Herrscherhäuser und die wachsende Bedeutung der abweichenden Volkssprachen immer stärker vom Westreich absetzte. Mit Konrad III. kam 1138 ein Mann aus dem schwäbischen Geschlecht der Staufer auf den Thron. Vierzig Jahre vorher bildete sich im Zuge kirchlicher Reformbestrebungen in Südfrankreich ein neuer Mönchsorden, der sich nach dem Ort der ersten Gründung (lat. Cistercium, franz. Citeaux) Zisterzienserorden nannte. Er breitete sich vor allem nach dem Eintritt Bernhards von Clairvaux (1113) sehr schnell auch in andere Länder aus. 1131 wurde in Eberbach im Rheingau ein Zisterzienserkloster gegründet.

Kehren wir zur Westpfalz zurück. Hier galten die weiten unbesiedelten Gebiete als herrenlos und fielen durch den militärischen Sieg dem fränkischen König zu. Auf diesem Königsland entstanden Königshöfe, Domänen, die vom König für seine Zwecke und die seines Reiches genutzt werden konnten. Die ersten Königshöfe lagen meist an wichtigen Straßen – gebliebenen Römerstraßen, so in unserem Gebiet die Königshöfe Lautern, Landstuhl und Alsenbrück. Diese Höfe dienten dem König auch als Rast- und Versorgungsplätze, denn das Reich hatte damals keine feste Hauptstadt; der König zog mit seinem Gefolge im Land umher. Weitere Siedlungen in unserem Gebiet waren selten. Schriftliche Nachrichten über ihr Bestehen sind überhaupt nicht auf uns gekommen. Nur die Formen der Ortsnamen ermöglichen eine vorsichtige Aussage über das Alter. Hier nehmen die Ortsnamen auf -ingen und -heim eine besondere Stellung ein. Beide Endsilben sind nach E. Christmann für die Zeit der fränkischen Besiedlung (etwa 450–600) charakteristisch[56]. Die Ingennamen finden sich vor allem an Mosel und Blies, die Heimnamen in der Oberrheinischen Tiefebene[57]. Einige wenige Ingennamen tauchen auch in unserer Gegend auf, so Mehlingen. Ortsname, die Lage an der großen Ost-West-Straße und die archäologische Fundsituation sprechen hier für eine frühe Anlage der Siedlung[58]. Beweisbar ist sie allerdings nicht; denn in schriftlichen Quellen taucht der Ort erstmals 1257 auf[59]. Der Stufe des ersten Landausbaues (600–759) gehören häufig Namen auf -weiler an. Diese sind nun in unserem Gebiet besonders häufig[60], eine Wüstung Weiler, urkundlich in der Otterberger Stiftungsurkunde in latinisierter Form belegt, lag unmittelbar beim Kloster und im heutigen Stadtgebiet. Weilerorte waren meist sehr klein, ursprünglich Einzelanwesen, die sich erst allmählich zu Kleindörfern entwickelten. Daher ist es auch schwer, in ihrer Nähe die charakteristischen fränkischen Reihengräberfriedhöfe anzutreffen. Die wenigen Bestattungsstellen bildeten keinen flächenhaft ausgedehnten Friedhof[61]. In die Zeit nach 800 sind die Namen auf -rod einzuordnen. Auch hier liefert die Wüstung Rode auf der Otterberger Gemarkung ein passendes Beispiel. Das untergegangene kleine Dorf ist vermutlich etwa an der Stelle des Lauerhofes zu suchen[62]. Die Siedlungsnamen auf -bach lassen keine Rückschlüsse auf die Entstehungszeit zu, sie werden im 8. wie im 18. Jahrhundert gebildet[63]. Dies ist für uns ein besonderer Nachteil, da zwei Weilersiedlungen auf Otterberger Gemarkung Bachnamen tragen, Reichenbach, heute Reichenbacherhof, und die Wüstung Ungenbach. Daß die Siedlungen spätestens im 11. Jahrhundert entstanden sind, steht zweifelsfrei fest; denn Reichenbach wird in einer zwar undatierten, aber in die Zeit um 1218 gehörigen Urkunde genannt, Ungenbach 1195[64]. Christmann meint, daß die Dorfsiedlung Reichenbach sicherlich schon viel länger bestand, mindestens bereits 100 Jahre länger[65], ohne jedoch weitere Beweise dafür zur Hand zu haben. Ungenbach, das etwa an der Stelle der Ziegelhütte lag, setzt er in das 9., 10. oder ein späteres Jahrhundert. Auch von den beiden Hofnamen auf -schwanden (= roden), dem Münchschwander- und dem Messerschwanderhof, schließt er auf die Zeit vor der Klostergründung. Der Name Münchschwanderhof steht dem nicht im Wege, da der Hof 1195 Wenchelswanden hieß. Alle sechs Siedlungen, Weiler, Rode, Ungenbach, Reichenbach, Wenchelswanden und Mezilschwanden, wären demnach älter als das Kloster. Schriftliche Nachrichten von ihrem Bestehen besitzen wir jedoch nur aus der Klosterzeit.

Wie bei den kleinen Weiler- und Dorfsiedlungen auf der Gemarkung Otterberg können wir auch bei der Otterburg nur versuchen, die Zeit der Entstehung aus dem Namen zu erschließen, und müssen uns mit einer Vermutung zufriedengeben. Von der Otterburg kennen wir nur den Namen und die Tatsache, daß sie bei der Klostergründung als alte Burg bezeichnet und dem Kloster geschenkt wurde. Das Jahr oder auch nur Jahrzehnt des Baus ist ebenso umstritten wie die Deutung des Begriffes „alt". Christmann vertritt eine Entstehung nicht zu lange vor der Klostergründung, also im 12. Jahrhundert[66], Graf glaubt, da sich der Name von einer landschaftlichen Besonderheit und nicht von einem Geschlecht herleitet, an eine Entstehung im 10. Jahrhundert[67]. Graf deutet „alt" als „wehrtechnisch veraltet", „teilweise zerstört" und „ausgebrannt"[68], will darin nur das hohe Alter bestätigt sehen, hält es aber für unwahrscheinlich, „daß der Stifter eine berggelegene Trümmerstätte einem Talsiedlungen anstrebenden Orden anbot"[69]. Auch über das Ende der Burggebäude sind keine eindeutigen Aussagen möglich. Die Burg ist auf keiner der historischen Ortsansichten, etwa dem Merian-Stich, zu sehen, ein Zeugnis dafür, daß die Überreste zu Beginn des 17. Jahrhunderts nicht mehr so groß und markant waren, daß sie einen willkommenen Hintergrund der Stadtansicht abgeben konnten. Die zu Beginn des 20. Jahrhunderts entstandene Pfarrbeschreibung hingegen verlegt die Zerstörung der Burg erst in das Jahr 1680[70]. Stadtansichten wie Pfarrbeschreibung sind keine verläßlichen Geschichtsquellen, Widder erwähnt 1788 nur noch Grundmauern[71].

Keltische Elektronmünze (ca. 300 v. Chr.). Vorderseite: Pferd mit Blitzbündel. Rückseite: Januskopf.   Original: Dr. Werner Seeling. Fotos: Fritz Mannheim, Kaiserslautern

B. Geschichte des Klosters

1. Quellenkunde

a) Archivalien

Wir haben die Darstellung nun so weit geführt, daß wir zu dem entscheidensten Ereignis überhaupt gelangen, der Gründung des Klosters Otterberg, auf das auch die heutige Stadt zurückgeht. Jetzt steht uns erstmals eine Urkunde, also eine schriftliche Quelle, zur Verfügung. Wir müssen uns daher zunächst einmal grundsätzlich mit den vorhandenen Quellen zur Geschichte von Stadt und Kloster und mit den bisher veröffentlichten Arbeiten beschäftigen.

Bei den Quellen unterscheiden wir zwei Gattungen:
1. handschriftliche, unveröffentlichte Quellen,
2. gedruckte, veröffentlichte Quellen.

Die schriftliche Überlieferung der vergangenen Jahrhunderte schlug sich in der Hauptsache in handschriftlichen Quellen nieder. Diese waren zunächst in lateinischer Sprache abgefaßt. Die erste Urkunde in deutscher Sprache im Otterberger Urkundenbuch stammt aus dem Jahre 1291[72]. Sie ist von einem Adligen ausgestellt; die Kirche und die Klöster hielten zäh an der lateinischen Sprache fest, die sie auch heute noch z. T. für Gottesdienst und Liturgie benutzen. Die schriftliche Überlieferung beschränkte sich anfangs fast ausschließlich auf Urkunden, d. h. auf Aufzeichnungen über ein Rechtsgeschäft, etwa eine Schenkung an das Kloster. Diese Urkunden sind auf Pergament (gegerbte Tierhaut) geschrieben. Sie gingen stets mit dem Begünstigten, d. h. bei einer Schenkung an das Kloster bekam dieses die Urkunde, mit der es bei späteren Streitigkeiten die Rechtmäßigkeit des Besitzes nachweisen konnte. Bei einem Verkauf des Klosters gingen Gut und Urkunde an den fremden Käufer, weswegen der Aufbau des Klosterbesitzes leichter zu fassen ist als sein Zerfall. Pergament als Schriftträger war teuer und knapp. Erst nachdem sich das Papier auch in Deutschland durchsetzte, wurden die schriftlichen Quellen zahlreicher und wuchsen sich im 19. und 20. Jahrhundert zu einer Papierflut aus. Die Erfindung des Papiers gelang dem Chinesen Tsai Lun zwar bereits 105 n. Chr.; jedoch erst 1340 kam das Geheimnis der Papiererzeugung nach Italien. Im Jahr 1390 stellte die Papiermühle des Ulman Stromer in Nürnberg das erste Papier in Deutschland her. Auch später wurden wichtige Dokumente noch auf Pergament geschrieben. Erst jetzt mehrten sich die großen Aufstellungen (Renovationen) des Besitzes und der Einkünfte, wobei das älteste erhaltene Otterberger Verzeichnis von 1430 noch weitgehend auf Pergament geschrieben ist[73]. Das Zisterzienserkloster Tennenbach bei Freiburg legte 1317–1341 ein Güterverzeichnis auf Pergament an, das über 350 Seiten umfaßt[74]. Eine Domäne des Papiers sind die Akten, eine Zusammenfassung von verschiedenen Schriftstücken etwa gleichen Formats, welche dieselbe Sache betreffen und chronologisch geordnet werden.

Diese ungedruckten Quellen werden in der Regel in Archiven verwahrt und können meist nur dort im Lesesaal eingesehen werden. Da die pfälzischen Archivalien weit, sogar bis ins Ausland, verstreut sind, kommen eine ganze Reihe von Archiven in Frage, und nur die wichtigeren können einzeln behandelt werden. Beginnen wir am Ort und gehen dann in die Ferne:

1. Stadtarchiv Otterberg

    Das Stadtarchiv verwahrt die von der Stadtverwaltung herrührenden Akten und die der Stadt gewährten Privilegien. Es kommt seiner Eigenschaft wegen als Aufbewahrungsort für Quellen zur Klostergeschichte nicht in Frage. In den Jahren 1907–1909 ordnete Dr. Otto Riedner, Speyer, das Stadtarchiv. Es war vorher kaum beachtet worden und galt in weiten Kreisen als verloren[75]. Es sind daher auch Verluste zu verzeichnen. Besonders die Überlieferung zur Geschichte des für Otterberg so bedeutsamen Handwerks ist sehr dürftig.

2. Staatsarchiv Speyer

    In dem für die Pfalz zuständigen Staatsarchiv in Speyer finden sich spätere Klosterurkunden nach 1400 und die meisten Akten staatlicher Herkunft. Das Staatsarchiv ist damit neben dem Stadtarchiv der Hauptfundort für Quellen zur Stadtgeschichte.

3. Generallandesarchiv Karlsruhe

    In das Generallandesarchiv Karlsruhe gelangten die Akten der Zentralregierung der Kurpfalz vor 1803. In den dort angelegten großen Kopialbuchreihen sind auch Otterberger Urkunden in Abschriften überliefert, von denen wir teilweise die Originale nicht kennen. Daneben kamen die durch Lamey gefertigten Abschriften von pfälzischen Urkunden in dieses Archiv. Unter ihnen befinden sich fast 50 Otterberger Stücke[76].

4. Heidelberger Archive

    Sowohl das Stadtarchiv Heidelberg als auch die Handschriftenabteilung der Universitätsbibliothek besitzen Otterberger Archivalien. Im Stadtarchiv liegen eine Urkunde Papst Alexanders IV. von 1255 und verschiedene jüngere Urkunden, die meist Klosterbesitz in Großbockenheim betreffen. Die Urkunden sind möglicherweise um 1800 aus dem Archiv der Geistlichen Güteradministration Heidelberg in andere Hände gekommen und schließlich an das Stadtarchiv gelangt. Die Universitätsbibliothek besitzt ein Verzeichnis des Klosterbesitzes vom Jahr 1564[77].

5. Stadtarchiv Mainz

   Hier liegt das Otterberger Kopialbuch, ein im Kloster um 1350 angelegtes Buch mit Abschriften der für das Kloster wichtigsten Urkunden. Es beginnt mit der Eidesformel für die Mönche; dann folgen allgemeine Urkunden, nach dem Rang des Ausstellers geordnet, so daß die Papsturkunden an erster Stelle stehen. Die einzelne Besitzungen betreffenden Stücke sind nach Orten eingereiht. Das Kopialbuch umfaßt fast 500 Urkunden. Es ging nach der Aufhebung des Klosters zunächst an die kurpfälzische Verwaltung über[78]. Später gelangte es auf einem unbekannten Weg an die Mainzer Universität (Besitzstempel) und von dort nach deren Aufhebung 1798 an das Stadtarchiv.

6. Hauptstaatsarchiv München

   Die älteren Urkunden (vor 1400) wurden in ganz Bayern in das Hauptstaatsarchiv München verbracht. Es finden sich dort in der Abteilung Rheinpfälzische Urkunden knapp 20 Otterberger Urkunden (Nr. 1385 bis 1400 mit Zwischennummern).

7. Staatsarchiv Luzern

   Die umfangreichste Sammlung Otterberger Originalurkunden besitzt heute das Staatsarchiv Luzern (Schweiz). Wie ist es zu dieser eigenartigen Situation gekommen? Der Luzerner Bestand geht auf die Sammlung des Heidelberger Universitätsprofessors Christoph Wilhelm Jakob Gatterer (1759–1838) zurück. Gatterer hatte bereits von seinem Vater eine beachtliche Sammlung von Urkunden, Handschriften und Siegeln übernommen und diese noch vermehrt. Er sammelte insbesondere Stücke, die aus pfälzischen Klöstern stammten. Da die Universitätsbibliothek Heidelberg nach Gatterers Tod einen Ankauf ablehnte, gelangte die heute etwa 5000 Urkunden umfassende Sammlung in die Schweiz. Nach verschiedenen vergeblichen Versuchen, die Sammlung zu verkaufen, kam schließlich am 20. Mai 1839 ein Vertrag mit dem Kloster St. Urban in der Schweiz zustande, und am 8. Juni 1839 trafen sieben Kisten mit dem Archivgut dort ein. Nach der Aufhebung des

Inhaltsverzeichnis des Otterberger Kopialbuchs   Original: Stadtarchiv Mainz

Incipit tytul' liuri de Siluia.

P apalia. j
I ndulgenc̄e iij
C onfirmac̄ōes Regũ vj
O tteburg x
R edditus des claustrij xj
W altmarka xvij
A lsencen xxj
S andbach xxij
L ucra xxxiij
G erswilre xxvj
D es pns et pascuus des claustrij xxviij
H ulsberg xxx
A ndulwer xj
H ospns xl Huchelnheÿ lxxj
M arholderspach xlj Pfederßheÿ xlix
S erkemüssheln xlv Uzelnsheÿ xlvij
A uenbach xlij
U nrescharre xliiij
S ais Albinus xlv
B atzenbach xlvj

D ouacō post mortem lxxvij
i ctu' nos obligauerit lxxxvij
D e telonëis
M ons sci Desibodi lxxxviij
E xpisdcōie a debitis
i ctu exstraneoȝ
L essetra sij sigillis
E tcetera siuot tregulis
p resumctoria
H ic incipit Tyguli lirȝ de capitulis
E dditus ista worm xlvij
B ockenheim xlvij
S up pruney. lv
J nsula pruney lviij
A lsheim lxvij
D ynsheim lxxij
H eimbach lxxiij
W ormacȝ lxxvij
B uchstat lxxx
O rmsheim lxxxiij
S anheim lxxxvij
O rsulgen xc
H eseloch xcj
T eden xciij
R uesheim xcvj
O neisheim xcx
A plusheim c
A qua cij

O pinsheim et Merstein xiiij
O prinsheim xv
H uchsen xvj
A ssellurner xvij
B yschousheim villa xix
A rystat xx
G utheim xxj
B yschousheim curia xxij
G undramsheim xxvj Herdelberg xxxiiij
A uca opinsheim xxx
S upior Pforsheim xxxj
P indernhein xxxiij

Confirmac̄o possiōnū et originariȝ
D e decimis nō dandis sibi p nos cultis
Q uod possum' recipe clicos et laycos sobrios
Q uod nullus frer pfessōe sua nō agens sij lione
   terreat de ipo
Q uod nō liȝ nobis alienad' res ut ĝñ sinus
Q uod nullus conuersus ut monchus p aliquo
   sedeuiet vel mutuu' contrahat
Q uod possim' sie testēmoÿs fratrum moȝ
N ec eȝ nos uemant nec ordines apud
   nos celebrent ni placita teneant nec de
   abbatis instituc̄one vel destruc̄ōe set
   comitant
S i eps denegat bndōes abbum vel con-
   secraōes altariū vel alia possimus
   ab alio epo recipe
Q uod vacante sede dyocesam eps possim'
   ab alio epo accipe sacramta
Q uod possim' recipe bnōes vasoȝ vestuȝ
   consecrac̄os' dedicaciōū ordinac̄ōum moncoȝ
   et transeumtibȝ epis
Q uod plat' nō proferant in nos sńias vel
   nōnarios ntros p decimis quas nō dam'
   vel pro festis quibȝ laboram'
P apales nos nō ligant que de ordine cisti
   nō faciūt menconem
Q uod in claustro vel origiȝs nō gicat tho
                                   clonicam

C onfirmac̄o librarū immutatū et grefscōnus
   folarium gradionum

Klosters im Jahr 1848 ging die Sammlung an die Kantonsbibliothek über. Der Staat versuchte, sie weiterzuveräußern, und führte mit dem Britischen Museum und den deutschen Historikern Pertz und Jaffé Verhandlungen. Die Verkaufsverhandlungen zerschlugen sich jedoch, und 1870 wurde die Urkundensammlung dem Staatsarchiv Luzern zur Betreuung und Verwahrung übergeben[79]. Das Kloster Otterberg betreffen etwa 350 Urkunden, darunter allein über 100 aus der Zeit vor 1400. Das Staatsarchiv Speyer besitzt Mikrofilme aller die Pfalz betreffenden Urkunden in Luzern. Damit ist diese Quelle der pfälzischen Forschung leichter zugänglich geworden. Ältere Arbeiten[80] sind damit überholt.

An weiteren Archiven sind zu nennen:
    Stadtarchiv Kaiserslautern,
    Staatsarchiv Darmstadt,
    Hauptstaatsarchiv Wiesbaden,
    Stadtarchiv Worms,
    Staatsarchiv Würzburg,
    Fürstlich Leiningisches Archiv Amorbach,
    Fürstlich von der Leyen'schen Archiv Waal.

Den nachweislich in Verlust geratenen und dann wiedergefundenen Quellen zur Otterberger Geschichte müssen wir nun kurz unsere Aufmerksamkeit widmen. Systematische Nachforschungen haben hier viele Zweifelsfälle geklärt. So konnte ein von Würdtwein benutztes Cartularium Otterbergense, dessen Verlust schon Hermann Schreibmüller 1911 beklagte[81], wenigstens dem Inhalt nach wieder ermittelt werden[82]. Eine Urkunde, die im Antiquariatshandel auftauchte und anscheinend dem Fürstlich Leiningischen Archiv in Amorbach angeboten wurde, erwarb nach diesem Krieg das Hauptstaatsarchiv München. Es handelt sich um ein bei Würdtwein fehlerhaft gedrucktes Stück aus der Zeit um 1175[83], auf dem auf der unteren Hälfte des Pergaments noch der Text einer Verpachtungsurkunde von 1413 eingetragen ist. Durch Kriegseinwirkung im Zweiten Weltkrieg gingen im Staatsarchiv Speyer ein Kopialbuch, im Staatsarchiv Darmstadt ein Diplomatarium sowie Urkundenabschriften und Übersetzungen, die um 1800 durch Bodmann gefertigt worden waren, verloren. Da sich Bodmann zahlreiche Fälschungen zuschulden kommen ließ, ist der Verlust nicht so schmerzlich, als es zunächst erscheinen mag, und auch das Kopialbuch war erst 1732 zusammengestellt worden. Noch ungeklärt ist das Schicksal einer Handschrift von Ph. W. L. Flad

„Castrum Ottenburgium, vetus et novum, olim monasterium nunc civitas Palatina"[84], das sich bisher nicht feststellen ließ[85]. Unklar ist auch der Verbleib einer Chronik der Stadt Kaiserslautern, in der eine zweite Gründungsüberlieferung für das Kloster mitgeteilt wird[86]; die hier einzig interessierende Nachricht wird jedoch auch in einer Handschrift im Geheimen Hausarchiv in München überliefert[87].

b) Gedruckte Quellen

Für den Forscher stellt es eine wesentliche Erleichterung seiner Arbeit dar, wenn handschriftliche Quellen wissenschaftlich bearbeitet wurden und im Druck vorliegen. Die Mühe der Entzifferung alter Schriftformen fällt weg; die Arbeit kann am Schreibtisch erfolgen, Reisen zu Archiven entfallen. Gute Quelleneditionen erleichtern ferner die Benützung durch Überschriften oder kurze Inhaltsangaben (Kopfregesten) vor jedem Stück und durch ein Register der vorkommenden Namen. Eine Reihe Otterberger Archivalien liegt in solchen Ausgaben vor. Leider sind die Drucke meist schon über 100 Jahre alt, neuere Forschungsergebnisse daher nicht berücksichtigt. Auch die Zuverlässigkeit dieser Arbeiten ist nicht immer über jeden Zweifel erhaben.
Die wichtigste Quellenedition für die Geschichte des Klosters ist das „Urkundenbuch des Klosters Otterberg in der Rheinpfalz", hg. von Michael Frey und Franz Xaver Remling, das im Verlag Kirchheim, Mainz, im Jahr 1845 erschien. In dem Urkundenbuch sind die Urkunden abgedruckt, die aus einem Kopialbuch des Klosters Otterberg stammen, das jetzt das Stadtarchiv Mainz besitzt[88]. Die älteste Urkunde im Otterberger Urkundenbuch stammt wahrscheinlich aus dem Jahr 1149, die jüngste aus dem Jahr 1362. Die Herausgeber des Urkundenbuches M. Frey und F. X. Remling zählt die Allgemeine Deutsche Biographie zu den drei größten pfälzischen Geschichtsschreibern des 19. Jahrhunderts[89]. Ihre Namen werden auch bei der Besprechung der Literatur wieder zu nennen sein. Die ersten 200 Urkunden hat Johann Friedrich Böhmer durchkorrigiert[90]. Er trug auch die Hälfte der Druckkosten. Nach seinen Plänen sollte das Otterberger Urkundenbuch nur das erste einer längeren Reihe werden, die einen Ersatz für die frühere Tätigkeit der Klöster auf landesgeschichtlichem Gebiet bieten sollte. Die Auflage betrug nur etwa 200 Stück. Fünfzig Jahre nach dem Erscheinen wird das Buch in einer Anzeige der Jägerschen Buchhandlung in Speyer als sehr selten bezeichnet[91]. Der Brief-

Urkundenbuch des Klosters Otterberg in der Rheinpfalz.

Herausgegeben

von

Michael Frey,
Pfarrer zu Hatzenbühl,

und

Franz Xaver Remling,
Pfarrer und Distriktsschulinspector zu Hambach.

Mainz,
Kirchheim, Schott und Thielmann.
1845.

Titelblatt des Urkundenbuchs von Frey und Remling

wechsel Böhmers mit Remling zeigt den regen Anteil, den dieser an der Herausgabe des Urkundenbuches nahm[92].

Auch die fünfbändige Urkundensammlung von Stephan Alexander Würdtwein „Monasticon Palatinum" enthält Otterberger Urkunden. Die Texte dort sind allerdings nicht immer ganz zuverlässig. Würdtwein benutzte nicht das Mainzer Kopialbuch als Vorlage, sondern ein von diesem abweichendes Cartularium Otterbergense. Ein besonders krasses Beispiel eines ungenauen, verderbten Abdruckes ist gleich die zweite Urkunde im Abschnitt Otterberg[93]. Hier liegt durch einen Neuankauf jetzt die Originalurkunde vor[94], wobei sich nicht nur einige Lesefehler, sondern auch die Auslassung eines ganzen Satzes, der bei Würdtwein zwischen den Seiten 254 und 255 fehlt, herausstellten. Durch einen Irrtum wurde das prae der Seite 254 nicht zu praedium zusammengezogen, sondern zu einem praebuit (statt habuit) zusammengesetzt. Zwar gibt es ein Wort praebuit, doch wird der Sinn des Satzes gestört, da auch ein Eigenname (Alsenzenburne) ausfällt. Ähnliche Fehler enthält Nr. 4[95], wo ein Vergleich mit Urkunden aus dem Gatterer-Apparat möglich ist. Die Drucke von Würdtwein sind daher in mancher Hinsicht eher ein Hindernis für die Forschung.

Weitere Otterberger Urkunden finden sich in anderen landesgeschichtlichen Sammlungen, in größerer Zahl bei Ludwig Baur: Hessische Urkunden, 5 Bde. Darmstadt 1846–1873, und Heinrich Boos: Quellen zur Geschichte der Stadt Worms, 3 Bde. Berlin 1886–1893. Die Urkunden bei Baur und Boos betreffen vor allem das Gebiet um Worms.

c) Literatur

Trotz der Bedeutung des Klosters Otterberg und der interessanten Geschichte des in den Klostergebäuden gegründeten Stadtkerns gibt es bis heute noch keine zusammenfassende Darstellung. An älteren Arbeiten sind wiederum die beiden schon bei den Quellenangaben erwähnten Geistlichen Franz Xaver Remling und Michael Frey zu nennen. Franz Xaver Remlings „Urkundliche Geschichte der ehemaligen Abteien und Klöster im jetzigen Rheinbayern" (1836) behandelt im Rahmen des gesteckten Themas auch die Geschichte des Klosters Otterberg auf 20 Seiten und bringt im Urkundenanhang unter Nr. 14 den Druck einer vom Otterberger Abt Johann 1315 ausgestellten Urkunde. Die nach der Abfolge der Klosteräbte aufgebaute Darstellung Remlings basiert zum guten Teil

auf der Quellensammlung Würdtweins, auf deren Mängel wir schon hingewiesen haben. Michael Frey gibt in dem vierbändigen Werk „Versuch einer geographisch-historisch-statistischen Beschreibung des königlich bayrischen Rheinkreises" im dritten Band (Speyer 1837) auf 27 Seiten auch eine Beschreibung von Otterberg, in der die Geschichte von Kloster und Stadt behandelt wird, wobei die Angaben zur Stadtgeschichte recht dürftig sind. Frey folgt mit seiner Arbeit den Spuren von Johann Goswin Widder, der 1786–1788 einen „Versuch einer vollständigen geographisch-historischen Beschreibung der kurfürstlichen Pfalz am Rhein" in gleichfalls vier Bänden drucken ließ. Bei Widder wird Otterberg im vierten Band auf 15 Seiten abgehandelt. An manchen Stellen, etwa bei der Beschreibung der Stadtverwaltung und des Stadtwappens, folgt Frey fast wörtlich Widder. Die von Pfarrer Phil. Stock in den Jahren vor und nach dem Ersten Weltkrieg in verschiedenen Zeitschriften veröffentlichten Aufsätze zur Geschichte von Otterberg stellen kein zusammenhängendes Ganzes dar und können nicht als wissenschaftliche Arbeiten angesehen werden, da Quellenbelege und jede Möglichkeit zur Überprüfung der gemachten Angaben fehlen. Die Aufsätze entstanden zudem teilweise vor der Entdeckung und Ordnung des Otterberger Stadtarchivs durch Riedner (1907–1909) und berücksichtigen die darin aufgefundenen Stücke nicht[96]. Die erste wissenschaftliche Bearbeitung erfuhr die Geschichte des Klosters durch Maria Elisabeth Merkel im Jahre 1925. Ihre Dissertation „Die Cistercienserabtei Otterberg in ihrer wirtschaftlichen und rechtlichen Entwicklung"[97] blieb jedoch ungedruckt und konnte schon aus diesem Grunde kaum eine Wirkung ausüben. Die Arbeit verwertet außerdem nicht das ganze Quellenmaterial und ist an vielen Stellen ergänzungsbedürftig. Von mir selbst stammt eine gleichfalls auf die Klosterzeit beschränkte Arbeit mit ähnlicher Zielsetzung[98], die 1961 unter dem Titel „Wirtschafts- und Besitzgeschichte des Zisterzienserklosters Otterberg 1144–1561" in der Reihe der Heidelberger Veröffentlichungen zur Landesgeschichte und Landeskunde im Druck erschien. Mit der Sonderfrage der Klostergründung beschäftigt sich eine Reihe von Arbeiten aus neuester Zeit, über die im entsprechenden Kapitel berichtet wird. Im Pfalzatlas[99] ist die Karte 9 (Klosterbesitz) und ein Teil der Karte 35 (historischer Stadtplan) Otterberg gewidmet. Die entsprechenden Erläuterungen stehen in den Textbänden 1 und 14 (1964 bzw. 1970).
Zu erwähnen bleiben abschließend noch zwei kleine Festschriften. Der Otterberger Pfarrer W. M. Rosch, der Wiederentdecker des Kapitelsaals,

veröffentlichte 1925 Gedenkblätter anläßlich des 700jährigen Bestehens der Abteikirche, und Richard Louis gab 1956 eine Festgabe zum 375. Jahrestag der Verleihung der Stadtrechte durch Pfalzgraf Johann Casimir unter dem Titel „Otterberg und seine Bürger, Teil I" heraus. Dem Herausgeber war es nicht mehr vergönnt, einen zweiten Teil folgen zu lassen und die Otterberger Geschichtsblätter über Heft 2 hinaus fortzuführen. Zu den Jubiläen bleibt noch zu bemerken, daß 1925 ein willkürlich ausgesuchtes Jahr war; weder die Gründung noch die Vollendung der Westfassade (1249) oder die Kirchenweihe (10. Mai 1254), sondern das Jahr 1225 wurde gewählt, das Todesjahr des Abtes Philipp.

Ganz anders als mit der vorhandenen Literatur zur Geschichte des Klosters Otterberg verhält es sich mit der zur Kunstgeschichte der Klosterkirche. Edmund Hausen hat 1924 darüber seine wissenschaftliche Erstlingsarbeit (Dissertation Frankfurt) angefertigt und ist dem Thema in weiteren Arbeiten treu geblieben. Sein Buch „Otterberg und die kirchliche Baukunst der Hohenstaufenzeit in der Pfalz" 1936 gilt als Standardwerk[100]. Durch die Darstellung im amtlichen Kunstdenkmälerband[101] liegt eine abschließende Würdigung dieses Bauwerkes vor.

2. Die Klostergründung

a) *Vermutungen über den Klostergründer*

Wenden wir uns der Geschichte des Klosters zu, so ist gleich das Problem der Klostergründung noch umstritten. Hier hat die Forschung lange Zeit stillgestanden und sich mit dem begnügt, was Franz Xaver Remling im Jahr 1836 zu sagen wußte: „Die erste Veranlassung zu diesem herrlichen Baue gab der schwäbische Graf Siegfried, welcher für einen Sohn Babo's, des Grafen von Kesselberg, gehalten wird"[102]. Remlings vorsichtige Formulierung „welcher gehalten wird" hat gute Gründe. Die Stiftungsurkunde[103] des Klosters nennt am Anfang der fünften Zeile nur den Vornamen Sibefrid, die von Remling zitierte Familienzuweisung besorgte der Zisterzienserabt Caspar Jongelinus im Jahr 1640[104]. Der Stand der Forschung blieb 120 Jahre lang praktisch unverändert, und auch meine Darstellung der Wirtschaftsgeschichte des Klosters hatte schon von ihrer Themenstellung her nicht den Ehrgeiz, in der Frage der Klostergründung neue Gedanken vorzutragen. Fast gleichzeitig trat hier jedoch ein Wandel ein. Von Frau Heß-Gotthold erschien 1962 eine Arbeit, die sich ausführlich mit der Gründung des Klosters Otterberg befaßt und dazu eigene, nachlesenswerte Gedanken vorträgt. Mein Versuch, von den Grabdenk-

Der Schloßberg, Standort der Otterburg, heute.   Zeichnung: Siegfried Bauer

mälern in der Klosterkirche aus Rückschlüsse auf Förderer und vielleicht auch Stifter des Klosters zu ziehen, führte zu keinem Ergebnis. Schließlich hat Dr.-Ing. Hermann Graf in einem Aufsatz von 1965 die Auffassung Remlings in abgewandelter Form wiederholt und mit neuen Argumenten untermauert[105]. Hermann Graf geht von der Darstellung Remlings aus. Er verweist auf die Herren von Kesselberg, die 1357 eine Burg bei Jakobsweiler am Donnersberg innehatten, und auf einen 1122 bezeugten Ministerialen Volkmar von Kesselberg, der allerdings nur in einer Eichstätter Urkunde als Zeuge vorkommt[106]. Auch Belege für Kesselberger aus den Jahren 1205, 1230, 1235 und 1249 lassen sich beibringen, in einem Fall besteht sogar ein Zusammenhang mit dem Zisterzienserorden, nämlich mit dessem Kloster Bronnbach bei Wertheim[107]. Doch gerade die entscheidende Zeit der Klostergründung, also die Mitte des 12. Jahrhunderts, bleibt ohne Belege. Mehr als Vermutungen können aus Grafs Argumenten nicht gewonnen werden.

Die Arbeit von Frau Heß-Gotthold verdient eine eingehendere Betrachtung, zumal die von ihr in anderem Zusammenhang vorgenommene Festlegung zweier bisher auf Lauterburg bezogener Urkunden Heinrichs IV. auf Kaiserslautern anerkannt wurde[108]. Frau Heß-Gotthold sieht in dem niederösterreichischen[109] Grafen Siegfried von Peilstein den Erben des Pfalzgrafen Heinrich von Laach und den Stifter des Klosters. Dieser Siegfried von Peilstein, der aus dem genannten Erbe über Besitz in unmittelbarer Nähe Otterbergs verfügen könnte, ist allerdings 1143/44 ein sehr junger Mann, knapp über 20 Jahre nach der Meinung von Frau Heß-Gotthold, vielleicht sogar jünger, wenn man bedenkt, daß noch 1147 der Vater im Namen der ganzen Familie ein Rechtsgeschäft tätigte und 1153 Siegfried ausdrücklich als Sohn Konrads von Peilstein bezeichnet wurde[110]. Der früheste von Frau Heß-Gotthold herangezogene Beleg stammt aus dem Jahr 1147, wo Siegfried in Österreich auftauchte; erst 1158 ist er am Rhein nachweisbar[111]. Aber gerade die Tatsache, daß der Stifter des Otterberger Klosters nie wieder in den Klosterurkunden auftaucht, läßt eher an einen betagten Mann denken, der möglicherweise bald nach seiner Stiftung starb. Dies würde auch die in der Stiftungsurkunde enthaltene Formel „et coheredum suorum" vermuten lassen, wenn man sie nicht einfach als zu einem urkundlichen Rechtsgeschäft unbedingt zugehörig ansehen will. Vor allem – und dies ist mein Haupteinwand – spielt die erhaltene Stiftungsurkunde, genauer die Urkunde des Erzbischofs von Mainz über die Übergabe der Stiftung an das Kloster

Eberbach zum Vollzug des Stifterwillens und der tatsächlichen Gründung durch die Aussendung von Mönchen, in der Argumentation von Frau Heß-Gotthold keine Rolle. Von ihr als dem einzig sicheren Dokument sollte aber jeder Erklärungsversuch ausgehen.

b) Gründungsurkunde und Gründungsjahr

Ludwig Falck hat darauf aufmerksam gemacht, daß einer der Zeugen der Gründungsurkunde, nämlich Gozbert, der Propst von St. Johann in Mainz, bereits Ende 1143 einen Nachfolger hatte[112]. Mit dieser Feststellung war die Datierung der Urkunde auf 1144 angezweifelt. Bereits vorher bestand eine gewisse Verlegenheit, in welchen Monat des Jahres 1144 die Urkunde einzureihen sei. In den Regesten der Mainzer Erzbischöfe von Böhmer-Will wird sie an das Ende des Jahres gerückt[113], da man ihre Ausstellung mit Rücksicht auf die Lage des Klosters gern nach Mainz legen möchte, der Erzbischof aber von Juni bis Dezember sich auf einer großen Reise im nördlichen Teil seiner Diözese befand und mehrfach in Erfurt urkundete. Seine Anwesenheit in Mainz ist vor dem Spätjahr nur durch eine einzige Urkunde vom 20. April 1144 bezeugt[114]. Wendet man sich nun unter Beachtung von Falcks Beobachtung dem Jahr 1143 zu, so findet man sich zunächst durch die Indiktion der Urkunde bestätigt, die zu diesem Jahr gehört, nicht zu 1144. Auch bei Janauschek wird als Variante zu 1144 das Jahr 1143 angegeben[115]. Zu einer näheren Zeitbestimmung führt eine Untersuchung der Zeugenreihe. Sie nennt an prominenten Zeugen zwei weitere Bischöfe, nämlich die von Havelberg und Straßburg. Es ist unwahrscheinlich, daß ein Zusammentreffen von drei Bischöfen mehrmals in einem Jahr vorkam, selbst wenn man in Rechnung stellt, daß der Bischof von Havelberg sich zu jener Zeit fast immer im Gefolge des Mainzer Erzbischofs aufhielt[116]. Außerdem bot sich im Jahr 1143 ein guter Anlaß für das Zusammentreffen der Bischöfe in Mainz, die allgemeine Synode vom März 1143[117]. Vergleichen wir daher die Otterberger Zeugenreihe mit den Urkunden aus dieser Zeit, nämlich Urkunde Nr. 36 vom 19. März 1143 für das Kloster Fredelsloh bei Göttingen, Urkunde Nr. 38 vom 20. März 1143 für die Abtei St. Peter in Erfurt, Urkunde Nr. 39 vom 20. März 1143 über die Streitschlichtung zwischen St. Peter in Erfurt und Disibodenberg und Urkunde Nr. 37 vom Jahr 1140 für das Zisterzienserkloster Georgenthal, die wegen der Verwandtschaft der Zeugenreihe schon der Regestenbearbeiter Will in das Jahr 1143 setzte[118]. Die Zeugen sind in der Vergleichstabelle in eine einheitlichere Reihenfolge gebracht.

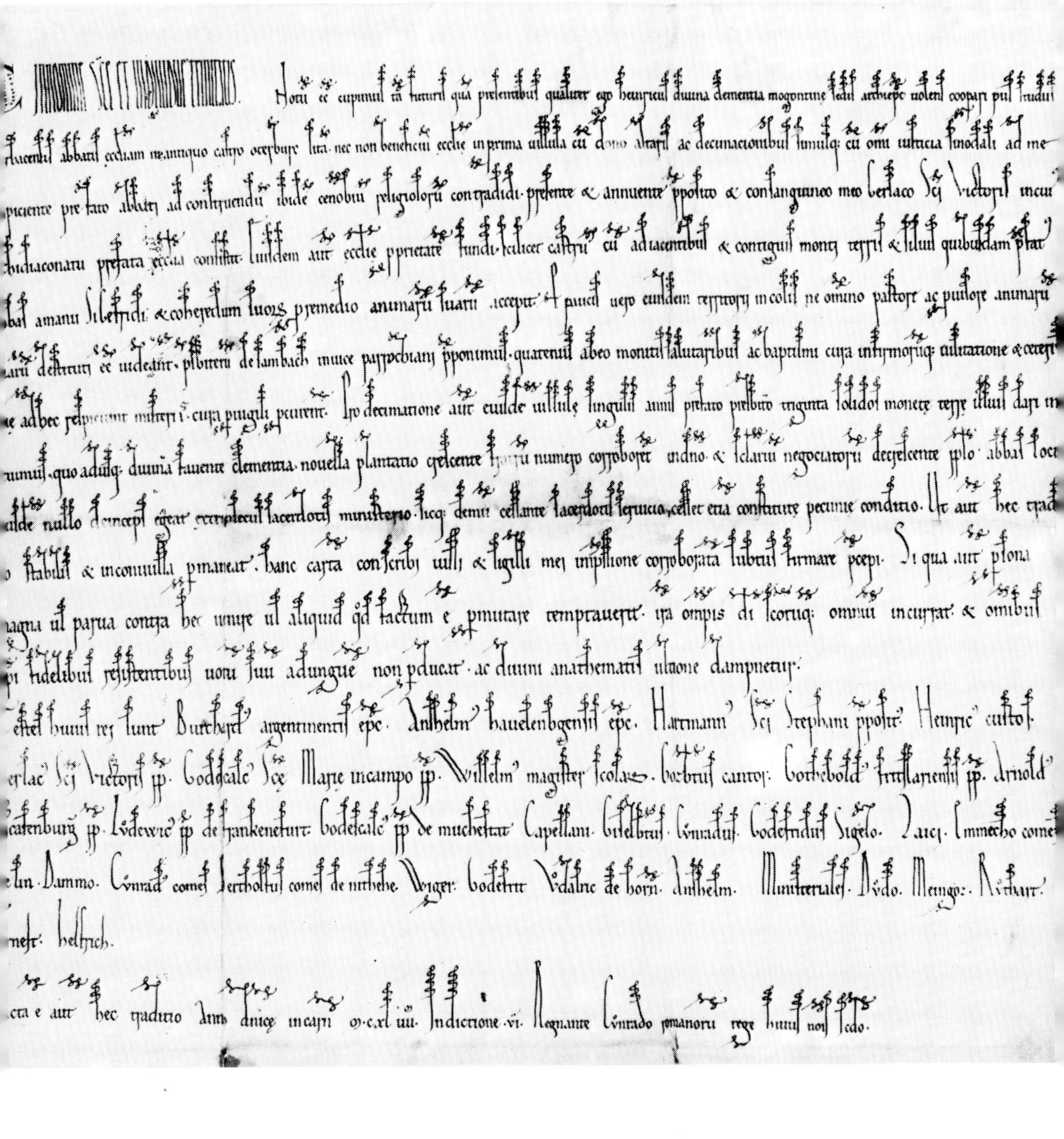

Gründungsurkunde

Urk. Nr. 36, 1143 März 19	Urk. Nr. 37, 1143 März 20	Urk. Nr. 38, 1143 März 20
		BISCHÖFE
Burchard von Straßburg	*Burchard von Straßburg*	*Burchard von Straßburg*
Anselm von Havelberg	*Anselm von Havelberg*	*Anselm von Havelberg*
	Bucco von Worms	
		PRÖPSTE
Hartmann, Domdekan u. Propst zu St. Stephan	*Hartmann*, Domdekan u. Propst zu St. Stephan	*Hartmann*, Domdekan u. Propst zu St. Stephan
Heinrich, Custos u. Propst zu Erfurt	*Heinrich*, Domcustos u. Propst zu St. Maria in Erfurt	*Heinrich*, Domcustos u. Propst zu Erfurt
	Gerlach, Propst zu St. Victor	*Gerlaus*, Propst zu St. Victor
Arnold, Propst u. Kämmerer	*Arnold*, Propst u. Kämmerer	*Arnold*, Propst u. Kämmerer
	Gozbert, Cantor u. Propst zu St. Johannis Bapt.	*Gozbert*, Cantor u. Propst
	Gotdebold, Propst zu Fritzlar	*Gutebold*, Propst zu Fritzlar
Wilhelm, Magister	*Willehelm*, Magister	*Wilhelm*, Magister
	Ludwig, Propst zu St. Gangolf	
	Adelhard, Propst zu St. Sever (in Erfurt)	Adelhard, Propst von St. Sever
		KAPLÄNE
	Giselbert	*Gisilbert*
	Cunrad	*Conrad*
	Godefrid	*Gotefrid*
		GRAFEN UND FREIE
	Emich, Graf von Leiningen	*Emich, Graf von Leinigen*
	Tammo von Hagenau (= Hanau)	*Tammo von Hagenau*
	Conrad von Kirchberg (= Kyrburg bei Kirn)	*Conrad von Kirchberg*
	Wigger von Hoste (= Höchst, Stadtkreis Frankfurt)	*Wiger von Hoste*
	Godefrid von Huste	*Gotefrid von Huste*
Rether von Weride (Gieselwerder, Kr. Hofgeismar)	Rether von Werde	Rether von Werede
Dudo von Rusteberg	Dudo von Rusteberg	Dudo von Rusteberg
	Sizzo, Graf von Käfernburg	
	Folrad u. Sifrid von Kranichfeld (Kr. Weimar)	
		MINISTERIALEN
Dudo	*Dudo*	*Dudo*
Meingot	*Megingoz* (Dudos Bruder)	*Megengot* (Dudos Bruder)
	Ruthard, Vitzthum	*Ruthard*, Vitzthum
	Embrico, Rheingraf	*Embrico*, Rheingraf
	Dudo, Schultheiß	*Dudo*, Schultheiß
	Cunrad von Geismar	*Conrad von Geismar*
Cunrad von Rusteberg (= Burg bei Marth, Kr. Heiligenstadt)		
Hugo von Hosterroth (= Osterrode/Harz)		

Sigelo
Berwich
(appears under Urk. Nr. 36)

Urk. Nr. 39, 1143 März 20	Urk. Nr. 48, Otterberger Urkunde
Burkhard von Straßburg *Anselm von Havelberg*	*Burchard von Straßburg* *Anselm von Havelberg*
Hartmann, Domdekan u. Propst zu St. Stephan *Heinrich*, Domcustos u. Gerlaus Propst zu St. Victor *Gerlaus*, Propst zu St. Victor *Arnold*, Propst u. Kämmerer *Gozbert*, Cantor u. Propst	*Hartmann*, Propst zu St. Stephan *Heinrich*, Custos *Gerlach*, Propst von St. Victor *Arnold*, Propst zu Aschaffenburg *Gozbert*, Cantor
Gotebold, Propst zu Fritzlar *Willehelm*, Magister Adelhard, Propst zu St. Sever	*Gothebold*, Propst zu Fritzlar *Wilhelm*, Magister scholarum *Ludwig*, Propst zu Frankfurt Goteschalk, Propst zu St. Maria in Campo Goteschalk, Propst zu Muschestat (= Ober Mockstadt, Kr. Büdingen)
Giselbertus *Conradus* *Godefrid*	*Giselbert* *Cunrad* *Godefrid* *Sigelo*
Emich, Graf von Leiningen *Dammo von Hagenau* *Conrad von Kirchberg*	*Emich, Graf von Leiningen* *Dammo* *Cunrad*, Graf
Wiger von Huste	*Wiger*
Gotefrid von Huste Rether von Werede Dudo von Rusteberg	*Godefrit*
	Bertholf von Nithehe (= Nied, Wüstung im Stadtkreis Frankfurt) Udalrich von Horn (= Horningen = Oberherrlingen bei Blaubeuren/Württ.) Anshelm
Dudo *Meingot* (Dudos Bruder) *Ruthard*, Vitzthum Embrico, Rheingraf Dudo, Schultheiß Conrad von Geismar	*Dudo* *Meingoz* *Ruthard* Ernest Helfrich

41

Der innere Zusammenhang der vier Vergleichsurkunden wird auch im Mainzer Urkundenbuch festgestellt; dort heißt es unter Nr. 36 (Seite 64): „Die hier genannten Zeugen kehren fast sämtlich auch in Nr. 37–39 wieder, von denen Nr. 39 auf eine im März 1143 in Mainz abgehaltene Synode Bezug nimmt, auf dieser ersten Fastensynode Erzbischof Heinrichs, die demnach genau auf den 19. und 20. März zu datieren ist, dürften alle vier Urkunden ausgefertigt sein." In der Otterberger Urkunde fehlen zwei Zeugengruppen ganz, die Äbte und die regulierten Pröpste. Sie machen in den anderen Urkunden in der Regel je 3–4 Personen aus. Der Vergleich läßt kaum mehr einen Zweifel bestehen, daß auch die Otterberger Stiftungsurkunde in diese Gruppe gehört. Dieses Ergebnis bleibt auch, wenn möglicherweise eine der Annahmen, von denen die Untersuchung ausging, unrichtig ist. Im Gegensatz zu Falck enthält der zweite Band des Mainzer Urkundenbuchs die Angabe, daß Gozberts Nachfolger erst am 4. Februar 1144 erstmals erwähnt wird, ein Festhalten an der Jahreszahl 1144 also möglich wäre, allerdings bleibt auch so im Jahr 1144 nur eine sehr kurze Zeit, vielleicht ein halber Monat, da man eine gewisse Zeitspanne in Anrechnung bringen muß, bis der Nachfolger eines Domkantors bestellt ist und er als Urkundenzeuge auftritt, zumal die betreffende Urkunde vermutlich im thüringischen Jecheburg ausgestellt ist, wo der Erzbischof am 4. Februar urkundete[119]. Auch für die Identifizierung der Zeugen geben die gefundenen Zusammenhänge neue Hinweise.

Zusammenfassend kann man also sagen: Die größte Übereinstimmung besteht zwischen der Otterberger Urkunde (Nr. 48) und der für Georgenthal (Nr. 37), von 29 Zeugen der Otterberger Urkunde kehren dort 21 wieder, in der Urkunde für St. Peter in Erfurt (Nr. 38) und in der Urkunde über die Streitschlichtung zwischen St. Peter in Erfurt und Disibodenberg (Nr. 39) je 20. Man könnte nun einwenden, daß gleiche Zeugen auch in Urkunden vorkommen, die nachweislich nichts miteinander zu tun haben. Wie bereits oben gezeigt, handelt es sich hier nicht um die Gleichheit einzelner Zeugen, sondern um die weitgehende Übereinstimmung ganzer Reihen. Dies ist besonders bei den prominenten Zeugen (vor allem bei den Bischöfen) auffallend und daher beweiskräftig. Eine Überprüfung der Zeugenreihen führt zu dem Ergebnis, daß in den Jahren 1143–1145 Bischof Burchard von Straßburg nur in den genannten Fällen im März 1143 als Zeuge in Mainzer Urkunden auftaucht. Bischof Anselm von Havelberg steht außerdem noch in den Zeugenreihen der Urkunden vom 14. Juni 1143 (Mainzer UB Nr. 40), 18. Juni 1144 (Nr. 53) und 10. Juli 1144 (Nr. 57).

Überprüft man die drei Urkunden, so ergibt sich folgendes Bild:
1143, Juni 14: von 27 Zeugen 4 gleich
   (1 Bischof, 1 Propst von 6, 2 Kapläne von 5),
1144, Juni 18: von 26 Zeugen 4 gleich
   (1 Bischof, 1 Propst von 3, 1 Kaplan von 4, 1 Graf von 3),
1144, Juli 10: von 13 Zeugen 3 gleich
   (1 Bischof, 2 Pröpste von 3).

Die Übereinstimmung dieser Urkunden erreicht also bei weitem nicht den Grad derer, die zur Umdatierung der Otterberger Stiftungsurkunde herangezogen wurden. Die größte Ähnlichkeit besteht zwischen der Otterberger Stiftungsurkunde und der Urkunde vom 10. Juli 1144. Hier ist außerdem der dritte Propst namensgleich (Gottschalk) und lediglich durch die Ortszuweisung (hier Heiligenstadt, dort, da der Name in der Urkunde doppelt vorkommt, Mainz bzw. Obermockstadt) unterschieden. Bei einem der Grafen (Rether von Werde) besteht Übereinstimmung mit den Otterberger Vergleichsurkunden Nr. 36–39[120]. Bei den anderen Urkunden Erzbischof Heinrichs aus den Jahren 1143–1145 führt der Vergleich zu ähnlichen Ergebnissen. Eine detaillierte Untersuchung bringt uns hier zu weit vom Thema ab. Lediglich in der Gruppe der Kapläne ergeben sich bei einzelnen Urkunden aus dem Herbst 1143[121] größere Ähnlichkeiten, indem 2 bzw. 3 von 4 Kaplänen gleich sind. Aber gerade dieser Gruppe, die viel stärker als andere dem Gefolge des Erzbischofs zuzurechnen ist, kommt keine große Bedeutung zu.

Die Aussagekraft der Zeugenreihen ist aber damit noch nicht erschöpft. Titel und Verwandtschaftsbezeichnungen sind in den verglichenen Urkunden nicht immer in gleicher Ausführlichkeit wiedergegeben. Bei den Ministerialen Dudo und Meingoz sind die Angaben bei den Urkunden für Erfurt, Georgenthal und Disibodenberg[122] genauer, nämlich durch die hier mitgeteilte Verwandtschaftsbezeichnung, bei Ruthard durch den hinzugefügten Titel. Die gleiche Beobachtung können wir auch bei den Grafen machen. Wieder bieten die gleichen Urkunden bei Tammo, Conrad, Wiger und Gotefrid den Herkunftsnamen. Die Otterberger Urkunde enthält – wenn man von dem Grafen von Leiningen als vornehmsten weltlichen Zeugen absieht – Herkunftsangaben nur bei Berthold von Nithehe und Udalrich von Horn, die in den Vergleichsurkunden fehlen, also nicht schon dort eindeutig festgelegt sind und daher in der gleichzeitigen Otterberger Urkunde als bekannt angesehen werden konnten. Bei den Pröpsten sind bei Hartmann, Heinrich und Gozbert die Titel und Herkunftsangaben in den drei anderen Urkunden genauer. Die Urkunde für Fredelsloh ist vielfach ähnlich sparsam in ihren Angaben wie die Otterberger, eine Tatsache, die den weiteren Fortgang der Untersuchung erschwert; denn gerade auf diese Urkunde kommt es nun an. Immerhin hat sie – um bei dem vorliegenden Beispiel zu bleiben – bei Heinrich noch die Herkunftsangabe „Effefurdensis" (= Erfurter)[123]. Vielleicht ist diese Flüchtigkeit bei der Abfassung der Otterberger Urkunde auch der Grund dafür, daß in der Zeugenreihe ganze Gruppen von Zeugen ausfielen, nämlich die Äbte und die regulierten Pröpste. Der Vergleich der Zeugenreihen hat aber nicht nur eine neue Datierung der Urkunde erbracht; er hat sie auch in einen Zusammenhang mit vier weiteren Diplomen Erzbischof Heinrichs I. gestellt, die alle für Klöster bzw. Stifter ausgestellt sind; eine davon ist gleichfalls die Stiftungsurkunde eines Zisterzienserklosters, nämlich Georgenthals. Der Erzbischof bestätigt darin die von Graf Sizzo von Käfernburg und seiner Gemahlin vorgenommene Stiftung. Graf Sizzo war bei dieser Beurkundung offensichtlich selbst anwesend; denn er kommt in der Zeugenreihe nach dem Grafen Emich von Leiningen vor[124].

c) *Wege zur Ermittlung des Klostergründers*

Für den Fortgang der Untersuchung kommt der Urkunde für das Kloster Fredelsloh vom 19. März 1143 besondere Bedeutung zu. Erzbischof Heinrich beurkundet hier, daß Haold, seine Frau und Söhne dem Kloster ein Gut zu Holzhusen schenkten und zwei mächtige Grafen, Sigfrid und Hermann, zwei Kirchen in Stockheim und Altendorf. Hier wird also wie in Otterberg ein Siegfried genannt. Aber auch hier fehlt der Familienname. Immerhin wird der Titel Graf angegeben und die Verbindung mit einem zweiten Grafen hergestellt, dessen Vorname Hermann lautet. Denkt man von hier aus zurück an die Verkürzungen, die in der Zeugenreihe der Otterberger Stiftungsurkunde zu beobachten waren, so ist der Wegfall des Titels Graf fast zu erwarten. Die Schenkung an Fredelsloh erfolgte ursprünglich schon fast ein Jahr früher, am 26. Mai 1142, noch unter Erzbischof Heinrichs Vorgänger Markolf[125]. Durch den Ort Fredelsloh und die Vorbesitzerin der übergebenen Kirchen, Herzogin Gertrud von Sachsen, sind wir allerdings in ein Gebiet gekommen, das von Otterberg weit abliegt. Auch hier erfahren wir noch keinen Familiennamen. Die wissenschaftliche Forschung hat jedoch in den Stiftern von Fredelsloh schon lange die Grafen von Northeim gesehen[126].

Wir müssen nun die Frage prüfen: Ist es möglich, daß auch Otterberg auf dieses Geschlecht zurückgeht?

Graf Siegfried von Northeim-Boyneburg war ein Anhänger König Lothars. Nach dessem Tod (4. Dezember 1137) nahm er für die Welfen und gegen den Staufer Konrad III. Partei[127]. In dieser Hinsicht befand er sich bei Erzbischof Heinrich in guter Gesellschaft. Schon Erzbischof Adalbert I. (1110–1137) hatte es verstanden, sein Einflußgebiet gegen das Reich abzuschirmen. Das trat gerade in seiner Klosterpolitik zutage[128]. Sein Nachfolger Adalbert II. (1138–1141) stellte sich 1141 auf die Seite der Welfen, der Rivalen der Staufer. Auch dessen Nachfolger Markolf, der aus der politischen Tradition der Mainzer Kirche unter Adalbert I. hervorgegangen war, hielt an der alten Stellung zu Gunsten der Sachsen und gegen Konrad III. fest. Nach nicht einmal einjähriger Amtszeit folgte noch 1142 Heinrich, der bisherige Dompropst, ihm im Amt des Erzbischofs nach. Heinrich war der letzte Erzbischof aus der Schule Adalberts I. In mehreren Urkunden für Klöster des hessisch-thüringischen Raumes ist das Ringen zwischen königlichen und erzbischöflichen Einflüssen zu spüren, so in Urkunden für Ichtershausen, Georgenthal, Fredelsloh und Hilwartshausen[129].

Siegfried IV. von Boyneburg ist ein Sproß des mächtigen und wichtigen Geschlechts der Grafen von Northeim. Otto I. von Northeim (gest. 1083) war eine Persönlichkeit von hohem politischem Rang, seine Frau Richenza vermutlich die Tochter Herzog Ottos von Schwaben, dieser wiederum ein Sohn des rheinischen Pfalzgrafen Otto[130]. Mit der Erhebung zum Herzog von Bayern gewann er auch in Süddeutschland eine entscheidende Machtposition. Er konnte den Versuch unternehmen, als Gegenkönig nach der Macht im Reiche zu greifen[131]. Noch nach dem Tode Rudolfs von Rheinfelden hatte er den Grafen Hermann von Salm als Gegenkönig unterstützt, Ottos Tod ließ die Widerstandsfront gegen Heinrich IV. in Sachsen zusammenbrechen[132]. Seine Erben wurden Heinrich der Fette von Northeim und dessen Brüder Siegfried und Kuono. Heinrich heiratete Gertrud, die Schwester des Markgrafen Ekbert von Braunschweig, die ihrerseits vorher mit dem Grafen Dietrich II. von Katlenburg verheiratet gewesen war und das Erbe ihres unmündigen Sohnes Dietrich verwaltete. Nach Ekberts Tod 1090 unternahm Heinrich große Anstrengungen, wenigstens Teile seiner Hinterlassenschaft an sich zu bringen. E. Kimpen, der Richenza den Ezzonen zurechnet, zieht von da aus den Schluß, daß Pfalzgraf Heinrich III. niemand anderes sein könne als Heinrich der Fette von Nort-

Westfassade
Zeichnung: Siegfried Bauer

heim[133]. Sein Nachfolger im Pfalzgrafenamt wurde erst durch die Heirat mit seiner Tochter dazu legitimiert. Kimpens Ansichten erregten jedoch Widerspruch[134]. Die Möglichkeit einer Verbindung der Familie der Grafen von Northeim zum rheinisch-pfälzischen Raum sollte jedoch wegen ihrer Bedeutung für den Fortgang der Untersuchung nicht unerwähnt bleiben. Nach der Auffassung von Lange ist die Heirat von Gertrud, der jüngsten Tochter Heinrichs des Fetten, mit dem Pfalzgrafen Siegfried bei Rhein, einem Sohn Adalberts von Ballenstedt, mit Sicherheit aus den Quellen abzuleiten, wenn auch diese Heirat in keiner direkt erwähnt wird[135]. Siegfrieds Gemahlin hieß Gertrud, und die Tochter Heinrichs des Fetten, vom Annalista Saxo ausdrücklich als „palatina comitessa" (Pfalzgräfin) bezeichnet[136], führte diesen Titel bereits 1115[137]. Damit wird die Erklärung hinfällig, der Titel rühre von ihrem zweiten Ehegemahl Graf Otto von Rheineck her, der 1136–1137 in Urkunden Kaiser Lothars diesen Titel führte[138]. Die Eheschließung ist um das Jahr 1100 anzusetzen. Sie bringt die Familie der Northeimer in Beziehung zum rheinischen Raum und schlägt eine Brücke zu den Erörterungen von Johanna Heß-Gotthold, in deren Argumentation die drei aus dieser Ehe hervorgegangenen Kinder Siegfried, Wilhelm und Adela sowie die ihnen zugefallene Erbschaft des Bestizes von Heinrich von Laach eine wichtige Rolle spielen[139].

d) Persönlichkeit und Lebensweg Siegfrieds von Boyneburg

Größere Bedeutung kommt in unserem Zusammenhang den Nachkommen des Bruders zu. Siegfried III. – bereits hier taucht also der Vorname des Otterberger Klosterstifters auf – hat sich nach dem Tode seines Vaters nicht eindeutig dem Gegenkönig angeschlossen. Im Jahr 1100 war er bei der Gründung des Klosters Lippoldsberg durch seinen Lehensherrn, den Erzbischof Ruthard von Mainz, zugegen[140]. Über die Tochter seines Bruders Kuono von Beichlingen führte eine weitere Verbindung nach dem Westen. Lutgard heiratete den Grafen Wilhelm von Luxemburg[141]. Siegfried III. starb im Jahr 1107. Sein einziger gleichnamiger Sohn trat die Nachfolge an. Er wurde um 1095 geboren; seine Mutter ist unbekannt. Von seinem Vater erbte er die Grafschaft im Hessen-, Nethe- und Ittergau, dazu die Vogteien über die Klöster Northeim und Korvey. Der Tod seines Vetters Otto III. in den Jahren 1115 bis 1117 brachte ihm eine bedeutende Erweiterung seiner Machtstellung. Gemäß der schon beim Tode Ottos von Northeim zu beobachtenden Gewohnheit, hoheitliche Gerechtsame nur in direkter Linie weiterzuvererben, gelangte jetzt der

Hauptportal der Westfassade

von Heinrich dem Fetten und Kuono von Beichlingen an Otto III. gekommene Besitz in Siegfrieds Hand[142]. Damit hatte Siegfried eine Machtstellung und einen Besitzstand erreicht, die denen seines Großvaters Otto von Northeim ebenbürtig waren. Umfang und Beschaffenheit glichen sich weitgehend. Zur Festigung und Absicherung seines Einflußbereiches nach Norden diente auch die Gründung des Zisterzienserklosters Amelunxborn bei Stadtoldendorf im Jahr 1135[143]. Am 7. Juli 1123 wird er erstmals als Graf von Boyneburg bezeichnet, charakteristischerweise in einer Urkunde seines Lehensherrn, des Erzbischofs Adalbert von Mainz[144]. Die für das Kloster Breitenau an der Fulda ausgestellte Urkunde hat starke Bezüge zum Rhein-Main-Gebiet und weiter nach Süddeutschland. Das neue Kloster erhielt Güter zwischen Werra, Rhein und Main; es wurde mit Hirsauer Mönchen besetzt. Die Bischöfe von Speyer und Worms, der Abt von Hirsau und Ernst von Eberstein gehörten neben Siegfried von Boyneburg zu den vornehmsten Zeugen.

Nach der Wahl Herzog Lothars von Sachsen zum deutschen König (1125) ist Siegfried wiederholt am Hofe des Königs nachweisbar. Mit dem König verbanden ihn über die Königin Richenza, eine Tochter Heinrichs des Fetten, auch verwandtschaftliche Bande. Graf Lothar gelangte erst durch die Heirat mit der fünfzehnjährigen Richenza (um 1100) in den Besitz reicher Güter. Auf diese Weise wurde er der mächtigste unter den sächsischen Großen, erhielt 1106 die Herzogswürde und konnte sich 1125 erfolgreich um den Königsthron bewerben[145]. In den Jahren 1126–1136 wird Siegfried daher vorwiegend in der Reichspolitik tätig, in seinem engeren Machtbereich ist er nur selten bezeugt[146]. Im Gefolge des Königs kam er auch an den Oberrhein. Im Lager bei Straßburg ist er am 4. November 1126 Zeuge eines königlichen Privilegs für das italienische Kloster S. Frediano. In einer undatierten Urkunde aus etwa der gleichen Zeit steht er hinter Pfalzgraf Gottfried als zweiter weltlicher Zeuge. Dieses Diplom betrifft die Loslösung der Zelle Trub im Kanton Bern vom Kloster St. Blasien im Schwarzwald[147]. Im März 1131 ist Siegfried von Boyneburg Zeuge in einer Urkunde zu Gunsten des Klosters Beuron an der Donau[148]. Es deuten sich hier bereits vielfältige Beziehungen nach Süddeutschland an. Aus diesen Jahren im Gefolge des Königs ist jedoch auch ein Zeugendienst für den Mainzer Erzbischof belegt, und zwar in einer Urkunde vom 28. Mai 1128 für das Kloster Hilwartshausen[149]. König und Erzbischof standen damals freilich im besten Einvernehmen. Der Erzbischof, der für die Zeit bis zur Neuwahl eines Königs die Reichsgeschäfte führte, tat alles, um eine Wahl Lothars zu fördern. Er erlangte von der Kaiserin Mathilde die Auslieferung der auf dem Trifels verwahrten Reichsinsignien und war so in der Lage, seinen Vorzugskandidaten mit diesen zu krönen[150]. Auf dem Basler Hoftag Anfang Februar 1130 zählte Siegfried von Boyneburg zu den Anwesenden[151], ebenso auf dem Hoftag in Lüttich Ende März 1131[152]. Seine Teilnahme am Italienzug Lothars im Spätsommer 1132 ist wahrscheinlich. Das Heer setzte sich weitgehend aus sächsischen Mannschaften zusammen, ein Sigifredo vexillifero (Fahnenträger) ist bezeugt. Auch der gleichfalls aus der Otterberger Stiftungsurkunde bekannte Bischof Anselm von Havelberg gehörte zur Begleitung des Königs[153]. Im Jahr 1134 nahm Siegfried an Lothars Zug nach Bardowick teil[154].

Im August 1136 ist Siegfried zweimal als Zeuge belegt[155], davon einmal in einer Urkunde des Erzbischofs Adalbert von Mainz[156]. Wieder handelte es sich um eine Klosterneugründung, genauer gesagt die Umwandlung des Nonnenklosters Homburg in Thüringen in ein Mönchskloster. Die Urkunde ist in Würzburg ausgestellt, beweist also Siegfrieds Anwesenheit und Zeugentätigkeit auf süddeutschem Gebiet; unter den Zeugen fällt Graf Sizzo auf, den wir in einer der Vergleichsurkunden für die Neueinreihung der Otterberger Urkunde als Stifter des Zisterzienserklosters Georgenthal wiederfinden. Im folgenden Jahr ist Siegfried durch einige vermutlich Ende Juni in Fritzlar ausgestellte Urkunden zu fassen[157]. Auch hierunter findet sich wieder eine vom Mainzer Erzbischof ausgestellte Urkunde, nämlich die der ersten Stiftung des Klosters Fredelsloh[158]. In einer zweiten Urkunde[159] tritt er als Zeuge bei einer der ersten Schenkungen an dieses Kloster auf. Die Übergabe der neuerbauten Kirche in Fredelsloh an den Augustinerorden am 20. Juli 1137 ist die letzte sicher bezeugte Handlung des Erzbischofs Adalbert I.; bereits drei Tage nachher verschied er[160]. Etwa ein halbes Jahr später starb am 4. Dezember 1137 auch König Lothar. Siegfried sah sich innerhalb kurzer Frist seiner Herren und politischen Vorbilder beraubt. Der Nachfolger des Erzbischofs, sein Neffe gleichen Namens, folgte der alten politischen Linie[161], das Königtum hingegen ging mit der Wahl Konrads III. an die Staufer über. Durch die beiden Todesfälle war zur Zeit der Neuwahl der Mainzer Stuhl vakant; in Stellvertretung übernahm daher der Erzbischof Albero von Trier die Wahlgeschäfte und leitete sie zu Gunsten des bisherigen staufischen Gegenkönigs[162]. Siegfried von Boyneburg stellte sich, wie nach seiner politischen Grundhaltung und Stammeszugehörigkeit zu erwarten war, auf die Seite der Witwe Lothars und der Welfen. Auf dem Reichstag in

Bamberg zu Pfingsten 1138 schien sich eine Verständigung anzubahnen; der Mainzer Erzbischof, die Kaiserinwitwe Richenza und eine Anzahl sächsischer Großen waren erschienen[163], jedoch Herzog Heinrich der Stolze blieb fern, und so war der Machtkampf nicht abzuwenden, nach der Belehnung Albrechts des Bären mit Sachsen brach er offen aus. Mit anderen sächsischen Großen wie Konrad von Wettin und Rudolf von Stade kämpfte auch Siegfried von Boyneburg in dem Gefecht bei Mimirberg gegen Albrecht[164].
Da auch Erzbischof Adalbert sich immer deutlicher zu den Welfen schlug[165], standen beide wieder auf der gleichen Seite. Im September 1138 kommt Siegfried von Boyneburg auch als Zeuge in einer Urkunde des Erzbischofs vor[166]. Ein Waffenstillstand von August 1139 bis Pfingsten 1140 stellte zunächst wieder Ruhe her und zwang Hermann von Winzenburg zum Verzicht auf alle Siegfried von Boyneburg abgenommenen Lehen[167]. Siegfried ist 1139–1140 am Rhein und in Westfalen nachweisbar, in Mainz wieder 1142. Zusammen mit Hermann von Winzenburg tritt er als Zeuge in zwei Urkunden Erzbischof Markolfs auf. Dieser Erzbischof, der Nachfolger des am 17. Juli 1141 verstorbenen Adalbert II., setzte in seiner kurzen Amtszeit (August 1141 bis Juli 1142) die Politik seines Vorgängers fort[168]. Die Urkunde vom Mai 1142 für Fredelsloh ist in Mainz ausgestellt und bezeugt Siegfrieds persönliche Anwesenheit am Rhein und Main[169]. Die Verbundenheit mit Erzbischof Markolf wird noch dadurch unterstrichen, daß dieser ihn „fidelis" nennt[170]. Damit haben wir die Untersuchung bis in die Zeit unmittelbar vor der Mainzer Synode vom März 1143 geführt. Siegfried von Boyneburg betätigte sich, wie wir sahen, wiederholt als Zeuge für die Mainzer Erzbischöfe, meist bei Klostergründungen oder -umwandlungen, war also am Rhein und Main. Bald nach der Synode, Ende Mai 1143, arbeiteten der Graf und der Erzbischof bei der Neuwahl des Abtes von Korvey Hand in Hand. Nach dem Tode des alten Abtes Adalbero wandte Siegfried als Vogt des Klosters alle seine Machtmittel an, um die Wahl seines Stiefbruders Heinrich, der selbst Mönch in Korvey war, zum neuen Abt durchzusetzen. Der Erzbischof unterstützte Siegfrieds Vorgehen und drohte, die Wahl eines jeden anderen Bewerbers zu verhindern. Schließlich erschien Graf Siegfried selbst mit bewaffnetem Gefolge vor dem Kloster und suchte das Kapitel durch Einschüchterungen und Versprechungen zur Wahl seines Stiefbruders zu bewegen[171]. Endlich kam diese, wenn auch nicht einstimmig, zustande. Graf Siegfried und Erzbischof Heinrich trafen Mitte Juni mit dem König in

Westliches Gewändeportal mit Bogenlaibung   Zeichnung: Siegfried Bauer

Fulda zusammen[172]. Sie erreichten dort, daß der König dem neuen Abt die Investitur erteilte und damit den Gewaltakt legitimierte. Siegfried begleitete den König nach Straßburg, wo er im Juli einen allgemeinen Landtag für Schwaben abhielt. Am 8. und 9. Juli ist Siegfried im Gefolge des Königs nachweisbar. Er ist dabei auch als Zeuge für das elsässische Kloster Selz tätig[173]. In Straßburg wurde offensichtlich auch der Bischof der Stadt in diese Versöhnung einbezogen. Burchard von Straßburg, den wir als Zeugen der Otterberger Stiftungsurkunde kennen, gehörte nämlich neben Erzbischof Adalbert II. zu den **erbittertsten Gegnern des Königs**. Noch 1141 hatte dieser ihn zur Unterwerfung gezwungen und die Stadt erobert[174]; jetzt zählte er zu den prominenten Besuchern des Hoftages[175]. Siegfrieds Auftreten in Straßburg ist seine letzte Tätigkeit, die sicher zu datieren ist. Vermutlich noch in das Jahr 1143 fällt ein weiterer Aufenthalt in Korvey, wahrscheinlich um letzte Widerstände im Kloster zu brechen. Am 27. April 1144 starb Graf Siegfried und wurde in der Nikolaikapelle in Northeim bestattet[176]. Das Geschlecht der Grafen von Northeim erlosch mit ihm. Ein weiteres Eingreifen des Gründers oder seiner Familie zu Gunsten des Klosters Otterberg war daher nicht möglich. Man sucht deshalb vergeblich nach ihren Spuren in der Klostergeschichte. Des Haltes am Stifter beraubt, ging das Kloster schweren Anfangszeiten entgegen. 1147/48 zweifelten die Mönche so stark am Aufkommen, daß sie die heilige Hildegard von Bingen um Rat und Trost baten. Hier zeigte sich die Hinwendung zum Rheingau. Noch deutlicher wird die Orientierung des Klosters in den rheinischen Raum, in seiner **Erstreckung von Worms bis Bingen**, in den frühesten Nachrichten über Klosterbesitz. Die wahrscheinlich einzige Urkunde aus der Zeit vor 1150[177] gehört ins Alsenztal (Hanauerhof bei Dielkirchen), und noch die Karte des Besitzes aus der Zeit um die Jahrhundertwende läßt eine deutliche Tendenz nach Osten und Nordosten erkennen.

Siegfried von Northeim-Boyneburg zählte zu den Anhängern Erzbischofs Heinrich von Mainz. Aber nicht nur die Otterberger Stiftungsurkunde hat den Mainzer Erzbischof zum Aussteller; es wurde auch von dem im Mainzer Einflußbereich liegenden Kloster Eberbach mit Mönchen beschickt. Die Filiation zu Eberbach ist durchaus keine Selbstverständlichkeit. Die im Gebiet der Rheinpfalz gelegenen Zisterzienserklöster Werschweiler und Eußerthal leiten ihre Herkunft keineswegs von Eberbach ab, sondern von Weilerbettnach (Lothringen), das nahe der Pfälzer Grenze in Lothringen liegende Stürzelbronn sogar von Mazières in Burgund.

e) Die Grafen von Boyneburg und das Rheinland

Die Besitzverhältnisse in Otterberg in der Zeit vor der Gründung des Klosters sind aus Mangel an Quellen sehr schwer zu rekonstruieren. Die Quellenbelege für die Nachbarorte Otterbergs reichen in keinem Fall über das Jahr 1143[178]. Folgt man Lange[179], der hier weitgehend auf den Argumenten Kimpens[180] aufbaut, so können über Richenza, die Gemahlin Ottos von Northeim, Besitzkomplexe in Süddeutschland aus dem ezzonisch-liudolfingischen Erbe dieser Tochter Herzog Ottos von Schwaben an die Grafen von Boyneburg gekommen sein. Aber auch zwei Generationen später ergibt sich nochmals eine Verbindung zum rheinischen Raum. Johanna Heß-Gotthold hat darauf aufmerksam gemacht, daß Pfalzgraf Heinrich von Laach, da seine Ehe mit Adelheid von Orlamünde kinderlos blieb, den Stiefsohn Siegfried aus der ersten Ehe seiner Gemahlin mit Adalbert von Ballenstedt adoptierte und zum Erben einsetzte[181]. Von dessen drei Kindern überlebte ihn nur die Tochter. Es ist daher immerhin möglich, daß nicht diese das gesamte Erbgut erhielt und es damit an die niederösterreichische Familie der Grafen von Peilstein gelangte, sondern daß ein Teil an die Familie der Northeimer, zu der ja auch die Grafen von Boyneburg gehörten, zurückfiel.

Eine weitere, sehr interessante und bisher noch wenig beachtete Verbindung zwischen Nord und Süd bestand über die Grafen von Arnstein. Graf Ludwig von Arnstein gründete 1145 das Prämonstratenserinnenkloster Marienthal am Donnersberg. Von hier aus wurde das gleichfalls von Graf Ludwig und Hunfried von Falkenstein 1148 gestiftete Kloster Enkenbach mit Nonnen besiedelt. Graf Ludwig hatte zusammen mit seiner Frau Guda bereits 1139 auf seiner Burg in der Nähe von Koblenz ein Prämonstratenserinnenkloster gegründet[182]. Da es sich auch in der Pfalz in beiden Fällen um Frauenklöster handelte, dürfen wir wohl auch hier vermuten, daß Guda beteiligt war, vielleicht sogar den Anstoß gab; diese Guda von Arnstein aber war die letzte des Geschlechts von Boyneburg, die Tochter Siegfrieds IV.[183]. Wir sehen hier also eine merkwürdige Parallelität; das gleiche, scheinbar so ferne Geschlecht von Boyneburg griff über Guda von Arnstein etwa zur gleichen Zeit in die Gründung von zwei weiteren pfälzischen Klöstern ein. In Enkenbach erfolgte die Gründung durch zwei Adlige gleichzeitig, deren einzelner Anteil noch unzureichend untersucht ist. Remling[184] gibt lediglich an, daß Graf Ludwig mehr das geistige Leben des Konvents unterstützte, Hunfried das äußere Aufkommen, indem er Grund und Boden zum Baue schenkte. Hunfried befürwortete auch

Fensterrose über dem Westportal   Foto: Manfred Lembach, Otterberg

eine Unterstellung unter Otterberg, wie aus einer Schlichtungsurkunde aus dem Jahr 1190 hervorgeht, die aber dann doch die Aufsichtsrechte dem Kloster Münsterdreisen zusprach[185]. Auch hier also wieder eine neue Querverbindung.

Erinnern wir uns noch einmal an die beiden Stifter von Enkenbach, und übertragen wir dieses Vorbild in Gedanken auf Otterberg; denn auch hier erheben zwei Personen den Anspruch, Stifter zu sein. Die zweite Überlieferung, die Stiftung durch einen Ernst von Otterberg, ist allerdings wesentlich schlechter bezeugt, in einer Handschrift (Chronik) im Geheimen Hausarchiv München, in zwei Aktenstücken aus dem 18. Jahrhundert im Generallandesarchiv Karlsruhe[186]. In der Literatur wird sie von Remling erwähnt[187]. Die im Chronikbericht angegebene Jahreszahl 1144 widerspricht übrigens nicht meiner These von der Gründung im März 1143, der Text der Eintragung bestätigt sie eher[188]; denn es wird von der Burg in der Vergangenheitsform gesprochen und nur die Privilegierung in das Jahr 1144 verlegt. Das Quellenmaterial für Ernst von Otterberg ist freilich sehr dürftig, und wir müssen uns vor einer Überinterpretation hüten; vor allem spricht die Gründungsurkunde ganz eindeutig von einer Übergabe des Stiftungsgutes durch Siegfried.

f) Die Klostergründung im Widerstreit von Königtum und Mainzer Erzbischof

Widerspricht aber nicht die These der Gründung Otterbergs durch einen Gefolgsmann des Mainzer Erzbischofs und Gegner des Königs allem, was wir bisher von der Geschichte dieses Klosters wissen, das Bosl einen Stiftungsmittelpunkt der staufischen Ministerialen nannte[189], kurz, ist sie in dem Raum von Kaiserslautern überhaupt denkbar?

Bei der Untersuchung einer Klostergründung ist die Stiftungsurkunde das wichtigste Dokument. Ihre Interpretation ergibt die wesentlichen Gesichtspunkte. Gerade in den Jahren der Stiftung und wirklichen Besetzung des Klosters, also 1143–1145, sind die Gegensätze zwischen dem Erzbischof und der Reichspolitik nicht schroff. Es waren Jahre des Ausgleichs und der Ausgleichsversuche. Der König legitimierte im Juni 1143 in Fulda das gewaltsame Eingreifen Siegfrieds von Boyneburg in die Korveyer Abtwahl, und im gleichen Jahr begleitete dieser den König zu einem Hoftag nach Straßburg. Zu den prominenten Besuchern dieses Hoftages gehörte auch der Bischof der Stadt, den wir als Zeugen der Otterberger Urkunde kennen und der zu den schärfsten Gegnern König Konrads zählte. Zwei

Jahre vorher (1141) hatte der König Straßburg erobert und ihn zur Unterwerfung gezwungen. Im Oktober 1144 schließlich traten König und Erzbischof vereint bei dem großen Fest der Einweihung der Kirche in Hersfeld auf. Auf dieses Ereignis müssen wir vermutlich auch die vorhin erwähnte Chronikstelle beziehen. In Hersfeld hatten sich damals „viel angesehene Fürsten und Herren des Reiches eingefunden"[190]. Wenn auch gerade in der Klosterpolitik des Mainzer Erzbischofs in den folgenden Jahren wieder ein Spannungsverhältnis zum König zum Ausdruck kam, so lag das Schwergewicht der Bemühungen des Erzbischofs im Gebiet nördlich seines Bistumssitzes, in Hessen und Thüringen, einer Gegend, aus der auch seine Familie stammte[191].

Die Errichtung eines Klosters auf der Otterburg muß zudem nicht als Erfolg der Mainzer Partei gesehen werden. Hermann Graf vermutete, daß die Otterburg in den Kämpfen Herzog Friedrichs II. mit Erzbischof Adalbert von Mainz in den Jahren 1116–1118 von letzterem erobert und bis auf die Burgkapelle zerstört wurde, der Bischof aber von einer Besetzung absah, da die Burg keinen „Verteidigungs- und Wohnwert" mehr hatte[192]. Wenn auch Grafs Beleg für die Zerstörung nur das Wort „alt" (= antiquus) in der Gründungsurkunde ist, wobei alt nicht unbedingt zerstört bedeuten muß, so bliebe gerade dann die Frage offen, ob nicht die Otterburg, das kriegerische Streitobjekt, nachdem es in die Hände des Erzbischofs gelangt, auch in dessen Gewalt geblieben war. Die Gründung eines Klosters in der umkämpften Burg wäre dann für die Mainzer Partei eine Geste des Friedens oder allenfalls ein Rückzugsgefecht, da ein Kloster keinen militärischen Stützpunkt mehr darstellen konnte. Die Gründung des Klosters Otterberg durch einen Gefolgsmann des Mainzer Erzbischofs bedeutete dann keinesfalls eine gegen König und Reich gerichtete Maßnahme; sie war das Zeichen eines Ausgleichsversuches, vielleicht ein Anzeichen politischen Rückzuges der Mainzer Partei zu einem Gebiet, das kirchlich noch zum Erzbistum gehörte und dessen Zugehörigkeit man durch die Gründung eines Klosters bekräftigen wollte. Was schließlich die Unterstützung des Klosters durch die Staufer und deren Ministerialen betrifft, so wird diese erst an der Wende zum 13. Jahrhundert greifbar; die älteste Kaiserurkunde für Otterberg stammt von 1195, die älteste Schenkungsurkunde eines Reichsministerialen erst von 1209[193]. Die Mönche eines Klosters, die sich von Anfang an einer solchen wirkungsvollen Unterstützung durch die Staufer hätten erfreuen können, sollten es eigentlich nicht nötig gehabt haben, mit dem Gedanken einer Aufgabe der Nieder-

Innenansicht ohne Zwischenwand nach Moller und Gladbach

lassung und einer Rückkehr nach Eberbach umzugehen[194]. Die wenigen vor 1195 belegbaren Klosterbesitzungen lagen zudem nicht im Kaiserslauterer Reichsland; sie waren bei Dielkirchen (Hanauerhof), bei Bad Dürkheim, in Bischheim bei Alzey und Ibersheim bei Worms[195]. Der Reichsministeriale Degenhardt konnte sich einen offenen Streit mit dem Kloster leisten, in das er zunächst eintrat und dem er sein Erbgut in Erlenbach schenkte. Sein Austritt und Übertritt in das Kloster Enkenbach stellten nicht nur einen Affront gegen Otterberg dar, sie zogen auch einen Streit um das Erlenbacher Gut nach sich. Am Ende verblieben die Güter zwar bei Otterberg; das Kloster mußte aber eine Reihe von Entschädigungszahlungen leisten. Der Text der Urkunde, die von Stephan Alexander Würdtwein sehr fehlerhaft abgedruckt wurde[196], kann durch einen Vergleich mit dem vom Hauptstaatsarchiv München[197] nach dem Krieg von einem Antiquariat erworbenen Original zwar verbessert werden, doch lassen Überlieferungsform und Inhalt des Stückes noch manche Frage offen. An der Urkunde sind nur noch Spuren eines in der rechten unteren Ecke aufgedrückten Siegels erkennbar; ansonsten ist der Raum unter der letzten Textzeile mit dem Eintrag einer späteren Urkunde gefüllt. Auch im Streit mit dem unter staufisch-salischem Einfluß stehenden Kloster Münsterdreisen um die Unterstellung des Klosters Enkenbach unterlag Otterberg. Nach mehrjähriger Dauer entschied 1190 ein von dem Staufer Heinrich VI. bestelltes Schiedsgericht zu seinen Ungunsten[198]. Beide Ereignisse zeigen keinerlei positive Einflußnahme der Staufer. Abt Philipp, der, wie wir sehen werden, in ungewöhnlicher Weise Nachfolger von gleich zwei noch lebenden Äbten wurde, war ohne Zweifel Kandidat und Günstling der Staufer. Von 1170–1176 war er Domherr in Köln[199], in einer Zeit also, als der von Barbarossa den Kölnern als einzig würdiger Nachfolger Reinalds von Dassel empfohlene Philipp von Heinsberg dort den erzbischöflichen Stuhl innehatte. Philipps Amtsübernahme in Otterberg wird von Remling auf die Zeit um 1190 gelegt[200]. Es ist in der Tat auffallend und spricht für die neuen Initiativen, die jetzt vom Kloster ausgingen, daß in diesen Jahren der Bau der gewaltigen Klosterkirche begonnen wurde und 1195 das Kloster das erste erhaltene kaiserliche Privileg empfing. Von nun an folgen die Kaiser- und Königsdiplome in rascher Abfolge: 1215, 1217, 1219, 1222[201]. Etwa zur gleichen Zeit setzten, wie schon erwähnt, auch die Schenkungen der Reichsministerialen ein.

Die Ansicht, ein Kloster so nahe bei Kaiserslautern könne im 12. Jahrhundert einfach nicht von dem, meist in Spannung oder gar in Auseinandersetzung mit dem König lebenden Mainzer Erzbischof und dessen Gefolgsleuten gegründet worden sein, hält – glaube ich – näherer Überprüfung nicht stand. Es lassen sich keine Belege für eine Unterstützung des Klosters durch die Staufer und ihre Ministerialen in der Zeit vor 1185 erbringen, viele Anzeichen sprechen für das Gegenteil: der schlechte Beginn und der Plan einer Aufgabe der Niederlassung, das Wiederaustreten eines Reichsministerialen, sein trotz Kirchenbann nicht erfolgloser Streit um das dem Kloster eingebrachte Gut, der für Otterberg nachteilige Ausgang der Auseinandersetzung mit Münsterdreisen um die Unterstellung des Klosters Enkenbach, die offensichtlich von außen beeinflußte und nur durch Abtabsetzungen mögliche Erhebung von Philipp. Mit ihm setzte die wirtschaftliche Blüte ein, was nicht nur die jetzt zahlreicher erhaltenen Urkunden bezeugen, sondern vor allem das große Bauvorhaben, das nun begonnen wurde.

g) Stiftungsgut

Wir haben uns ausführlich mit der Frage beschäftigt, von wem das Stiftungsgut des Klosters stammt, wer also für die materielle Ausstattung aufkam. Wie schon angedeutet, war dieses Stiftungsgut auffallend gering, möglicherweise besaß der Stifter in unserer Gegend nicht mehr. Er gab die Burg und die umliegenden Berge, Ländereien und Wälder. Der Erzbischof Heinrich von Mainz übertrug seinerseits die in der Burg gelegene Kirche samt Ausstattung und Einkünften (Zehnt- und Sendgerichtsabgaben). Auffallend ist, daß lediglich in diesem Zusammenhang von dem nahe gelegenen Dörfchen gesprochen wird. Bei der Stiftung des Klosters fallen zwei Dinge besonders auf:
1. Es erfolgten, wie erwähnt, zwei Übertragungen, Siegfried das Grundeigentum, nämlich die Burg und die angrenzenden, dazugehörigen Berge, Ländereien und Wälder, dem Erzbischof die Kirche mit den zu dieser gehörenden Besitzungen und Rechten.
2. Bei der Kirche handelte es sich um keine Kapelle, wie früher zuweilen angenommen wurde[202]. Die Übertragung der Kirche durch den Erzbischof wird gleich zu Beginn der Urkunde im 2. Satz berichtet. Es wird darin ausdrücklich von einer in der alten Burg (castrum) gelegenen Kirche (ecclesia) gesprochen. Ecclesia heißt immer Kirche, eine Kapelle basilica oder capella[203]. Zu dieser Kirche gehörten – und dies macht abgesehen von

Querhaus von Norden   Foto: Hans Günther Hausen, Kaiserslautern

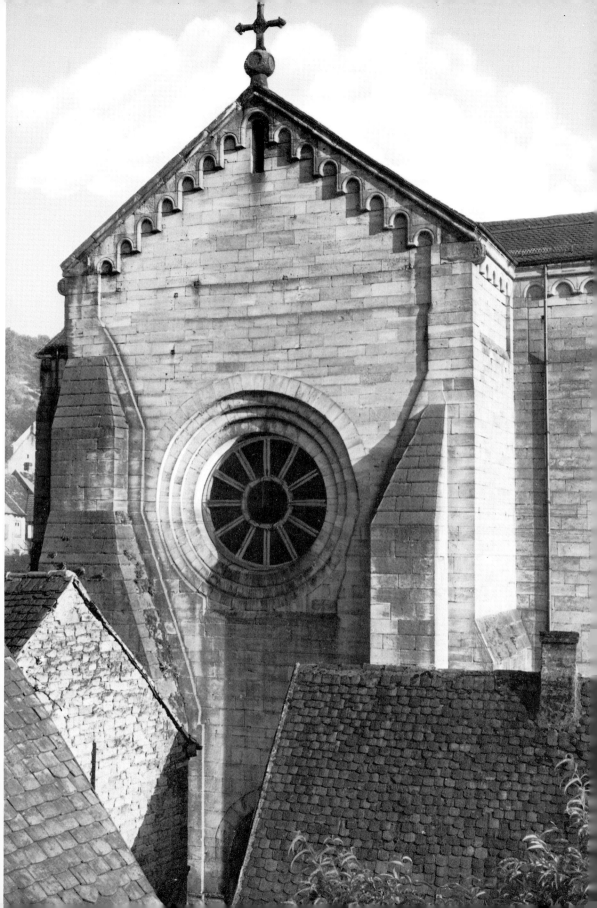

dem verwendeten lateinischen Wort nochmals deutlich, daß es sich um eine Kirche, ja sogar um eine Pfarrkirche handelte – ein im benachbarten Dörfchen gelegenes beneficium ecclesie, die Zehnten, die Sendgerichtsbarkeit und das Altargut. Die Übersetzung des Wortes beneficium (wörtlich und im klassischen Latein, Wohltat) stößt jedoch auf Schwierigkeiten, da das Wort im Mittelalter eine Fülle von Bedeutungen annahm[204], so daß die treffende Übersetzung oft nur aus dem Sinnzusammenhang zu gewinnen ist. Die Übersetzungen Kirchenpfründe oder Kirchenlehen dürften etwa den Sachverhalt treffen, jedenfalls muß eine zum Unterhalt der Kirche und ihres Geistlichen bestimmte Ausstattung mit Gütern oder Einkünften gemeint sein. Die Güter lagen demnach in dem kleinen, nahe gelegenen Dörfchen. Die Zehnteinkünfte waren offenbar nicht so klein wie man vermuten könnte, wenn von wenigen Einwohnern (paucis incolis) gesprochen wird. Die dem Pfarrer von Sambach für seine Dienstleistungen aus dem Zehnt zugesprochene Summe betrug 30 Schillinge; für 20 Schillinge jährlich konnte man 1160 in Worms einen Klosterhof pachten[205].

Wie erklärt sich nun diese Zweigleisigkeit bei der Stiftung, was für Hintergründe hat sie? Auf diese Frage gibt die Urkunde selbst keine Antwort, wir müssen sie also aus allgemeinen Kenntnissen von Kirchenschenkungen in jener Zeit zu beantworten suchen, und dabei ergeben sich zwei Möglichkeiten:

1. Im Wormser Konkordat, das 1122 den Investiturstreit zwischen Kaiser und Papst beendete, wurde die Einsetzung der Bischöfe neu geregelt. Der Kaiser belehnte den Kandidaten nach erfolgter Wahl mit seinen weltlichen Einkünften und Machtvollkommenheiten durch Übergabe des Szepters; der Papst vollzog die Übergabe der geistlichen Amtsgewalt, symbolisiert durch Ring und Stab. Überträgt man diese Teilung der Übergabe in weltliche (Temporalia) und geistlich-religiöse Bestandteile (Spiritualia) eines Ausstattungsgutes auf unser Kloster, so konnte und durfte Siegfried nur das Land und die Gebäude für die Klostergründung zur Verfügung stellen; der Erzbischof mußte die Kirche als Gotteshaus und die mit ihr verbundenen Einkünfte und Rechte übertragen[206]. Damit wäre wohl in der Urkunde eine begriffliche Teilung in Spiritualien und Temporalien vollzogen, Burg und Kirche aber vorher wie nachher in einer Hand vereinigt gewesen.

2. Sieht man hinter der Trennung im Urkundentext nicht nur eine begriffliche Unterscheidung, so war die Kirche vor der Klosterstiftung gar nicht im Besitze Siegfrieds, sondern im Besitz des Erzbischofs, also

eine Mainzer Eigenkirche, was allerdings eigenartige Besitzverhältnisse auf der Burg voraussetzt, andererseits einen neuen Beweis für die enge Bindung Siegfrieds an den Erzbischof gerade auch hinsichtlich der Gründung unseres Klosters darstellen würde.

Es ist auffallend, daß in der Burg eine Kirche stand; sonst sind Burg und Kapelle zwei zugehörige Begriffe. In der Literatur wird stets nur von Kapellen auf Burgen gesprochen[207]. Diese Kapellen waren teilweise recht klein und nur durch andere Räume zu erreichen. Hier aber finden wir eine Pfarrkirche, die im Besitz von Zehnt- und Sendgerichtsrechten ist und deren Aufgaben zeitweise die Pfarrkirche sowie der Pfarrer in Sambach übernahmen. Besonders auffallend ist in diesem Zusammenhang das Sendgerichtsrecht (iustitia synodalis). Sendgerichte sind geistliche Sittengerichte, die durch die Diözese zogen und in den einzelnen Pfarreien über Zucht und Sitte, aber auch über Weihe und baulichen Zustand des Kirchengebäudes wachten, so daß anzunehmen ist, daß die Burg zwar alt, aber die Kirche darin jedenfalls nicht verfallen war[208]. Das Sendgericht tagte in der Pfarrkirche, oder, als deren Zahl stieg, in der Mutterkirche, zu der die Sendpflichtigen aus den Filialorten kommen mußten[209]. Dies würde aber bedeuten, daß die Pfarrkirche in Otterberg möglicherweise zu den bedeutenderen Pfarrkirchen der Umgebung zählte. War sie das aber, vielleicht sogar eine Mutterkirche für einige umliegende Weiler, deren Bestehen vor der Klostergründung aus den Namen zu erschließen ist, dann ist die Frage berechtigt, warum diese Kirche in einer Burg lag, was durchaus ungewöhnlich ist. Auch hier schweigen die Quellen wieder, und an Stelle klarer Antworten müssen wir uns mit Vermutungen zufriedengeben. Hermann Graf nimmt eine Zerstörung der Otterburg im Zuge der Auseinandersetzungen des Erzbischofs von Mainz mit Herzog Friedrich II. an. Er spricht im Zusammenhang mit der Klostergründung von einer ruinösen Burg (und deren Kapelle)[210]. Man könnte dann an eine Ansiedlung von Menschen in den teilweise zerstörten Baulichkeiten der Burg um die Kirche herum denken, eine Situation, wie sie über 500 Jahre später bei der Ankunft der ersten Glaubensflüchtlinge in ähnlicher Weise wieder eintrat. Es hätte demnach gar keine echte Ritterburg mehr bestanden, sondern eine in die Gebäude einer teilzerstörten Burg hineingewachsene kleine Ansiedlung auf dem Schloßberg. Die Verleihung von Pfarrechten an die Kirche hätte dann aber erst vor relativ kurzer Zeit vor der Klostergründung erfolgt sein können, und die ganze Angelegenheit wäre als eine kurzlebige Notlösung anzusehen. Man kann den Gedanken einer Siedlung auf dem Berge aber

Blick zum Chor

Zeichnung: Siegfried Bauer

auch weiterspinnen und bei dem spärlichen Quellenmaterial für die Burg (nur die Nennung in der Stiftungsurkunde) fragen, hat es überhaupt eine Ritterburg gegeben? Wie beneficium ist auch das Wort castrum mehrdeutig, es kann nicht nur Burg, sondern auch Stadt und (ummauerter) Flecken[211] heißen; ähnlich verhält es sich auch bei dem deutschen Wort Burg, das in Ortsnamen vorkommt[212]. Es bestünde damit die Möglichkeit, daß der Vorläufer des Klosters ein kleiner ummauerter Ort mit Pfarrkirche gewesen ist oder eine einzeln stehende Kirche, die für mehrere in der Umgebung liegende Weiler Pfarrkirche war. Für derartige Kirchen gibt es genügend Belege, etwa die Kirche „Ennet Feldes" außerhalb der alten Stadt Ulm, die Wurmlinger Kapelle, bekannt aus dem Gedicht Uhlands, die ursprünglich Pfarrkirche des Ortes war[213] oder die Kirche von Christenberg, Kr. Marburg, Hessen. Die Kirche auf dem Christenberg stammt aus dem 11. Jahrhundert. Die Ulmer Kirche geht wahrscheinlich auf einen alten fränkischen Königshof zurück. Mit der Annahme einer ummauerten, einzelnstehenden Kirche entfernen wir uns allerdings bereits vom Urkundentext. Wir müssen einhalten und zu ihm zurückkehren. Der vorgeführte Gedankengang zeigt jedoch, wie unsicher der Boden unserer Quellenüberlieferung für diese Zeit noch ist und wie wichtig eine Flächengrabung auf dem Schloßberg wäre.

3. Der Verlauf der Klostergeschichte im Überblick

Das Stiftungsgut des Klosters war verhältnismäßig gering. Außer Burg und Weiler wurden keine weiteren Orte, kein Fernbesitz und keine Einkünfte übertragen. Als Datum des Einzugs der Mönche gibt Janauschek den März 1145 an[214], und schon die Bestimmung über die Seelsorge durch den Sambacher Pfarrer zeigt, daß man damit rechnete, es werde bis zur Möglichkeit einer Pastorisierung durch die Mönche einige Zeit verstreichen. Auch die Zahl der ersten Mönche ist nicht bekannt, nur der Namen des ersten Abtes: Stephan. Vermutlich waren es 12 Mönche, der Sitte des Ordens folgend[215]. Sie lebten zunächst wohl in den Räumen der Burg. Schwierigkeiten blieben wie bei vielen Klöstern im Anfang nicht aus. Abt und Mönche dachten bereits an eine Rückkehr nach Eberbach, wandten sich aber zunächst hilfesuchend in den Rheingau, die Gegend, aus der sie gekommen waren. Bei der heiligen Hildegard von Bingen, die großes Ansehen und Verehrung genoß, holten sie sich brieflich Rat. Der Schreiber des Briefes war ein Bruder S. Versteckt sich hinter dem Anfangsbuchstaben Abt Stephan? Hildegard ermutigte sie zum Ausharren[216]. Das Jahr der Anfrage steht nicht genau fest. Nach dem Buch der Klostervisitationen des Eberbacher Abtes Martin Rifflink soll sich Hildegard damals schon auf dem Rupertsberg bei Bingen aufgehalten haben. Die Übersiedlung vom Disibodenberg zum Rupertsberg geschah Ende 1147 oder am Anfang des Jahres 1148. Die Otterberger Anfrage kann man dann wenig später ansetzen[217].

Die Zisterziensermönche, nach der Farbe ihrer Kutten nannte man sie volkstümlich die weißen oder grauen Mönche, blieben in Otterberg und schufen damit die Voraussetzung für das Aufblühen des Klosters. Zwei Güterpachtungen zeigen, daß der Klosterbesitz nun über die engere Umgebung hinausgriff[218]. Abt Philipp führte das Kloster zu einem ersten Höhepunkt seiner Geschichte. Der Beginn des Kirchen- und Klosterbaues im Tal des Otterbachs sowie die ersten Diplome von Kaiser und Papst[219] sind äußere Zeichen dieses Aufstiegs. Die Umwandlung des alten Benediktinerklosters Disibodenberg in ein Zisterzienserkloster 1259 und der Abschluß des Erwerbs der Waldmark 1284 sind weitere Festpunkte einer stetigen Aufwärtsentwicklung. Erste Anzeichen eines Umschwungs werden um die folgende Jahrhundertwende sichtbar, zuerst kaum merklich, dann immer deutlicher. Im Jahr 1301 kam es zur Verpachtung eines großen Klosterhofes[220]; im Jahr 1303 folgte sein Verkauf. Die Zahl der Verpachtungen und Verkäufe stieg nun an, die Zahl der Schenkungen ging gleichzeitig zurück. Im Jahr 1332 erhielt der Pfalzgraf offiziell die Schutzvogtei über das Kloster[221]. Dieses geriet damit unter den Einfluß eines mächtigen Landesherrn. Die enge Bindung veranlaßte zwar ein Eingreifen des Pfalzgrafen bei den Gläubigern des Klosters, verstrickte es aber auch in alle Auseinandersetzungen und Kriege, an denen die Pfalz teilhatte. Das Kloster erlitt 1375 Schaden durch die Fehde, die Graf Emich von Leiningen, ein Gefolgsmann des Pfalzgrafen, mit den Städten Mainz, Worms und Speyer führte. Häusser[222] nennt sie eine der drückendsten Fehden für die Bewohner der Rheingegenden. Ihr Anlaß war offensichtlich so nichtig, daß weder Lehmann noch Häusser darüber etwas in Erfahrung bringen konnten. Otterberg wird in einer Urkunde Pfalzgraf Ruprechts von 1376[223] eigens unter den Orten genannt, die besonders in Mitleidenschaft gezogen wurden. Der Pfalzgraf verzichtete in der Urkunde auf eine Wiedergutmachung der Schäden durch die Städte; nach Häusser verlangte er schließlich 1378 doch noch 2500 Gulden. Ob und wie die Geschädigten, in unserem Fall das Kloster Otterberg, Genugtuung und Ersatz erhielten, ist nicht bekannt. Da unter den heimgesuchten Orten sonst kein Name aus der Umgebung von Kaiserslautern vorkommt, entstanden die Schäden vermutlich nicht in Otterberg selbst, sondern in den vorderpfälzischen und rheinhessischen Klosterbesitzungen. Gerade in den drei dortigen Bischofsstädten hatte das Kloster reichen Besitz. Neben den eigentlichen Verwüstungen dürfte der Handel auch entscheidend behindert worden sein. Im Herbst 1460 brandschatzten die Kriegsknechte des Grafen von Leiningen das Kloster Otterberg um 300 Gulden. Freilich erfreuten sie sich der Beute nicht lange; noch am gleichen Tage wurden sie bei Hertlingshausen von dem Amtmann von Kaiserslautern Peter Albrecht vernichtend geschlagen[224]. Der Bayerische Erbfolgekrieg (1503–1507) brachte dem Kloster nicht nur Kosten für die Ausrüstung der Armee des Kurfürsten und Schädigungen durch seinen Gegner Herzog Alexander von Pfalz-Zweibrücken, er stürzte das ganze pfälzische Land, auch die politisch zu Leiningen gehörigen Gebiete, in eine schwere Krise und warf seine Entwicklung zur Vormacht am Oberrhein zurück. Die nächste, zugleich die schwerste Heimsuchung des Klosters folgte auf dem Fuße. Im Bauernkrieg 1525 fielen die aufrührerischen Bauern über unser Kloster her. Wie stark die Zerstörungen an den Gebäuden waren, ist ungewiß; fest steht jedoch, daß die Mönche mittel- und hilflos in Kaiserslautern Zuflucht suchten und teilweise in das Elternhaus zurückkehrten[225].

Das Ende des Klosters rückte heran, als sich die Reformation auch in der Pfalz durchsetzte. Zwar dauerte es ziemlich lange, bis der neue Glaube die Unterstützung des Pfalzgrafen fand; erst 1546 werden vorsichtige Neuerungen greifbar. Mit Pfalzgraf Ottheinrich (1556–1559) griff der Landesherr konsequent ein. 1558 wurde in Schönau als dem ersten pfälzischen Kloster ein weltlicher Verwalter eingesetzt[226]. In Otterberg verzichtete der Abt, nach einer Aufforderung des Kurfürsten zur neuen Lehre überzutreten, am 24. 2. 1561 auf seine Rechte am Kloster und zog sich mit einer pfälzischen Pension in den Otterberger Hof zu Worms zurück. Gleiche Verzichtsurkunden stellten die drei noch im Kloster weilenden Mönche aus[227]. Für Otterberg wurde gleichfalls ein weltlicher Verwalter bestellt.

4. Die Klostergeschichte unter den einzelnen Äbten

a) Die frühen Äbte (12. Jahrhundert)

Wir kennen aus dem vorigen Kapitel den Verlauf der Klostergeschichte in großen Zügen, wissen, wo äußerer Einfluß im Guten wie im Schlechten wirksam wurde. Nun müssen wir die Klostergeschichte genauer verfolgen und brauchen hierzu ein chronologisches Gerüst. Wie die politische Geschichte sich gern an den Herrschern und ihren Regierungszeiten orientiert, treten bei der Geschichte eines Klosters die Persönlichkeiten der Äbte und ihre Amtszeiten an diese Stelle. Remling hat dies gewußt und seine Darstellung allein nach Äbten geordnet. Dieses Vorgehen bringt aber auch einen Nachteil mit sich. Der Abt war nicht nur ein äußerer Repräsentant seines Klosters, nahm Schenkungen entgegen und erwarb neue Güter, er war auch der Vorsteher seines Konvents. Wir werden daher auf die Äbte im Zusammenhang mit der inneren Geschichte des Klosters noch einmal zurückkommen müssen. Um jetzt den Fortgang der Darstellung nicht zu stark mit den notwendigen Untersuchungen über die Festsetzung der Amtszeiten der Äbte zu unterbrechen, werden nur die gewonnenen Ergebnisse in Klammern hinter dem Abtnamen genannt. Der Abtchronologie im Detail ist ein Abschnitt im Kapitel, innere Klostergeschichte, gewidmet.

Der erste Abt einer klösterlichen Gemeinschaft ist für diese immer von großer Bedeutung; hängt es doch viel von seiner Tatkraft und Umsicht ab, ob die Neugründung Wurzel fassen kann und ein Kloster sich als mehr erweist als eine kurze Episode im Verlauf der Geschichte. Abt *Stephan* (1143–1173) hat das Kloster durch diese gefährliche Anfangszeit geführt. Er stammte aus einem Geschlecht von Reichsministerialen. Den Beweis dafür erbringt die schon erwähnte Urkunde von 1173, die zwar schon lange durch den Druck bei Würdtwein[228] und entsprechende Hinweise bei Remling und Frey[229] bekannt war, von der aber in den beiden letzten Werken stets nur das Verhalten des Reichsministerialen Degenhardt getadelt wurde, der zuerst in Otterberg als Mönch eintrat, es dann verließ und nach Enkenbach ging, den der Papst wiederholt mit dem Bann belegte, bis die erwähnte Urkunde eine Einigung brachte.

Der getadelte Reichsministeriale Degenhardt war mit dem ersten Abt verwandt; er war ein Sohn seiner Tante, amitae mee filius, wie es in der Urkunde heißt, was übrigens schon Remling erwähnt. Er besaß aus väterlichem Erbteil ein Stück Land in Erlenbach, einem Otterberg benachbarten

Langhaus von Westen, romanische Bauteile (ca. 1190-1210) Foto: Hermann Karch, Otterberg

Dienst-Pfeiler-Vorlagen mit Konsole im Langhaus   Zeichnung: Siegfried Bauer

Ort, der später zeitweise ganz in den Besitz des Klosters überging. Weitere Verwandte Degenhardts, die das Kloster entschädigen mußte, waren Cuono von Guntheim (bei Worms) und Eckbert von Lautern sowie dessen Söhne Johann und Wernher. Eckbert von Lautern ist als Reichsmarschall in den Jahren 1188–1189 nachweisbar[230] und taucht 1209 nochmals in einer Wormser Urkunde auf[231]. Schreibmüller nahm ihn in den Stammbaum der Reichsministerialen von Hohenecken auf[232]. Der Name Cuono ist von 1253–1333 in dem sich von Eberhard von Lautern herleitenden Geschlecht von Montfort nachweisbar[233]. Ein Johann von Lautern ist 1198–1209 bezeugt[234]; allerdings kommt unter seinen bisher bekannten Brüdern kein Wernher vor. Jedoch könnte dieser auch in den geistlichen Stand übergetreten und sogar in das Kloster Otterberg gegangen sein, wie sein Verwandter Stephan; denn 1209 und 1240 ist ein Keller, 1247–1248 ein Prior Werner belegt[235]. Damit steht fest, daß der aus dem im Mainzer Einflußbereich liegenden Eberbach nach Otterberg gekommene Abt einer Reichsministerialenfamilie entstammte, die in der Nachbarschaft der Neugründung begütert war. Die Auswahl des ersten Abtes dürfte demnach kaum auf einem Zufall beruhen.

In die Amtszeit des ersten Abtes fallen die schon erwähnten Güterpachtungen bei Bad Dürkheim und Ibersheim bei Worms. Es sind dabei weniger die Rechtsgeschäfte selbst von Bedeutung als die Lage der Orte. Besonders die zweite Pachtung bezeugt ein Ausgreifen des Klosterbesitzes weit über die Umgebung von Otterberg hinaus; denn die Pachtung eines Weiderechtes erscheint nur sinnvoll, wenn in der Nähe bereits ein Klosterhof bestand. Wir können daher annehmen, daß der 1195 genannte Klosterhof im nahe gelegenen Eich bereits 1173 in Otterberger Besitz war. Besitzungen, wie die in der Urkunde von 1195 beschriebenen, können ohnedies nicht in wenigen Jahren zusammengekommen sein. Die an sich wenig bedeutsame Nachricht über die Pachtung der Weiderechte ermöglicht also eine genauere zeitliche Fixierung für einen der Otterberger Höfe (Grangien). Abt Stephan vollbrachte offensichtlich eine große Aufbauleistung und hinterließ seinem Nachfolger Alberich ein an Besitz und Größe wachsendes Kloster.

Von *Alevich* oder *Albero* sind allerdings nur zwei urkundliche Nachrichten erhalten, von denen eine undatiert ist, so daß wir keine Vorstellung von seiner Amtsdauer haben. Mit Sicherheit war sie kürzer als die des ersten Abtes. Die Entwicklung des Klosters schien unter seiner Führung eher zu stagnieren. Im Jahre 1184[236], in der einzigen datierten Urkunde,

In medio plis resider pater IMPERIALIS:

mußte er zur Sicherung der Ansprüche auf die Waldmark den Besitz Wenchelswanden gemeinsamer Nutzung mit den anderen Waldmarkdörfern zuführen, obwohl Otterberg die Rechte in der Waldmark und im Brand von alters her, d. h. wohl seit der Gründung, besaß. 1190 wurde der Streit um die Unterstellung des Klosters Enkenbach, der zwischen Otterberg und Münsterdreisen seit vielen Jahren andauerte, zu Gunsten von Münsterdreisen[237] entschieden und damit das Kloster Enkenbach, das wir schon als Rivalen bei der Vergabe von Besitz in Erlenbach kennenlernten, dem Otterberger Einfluß entzogen.

b) Abt Philipp

Sicherheit über die zum Kloster gehörenden Besitzungen erhalten wir 1195 durch eine Urkunde Kaiser Heinrichs VI. Es gibt gute Gründe für die Annahme, daß damals bereits Abt *Philipp* sein Amt angetreten hatte. Unter diesem erlebte das Kloster einen Höhepunkt seiner Geschichte. Der Anfang war wegen des geringen Stiftungsgutes schwer gewesen; eine weitere Förderung durch die Stifterfamilie fehlte. Seit etwa 1175 führten häufiger Abtwechsel und möglicherweise Schwierigkeiten bei der Abtwahl sowie vorzeitiger Rücktritt von Äbten dazu, daß es an Planung und vorausschauendem Denken fehlte. Philipp stand vermutlich über 30 Jahre an der Spitze des Konvents, für die damalige Zeit über ein Menschenalter. Er übernahm es, langfristige Vorhaben mit Tatkraft zu beginnen, zuerst den Kirchenbau. Die Kirche in der Burg und die dortigen Baulichkeiten taugten überhaupt nicht für ein Kloster. Dieses sollte außerdem nach den Vorschriften des Ordens im Tal liegen. Die Klosterkirchen der Zisterzienser sind für ihre Monumentalität bekannt. Zwar verboten die Ordensregeln prunkvolle Ausstattung, wozu auch die Errichtung von Türmen zählte, aber um so größeren Wert legten die Äbte darauf, mächtige Gotteshäuser zu errichten, deren gewaltige monumentale Wucht uns noch heute beeindruckt. Otterbergs Mutterkloster Eberbach hatte gerade in diesen Jahren (1170–1186) eine Kirche von 77 Meter Länge erbaut[238], das etwas später von diesem gegründete Schönau im Odenwald war seit 1167 dabei, einen Bau zu errichten, der dem Eberbacher mit 74,5 Meter Länge nur wenig nachstand. Noch vor 1190[239] begann der Kirchenbau auch in Otterberg. Zunächst entstand das südliche Seitenschiff, also der Teil, der unmittelbar an den Kreuzgang, dem nach der Kirche zweiten Mittelpunkt des klösterlichen Lebens, anschloß, ein Zeichen dafür, daß im ersten Bauabschnitt auch der heute verlorene Kreuzgang und wenigstens ein Teil der

Kaiser Friedrich Barbarossa zwischen seinen Söhnen Heinrich (später Kaiser Heinrich VI) und Friedrich; Miniatur um 1180
Hessische Landesbibliothek Fulda,
Foto: Erwin A. Roth, Fulda

Konventsgebäude fertiggestellt wurden. Dies ist nicht verwunderlich, wenn man bedenkt, daß die Mönche und Laienbrüder, die selbst die Bauarbeiten ausführten, auch in der Nähe der Baustelle untergebracht werden mußten und nicht zur Ausführung des gewaltigen Kirchenbaues immer vom Berg herabsteigen konnten. Die Bauarbeiten griffen dann auf den Chor, das Querschiff und das nördliche Seitenschiff über, wobei gleichzeitig an mehreren Stellen gearbeitet wurde. Diese bis etwa zum Jahre 1210 aufgeführten Bauteile sind in rein romanischem Stil errichtet. In den folgenden 20 Jahren wurde vor allem am nördlichen Seitenschiff weitergebaut. Die nächsten vier Joche gehören dem Übergangsstil zur Gotik an und sind nach Aussagen Hausens bis zum Jahr 1230 fertiggestellt worden, fallen also zum Großteil noch in die Lebenszeit Abt Philipps.

Das große Bauvorhaben setzte ein finanziell gesundes Kloster voraus, das Freunde und Gönner unter den weltlichen Großen besaß und sich des Rückhalts bei Bischöfen und Päpsten erfreute. Abt Philipp wirkte auch hier bahnbrechend. Unter ihm gelangte das Kloster Otterberg in den Bannkreis der staufischen Politik. Kaiser Friedrich I. Barbarossa hielt sich 1186 im Zisterzienserkloster Eußerthal bei Annweiler auf und übertrug diesem Kloster den Gottesdienst in der Kapelle der Reichsburg Trifels. Für Otterberg fehlen Urkunden, welche die Beziehungen zu Kaiser Barbarossa bezeugen. Erst sein Nachfolger Heinrich VI. stellte 1195 eine Schutzurkunde für das Kloster aus, in der erstmals der Klosterbesitz aufgezählt wurde. Heinrich VI. stand in diesem Jahr auf dem Höhepunkt seiner Macht; das staufische Haus hatte den Gipfel an Größe und Glanz erreicht. Im Vorjahr (1194) war Heinrich siegreich in Palermo auf Sizilien eingezogen. Ganz Italien bis in den äußersten Süden gehorchte dem deutschen Szepter. Im Jahr 1195 söhnte sich Heinrich mit dem Papst aus. Das oströmische Reich mit der Hauptstadt Byzanz (heute Istanbul) warb um die Gunst des deutschen Kaisers. Im Sommer dieses Jahres kehrte Heinrich nach Deutschland zurück. Über Como und die heutige Schweiz zog der Kaiser nach Norden. Im Juli war er in Frankfurt und Worms. Im September und November hielt er sich in Kaiserslautern auf. Am 25. 9. 1195 urkundete er hier für das Kloster Hördt, am 28. 11. 1195 für Otterberg. Die Urkunde stellte das Kloster unter den Schutz des mächtigsten Mannes seiner Zeit. Sie gibt auch einen Einblick in die wirtschaftliche Situation des Klosters; es werden darin 13 Wirtschaftshöfe, 2 Stadthöfe, zwei weitere Besitzungen und ein ganzes Dorf (Erlenbach) aufgeführt. Abt Philipp hat die Beziehungen zum staufischen Herrscherhaus sein Leben lang ge-

pflegt und in Ehren gehalten. Auch in der zwiespältigen Königswahl nach dem Tod Heinrichs VI. im September 1197 hielt Otterberg, soweit wir dies erkennen können, zu dem staufischen Kandidaten Philipp von Schwaben. Zwar sind von ihm keine Urkunden für das Kloster bekannt, eine Urkunde seines Gegenspielers Otto IV. von Braunschweig aber auch erst aus dem Jahr 1209, also nach dem Tode Philipps (1208) und Ottos allgemeiner Anerkennung als König. Otto entschied in der vor Speyer ausgestellten Urkunde einen Streit des Klosters mit Merbod von Saulheim um die Gerichtsbarkeit in Erlenbach und ergriff die Partei Otterbergs[240]. Der König befand sich im März in keiner sehr starken Position. Er strebte die Kaiserkrönung an und war bereit, dafür viele Zugeständnisse zu machen. Als prominente Zeugen traten die Bischöfe von Speyer und Lüttich sowie Graf Friedrich von Leiningen auf. Mit Friedrich II. erschien Ende 1212 abermals ein staufischer Thronbewerber auf dem Plan, und Otterberg wandte sich wieder dem Hause der Staufer zu. Am 29. Mai 1215 stellte Friedrich II. in Kaiserslautern dem Kloster eine Urkunde über den Besitz einiger Güter und des Patronatsrechts in Sambach aus. Diese Güter hatte Otterberg von dem verstorbenen Wormser Dompropst Ulrich erhalten. Sie wurden ihm dann von dessem Bruder Werner Kolb von Wartenberg streitig gemacht. Der Schutz des Herrscherhauses verhalf dem Kloster wieder zu seinem Recht, mehrte seinen Besitz.

Die Entscheidung für die Staufer führte auch dazu, daß das Kloster nun von Papst Innozenz III. ein umfangreiches Privileg erhielt, wodurch es dem päpstlichen Schutz unterstellt wurde. Zwar hatte ein früherer Papst dem Kloster schon zugestanden, daß es von den selbstbebauten Gütern keinen Zehnt zu zahlen brauche, und Innozenz bestätigte dieses Privileg 1208[241]; doch bezog sich die Urkunde eben nur auf die Zehntbefreiung und damit auf einen sehr begrenzten Ausschnitt des klösterlichen Lebens. Sie wiederholte damit nur eine, jedem Zisterzienserkloster durch ein päpstliches Privileg von 1132 zustehende Vergünstigung[242]. Im Jahr 1215 hatten sich der Papst und ein in Rom versammeltes riesiges Konzil, an dem 71 Erzbischöfe und über 400 Bischöfe teilnahmen, zum Schiedsrichter zwischen den beiden Königen Otto IV. und Friedrich II. gemacht, und die Entscheidung fiel zu Gunsten des Staufers aus. Das Zusammengehen von Papst und König trug nun auch für das Kloster Frucht in dem genannten großen Privileg. Papst Innozenz bestätigte aber nicht nur eine größere Zahl von Höfen und erklärte sie zum rechtmäßigen Besitz, er erließ eine ganze Reihe weiterer Bestimmungen, die die Macht des Abtes stärkten,

der im Eingang der Urkunde auch namentlich genannt wurde. Der Austritt aus dem Kloster und der Übergang in ein anderes sind nun kraft päpstlicher Gewalt ausdrücklich verboten. In den Fällen wie dem Übertritt des Reichsministerialen Degenhardt von Otterberg nach Enkenbach wäre nun hier eine eindeutige Rechtslage zu Gunsten Otterbergs geschaffen. Weitere Bestimmungen schränkten vor allem den Einfluß des zuständigen Bischofs, also des Erzbischofs von Mainz, ein. Diese Bestimmungen zeigen, daß sich das Kloster klar und eindeutig aus dem Mainzer Einflußbereich gelöst hatte. Dies ist sehr bemerkenswert, da etwa zur gleichen Zeit (1213) das Kloster Schönau dem Schutz des Erzbischofs von Mainz besonders unterstellt wurde. Bei Schönau spielte hierbei aber die politische Unsicherheit eine Rolle, die durch den Übergang der Pfalzgrafschaft von den Welfen an die Wittelsbacher entstanden war[243]. Für Otterberg, das damals noch nicht zur Pfalzgrafschaft gehörte, lagen die Verhältnisse anders. Und auch Schönau suchte nicht bei dem zuständigen Diözesanbischof von Worms Schutz, sondern wählte einen anderen Beschützer. Der Inhalt der Urkunde des Papstes ist für das Kloster Otterberg zwar von großer Bedeutung, die darin enthaltenen Bestimmungen sind aber keine einmaligen Zugeständnisse. Eberbach und Schönau erhielten vom Papst ähnliche Privilegien.
König Friedrich II. erteilte 1219 dem Kloster Otterberg nochmals zwei Privilegien. Er legte damit einen Streit mit dem Kloster St. Lambrecht und Heinrich und Werner Kolb von Wartenberg über Holzrechte in der Waldmark bei[244]. In diesem Zusammenhang bestätigte er in einer zweiten Urkunde den Schiedsspruch Ottos IV. über Erlenbach[245]. Die Bestätigung dieser einzigen von einem Nichtstaufer ausgestellten Königsurkunde sollte an deren weiterer Gültigkeit keine Zweifel lassen. Nach seiner Kaiserkrönung (1219) weilte Friedrich viel in Sizilien. Sein Sohn Heinrich wurde 1222 zum König für Deutschland gewählt. Aus diesem Grunde fehlen für die folgenden Jahre Kaiserurkunden. König Heinrich (VII.) hingegen stellte 1222 und 1225 solche für Otterberg aus. Am 16. März 1222 beurkundete er in Worms die Schenkung eines Hofes an das Kloster durch den Ritter Rudewin von Flomborn und seine Gattin Massivilia[246]. Am 25. April 1225 bestätigte er in Kaiserslautern Otterberger Holz- und Weiderechte in der Waldmark. Auch der Papst urkundete in den letzten Lebensjahren Abt Philipps noch zweimal zu Gunsten des Klosters. Honorius III., seit 1216 Nachfolger von Papst Innozenz III., erneuerte 1218 die Freiheiten des Klosters[247] und führte in einer Besitzbestätigung vom April 1220[248] aus-

drücklich den neuerworbenen Klosterhof Ormesheim bei Frankenthal auf. Ebenso wichtig wie die Verbriefung der bestehenden Besitzverhältnisse durch Kaiser und Papst war es aber auch, daß das kaiserliche Wohlwollen zahlreiche Schenkungen seiner Gefolgsleute, vor allem der um Kaiserslautern ansässigen Reichsministerialen, nach sich zog. So schenkte 1209 Eberhard von Lautern einen Hof in Kaiserslautern[249]. 1219 verzichtete Werner Kolb von Wartenberg auf Zehntansprüche[250]. Philipp von Bolanden war mehrfach als Schiedsrichter in Streitigkeiten tätig[251]. Abt Philipp konnte so seinen Nachfolgern einen nach außen gefestigten Konvent hinterlassen.

c) Die Äbte des 13. Jahrhunderts

Über den Nachfolger von Abt Philipp herrscht Unklarheit. Vermutlich folgte ein Abt mit dem Namen *Johannes*, von dem es aber nur einen Beleg in einer undatierten Urkunde gibt. Seine Leistungen sind nur zu erschließen. Der Bau an der Kirche ging weiter. Die Kunstgeschichtler rechnen den Übergangsstil bis zum Jahr 1230. Der weitere Stilwechsel, Übergang zum frühgotischen Stil, läßt eine gewisse Unterbrechung der Bauarbeiten um das Jahr 1230 wahrscheinlich erscheinen. Auch eine weitere Königsurkunde fällt in diese Zeit (1227). König Heinrich (VII.) bestätigte nicht nur den Schutz des staufischen Hauses, sondern erteilte auch darüber hinaus die für den Handel des Klosters wichtige Zollbefreiung auf dem Rhein bei Boppard und in dem nächstgelegenen und daher wichtigsten

Grabplatte Abt Philipps, gest. 1225   nach ihrer Wiederauffindung, Foto: Hermann Karch, Otterberg (Landesamt für Denkmalpflege).

Handelsplatz Kaiserslautern[252]. Diese Jahre sind offensichtlich eine Zeit der Sicherung des Erreichten. Viele Urkunden dieser Jahre beinhalten nicht neue Schenkungen, sondern Bestätigungen früherer Besitzübertragungen[253], Verzichte Dritter auf Ansprüche[254]; auch eine Verpfändung seitens des Klosters ist bezeugt[255].

Vom nächsten Abt *Hertwig* (1229) ist unser Wissen ähnlich spärlich. Die einzige Urkunde, die seinen Namen nennt[256], ist inhaltlich wenig bedeutend. Sie muß auch gegen Ende seiner Amtszeit liegen; denn im nächsten Jahr ist bereits sein Nachfolger bezeugt.

In die Amtszeit von Abt *Gerhard* (1230–1236) fiel der Beginn der frühgotischen Bauperiode des Klosters. Ein neuer Mann hatte hier vermutlich den Anstoß gegeben. Hausen nimmt an[257], daß der neue Baumeister Hartmut hieß, ein Name, der als Inschrift gerade an der Stelle vorkommt, an der auch die neuen Stilmerkmale einsetzen. Von König Heinrich (VII.) erlangte das Kloster eine Bestätigung des 1209 von Kaiser Otto gegebenen Privilegs über Erlenbach[258], ein Zeichen mehr, wie sehr man bestrebt war, diese von einem welfischen Kaiser gegebene Urkunde vom augenblicklichen Herrscher immer wieder bestätigen zu lassen und so eine sichere Rechtsgrundlage zu behalten. Im gleichen Jahr leistete der Otterberger Abt auch Zeugendienste für König Heinrich in einem Privileg für das Kloster Himmelsthal in Unterfranken[259]. Abt Gerhard hielt sich damals im Gefolge des Königs in Frankfurt auf, wo die Urkunde ausgestellt ist. Außer Gerhard unterzeichneten noch zwei Erzbischöfe, drei Bischöfe und sieben weitere Äbte als Zeugen, darunter auch der Abt des Otterberger Mutterklosters Eberbach. Die Zeugen stellten also eine Versammlung erlauchter Würdenträger dar, denen sich der Otterberger Abt mit Stolz zugesellen konnte.

Von Gerhards Nachfolger *Folkard* besitzen wir wieder nur unzureichende Nachrichten; lediglich zwei Urkunden aus dem Jahr 1240 nennen seinen Namen. In seine Amtszeit fiel vermutlich eine Anweisung Papst Gregors IX. an den Erzbischof von Mainz vom März 1238, alle, die das Kloster beraubten, zum Ersatz der Schäden anzuhalten und sie anderenfalls zu exkommunizieren[260]. Die Urkunde, die gleichzeitig den Erzbischof sowie alle Äbte, Pröpste, Dekane und andere geistliche Würdenträger mit dem Schutz des Klosters betraute, wurde Vorbild für spätere päpstliche Diplome[261]. Einzelheiten der Beraubungen sind nicht bekannt. Wahrscheinlich handelte es sich um Besitzstreitigkeiten, wobei eine Besitzentfremdung für das Kloster natürlich einen Verlust und eine Beraubung darstellte. Diese

Romanische Sonnenuhr am südlichen Seitenschiff   Foto: Schneider, Otterberg

Streitigkeiten wurden oftmals durch ein Schiedsgericht beigelegt. So schlichtete 1240 der Wildgraf Conrad einen Streit zwischen dem Kloster und Ritter Bertram von Lonsheim wegen Güterbesitzes in Uffhofen[262]. Das Kloster konnte durch eine Geldzahlung die von Bertram vorgebrachten Ansprüche ablösen. Ort des Schiedsspruchs bzw. dessen Beurkundung war das Marienkloster in Flonheim. Der ganze Konvent, die Schöffen von Flonheim traten neben anderen als Zeugen auf. Das Beispiel zeigt, daß die Klosterbauten auch als Versammlungsort für Schiedsgerichte dienten wie hier im benachbarten Flonheim. Vermutlich war es das einzige Gebäude, das eine größere Anzahl von Leuten faßte. Ein Schiedsspruch, also die Wiederherstellung von Ordnung und Recht, hat in klösterlichen Räumen durchaus seine passende und würdige Stätte.

Wenn wir den folgenden Abt *Gerhard* in diesem Zusammenhang auch übergehen können, da wir von ihm nur einen noch dazu unsicheren Beleg besitzen, so müssen wir bei Abt *Ulrich* (1245) innehalten, obwohl auch hier nur wenige Urkunden vorliegen. Im Jahr 1245 erwarb er für das Kloster von Konrad und Agnes von Lichtenstein einen Teil der Waldmark und des Sattelhofes bei Alsenbrück[263]. Der Sattelhof ist ein alter Königshof[264], und der Erwerb des ersten Teilstücks der Waldmark leitete eine systematische Erwerbspolitik in diesen unmittelbar beim Kloster gelegenen Waldungen ein, auf die wir in einem eigenen Kapitel noch eingehen müssen. Schon allein diese Urkunde reicht aus, Abt Ulrich als weitblickenden, klugen Kopf zu kennzeichnen. Das geringe Stiftungsgut des Klosters war zwar unterdessen durch zahlreiche Schenkungen vermehrt worden; es fehlte aber immer noch der Güterzuwachs in der unmittelbaren Nachbarschaft. Das Waldgebiet der Waldmark stellte hier das ideale Hinterland für das Kloster dar, das es praktisch von drei Seiten umfaßte und abschirmte. Der Erwerb dieses Gebietes war von ausschlaggebender Bedeutung, wollte man nicht unmittelbar vor den Klosterpforten von fremden Nachbarn bedrängt werden. Schenkungen und Ankäufe von Reichsministerialen, hier den Herren von Falkenstein und Hohenfels[265], fielen in diese Jahre. Auch der Klosterbau machte weitere Fortschritte. 1240–1249 wurde der zweite frühgotische Bauabschnitt aufgerichtet. Im Jahr 1241 war ein wichtiges Detail des Baues, die Westrose, fertiggestellt. Die Westfassade muß also wenigstens bis zur Dachkante gestanden haben, so daß hier nur mehr der Giebel zu vollenden war, was in den folgenden Jahren geschah. Dies überliefert diesmal keine Urkunde, sondern eine an der Kirche in Stein gehauene Inschrift. Sie steht allerdings so hoch im

Gewände der Westrose, daß sie nur von einem Gerüst aus zu erkennen ist[266]. Es hat bisher Schwierigkeiten gemacht, diese Inschrift sicher zu lesen, Hausen konnte die zweite Zeile nicht entziffern[267] und gab die Jahreszahl 1249 an. Im Kunstdenkmälerband wird als zweite Lesung 1241 geboten. Diese Lesung ist der Schlüssel zur Auflösung der gesamten Inschrift; denn die in römischen Zahlzeichen angegebene Jahreszahl reicht nicht nur bis zum Ende der ersten Zeile, sie bricht zwar unorganisch, aber durch Erreichen der Kante des Steines unabweislich geboten, ab, setzt sich jedoch in der zweiten Zeile fort und bietet so den Schlüssel zur Auflösung der folgenden Worte und des ganzen Textes. Dieser lautet:

Anno dni (domini) M⁰CCX
LI⁰ aeventu (aeventum) è (est)
h⁰ (hoc) op (opus) fenes-
traru(m).[268]

Inschrift
im Gewände
der Westrose
Foto: Kurt Close, Otterberg

Zu deutsch: Im Jahre des Herrn 1241 wurde dieses Fensterwerk vollendet. Die Kirche war damit allerdings noch nicht vollständig fertiggestellt. Bei der Inkorporation der Pfarrei Sambach im Jahre 1249 wurde ausdrücklich erwähnt, daß dadurch die Fortführung der Bautätigkeit ermöglicht werden sollte[269]. Neben den Bauarbeiten an der Kirche waren auch die am Kloster im Gange. Zwar war der Kapitelsaal schon 1225 vollendet[270], aber noch im Dezember 1253 fehlten Nebengebäude des Klosters[271].

Der nun folgende Abt *Walthelm* (1247–1259) zählt zu den großen und bedeutenden Otterberger Äbten. Allein 17 Urkunden im Otterberger Kopialbuch nennen seinen Namen[272]. Wichtige Ereignisse fielen in seine Amtszeit. Schon in den ersten Jahren (1247–1249) mehrten sich die Schenkungen. In Lorch am Mittelrhein, in Kirchheim an der Eck und in Bockenheim sowie in Schimsheim erhielt das Kloster neue Güter[273]. Im Jahr 1249 erwarb es die Pfarrei Sambach. Damit hatten sich in einem Jahrhundert die Verhältnisse umgekehrt. Bei der Klostergründung wurde der Pfarrer in Sambach mit der Wahrnehmung der Seelsorge in Weiler und Otterberg betraut; nun waren die Mönche von Otterberg für die Pfarrkinder in Sambach zuständig. Daß diesem Erwerb eine besondere Bedeutung zukam, zeigt schon die komplizierte und vielstufige Art, in der er vor sich ging. Am 5. August 1249 sprach Erzbischof Christian II. von Mainz die Einverleibung auf der Burg Scharfenstein aus[274]. Der Erzbischof konnte dies jedoch nicht ohne Einverständnis des Domkapitels tun, da dieses das Patronatsrecht innehatte und auch der zuständige Archidiakon von St. Viktor gehört werden mußte. Wenige Tage vorher, am 31. Juli, hatte in Mainz der Dekan des Kapitels in einer eigenen Urkunde seine Zustimmung erklärt[275]. Der Magister Ludwig, der Propst von St. Viktor, tat dies wiederum für sich in einer nur auszugsweise erhaltenen und daher nicht genau datierten Urkunde[276]; jedoch dürfte sie mit Sicherheit in die gleiche Zeit fallen. Schließlich war noch die päpstliche Bestätigung notwendig, die Papst Innozenz IV. am 30. September von Lyon aus erteilte[277]. In das gleiche Jahr, also 1249, wird übereinstimmend auch eine Urkunde ohne Jahresangabe gelegt, worin der gleiche Papst dem Kloster auf das Fest der Kirchweihe und die Marienfeiertage einen vierzehntägigen Ablaß gewährte[278]. Auch diese Urkunde ist in Lyon ausgestellt; jedoch hat der Ausstellungsort für die Datierung wenig Aussagekraft, da sich Papst Innozenz IV. in diesen Jahren fast ständig dort aufhielt. Wenige Jahre später gelang der Erwerb des Patronatsrechtes an der Kirche in St. Alban im Tal des Appelbaches[279]. Auch hier, viel weiter von Otterberg entfernt, faßte das

Wappen mit „Adlerklaue" Spolie an der Chorapsis Zeichnung: Siegfried Bauer

Kloster Fuß und gewann über das Patronatsrecht die Möglichkeit, bei der Besetzung der Pfarrei mitzusprechen. Das Patronatsrecht befand sich vorher teils im Besitz des Ortsadels und durch eine Heiratsverbindung zum Teil in der Hand der Familie von Wendelsheim. Eine entsprechende Urkunde wurde in Otterberg ausgestellt. Die beiden Geber sowie vier geistliche und drei weltliche Zeugen bestätigten sie. Es müssen also insgesamt mindestens neun Personen an diesem Tag Gäste des Klosters gewesen sein.

Wie schon die besprochenen Erwerbungen zeigen, war Walthelm besonders darauf bedacht, dem Kloster andere geistliche Institutionen anzugliedern oder wenigstens in Abhängigkeit von Otterberg zu bringen. Sein größter Erfolg auf diesem Gebiet war die Gründung eines Tochterklosters, des einzigen, das in der ganzen Geschichte unseres Konvents von diesem ausging. Die Gründung war keine Neugründung aus wilder Wurzel wie Otterberg selbst, sondern die Umwandlung des alten bestehenden Benediktinerklosters auf dem Disibodenberg in ein Zisterzienserkloster.

Auch Ablaßerteilungen und päpstliche Privilegien für das Kloster sind gerade aus der Zeit Abt Walthelms häufig überliefert. Aus einem von Erzbischof Gerhard I. von Mainz 1253 gewährten Ablaßbrief[280], der gleichzeitig auch eine Bestätigung aller früheren Ablaßbriefe darstellte, geht hervor, daß Kirche und Nebengebäude noch nicht vollständig fertiggestellt waren (ipsam ecclesiam et alias officinas, eidem ordini congruentes inchoaverint opere sumptuoso, nec ad id eis proprie suppetant facultates) und die Mönche allein das aufwendige Bauwerk nicht finanzieren konnten. Im Mai 1254 weihte der Weihbischof Arnold von Lüttich die Kirche und die Torkapelle[281]. Dabei erteilte er neue Ablässe.

Damit war das große Werk des Klosterbaues vollendet, das Abt Philipp einstmals begonnen hatte. Unter wenigstens sechs Äbten waren die Mönche an der Arbeit. Ihr Fleiß und ihre Mühe haben sich gelohnt; das gewaltige Gotteshaus überdauerte das Kloster und ist heute noch ein Zeugnis für die Baukultur der Zisterzienser. Der Hauptaltar wurde, der Sitte des Ordens folgend, der Gottesmutter Maria geweiht. Als zweiter Patron trat ihr Johannes der Täufer zur Seite.

Auch der Güterbesitz wuchs durch Schenkungen und Ankäufe allenthalben weiter an. Durch Kauf kamen 1250 Abgaben in Bockenheim, Gossensheim und Kindenheim in den Besitz des Klosters[282], Höfe, Mühlen und andere Besitzungen machten später diese Orte zu wichtigen Teilen des Otterberger Gesamtgüterbesitzes. Ein Hof und ein Haus in Worms[283] und Güter in Kaiserslautern[284] vermehrten den Besitzstand in den zwei wichtigen Städten und Handelsplätzen. In Sambach erhielt es Rechte an der Mühle[285], so daß hier die Otterberger Herrschaft immer lückenloser wurde. In der unmittelbaren Nachbarschaft gelangten 1247 Güter im Messersbacherhof[286] und 1253 die früher zum Kloster Enkenbach gehörigen Güter in Gersweiler (Gersweilerhof)[287] an Otterberg. In dem Gebiet zwischen Otterberg und Kaiserslautern wuchs der Klosterbesitz in Anlehnung an die Waldmark zu einer größeren Fläche zusammen. Die Bindungen zum Adelsgeschlecht von Hohenfels wurden durch die Stiftung eines Jahrgedächtnisses für Philipp und Elisabeth von Hohenfels vertieft[288]. Philipp von Hohenfels zählte bereits zur Zeit Abt Folkards 1240 zu den Zeugen der Schiedsurkunde im Streit zwischen Otterberg und Bertram von Lonsheim[289] und überließ sechs Jahre später dem Kloster seine Güter in Schimsheim[290]. Im Jahr 1249 stiftete er das bereits erwähnte Jahrgedächtnis, das er nach dem Tode seiner Frau ausdrücklich bestätigte[291]. Vielleicht diente das Kloster schon damals als Grablege dieses Geschlechts, wie dies für das Jahr 1329 bezeugt ist[292]. Im Jahr 1257 übertrug die Witwe Carisma ihr Haus und ihren bei der Mauritiuskirche in Mainz gelegenen Hof an das Kloster[293]. Weitere Güterschenkungen in Bockenheim und Kirchheim an der Eck[294], Offstein[295], Schimsheim[296], Rodenbach, Kr. Kirchheimbolanden[297], Deidesheim und Elmstein[298], Biebelnheim[299] erweiterten den Güterbesitz des Klosters, Ankäufe in Bockenheim[300], Otterbach[301], Mörstadt[302] und Eich[303] rundeten ihn ab.

Ein Ablaßbrief des Abtes Hugo von Cysterz vom Jahr 1258[304] zeigt, daß auch der Vaterabt aller Zisterzienser unser Kloster beim Aufbau unterstützte. Im Jahr 1255 schließlich, vielleicht im Zusammenhang mit der Vollendung und Weihe der Klosterkirche, stellte auch der Papst ein umfassendes Privileg aus, das die ausführlichste Aufzählung Otterberger Besitzungen enthält, die in Urkundenform überliefert ist[305].

Als Abschluß der Bemühungen Abt Walthelms zur Sicherung des Klosters und seines Besitzes in den unruhigen Zeiten des Interregnums kann man eine Urkunde des deutschen Königs Richard von Cornwall ansehen, die dieser am 12. August 1260 in Worms ausstellte und worin er dem Kloster den Schutz des Reiches verbriefte, ihm zoll- und abgabenfreien Transport von 30 Faß Wein eigenen Gewächses auf dem Rhein bis Boppard und eine gleiche Abgabenfreiheit in Kaiserslautern zusicherte. In der Urkunde ist kein Abtname genannt, und der letzte sichere Beleg für Abt Walthelm fällt schon in das Vorjahr[306]; doch hat sich auch Franz Xaver Remling nicht gescheut, dieses Privileg noch der Initiative Walthelms zuzurechnen[307]. Richard kam im Juni aus England nach Deutschland, hielt sich einige Zeit in Worms und Mainz auf und stellte dort eine Reihe von Urkunden für deutsche Empfänger aus.

Auf Walthelm folgte *Friedrich* (1263–1264), der wieder nur kurze Zeit nachweisbar ist. Unter ihm schenkten der Bürger Heinrich Faber aus

Kaiserslautern 1262 Güter in seiner Heimatstadt[308] und Philipp von Bolanden Güter in Herrnsheim bei Worms[309] dem Kloster. Im Jahr 1264 erhielt einer der Otterberger Höfe in Worms eine Kapelle. Hauptpatronin war, wie üblich, die Muttergottes, neben ihr Nikolaus und Katharina. Aus Anlaß der Altarweihe wurde ein besonderer Ablaß gewährt[310]. Im Advent 1263 bezeugte Abt Friedrich zusammen mit dem Abt des Schwesterklosters Arnsburg und drei weiteren Äbten die Übergabe von Gütern in Ockenheim bei Bingen an das Kloster Arnsburg[311].

Friedrichs Nachfolger *Johann* (1267–1271) trat im Februar 1267 zusammen mit Abt Ebelein von Eberbach bei einer Schenkung von Weinbergen an das Kloster Arnsburg als Zeuge auf[312]. Im April des gleichen Jahres weilte er in dem Augustinerchorherrenkloster Höningen und leistete diesmal zusammen mit dem Abt von Arnsburg Zeugendienste in einer Urkunde, in der Ritter von Berlewin von Alzey Ansprüche an das Kloster Eberbach aufgab[313]. Die Äbte der gleichen Klosterfamilie unterstützten sich also gegenseitig bei der Bezeugung wichtiger Rechtsgeschäfte. Im gleichen Jahr, 1267, beauftragte ihn und den Abt von Schönau das Generalkapitel mit der Prüfung des Nonnenklosters Patershausen, Kr. Offenbach, das um Übernahme in den Zisterzienserorden nachgesucht hatte[314].

Auch unter Abt Johann gingen wieder eine Reihe von Güterschenkungen an das Kloster, so in Böhl[315], Oberheimbach[316], Albisheim[317], Gundheim[318], Mauchenheim[319], Heppenheim an der Wiese und Offstein[320]. Besonders hervorzuheben ist die Schenkung der Mühle Oppenstein bei Olsbrücken durch Gottfried von Odenbach im Jahr 1270[321]. Das Kloster vermehrte so seine Besitzungen im Lautertal und legte auf die Mühle offensichtlich besonderen Wert; denn für die Schenkung war eine jährliche Zahlung zu leisten, außerdem bestand ein Rückkaufsrecht des Gebers und seiner Erben, so daß man fast von einer Pachtung sprechen könnte. Durch Ankauf vergrößerte das Kloster seine Besitzungen in Kallstadt[322] und Bockenheim[323]. Der Raugraf Konrad schlichtete 1268 einen Streit des Klosters mit Dytzo, dessen Bruder Ruland dem Kloster seinen Hof in Dielkirchen übereignet hatte, was nun die Familie anfocht[324]. Für die Viehhaltung des Klosters und seiner Höfe waren die erworbenen Weiderechte bei Otterbach und im Wilensteiner Wald von Bedeutung[325].

Die Belege für den nächsten Abt *Gottfried* (1272–1276) schließen ziemlich unmittelbar an. Ihm gelang es, die 1245 begonnene Erwerbung der Waldmark tatkräftig voranzutreiben. Die den Herren von Wartenberg gehörenden drei Achtel gelangten nun in die Hand des Klosters[326]. Voraus ging der Erwerb verschiedener Rechte in diesem Gebiet[327] und eine Bestätigung des Besitzstandes durch König Rudolf von Habsburg im Jahr 1274[328]. Der König erneuerte gleichzeitig die Zollfreiheit in Kaiserslautern und Boppard. Auffallend ist jedoch, daß sonst nur die Urkunden der Staufer und Ottos von Braunschweig ausdrücklich bestätigt wurden, die Richards von Cornwall blieb unerwähnt. Der König stellte die Urkunde bei seinem Aufenthalt in Kaiserslautern aus. Die Otterberger Güter griffen unter diesem Abt erstmals über den Rhein aus. In Großrohrheim, Biebesheim und Crumstadt (alle Orte liegen zwischen Worms und Oppenheim, aber auf der anderen Rheinseite) erwarb das Kloster 1276 Güter von dem Ritter Grasloc von Dieburg und dessen Gemahlin Heiliwibis[329]. Kleinere Schenkungen sind in den Orten Flonheim[330] und Kallstadt[331] zu verzeichnen; bedeutsam ist der Gewinn eines weiteren Hauses in Worms[332] und eines Hofes in Kaiserslautern[333]. Zahlreiche Ankäufe, so in Schornsheim[334], Kaiserslautern[335], Alsenbrück[336], Baalborn[337], Mittelrohrbach[338], Otterbach[339], Sambach[340] und Schwanden[341], brachten vor allem in der Umgebung des Klosters Grundbesitz und Weiderechte (so in Otterbach und Sambach) in dessen Hand. Gerade der Erwerb von Weiderechten in den beiden im Lautertal gelegenen Gemeinden, verstärkt durch den zusätzlichen Ankauf von Wiesen in einer davon, läßt auf eine bedeutende Viehhaltung in Otterberg selbst schließen[342]. Milchprodukte waren neben Fischen für die Ernährung der Mönche und Konversen an Fasttagen besonders wichtig.

Weitere Königsurkunden betreffen die Erwerbungen in der Waldmark und den Schutz der neuen Otterberger Besitzungen und Rechte in diesem Gebiet[343]. Ausstellungsorte dieser Urkunden sind Kaiserslautern, Nürnberg und Worms.

Bei Abt *Gerhard* (1275–1276) reichen die Quellenbelege nicht aus, um ein Bild von der Tätigkeit dieses Mannes zu erhalten. Ohne alle Zweifel ist ihm lediglich eine Urkunde über den Ankauf einer Wiese in Alsenz im Jahr 1276 zuzuschreiben[344].

Abt *Heinrich* (1278–1284) setzte vor allem die Erwerbspolitik in der Waldmark fort und brachte sie zum Abschluß. Das Kloster kaufte 1279 ein weiteres Achtel von Heinrich von Hohenecken und seiner Ehefrau Marga, 1284 den Rest des Gebietes, ein Viertel, von Wirich und Kunigunde von Dhaun[345]. Auch hier erhielt Otterberg wieder königliche Bestätigungen seiner Erwerbungen. König Rudolf von Habsburg stellte eine entsprechende Urkunde bei seinem Aufenthalt in Kaiserslautern im Februar 1282

Kapitelsaal

Zeichnung: Siegfried Bauer

aus[346]. Den vollständigen Erwerb bekräftigte eine weitere Königsurkunde vom Dezember 1284, wiederum in Kaiserslautern ausgestellt[347]. In Bacharach[348], Gennheim[349], Dörrenbach, Daxweiler, Warmsroth[350], Worms[351], Heßloch[352], Abenheim[353], Westhofen[354], Esselborn[355], Freimersheim[356] und Kleinniedesheim[357] erhielt das Kloster neue Besitzungen durch Schenkung. Trotzdem wurden nun die Ankäufe bedeutsamer. Nicht nur die Anteile an der Waldmark, auch die Erwerbungen in Gonbach[358], Ebertsheim[359], Enzheim[360], Sambach[361] und Bockenheim[362] mußte das Kloster bezahlen. Auf diese Weise bildeten sich auch erkennbare Schwerpunkte heraus, so zwei Erwerbungen in Gundersheim im gleichen Jahr (1283)[363], mehrere Kaufverhandlungen am gleichen Ort in kurzen Abständen (Gonbach 1281 und 1284)[364] und die Fortsetzung der Erwerbspolitik im Lautertal, wo ein Teil der Salwiese in Sambach angekauft wurde[365].

Besonders auffallend sind die sich mehrenden Befreiungen von Höfen und anderen Besitzungen von Lasten und Abgaben[366]. Auch die Übergabe von Leibeigenen, vom Orden ursprünglich verboten, läßt sich in diesen Jahren

Grabplatten, im Klosterbereich ausgegraben   Fotos: Dr. Werner Seeling, Hohenecken

nachweisen. So übergab Gottfried von Odenbach dem Kloster Leibeigene in der Pfarrei Horbach[367], und Konrad und Agnes von Wartenberg überließen beim Verkauf einer Wiese in Lohnsfeld diesem ihren Hörigen, einen Weberssohn aus Kaiserslautern[368]. Im Jahr 1255 hatte das Kloster von Papst Alexander IV. das Begräbnisrecht erhalten[369]; im Jahr 1277 erfolgte die erste Bestattung eines Fremden. Eberhard aus der Familie der Raugrafen war allerdings auch geistlichen Standes; 1257–1277 hatte er den Wormser Bischofsstuhl inne. Obwohl er auf einer Reise in Montpellier (Südfrankreich) starb, erfolgte die Beisetzung in seiner deutschen Heimat[370]. Möglicherweise hatten die Raugrafen zu dieser Zeit auch schon ein Erbbegräbnis in Otterberg; denn nur vier Jahre später (1281) wurde Raugraf Rupert (Robert) hier bestattet[371]. Rupert wird wiederholt in Otterberger Urkunden genannt und trat selbst als Schenker von Gütern in Mauchenheim auf[372]. Im südlichen Seitenschiff, nahe beim Querschiff, sind heute noch sieben Grabplatten erhalten, deren abgetretene Umschriften teils durch frühere Abschriften erhalten sind[373].

Von Abt *Gerhard* (1292–1301) besitzen wir reichlich urkundliche Nachrichten. Im März 1293 weilte er in Speyer, wo er zusammen mit den Äbten von Eberbach und Eußerthal in einer Urkunde König Adolfs für die Bürger von Speyer als Zeuge vorkommt[374]. Im September des gleichen Jahres stellte König Adolf dann in Straßburg eine Urkunde für Otterberg aus, die alle früheren kaiserlichen und königlichen Privilegien bestätigt, diesmal unter Einschluß des von dem Welfen Otto IV. 1209 ausgestellten Diploms. Die einzelnen Besitzungen sind dabei nicht mit Namen genannt. Eine Ausnahme bildet das Weide- und Holzrecht in der „Frangweyde", einem Waldbezirk im Elmsteiner Tal[375]. Dies ist sicher kein Zufall; denn im Jahr vorher, 1292, hatte Pfalzgraf Ludwig die gleichen Rechte in den Waldungen um Elmstein bestätigt, ohne das Wort Frankenweide zu gebrauchen[376]. Vermutlich wurden diese vom Stüterhof aus genutzt. König Adolf erneuerte sein Schutzprivileg im November 1298 in Nürnberg[377]. Pfalzgraf Rudolf I., der Nachfolger Ludwigs, bestätigte im November 1295 die Otterberger Freiheiten und Zollbefreiungen[378].

Einige Schenkungen vermehrten wieder den Güterbesitz des Klosters. In Potzbach[379], Bechtheim[380], Heuchelheim[381] und Dielkirchen[382] erhielt das Kloster neue Liegenschaften. Die zuletzt genannte Schenkung des Berges Bannholz bei Dielkirchen ist ein Beleg für das Bestreben, auch die einzelnen Besitztümer abzurunden. Der von Georg Raugraf von Stolzenberg übereignete Berg grenzte an den Klosterhof Hagenau (Hanauerhof). Der Berg sollte vom Kloster mit Reben bepflanzt werden, ein Beweis für die Tätigkeit der Otterberger Zisterzienser auf dem Gebiet der Weinkultur. Neue Güterankäufe sind in Rheindürkheim[383], Oberflörsheim und Standenbühl[384] zu verzeichnen. Neben Gütern werden nun immer häufiger Einkünfte, meist Gülten, geschenkt oder gekauft, so in Dienheim[385], Potzbach[386], Oberheimbach[387], Eppelsheim[388], Rüssingen[389], Esselborn[390], Heuchelheim[391] und Stetten bei Kirchheimbolanden[392].

Es kam in der Amtszeit von Abt Gerhard natürlich auch wieder zu einer Anzahl Streitigkeiten über Besitzungen des Klosters und zu entsprechenden Schiedssprüchen. So glückte im Jahr 1294 die Beendigung des Streites über den Gersweiler Woog mit Heinrich von Lichtenstein[393], 1295 fällten Emich von Löwenstein und Johannes von Randeck einen Schiedsspruch im Streit des Klosters mit Baldemar von Wendelsheim über das Patronatsrecht zu St. Alban[394]. Die letztere Urkunde führt mitten hinein in die sehr umständlichen und langwierigen Bemühungen Otterbergs um die Einverleibung dieser Pfarrkirche in das Kloster. Die Schenkung des Patronatsrechtes war schon 1254 erfolgt[395]. Am 15. April 1290 inkorporierte Erzbischof Gerhard II. von Mainz die Pfarrkirche dem Kloster[396]. Das Domkapitel Mainz bestätigte diese Inkorporation am 12. Mai 1290[397], der päpstliche Schreiber Magister Peter de Vico stimmte als Bevollmächtigter des Erzdiakons und des Mainzer Dompropstes am 27. Oktober 1291 zu[398]. Papst Nikolaus IV. verbriefte in Rom am 28. Februar 1291 seine Zustimmung, wobei er nochmals auf die Übertragung des Patronatsrechtes zurückgriff und dessen Spender aufführte[399]. Im Jahr 1296 erhielt das Kloster als Geschenk von Gisela von Falkenstein das Patronatsrecht in Sippersfeld[400]. Sein Recht auf Güter in Oensheim mußte das Kloster 1298 durch 13 Zeugen beweisen[401]. Im gleichen Jahr gab Johann von St. Alban seine Ansprüche auf den Klosterhof Selgenstadt auf[402], im nächsten genehmigte der Pfalzgraf die Übertragung der Vogtei über diesen Hof an das Kloster[403]. Schließlich kamen auch Streitigkeiten zwischen zwei Klöstern vor. Eckebert von Dürkheim mußte im Juni 1299 drei Streitigkeiten zwischen Otterberg und dem Prämonstratenserkloster in Kaiserslautern schlichten[404].

Unter Abt Gerhard fällt aber auch ein entscheidender Verkauf von Klosterbesitz. Von Remling unter dem nichtssagenden Kopfregest „Verträge zwischen dem Kloster Otterberg und Friedrich von Meckenheim und Jacob Ebrizo zu Worms wegen des Ormsheimer Hofes" versteckt[405], findet sich eine Urkunde, die praktisch den Verkauf dieses mindestens seit 1215 in Klosterbesitz befindlichen Hofes bedeutet. Der Ritter Friedrich von Meckenheim und der Wormser Bürger Jacob Ebrizo pachteten diesen Hof mit allem Zubehör, ausgenommen die Mühle Phust, für 40 Malter Weizen. Zwei Jahre später lösten sie diese Pachtsumme mit 1700 Pfund Heller aus und besaßen den Hof nun rechtmäßig zu Erbrecht. In der Urkunde fällt auch die Aufweichung der einzelnen Bezeichnungen für Hof auf. Es wird von curia sive grangia oder von curia, curtis et grangia gesprochen. Die bedeutsame Verpachtung machte die Zustimmung des Abtes des Mutterklosters Eberbach notwendig, die ausdrücklich mit der vollen Namensnennung des Abtes (Abt Johannes von Eberbach) in dem Schriftstück erwähnt ist.

In der Amtszeit von Abt Gerhard wurden wieder eine Reihe von Gönnern und Freunden des Klosters in der Abteikirche bestattet. Im Jahr 1293 fand der am 6. Juni verstorbene Propst Gerhard von Weilburg hier seine letzte Ruhestätte. Die Inschrift der Grabplatte ist nur lückenhaft erhalten, sicher ist aber das Wort Worms überliefert[406]. Ohne Zweifel handelte es sich dabei um den Propst Gerhard von St. Paul in Worms, der aus dem Geschlecht der Raugrafen stammte und mit seinen Brüdern Eberhard, Rupert und Heinrich dem Kloster Otterberg im Mai 1289 eine Korngülte in Gugenheim zum Zweck eines Jahrgedächtnisses für ihre Mutter Elisabeth schenkte[407]. Eberhard war übrigens auch Geistlicher in Worms. Der 1281 in der Otterberger Abteikirche beigesetzte Rupert[408] war jedoch nicht der eben erwähnte ältere Bruder Gerhards, sondern sein Vater Raugraf Ruprecht II.[409]. Aus Aufzeichnungen, die im 18. Jahrhundert gemacht wurden, wissen wir von einem weiteren Grabstein, unter dem der Bruder Ruprechts II. Eberhard bestattet wurde, der als Bischof von Worms 1277 in Montpellier in Südfrankreich starb[410].

d) Die Äbte des 14. und 15. Jahrhunderts

Abt *Johann* (1303–1324) kommt erstmals in der schon erwähnten Urkunde über den Verkauf des Ormsheimer Hofes vom Januar 1303 vor[411]. Wir können Abt Johann über 20 Jahre in den Urkunden verfolgen; es ist dies eine der längsten Amtszeiten, die nachweisbar ist.

Im gleichen Jahr, 1303, verpachtete das Kloster einen seiner Höfe in Worms in Erbpacht[412]. Der Hof war anscheinend erst vor kurzer Zeit von der Witwe des Goldschmiedes Wernzo, die sich in eines der zahlreichen Wormser Beginenhäuser zurückgezogen hatte, dem Kloster Otterberg geschenkt worden. Die Verpachtung erfolgte an Heinrich, genannt Swarwurthe, als Vogt seiner drei Kinder aus erster Ehe, und den Conrad, genannt Vischmann. Besonders auffallend ist dabei die Person des Pächters. Heinrich Swarwurthe befand sich nämlich im nächsten Jahr (1304) zusammen mit einer ganzen Reihe von Personen, meist Handwerkern, in der Acht des Reiches und wurde am 1. August durch König Albrecht daraus gelöst[413]. Die Acht war auf eine Klage Johann Holderbaumers hin ausgesprochen worden, der selbst ursprünglich Wormser Bürger war, 1304 aber bereits Burgmann des Pfalzgrafen[414] und den Einwohnern seiner Vaterstadt wahrscheinlich übel gesonnen.

Es liegt auf der Hand, daß in der langen Amtszeit auch eine Reihe von Gütererwerbungen zu verzeichnen ist. Beginnen wir mit den Schenkungen, die mit wenigen Ausnahmen erst nach 1309 liegen, zu einer Zeit also, als der Abt schon bekannt war und die Zuwendungen der frommen Geber auch als Vertrauensbeweis für sich selbst buchen konnte: Güter in Alsenbrück[415], Weinberge in Kallstadt[416], ein Hof in Speyer[417], Weinberge in Deidesheim und Wachenheim[418] sowie in Oberheimbach[419], ein halbes Haus, Weinberge und Äcker in Westhofen[420]. Ankäufe erfolgten in Klein-Rohrheim[421], Albig[422], Eppelsheim[423], Heppenheim im Loch[424], Flomborn[425], Dautenheim[426], Hangenweisheim[427], Worms[428], Speyer[429] und am Reichenbacherhof[430]. Besonders wertvoll und erwähnenswert sind die Neuerwerbungen von Höfen in Worms und Speyer, aber auch der systematische Ankauf von Gütern, darunter 2 Höfe, in Eppelsheim. Die Erwerbungen in Eppelsheim stammten von der Familie Slich, die im Raum Worms und Oppenheim nachweisbar ist. Der Name Slich ist im Otterberger Urkundenbuch Nr. 322 durch einen Druckfehler in Stich entstellt. Insgesamt lassen sich im Otterberger Urkundenbuch zwei Generationen dieser Familie verfolgen: Hertwic[431], sein Sohn Herburt[432] und seine Gattin Gertrud[433]. Herburt nannte sich auch nach Dalsheim[434]. 1317 ist er Vertreter der Stadt Oppenheim in einem von Graf Friedrich von Leiningen und den Städten Worms, Speyer und Oppenheim beschickten Schiedsgericht[435]. Er war Lehensmann Ottos von Bolanden[436]. Wie bei Johanns Vorgänger sind auch die Erwerbungen von Abgaben zu erwähnen. Sie nahmen an Zahl rasch zu und können daher nicht einzeln aufgeführt werden. Insgesamt erfolgten 15 Schenkungen verschiedener Gülten[437] und 5 Ankäufe[438]. Neben Gülten traten nun auch verstärkt Einkünfte in der Form von Zehnten oder Zehntanteilen auf. Die Zehnten, in den ursprünglichen Statuten verboten, waren später als Einkünfte sehr geschätzt. Auch andere Klöster wie Schönau[439] besaßen Zehnten und Zehntanteile in größerer Zahl. Im Jahr 1309 verkauften Otto von Bolanden und seine Ehefrau dem Kloster Otterberg ihre Hälfte des Zehnten in Albisheim (mit Ausnahme des Weinzehnten) für 720 Pfund Heller[440]. Der Zehnt war ein Lehen des Grafen Friedrich von Leiningen, der ihn seinerseits wieder von dem Benediktinerkloster Prüm in der Eifel zu Lehen trug. Die ursprünglich für eine Kirche bestimmte Abgabe kam so auf mehrfachem Umweg wieder an ein Gotteshaus. Die Übertragung wurde nicht nur in einer Urkunde festgehalten, sondern erfolgte auch vor Schultheiß und Schöffen des Dorfes. Im Jahr 1323 erwarb unser Kloster den halben Zehnt und das halbe Patronatsrecht in Albig[441]. Vorbesitzer war hier der Ritter Theodorich von Randeck, der das Patronatsrecht vom Kloster St. Maximin in Trier zu Lehen trug. Die zweite Hälfte des Patronatsrechtes war anderweitig weiterverliehen. Ausgenommen blieb auch das Präsentationsrecht für den Vikar. Die Übertragung wurde wenige Wochen später von Abt und Konvent des Klosters St. Maximin bestätigt[442] und von den Mainzer Richtern vollzogen. Die Geldmittel für die Ankäufe beschaffte sich das Kloster

allem Anschein nach durch Verpachtungen. Mit der Amtsübernahme von Abt Johann setzten sie in größerer Zahl ein. Etwa 20 sind aus den Jahren belegt, in denen er dem Kloster vorstand. Über den Wandel der Bewirtschaftungsformen und die Bedeutung des Überganges zur Pachtwirtschaft wird in einem gesonderten Abschnitt zu handeln sein. Der Einsatz der Verpachtung und die Möglichkeit, mit den so gewonnenen finanziellen Mitteln in manchen Orten den Grundbesitz abzurunden, zusätzliche städtische Höfe anzukaufen, Geldeinkünfte in Form von Gülten, Zinsen und Zehnten zu erwerben, erfolgte offensichtlich planmäßig. Der Abt dürfte an der Konzeption dieser neuen Wirtschaftspolitik des Klosters seinen Anteil gehabt haben; wir können ihm Wendigkeit und Anpassungsvermögen in die veränderten Gegebenheiten bescheinigen. Voraussetzung für eine Verpachtung war es, geeignete Pächter zu finden. Das Kloster erreichte dies wahrscheinlich dadurch, daß die Güter jetzt weitgehend in Erbpacht zu fest abgemachten Geld- oder Naturalleistungen vergeben wurden. Das spärliche Urkundenmaterial für Verpachtungen in früheren Jahren ermöglicht keine sicheren Aussagen, aber es scheint doch, als ob auch die Anwendung dieser sich immer mehr verbreitenden Art der Verpachtung auf den neuen Abt zurückging. Man kann zwar einwenden, daß kurzfristige Verträge für das Kloster doch vorteilhafter gewesen wären, aber zu ihren Bedingungen waren Pächter in größerem Umfang nicht zu finden. Wollte man mit eingehenden Pachtsummen andere Vorhaben finanzieren, so mußte man wohl oder übel Erbpachtverträge zugestehen. Der Nachteil dieser Verträge, die über Generationen gleichbleibende Pachtsumme auch in Zeiten einer Geldentwertung, stellte sich zudem erst später heraus. Im Gegenteil, für den Augenblick eröffnete diese Überlegung sogar eine zusätzliche Einnahmenquelle; denn mit dem späteren Vorteil vor Augen konnte sicher vielfach eine im Augenblick für das Kloster noch günstige Pachtsumme erreicht werden.
Zu den Verpachtungen kamen Verkäufe. Der wichtigste ist der Verkauf des Ormsheimer Hofes im Jahr 1303. Daß Otterberg im Vergleich zu anderen Klöstern wirtschaftlich besser gestellt war, zeigen Ankäufe vom Kloster Münsterdreisen im Jahr 1314 und von der Johanniterkommende Heimbach 1321[443]. Die lange Amtszeit des fähigen Abtes Johann wirkte sich ohne Zweifel vorteilhaft aus. In Schönau folgten in der gleichen Zeit vier Äbte (Petrus, Hugo, Jacobus und Engelboldus) aufeinander.
Die Sitte, adlige Förderer des Klosters in der Abteikirche zur letzten Ruhe zu betten, wurde auch unter Abt Johann fortgeführt. Raugraf Georg I.

(gest. 1309) und seine Gemahlin Margarete (gest. 1307)[444], Heinrich von Hohenfels (gest. 1329), Kunigunde von Dhaun (gest. 1307)[445] sowie eine nicht näher bezeichnete Johanna (gest. 1307) sind als Bestattungen jener Jahre zu nennen.

Unter Abt *Heinrich* (1325–1332) wurden nur mehr wenige Güter neu erworben. Ankäufe sind nur zwei bekannt: Güter und Weinberge in Deidesheim und ein Hof in Bechtheim[446]. Die hierfür aufgewandten Summen sind vergleichsweise gering: 2 Pfund Heller für die Güter und Weinberge, 25 Pfund Heller für den Hof samt Haus und Scheuer. Die Weinberge gingen überdies aus dem Besitz des Zisterzienserinnenklosters Sion an Otterberg. Das Kloster Sion hatte sie offensichtlich erst vor nicht zu langer Zeit von dem Wormser Bürger Dytzo Hunsturbe erhalten, und zwar anläßlich der Aufnahme seiner Tochter ins Kloster. Dies zeigt immerhin, daß Otterberg dort noch zugreifen konnte, wo andere Klöster schon verkaufen mußten. Der Grundbesitz erweiterte sich geringfügig durch Schenkungen in Alsheim[447] und Oppenheim[448]. Gülten gelangten in zwei Fällen an das Kloster; in einem dritten erwarb es die Anwartschaft im Falle einer Vernachlässigung der damit verbundenen Verpflichtungen durch das Kloster Eußerthal[449], auch ein schönes Zeichen von vorhandenem Vertrauen. Wichtig ist in der Amtszeit Heinrichs der Erwerb der Patronatsrechte von zwei Pfarrkirchen und einer Kapelle in Nierstein, die einen beachtlichen Zuwachs an Einkünften bedeuteten. Auch für diese Übertragung waren wieder eine Reihe einzelner Schritte notwendig. Hermann von Hohenfels besaß das Patronatsrecht über die zwei Pfarrkirchen und die Kapelle als Reichslehen. Er erbat daher am 25. Februar 1330 vom Kaiser Ludwig dem Bayern die Genehmigung zur Schenkung, die dieser am 30. März in Eßlingen ausstellte[450]. Er bestätigte am gleichen Tag auch die Rechte und Freiheiten des Klosters[451]. Die Schenkung erfolgte dann am 23. April 1330. Hinzu kommen weitere 9 Urkunden, die der Schreiber des Otterberger Kopialbuches nur mit kurzen Inhaltsangaben überlieferte[452], und zwar die Präsentation des Truchsessen Emich auf die Pfarrstelle in St. Kilian und die weiteren Stufen seiner Einsetzung, die Einsetzung eines Plebans, Petrus aus Albich, zur Verwesung der Stelle. Bis zur päpstlichen Bestätigung vergingen noch 62 Jahre; wir werden unter Abt Friedrich (1392–1395) wieder darauf zu sprechen kommen. Aus einer wenige Monate später (29. November) liegenden Urkunde wird dann deutlich, daß die Schenkung der Patronatsrechte nicht ohne Gegengabe erfolgte. Otterberg übereignete Hermann von Hohenfels den Sandhof, über den er früher schon die Vogtei

Kapitelle am Querhaus, außen

besaß. Wenn der Hof als für Otterberg nutzlos bezeichnet wird, so waren es nicht nur die Gefahren, die der nahe vorbeifließende Rhein mit sich brachte, und die Beherbergungspflichten, sondern wahrscheinlich auch die Schikanen des Schutzvogtes[453]. Heinrich von Hohenfels (aus der Linie Reipoltskirchen) wurde 1329 in der Klosterkirche beerdigt. In Offenheim griff das Kloster, ohne daß dort Grundbesitz nachweisbar ist, nach Rechten an der Pfarrkirche. Das Patronatsrecht erhielt Otterberg als Schenkung von Eberhard von Randeck. Graf Friedrich von Leiningen sowie Bischof Emich von Speyer und das dortige Domkapitel stimmten 1323 dieser Schenkung zu[454]. Mit dem Patronat war in vielen Fällen auch der Widemhof, der zur Ausstattung der Pfarrei gehörte, verbunden[455], so daß auch der Grundbesitz vermehrt wurde. Im November 1327 vollzog der Mainzer Erzbischof dann die Inkorporation der Pfarrei[456]; die Zustimmung des zuständigen Archidiakons folgte vier Tage später[457]. Die Otterberger Mönche setzten zur Verwesung der Pfarrei einen Ewig-Vikar ein, über dessen Versorgung eine Urkunde aus dem Jahr 1338[458] berichtet. Die päpstliche Bestätigung erfolgte erst 1400 durch Bonifaz IX.[459]. Eine Urkunde vom 24. Februar 1331[460] läßt erkennen, daß sich Schenkungen für den Empfänger nicht immer als eine reine Wohltat erwiesen. Manche waren mit

Kapitell im Langhaus   Taufbecken am Chorhaus, außen

Zeichnungen: Siegfried Bauer

Bedingungen verbunden, die für viele Jahre eine erhebliche Belastung und Beeinträchtigung darstellten. In der fraglichen Urkunde über die Stiftung einer ewigen Messe in der Kapelle des Otterberger Hofes zu Oppenheim wird mitgeteilt, daß dort die Jungfrau Metze von Schornsheim Wohnrecht besaß. Dieses Recht ging anscheinend auf ein Übereinkommen vom Jahr 1301 zurück[461], in dem Emich von Schornsheim eine Kammer über dem Tor zugestanden wurde, allerdings unter Ausschluß der Vererbung dieses Anspruchs; trotzdem „saß" 30 Jahre später besagte Metze in dem Hof. Sie gab dem Kloster nun 300 Pfund Heller, wofür sie zu Lebzeiten jährlich 40 Malter Korn und ein Fuder Wein aus dem Weingarten zu Alsheim oder Heßloch erhielt; nach ihrem Tod wurden die genannten Erträge für eine ewige Seelenmesse verwendet. Den Hof am Dienheimer Tor und Äcker auf den Gemarkungen von Nierstein und Dexheim stellte das Kloster als Unterpfand der Erfüllung der zugesagten Lieferungen; bei Vernachlässigung der Verpflichtungen sollten die Unterpfänder dem Stift St. Katharinen und dem Pfarrer von St. Sebastian in Oppenheim verfallen.

Wichtig vor allem für die weitere Geschichte des Klosters ist die schon erwähnte Unterstellung unter die pfälzische Schutzvogtei, die offiziell 1332 erfolgte[462], praktisch aber schon vorher bestand, wenigstens seit dem

Schutzbrief der Pfalzgrafen Rudolf und Ruprecht vom 10. April 1331[463], in dem es heißt, daß sie das Kloster in ihren „schirm und hude" genommen und ihnen das Bürgerrecht von Alzey, wo die Beurkundung stattfand, verliehen habe. Mit ihr begann ein neuer Abschnitt der Klostergeschichte.
Der nächste Abt *Peter* (1336–1343) konnte als wichtige Neuerwerbung den großen Zehnten von Kirchheimbolanden samt Bischheim, Edenbornerhof und Heubergerhof für das Kloster gewinnen. Diese Abgaben bezog früher das Kloster zum heiligen Grab in Speyer[464]. Weitere bedeutende Schenkungen erhielt das Kloster in Speyer (einen Hof mit 3 Häusern und Kapelle), in Bockenheim (Hof und Güter), und in Offenheim (Hof, Haus, Äcker und Abgaben)[465]. Ankäufe erfolgten nur in bescheidenem Umfang in Immesheim und Rüssingen[466]. Streit gab es mit Heinrich von Hohenfels, der jetzt Unterkunft, Verpflegung und Abgaben für sich und sein Gefolge im Klosterhof Bishovesheim[467] beanspruchte. Die Richter des rheinischen Landfriedens wiesen 1335 diese Forderungen als unrechtmäßig zurück[468]. Remling meinte, daß der Ritter sich damit für die frühere Schenkung schadlos halten wollte[469], und deutet damit mögliche Nebenabreden bei der Schenkung an. Davon ist nichts überliefert; das ungerechtfertigte Verlangen paßte aber gut zu den ebenso ungerechtfertigten Übergriffen beim Sandhof[470]. Mit einer größeren Schenkung in Offenheim 1343[471] ist die Stiftung einer ewigen Messe am Katharinenaltar dieser dem Kloster inkorporierten Kirche verbunden. Zur Versorgung der Messe gab es einen eigenen Kaplan, dessen Rechte und Pflichten dem Pfarrer gegenüber die betreffende Urkunde genau abgrenzte. Das Kloster verpachtete offensichtlich sogleich die übereigneten Güter; denn es ist stets nur von den Einkünften die Rede, die sie einbringen.
Auch unter Abt Peter fanden wieder einige Förderer des Klosters in der Kirche ihre Ruhestätte: die Raugrafen Georg II. (gest. 1338), Heinrich II. (gest. 1340) und Johann (gest. 1341), außerdem Heinrichs Gemahlin Elisabeth[472].
Die folgenden Jahrzehnte sind nicht nur eine Zeit der Wirtschaftskrise, sondern auch eine Zeit rasch wechselnder Äbte und großer Abstände zwischen den nachweisbaren Amtszeiten. Diese können auf dem Zufall der mangelnden Quellen beruhen; sie können jedoch auch ein Hinweis darauf sein, daß die Neuwahlen nur mit Mühe und längeren Vorverhandlungen zustande kamen oder der Abtsstuhl längere Zeit unbesetzt war.
Nach sieben Jahren ohne Beleg hören wir im Januar 1350 von einem Abt *Philipp*[473], den wir nur vier Monate in den Urkunden verfolgen können[474].

Die beiden Urkunden betreffen eine Güterschenkung in Hangenweisheim und den Ankauf einer Gülte in Laumersheim. Danach schweigen die Quellen wieder drei Jahre.

Am 25. Juni 1353 hören wir von Abt *Johann*[475], der sich an diesem Tage mit dem Nonnenkloster Paradies in Mauchenheim über das Patronatsrecht in Offenheim verglich. Der Streit darüber war nicht neu. Aus zwei Notizen im Otterberger Urkundenbuch wissen wir von Streitigkeiten in den Jahren 1340 und 1348. Auch dieser Schiedsspruch legte sie nicht endgültig bei, wie ein neues Urteil vom 10. 2. 1356 beweist[476].

Im Jahr 1359 diente die Abteikirche wiederum als Grablege für das Geschlecht der Raugrafen; Philipp I. von Neuenbaumburg (gest. 1359) wurde hier bestattet[477].

Der nächste Abt *Nikolaus* ist für die Jahre 1366–1370 bezeugt, nach einer Pause von zehn Jahren also wieder nur vier Jahre, in denen ein Abt bekannt ist. Unter Nikolaus ist erstmals kein neuer Gütererwerb nachweisbar; lediglich die Schenkung und der Kauf einer Gülte sind belegt[478] sowie die Stiftung eines Jahrgedächtnisses durch den Wildgrafen Otto. Die Zuverlässigkeit der Otterberger Mönche stand nun in keinem so guten Ruf mehr wie 1326, als sie bei einer Pflichtverletzung der Mönche von Eußerthal eintreten sollten[479]. Schon 1331 waren das Stift St. Katharina und der Pfarrer von St. Sebastian in Oppenheim als zweite Garnitur bei einer Vernachlässigung einer Stiftung durch das Kloster Otterberg eingesetzt worden[480]. Waren damals noch beide Vertreter am Ort der Stiftung ansässig und eines davon ein berühmtes Stift, so ist nun ein einfacher Dorfpfarrer in Imsheim als Zweitempfänger vorgesehen, wenn die Mönche ihre übernommenen Verpflichtungen vernachlässigen sollten[481].

Abt Nikolaus kommt trotzdem eine besondere Stellung unter den Äbten unseres Klosters zu. Vermutlich haben wir in diesem Abt den Mystiker Nikolaus von Landau vor uns, der seine Sermone um 1341 in Otterberg abfaßte[482]. Ein Mönch Nikolaus ist 1355 belegt[483]. Er legte am 15. Oktober dieses Jahres zusammen mit dem Prior von Eberbach Protest gegen eine ihren Klöstern auferlegte Zahlung ein; beide gestanden aber gleichzeitig einen Betrag von 50 Gulden ohne Anerkennung einer Rechtsverbindlichkeit zu. Die Tatsache, daß Nikolaus mit einem hohen Würdenträger des Mutterklosters Eberbach zusammen auftrat, legt die Vermutung nahe, daß er auch damals schon eine bedeutende Stellung im Kloster besaß, wenn er auch nur als Conventuale bezeichnet wird. Es ist möglich, daß der Abtsstuhl nicht besetzt war und Nikolaus bereits als Kandidat für die Neuwahl galt.

Nun folgt ein besonders langer Zeitraum ohne Nachrichten über einen Abt. In dieser Zeit sind sogar einige Neuerwerbungen von Liegenschaften zu verzeichnen, darunter der Ankauf eines Hofes zu Eppelsheim für 35 Pfund Heller im Jahr 1382[484]. Es fällt auf, daß in der Urkunde nur der Konvent des Klosters als Käufer genannt wird, die übliche Form lautete Abt und Konvent[485]. Die gleiche Einschränkung auf den Konvent begegnet uns auch in einer Urkunde von 1378[486]. Die genannte Formel kann als Hinweis darauf gedeutet werden, daß der Abtsstuhl in diesen Jahren verwaist war. Der Konvent gewann jedoch im Laufe der Zeit auch eine wachsende Bedeutung als selbständige Körperschaft neben dem Abt und durfte seit 1335 auch ein eigenes Siegel führen[487]. In der Papsturkunde von 1389 werden wieder Abt und Konvent genannt[488]; das Jahr liegt aber auch verhältnismäßig kurz vor der ersten Erwähnung eines neuen Abtes: 1392.

Über Abt *Friedrich* (1392–1395) gibt es nur spärliche Belege, was schon Remling feststellte[489]. Unter ihm vollzog der päpstliche Beauftragte Nikolaus Colini die Inkorporation von zwei Pfarrkirchen und einer Kapelle in Nierstein[490]. Diese Inkorporation zog sich von ihrer Einleitung bis zum endgültigen, rechtsgültigen Vollzug über viele Jahrzehnte hin. Bereits unter Abt Heinrich (1325–1332) hatte im Februar 1330 Hermann von Hohenfels bei Kaiser Ludwig die Erlaubnis zur Schenkung der Patronatsrechte erbeten. Erzbischof Heinrich von Mainz ordnete daraufhin am 9. August 1337 die Inkorporation an[491]. Papst Bonifaz IX. bestätigte sie 1390 unter Berufung auf Anordnungen der Erzbischöfe Matthias (1321–1328) und Heinrich (1328–1346)[492]. Die endgültige Inkorporation wurde am 15. Juni 1392 vollzogen, nachdem Abt Friedrich die Bulle des Papstes vorgelegt hatte[493]. Der lange Zeitraum bis zur päpstlichen Bestätigung ist nicht verwunderlich; denn die neugewählten Päpste widerriefen häufig die von ihren Vorgängern zugestandenen Inkorporationen, wenn diese noch nicht perfekt geworden waren. Dies taten z. B. Gregor XI. (1370–1378) und Urban VI. (1378–1389) wie auch Bonifaz IX. selbst, der durch die Bulle Intenta Salutis vom Dezember 1402 sogar die von ihm selbst ausgesprochenen Inkorporationen rückgängig machte, wenn sie noch nicht endgültig abgeschlossen waren[494].

Dem nächsten Abt *Konrad* (1405–1444) war wieder eine lange Amtszeit beschieden. Nach Remling handelte es sich dabei vermutlich um den Maulbronner Bursar Konrad von Binnigkhen (= Bönnigheim, Kr. Ludwigsburg)[495]. Sichere Nachrichten darüber gibt es freilich nicht. Remling bezieht sich auf eine noch ältere Arbeit, in der lediglich die Wahl eines Maul-

An den romanischen Bauteilen

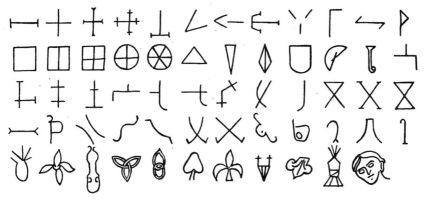

An den gotischen Bauteilen

An romanischen und gotischen Bauteilen

Steinmetzzeichen in Otterberg

bronner Bursars dieses Namens zum Otterberger Abt ohne Jahreszahl überliefert ist. Der Bezug auf das 15. Jahrhundert wird nur dadurch hergestellt, daß kein weiterer Abt Konrad in Otterberg nachweisbar ist. Eine handschriftliche Überlieferung der gleichen Nachricht[496] verlegt den Vorgang in das Jahr 1138, was sicherlich falsch ist. Karl Klunzinger[497] bestätigt unsere Auffassung, wenn er schreibt: „1416 war Conrad, wahrscheinlich der frühere Hausmeister in Maulbronn Conrad von Bönnigheim, Abt in Otterberg". Ihm zufolge erhielt der Maulbronner Abt am 26. 2. 1420 von Papst Martin V. ausdrücklich den Auftrag, die Klöster und Stifte in der Rheinpfalz zu reformieren[498]. Wenn die Nachrichten auch nur aus der meist unkritischen älteren Literatur stammen, so fügen sie sich doch gut in das Gesamtbild; denn die Möglichkeit einer Verpflanzung eines Maulbronner Mönches auf den Otterberger Abtsstuhl ist gerade in dieser Zeit besonders günstig. Seit 1361 war die Kurpfalz im Besitz der Vogtei über Maulbronn. Anfang des 15. Jahrhunderts verstärkte das Kloster die Mauern, wodurch es die Pfalzgrafen zum Bollwerk gegen Württemberg machten[499]. Eine entsprechende Parallele gab es im Kloster Schönau, wo Abt Marquardt (1405–1406) gleichfalls aus Maulbronn geholt wurde[500]. Im Kloster Altenberg kamen die Äbte Giselher (1254–1264) und Arnold (1467 bis 1490) aus anderen Klöstern[501].

Bei den sichtlich zerrütteten Otterberger Finanzen war an die Neuerwerbung von Gütern kaum mehr zu denken. Nur zwei sind überliefert: 1437 ein Güterkauf in Erlenbach, Kaufpreis 16½ Pfund Heller, und 1444 der Ankauf des Hubhofes in Heßloch vom Nonnenkloster Neumünster, Kaufpreis nicht bekannt[502]. Der Erwerb dieses Hofes ist in Anbetracht der sonstigen wirtschaftlichen Verhältnisse und der vorgenommenen Verkäufe eher verwunderlich als normal. Er zeigt, daß die meist wirtschaftlich schwächeren Frauenklöster in noch größerer Bedrängnis waren. Gerade in die Amtszeit von Abt Konrad fallen zahlreiche Belege für die finanzielle Notlage des Klosters und für Versuche der Pfalzgrafen, hier abzuhelfen. Die Verschuldung des Klosters war so weit fortgeschritten, daß Gläubiger die Pferde der Boten pfänden ließen, die um weiteren Zahlungsaufschub bitten sollten. Kurfürst Ruprecht nützte seine doppelte Stellung als Pfalzgraf und König, verkündete in einer Urkunde vom 28. September 1403 seinen und des Reiches Schirm für das Kloster und forderte alle Gläubiger auf, einen Zahlungsaufschub zu gewähren. Die Maßnahmen des Pfalzgrafen wurden durch eine Visitation des Abtes von Eberbach unterstützt. Die Mönche versprachen, wieder nach des Ordens Recht und Gewohnheit und zum Lobe Gottes zu leben. Aus Dankbarkeit für das Eingreifen Pfalzgraf Ludwigs nennt eine Urkunde von 1429 ihn einen rechten Stifter und Wiederbringer unseres Klosters[503]. Das Generalkapitel des Zisterzienserordens erließ 10 Jahre später dem Kloster alle an den Orden zu entrichtenden Abgaben für 3 Jahre, ein Beweis, daß die finanziellen Schwierigkeiten nicht vorüber waren. Sie begleiteten von nun ab die Geschichte des Klosters Otterberg wie auch die der meisten anderen Zisterzienserklöster. Auf die geschilderten Versuche zu helfen werden wir bei der Behandlung der Ursachen für den wirtschaftlichen Niedergang nochmals zurückkommen. Der Erwerb eines Hofes in Heßloch im Jahr 1444[504] zeigt, daß am Ende der Amtszeit Konrads das Kloster wieder über Mittel verfügte, die es zu einer planvollen Abrundung des Klosterbesitzes einsetzen konnte.

Unter Abt *Peter* (1451–1467) geriet Otterberg in eine ähnliche Situation wie in der Leininger Fehde 1375. Der Krieg des Pfalzgrafen Friedrich I. gegen Mainz, Württemberg, Pfalz-Veldenz und Leiningen beschwor wieder einen Konflikt mit jenem Geschlecht herauf, das einst bei der Gründung der Abtei Pate gestanden hatte. Die von 1459–1461 dauernden Kampfhandlungen verwüsteten weite Gebiete. Nach Häusser begann der Krieg weniger mit planmäßigen Unternehmungen als mit rohen und barbarischen Verheerungen[505]. Zwar kam das Kloster mit einer Brandschatzungssumme von 300 Gulden noch verhältnismäßig glimpflich davon, aber auch seine Besitzungen in der Vorderpfalz nahmen sicherlich häufig Schaden. Pfeddersheim, Karlbach, Kleinbockenheim, Forst und Deidesheim zählten zu den besonders heimgesuchten Orten, in fast allen lag Otterberger Besitz[506]. In den Orten im Leininger Gebiet war die Situation für die Otterberger Verwalter natürlich besonders kritisch. Die Regierungszeit Friedrichs des Siegreichen, wie man ihn nach der erfolgreichen Schlacht bei Seckenheim nannte, stellte zweifellos einen Höhepunkt der pfälzischen Territorialgeschichte dar; für die Untertanen und Bürger brachten die zahlreichen Kriege ihres Landesherrn aber auch viel Leid und Not mit sich. Abt Peter verfolgte den eingeschlagenen Weg der Konzentration des Klosterbesitzes und seiner Verwaltung weiter. Im Jahr 1467 erfolgte die Vereinigung der drei Hubgerichte Erlenbach, Reichenbach (Reichenbacherhof) und Gersweiler (Gersweilerhof) zu einem Schöffengericht; Schultheiß und sieben Schöffen setzte sein Nachfolger Abt Johann ein[507].

Im gleichen Jahr, 1467, wendete Kurfürst Friedrich in seinem Testament dem Kloster 20 Gulden zu. Die gleiche Summe erhielten die Klöster Maulbronn und Schönau. Andere mußten sich mit 15 Gulden (Kirschgarten bei Worms) und 10 Gulden (Frankenthal, Lobenfeld) begnügen. Die gleichen Summen für Otterberg, Maulbronn und Schönau lassen den vorsichtigen Rückschluß zu, daß die Stärke der Konvente in den drei Klöstern etwa gleich war. Die Klöster erhielten mit dieser Gabe die Auflage, des Todes des Kurfürsten 30 Tage lang in Andachten zu gedenken, wobei die Mönche und Klosterfrauen Pitanzen, Verpflegungszuschüsse, erhalten sollten[508].

Aus der Amtszeit *Johanns* (1469–1486) liegt eine Kaiserurkunde vor, die eine Aufzählung von Otterberger Höfen enthält. Friedrich III. bestätigte am 7. August 1469 den Otterberger Besitz[509] und zählte dabei Klosterhöfe in Bockenheim, Mönchbischheim, Heßloch, Albisheim, Heubergerhof, Speyer, Worms, Oppenheim und Kaiserslautern auf. Es ist fraglich, ob diese Aufstellung vollständig ist; denn ein Verzeichnis, das 1561, also fast 100 Jahre später entstand, gibt auch die Namen Deidesheim, Alsenbrück, Ungenbach und Weiler an[510]. Ungenbach und Weiler, heute Wüstungen, die unmittelbar vor den Toren des Klosters lagen, sind vielleicht, als selbstverständlich zum Kloster gehörig, weggelassen. Mögen auch Unvollständigkeiten anzunehmen sein, so zeigt die Liste doch mit erschreckender Klarheit, wie stark der Ausverkauf der Klostergüter schon fortgeschritten war. Nur ein kleiner Teil läßt sich urkundlich erfassen. Für Bockenheim und Heßloch besitzen wir sogar noch Nachrichten von Besitzvermehrungen aus dem 15. Jahrhundert[511].

Während aus der Zeit Abt Johanns nur wenige Urkunden erhalten sind, schon Remling schrieb über ihn nur sechs Zeilen[512], steigt die Zahl für den nächsten Abt *Matthias* (1486–1502) stark an. Eine ganze Reihe dieser Urkunden werden allerdings an Stellen verwahrt, wo man sie kaum vermutet; ein Teil ist nur schlecht erfaßt. Wahrscheinlich ist dies auch der Grund dafür, daß Remling diesen Abt gar nicht kennt. Die finanziellen Verhältnisse scheinen sich unter Abt Matthias etwas gebessert zu haben. Im Jahr 1489 besaß das Kloster immerhin Geld, um von Graf Bernhard von Leiningen den von der Herrschaft Frankenstein herrührenden und durch die Teilung ihm zustehenden dritten Teil der Herberge und Atzung auf dem Otterberger Klosterhof zu Albisheim um 500 rheinische Gulden zu Pfand zu nehmen[513]. Die Verpfändung war nur für begrenzte Zeit gedacht; der Graf versprach 1480 die Wiedereinlösung innerhalb acht Jahren[514]. Diese erfolgte vermutlich nicht; denn 1530 erhielt Abt Wigand die Bescheinigung über die endgültige Ablösung[515]. Aus der Zeit Abt Johanns waren jedoch Schulden zurückgeblieben. Um eine derartige alte Schuld von 300 Gulden auszugleichen, nahm das Kloster die Familie des in Katzweiler wohnhaften Kaiserslauterer Bürgers Bracke in eine weltliche Pfründe auf. Diese bestand aus einer Kammer mit Bett und Zubehör, der Verpflegung der Konventsherren einschließlich einem Maß Weißwein täglich, Pflege bei Krankheit, Eintrag in das Seelbuch und Feier des Jahrgedächtnisses nach dem Tode. Ausdrücklich wurde vereinbart, daß wohl eine Spende von weiteren 100 Gulden geleistet wird, die Begünstigten aber mit keiner geistlichen oder weltlichen Arbeit beschwert werden sollen. Es handelte sich dabei offensichtlich um eine Altersversorgung für das Ehepaar; die Frau Else wird ausdrücklich genannt, darüber hinaus ging es um eine Versorgung für den Sohn. Die ganze Sache zeigt sehr deutlich, wie weit die Klöster sich von dem ursprünglichen Ideal des Lebens in der Einsamkeit unter dem Motto Ora et labora (Bete und arbeite) entfernt hatten[516].

Der Abt schloß auch Verträge mit der Stadt Kaiserslautern über Wöge und Wiesen an der Eselsfürth[517] und mit der Stadt Worms über den dort tätigen Otterberger Schaffner[518] ab. Als Beweis für das zurückgekehrte Vertrauen zum Kloster und insbesondere zu seinem Abt kann man es werten, daß 1501 die Äbte von Otterberg und Schönau an Stelle des Vaterabts von Eberbach einen Verkauf genehmigten[519].

Der nächste Abt war *Pirmin* (1503–1519). Von ihm erfahren wir erstmals den bürgerlichen Namen und die Herkunft. Er hieß Fürst und stammte aus Dittelsheim bei Worms, einem Ort, in dem das Kloster seit 1229 begütert war. Der Beginn seiner Tätigkeit stand unter einem schlechten Stern. Nach einer Friedenszeit von über 20 Jahren brachte der Bayrisch-pfälzische Erbfolgekrieg (1503–1507) wieder Leid über das Land. Nicht einmal äußere Feinde waren diesmal die Ursache, nein, das in Teillinien aufgespaltene Herrscherhaus beschwor die blutige Auseinandersetzung herauf. Der Krieg und seine Rüstungen beanspruchten auch das Amt Kaiserslautern und die darin gelegenen Klöster. Die Klöster Otterberg, Enkenbach und Kaiserslautern mußten je einen Wagen stellen[520]. Die schwache Wirtschaftskraft Otterbergs zeigte sich dabei deutlich; es wurde mit dem immer an Besitz ärmeren Enkenbach auf eine Stufe gestellt. Andere Zisterzienserklöster mußten weitaus höhere Leistungen aufbringen[521]. Die Anforderung wurde anscheinend später auf zwei Wagen erhöht[522], war aber immer noch vergleichsweise gering. Maulbronn mußte sieben, Schönau sechs, Eußerthal drei Wagen stellen. Herzog Alexander von Zweibrücken, der Landgraf von Hessen, der Herzog von Veldenz und der Graf von Leiningen ergriffen die Partei der Gegner des Pfalzgrafen Philipp (1476–1508), an deren Spitze Herzog Albrecht von Bayern stand. Fast alle Fürsten, die einst Friedrich dem Siegreichen unterlegen waren, dachten nun an Rache. Eine rühmliche Ausnahme machte nur Markgraf Christoph von Baden. Das ganze Land hatte von Anbeginn an unter den Kriegszügen zu leiden. Der Krieg nahm auch einen für den Pfalzgrafen unglücklichen Ausgang. Ein Jahr nach Kriegsende (1508) erhielt Otterberg dann von dem Nachfolger Philipps Pfalzgraf Ludwig V. (1508–1544) und dessem Bruder Friedrich (1554–1556 selbst Pfalzgraf) einen Schirmbrief. Die Amtleute bekamen den Auftrag, zu schützen und zu verteidigen; die alten Privilegien wurden erneuert und bestätigt, wobei allerdings der Zusatz gemacht wurde, „solange sie bei einem reformierten Leben bleiben". Reformiert hieß damals vor dem Auftreten Luthers natürlich noch nicht einem von der römischen Kirche unabhängigen Bekenntnis angehörig, es meinte vielmehr ein Leben in einem erneuerten Sinn, der die Mißstände vergangener Jahrzehnte nicht wieder aufkommen läßt. Für eine solche innere Erneuerung waren die äußeren Umstände allerdings denkbar ungeeignet. Eine Flut von Verpachtungen, vor allem in Großbockenheim, zeigt, daß das Kloster nur mehr von den Überresten der einstigen Größe lebte.

Abt *Wigand* (1519–1547) fand keine ermutigende Situation vor. Wigand Windeck war Otterberger Keller in Worms gewesen. Eine Familie Windeck ist dort bereits 1386 belegt. Die Bemühungen des Abtes um eine wirtschaftliche Sanierung stießen beim Generalkapitel nicht immer auf volles Verständnis. Im Mai 1520 beauftragte Abt Wilhelm von Citeaux den Abt von Schönau, bei anderen Klöstern, darunter auch Otterberg, die vom Generalkapitel festgesetzten Beisteuern einzutreiben[523]. Im folgenden Jahr weilte Abt Wigand in Bockenheim, wo es einen Streit zwischen dem Otterberger Keller und der Metzgerzunft gab[524]. Jäh unterbrach der Bauernkrieg aber alle Bemühungen des Klosters um die Wiederherstellung seiner Wirtschaftskraft. Die Klostergebäude wurden von den Bauern besetzt und vermutlich schwer mitgenommen. Der zeitgenössische Chronist Peter Harer weiß zu berichten, daß die Bauern „beraubten, plunderten, verwusteten und verschlembten"[525]. Die Mönche verließen unter Führung des Großkellers das Kloster. Wo sich der Abt zu dieser Zeit aufhielt, ist nicht bekannt. Die Mönche zerstreuten sich weitgehend und kehrten zum Teil in ihre Heimatgemeinden zurück[526]. In den turbulenten Verhältnissen konnte der Abt seine Tätigkeit nur begrenzt ausüben. Obwohl er als Vaterabt bei der Wahl der Äbte des Klosters Disibodenberg teilnehmen mußte, verspätete er sich bei der im Frühjahr 1528 durchgeführten Wahl doch so sehr, daß diese schließlich ohne seine Anwesenheit vorgenommen wurde. Der dortige Konvent umfaßte offensichtlich nur mehr 15 Mönche, die ihre Stimmen auf vier Kandidaten verteilten. Gewählt wurde der bisherige Keller mit neun Stimmen[527].

Gegenüber der tatsächlichen Lage des Klosters bedeutete es wenig, wenn

Vorderansicht   Rückfront mit Lichtnische unterhalb des Daches

Das steinerne Haus, erbaut um 1260, umgebaut im 18. Jahrhundert, abgerissen 1956
Fotos: Heinz Friedel, Kaiserslautern

Kaiser Karl V. am 27. 3. 1526 alle bisherigen Privilegien bestätigte und in einer umfangreichen Urkunde auch Privilegien bis zu Rudolf von Habsburg zurück ausdrücklich wiederholte[528].

Zu den Nachrichten über wirtschaftliche Schwierigkeiten will es nicht recht passen, daß das Kloster nicht nur die Schäden, die die Bauern an den Baulichkeiten anrichteten, bald wieder beheben lassen konnte, sondern zusätzlich einen Neubau, die Neue Abtei, erstellen ließ. Da nach der Aufhebung des Klosters eine alte und eine neue Abtei genannt wurden, kann es sich nicht um den Ersatzbau für ein zerstörtes Gebäude handeln. Das Kloster war also in der Lage, ein neues, großes Gebäude zu finanzieren, obwohl die Zahl der Mönche sicherlich schon recht gering war. Dies müssen wir aus einem Vergleich mit Disibodenberg und der Tatsache, daß zur Zeit der Klosteraufhebung nur mehr drei vorhanden waren, schließen. Die überkommene Besitzmasse war anscheinend doch noch ausreichend, um aus Pachterträgen und Verkaufserlösen recht umfangreiche Baumaßnahmen durchzuführen. Die immer geringer werdende Zahl von Mönchen brachte allerdings auch eine Verminderung der Ausgaben für Verpflegung und Bekleidung mit sich. Eine Reihe von Verkäufen sind aus diesen Jahren bekannt, so 1534, wo eine jährliche Geldabgabe durch Verkauf an das Nonnenkloster Liebenau bei Worms in eine sofort verfügbare Summe von 300 Gulden verwandelt wurde[529] und 1535, wo ein Hellerzins in der Reichsstadt Speyer, der bisher Otterberg zustand, mit Einwilligung des visitierenden Vaterabts von Eberbach für 330 Gulden an das Kloster Eußerthal überging[530]. Zur Ablösung der drückenden Atzbelastung des Hofes Albisheim und der Verpflichtung zur Stellung eines Fronwagens gegenüber dem Grafen von Leiningen wandte 1530 Abt Wigand 500 Gulden auf[531]. In der Regel aber war das Kloster knapp an Geld. Eine dem Grafen von Leiningen zustehende Haferabgabe blieb es 1535 schuldig und mußte 1540 erneut um ein Jahr Stundung einkommen[532]. Im Jahr 1545 schuldete es 438 Malter Hafer. Abt Wigand besuchte mehrmals Eberbach, meist um dort an Abtswahlen teilzunehmen, die manchmal in sehr kurzen Abständen, so 1539 und 1541, stattfanden[533]. Im Jahr 1529 nahm er an der Wahl des Schönauer Abtes teil[534]. Die lange Amtszeit von Abt Wigard wirkte sich sicher positiv auf den Versuch aus, die Verwaltung des Klosters wieder in Gang zu bringen. Enge Verbindung hielt er nach Worms. Aus den letzten Amtsjahren ist auch eine längere Krankheit des Abtes bekannt, die ihn auf der Reise nach Worms im Mittelhof zu Bockenheim festhielt, wovon er Bürgermeister und Rat der Stadt Worms verständigte[535].

Unter Abt Wigand fanden nochmals drei Bestattungen von Grafen Dhaun-Falkenstein in der Kirche statt. Wirich, gest. 1501, Melchior, gest. 1517, und Philipp, gest. 1530, ruhen unter einem im Renaissance-Stil gehaltenen Grabstein[536].

e) Der letzte Abt

Der letzte Abt Otterbergs hieß *Wendelin Merbot* (1553–1561). Wir hören von ihm anläßlich der Aufnahme eines neuen Mönches[537] und seiner Reise nach Eberbach zur Teilnahme an der Wahl des Abtes Pallas[538]. Ansonsten ist nur das Ende seiner Amtszeit bekannt. Nach der Aufhebung des Klosters im Jahr 1561 durch Friedrich III. verließ er Otterberg, zog in den Otterberger Hof in Worms und nahm am 24. Juni 1561 das Wormser Bürgerrecht an. Er schloß einen Vergleich mit dem Pfalzgrafen, der ihm das Amt eines pfälzischen Rates, eine Pension und das Wohnrecht in dem Wormser Hof seines Klosters einräumte. In Worms fand auch der letzte Abt des aufgehobenen Klosters Schönau eine Zuflucht. Wendelin Merbot hat seine pfälzische Pension nicht lange genießen können, die ihm aber von manchem treuen Anhänger des alten Glaubens den Vorwurf der Kollaboration einbrachte, zumal der Schönauer Abt eine solche Versorgung ablehnte[539]. Schon am 31. 10. 1561 starb er in Worms und wurde im Kreuzgang des Stiftes St. Andreas bestattet[540]. Der letzte Abt hat das Jahr nicht überlebt, in dem die Geschichte seines traditionsreichen Klosters zu Ende ging. Wir kennen die Todesursache nicht, und eine romantische Geschichtsschreibung hätte gesagt, er starb an gebrochenem Herzen. Mag Abt Wendelin Merbot seinen äußeren Frieden mit dem Pfalzgrafen gemacht, einen 6-Jahres-Vertrag mit der Stadt Worms abgeschlossen und dadurch für sein leibliches Wohl gesorgt haben, so konnte doch niemand die Schwermut von ihm nehmen, die ein Pensionärsdasein in der Nebenbehausung eines der vielen Klosterhöfe, über die er einst als Abt gebieten konnte, mit sich brachte. Den Verlust seiner Würde und den Untergang des Konvents hat er nicht verschuldet.

5. Wirtschaftsgeschichte

a) Privilegien von 1195 und 1215

Die äußere Geschichte eines Zisterzienserklosters ist weitgehend Besitzgeschichte. Wir haben die Gründe dafür schon genannt, wollen sie uns aber noch einmal ins Gedächtnis rufen:

1. Der Orden verlangte von den Mönchen Handarbeit, die in erster Linie in der Landwirtschaft, in zweiter in handwerklicher Tätigkeit geleistet wurde.
2. Besitzerwerbungen wurden in der Regel sorgfältig beurkundet; die Urkunde blieb beim neuen Besitzer.

Damit ist auch bereits erklärt, daß wir die Aufbauphase besser verfolgen können als den Niedergang; denn die entsprechenden Verkaufsurkunden erhielt nun der neue Besitzer.

Der Aufstieg des Klosters zu einem reichen Grundherrn kann leicht und deutlich an einigen Privilegien verfolgt werden, die Besitzzusammenstellungen enthalten. Stellen wir die bereits mehrfach erwähnten beiden ältesten Besitzaufstellungen einander gegenüber. Die Schreibung wurde aus dem Original übernommen.

Urkunde von 1195	Urkunde von 1215
Ungenbach cum pertinentibus suis (= Wüstung bei Otterberg)	grangiam de Ungenbach
Honwarten cum pertinentiis suis (= Horterhof, Kr. Kaiserslautern)	grangiam de Honwardten
Mazoldersbach cum pertinentiis suis (= Messersbacherhof, Kr. Donnersbergkreis)	grangiam de Mazholdersbach
Hagenauwen cum pertinentiis suis (= Hanauerhof, Kr. Donnersbergkreis)	grangiam de Hagenauwen
Heydeberg cum pertinentiis suis (= Heubergerhof, Donnersbergkreis)	
Byschovesheim cum pertinentiis suis (= Bischheim, Donnersbergkreis)	grangiam de Byschovesheim
Heseloch cum pertinentiis suis (= Dittelsheim-Heßloch, Kr. Alzey-Worms)	grangiam de Heseloch
Eichen cum pertinentiis suis (= Eich, Kr. Alzey-Worms)	_____

Byirscheit cum pertinentiis suis (= Börrstadt, Donnersbergkreis)	grangiam de Byrscheit
Hospiren cum pertinentiis suis (= Hochspeyer, Kr. Kaiserslautern)	grangiam de Hospira[541]
Hulsberg cum pertinentiis suis (= Stüterhof, Kr. Kaiserslautern)	grangiam de Hulsberg
Swanden cum pertinentiis suis (= Schwanden, Südteil von Neukirchen, Kr. Kaiserslautern)	grangiam de Swanden
Wilre cum pertinentiis suis (= Weiler, Wüstung bei Otterberg)	grangiam de Wilre
villam Erlebach (= Erlenbach, Stadtteil von Kaiserslautern)	grangiam de Erlebach
allodium Rode (= Rode, Wüstung bei Otterberg)	————
predium in Metzelswanden (= Messerschwanderhof, Kr. Kaisersl.)	grangiam de Metzelswanden
curiam Lutree (= Kaiserslautern)	curiam in Lutra
curiam Wormatie (= Worms)	curiam Wormatia
————	grangiam de Sanden (= Sandhof, Gde. Eich, Kr. Alzey-Worms)
————	grangiam de Hammer (= Hamm, Kr. Alzey-Worms)
———— ————	grangiam de Ormesheim (= Ormsheimerhof, bei Frankenthal)
————	grangiam de Bockenheim (= Bockenheim, Kr. Bad Dürkheim)
————	grangiam de Heimbach (= Heimbach, Kr. Mainz-Bingen)

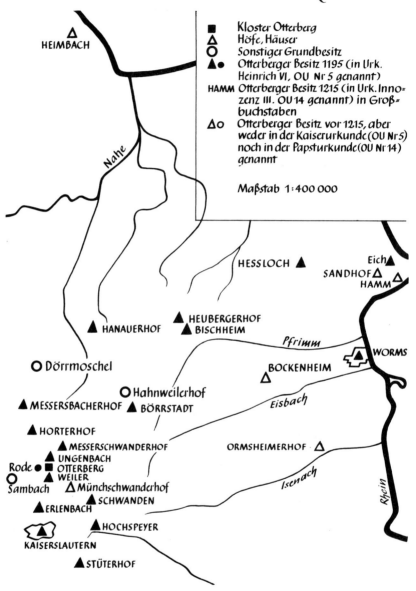

Wenn auch in der Urkunde von 1195 der Ausdruck Grangie nicht verwendet wird, so kann man aus der Parallele mit der Urkunde von 1215 ihn bei den entsprechenden Orten annehmen. Otterberg besaß demnach 1195 dreizehn Grangien, ein Dorf und zwei städtische Höfe. Denkt man an die verzweifelte Lage, in der die Mönche 1148 den Brief an die hl. Hildegard abschickten, so hatte sich in weniger als 50 Jahren ein gewaltiger Wandel vollzogen. Der Aufstieg hielt auch weiter an. Die Papsturkunde von 1215 verzeichnet fünf Grangien mehr. Allerdings fehlen in der Liste zwei Orte: Eich und Rode. Wir besitzen keine Nachrichten aus der Zeit von 1195 bis 1215, die sich auf diese Besitzungen beziehen. Die Zahl der erhaltenen Urkunden ist auch für diese Jahre noch recht gering. Das Otterberger Urkundenbuch führt nur acht auf. Trotzdem lassen sich die beiden Fälle aufhellen.

Der Ort Eich wird im Otterberger Urkundenbuch nur einmal genannt, eben 1195. Später kommt immer wieder eine curia zum sande und ein Sandhof vor[542]. Dieser Sandhof liegt in der Gemarkung der Gemeinde Eich. Über seinen Erwerb wissen wir nichts. Wahrscheinlich meint die Urkunde von 1195 mit der Ortsangabe Eich den in der Gemarkung Eich gelegenen Sandhof.

Auch das Fehlen der Angabe „allodium Rode" kann man, glaube ich, erklären. Das Kloster Otterberg erhielt vor 1214 das Allodium Sambach vom Dompropst Ulrich von Worms[543]. Dieser Besitz ist in der Papsturkunde gleichfalls nicht enthalten. Es werden darin überhaupt nur Grangien und Curien aufgeführt. Alles andere ist nicht verzeichnet, kann aber trotzdem in Otterberger Besitz gewesen sein. Ein Verkauf oder eine Vertauschung ist natürlich möglich. Ein Verkauf ist aber bei dem wirtschaftlichen Aufschwung des Klosters kaum zu erwarten, und ein Tausch ist bei einem dem Kloster so unmittelbar benachbarten Ort wie Rode auch nicht wahrscheinlich.

Außer in den Orten, welche die beiden Urkunden nennen, besaß Otterberg, wie aus anderen Nachrichten hervorgeht, vor 1215 noch
    den Münchschwanderhof (bei Otterberg),
    Besitz im Hahnweilerhof, Donnersbergkreis,
    Besitz in Dörrmoschel, Donnersbergkreis,
    Besitz in Sambach, Kr. Kaiserslautern[544].

b) Die Papstbulle von 1255

Die nächste Zusammenstellung ist in einer Urkunde Papst Alexanders IV. enthalten und stammt aus dem Jahr 1255 oder 1256. Die Datierung schwankt zwischen diesen beiden Jahren. In der Datumszeile der Urkunde selbst steht 1255. Würdtwein und Potthast[545] verweisen sie aber in das Jahr 1256. Hält man an 1255 fest, so ist der Ausstellungsort Lateran kaum möglich, da sich Alexander IV., der erst kurz vorher zum Papst erhoben worde war, damals noch nicht in Rom aufhielt. Für unseren Zusammenhang ist aber der geringe Unterschied in der Datierung ohne Bedeutung.

Die Urkunde stellt die umfassendste Bestätigung Otterberger Besitzes dar, die auf uns gekommen ist. Sie bezeugt Otterberger Eigentum in 70 Orten[546]. Es sind darin städtische Höfe (Curien) in folgenden Orten genannt:

Mainz,
Worms,
Speyer,
Oppenheim,
Bingen,
Kaiserslautern.

Grangien gab es in:

Wilre (= Weiler, Wüstung bei Otterberg),
Vngenbach (= Ungenbach, Wüstung bei Otterberg),
Suanden (= Schwanden, Südteil von Neukirchen, Kr. Kaisersl.)
Hoenwarte (= Horterhof, Kr. Kaiserslautern),
Mazoldersbach (= Messerschwanderhof, Donnersbergkreis),
Birscheit (= Börrstadt, Donnersbergkreis),
Haideberch (= Heubergerhof, Donnersbergkreis),
Bischoffheim, (= Bischheim, Donnersbergkreis, oder Mönchbischheim, Wüstung bei Gundersheim),
Heseloh (=Dittelsheim-Heßloch, Kr. Alzey-Worms),
Sabulum (Lesungen unsicher, nicht zu identifizieren),
Ormesheim (= Ormsheimerhof, bei Frankenthal),
Bockenheim (Kr. Bad Dürkheim).

Possessiones führt die Urkunde in folgenden Orten auf:

Erlebach (ñ Erlenbach, Kr. Kaiserslautern),
Gerswilre (= Gersweilerhof, Kr. Kaiserslautern),
Santbach (= Sambach, Kr. Kaiserslautern),
Otterbach (Kr. Kaiserslautern),

Privileg Papst Alexander IV. von 1255   Stadtarchiv Heidelberg Nr. 2

Richenbach (= Reichenbacherhof bei Otterberg, Kr. Kaisersl.),
Kace wilre (= Katzweiler, Kr. Kaiserslautern),
Hunerscherre (= Hirschhorn, Kr. Kaiserslautern),
Alsencen (vermutlich Alsenz, Donnersbergkreis),
Luttra (= Kaiserslautern),
Melbach (= Mehlbach, Kr. Kaiserslautern),
Eppelnsheim (= Eppelsheim, Kr. Alzey-Worms),
Alscenenbur (= Alsenborn, Kr. Kaiserslautern),
Rukenhusen (= Rockenhausen, Donnersbergkreis),
Chierhheim[547] (= Kirchheimbolanden, Donnersbergkreis),
Bisshoffheim (= Bischheim, Donnersbergkreis),
Russingen (= Rüssingen, Donnersbergkreis),
Rothenbach (= Rodenbach, Gde. Ebertsheim, Kr. Bad Dürkheim),
Karmtenheim (vielleicht Kerzenheim, Donnersbergkreis),
Chindenheim (= Kindenheim, Kr. Bad Dürkheim),
Gozensheim (= Gossenheim, Wüstung bei Kindenheim,
    Kr. Bad Dürkheim),
Bockenheim (Kreis Bad Dürkheim),
Vlaersheim (= Flörsheim-Dalsheim, Kr. Alzey-Worms),
Nunkirchen[548],
Dagelsheim (Flörsheim-Dalsheim, Kr. Alzey-Worms),
Guntheim (= Gundheim, Kr. Alzey-Worms),
Westhenen (vermutlich Westhofen, Kr. Alzey-Worms),
Mergestadt (= Mörstadt, Kr. Alzey-Worms),
Peternsheim (= Pfeddersheim, Kr. Alzey-Worms),
Berhtheim (= Bechtheim, Kr. Alzey-Worms),
Chemnaten[549],
Dietensheim (= Deidesheim, Kr. Bad Dürkheim),
Duricheim[550] (= Bad Dürkheim),
Vnchstein (= Ungstein, Kr, Bad Dürkheim),
Karlbach (= Großkarlbach, Kr. Bad Dürkheim),
Lambesheim (= Lambsheim, Kr. Ludwigshafen),
Hunhhelenheim (= Heuchelheim, Kr. Ludwigshafen),
Harlsheim[551],
Hochheim (= Vorort von Worms),
Dietelnsheim (= Dittelsheim-Heßloch, Kr. Alzey-Worms),
Gunderanesheim (= Gundersheim, Kr. Alzey-Worms),
Alzeia (= Alzey),

Vlanheim (= Flonheim, Kr. Alzey-Worms),
Schimsheim (Gde. Armsheim, Kr. Alzey-Worms),
Diermstein (= Dirmstein, Kr. Bad Dürkheim),
Rupprechtsburch (= Ruppertsberg, Kr. Bad Dürkheim),
Ebernburch (= Bad Münster-Ebernburg, Kr. Bad Kreuznach),
Krucenachen (= Bad Kreuznach),
Trechtingeshusen (= Trechtingshausen, Kr. Main-Bingen),
Loreche (= Lorch, Kr. Rüdesheim),
Heiembach superius (= Ober-Heimbach, Kr. Mainz-Bingen),
Heiembach inferius (= Niederheimbach, Gde. Heimbach, Kr. Mainz-Bingen),
Dieppach (vermutlich Rhein-Diebach oder Ober Diebach, Kr. Mainz-Bingen),
Bacharachen (Bacharach, Kr. Mainz-Bingen),
Wesaha (vermutlich Oberwesel, Rhein-Hunsrück-Kreis),
Hakenshaim (vermutlich Hattenheim, Kr. Rüdesheim).

Auffallend ist das Anwachsen der Zahl der städtischen Höfe. Die landwirtschaftliche Produktion der Klostergüter war wohl so stark angewachsen, daß sich das Kloster in den städtischen Höfen Plätze für den Verkauf seiner Erzeugnisse schaffen mußte. Alle aufgeführten Orte, von Kaiserslautern, der dem Kloster nächstgelegenen Stadt, abgesehen, liegen am Rhein. Dies allein weist schon auf Handel hin.

In der Liste der Grangien dagegen fehlen sieben Namen, die in der Urkunde von 1215 vorkamen. Das Fehlen läßt sich im Einzelfall nicht erklären. Die Urkunde Papst Alexanders zählt jedoch Häuser und Mühlen zu den possessiones[552]. Ob man aber zwischen Höfen einerseits und Häusern und Mühlen andererseits immer streng unterscheiden konnte, ist fraglich. Es können zumindestens zwei früher als Hof aufgeführte Besitzungen, Erlenbach und Ober/Nieder-Heimbach, nun unter possessiones verzeichnet sein. Obwohl immer noch fünf Fälle ungeklärt bleiben, möchte ich nicht annehmen, diese Höfe seien verkauft worden, denn drei der Höfe, Hanauerhof, Stüterhof und Münchhof, bestanden später noch[553].

Die Urkunde Papst Alexanders ist für lange Zeit die letzte, die uns einen Gesamtüberblick über die Otterberger Besitzungen ermöglicht. Gleichzeitig setzte in der Art der Erwerbung neuer Besitzungen ein Wandel ein. Die Ankäufe mehrten sich, die Schenkungen gingen zurück.

Messerschwanderhof

Zeichnung: Siegfried Bauer

c) Erwerb der Waldmark

Dies wird besonders deutlich bei den Bemühungen um den Erwerb der östlich des Klosters gelegenen Gebiete der Waldmark, der ausschließlich auf dem Kaufwege erfolgte. Die Waldmark und die Otterberger Rechte darin werden erstmals 1185 erwähnt[554]. Bereits unter dem zweiten Abt des Klosters, Albero, gab es Streitigkeiten um das zum Kloster gehörige Gebiet. Dies ist eigentlich nicht verwunderlich; denn die Gründungsurkunde umschreibt das Stiftungsgut nur ganz allgemein und gibt keinerlei Grenzpunkte an[555]. Durch die Ortsnamenuntersuchungen von Prof. Christmann wissen wir aber, daß eine ganze Reihe von Weilern in der Umgebung von Otterberg schon vor der Klostergründung bestand, nämlich Weiler, Ungenbach, Reichenbach, Rod, Wenchelswanden und Metzelschwanden. Weiler gehörte vermutlich zum Stiftungsgut. Auch die Stiftungsurkunde gibt indirekt die Existenz älterer Siedlungen zu; denn sie bestimmt, daß die Seelsorge und Pfarrobliegenheiten für die wenigen Einwohner der Gegend dem Pfarrer in Sambach übertragen werden. Beide in der Stiftungsurkunde genannten geographischen Fixpunkte liegen also westlich von Otterberg, Weiler an der Stelle der Beutlermühle, Sambach bereits im Lautertal. Anhaltspunkte für eine Abgrenzung nach Osten werden nicht angegeben. In dem Gebiet zwischen Otterberg und dem oberen Alsenztal gibt es jedoch keinen Ort, der vor der Klostergründung belegt ist. Die frühesten Belege stammen für Wartenberg von 1156/57, für Baalborn, Sembach, Rohrbach und Neukirchen von 1185, für Lohnsfeld von 1190, für Mehlingen von 1257[556]. Wir können also kein klares Bild über die Besiedlung in der Mitte des 12. Jahrhunderts gewinnen. Es hat allerdings den Anschein, als ob die Gründung des Klosters auf der Otterburg hier ältere Rechte und Ansprüche berührte. Die eingangs erwähnte Urkunde Abt Alberos gibt für die Rechte Otterbergs in den Wäldern Waldmark und Brand eine merkwürdige, doppelte Begründung: 1. Das Kloster habe sie seit alters besessen. 2. Es habe sie durch die Übergabe des dem Kloster gehörenden Hofs Wenchelswanden an eine Gemeinschaft von Nutzungsberechtigten zusätzlich erworben. Als Zeugen treten Leute aus Neukirchen, Rohrbach, Sambach, Baalborn, Alsenbrück und Mittelrohrbach, einer Wüstung bei Rohrbach, auf. Die erste Begründung wird in einer Urkunde von 1209 noch schärfer gefaßt und von dem Recht der Burg, in der das Kloster gegründet wurde, hergeleitet[557]. Die zweite Begründung läßt einen Rückschluß auf die ursprüngliche Ausdehnung der Waldmark nach Westen zu. Der Hof Wenchelswanden, der spätere Münchschwander-

hof, gehörte zunächst nicht zur Waldmark, kam aber spätestens 1185 hinzu. Der Hof müßte also zum Stiftungsgut gehört haben oder zu einer sehr frühen, unbekannten Schenkung. Daß der Übergang in Gemeineigentum wirklich erfolgte, zeigen die Besitzbestätigungen von 1195 und 1215, in denen der Hof nicht als Klostergut aufgeführt ist[558]. Die Waldmark reichte demnach ursprünglich nicht bis Otterberg heran. Sie begann anscheinend östlich der alten Reichsstraße, die von Kaiserslautern über Morlautern, Otterberg, Heiligenmoschel nach Bad Kreuznach zog[559]. Der Hof Wenchelswanden stellt außerdem den östlichsten Punkt dar, an dem in der Otterberger Mark alte Siedlungen nachzuweisen sind[560]. Dazu paßt gut die Nachricht einer Urkunde von 1209[561], daß die Bewohner von Erlenbach zwar in der Waldmark Holz holen dürften, aber aus „Gnade", nicht von Rechts wegen. Der Wald unmittelbar beim Kloster war vermutlich dessen Eigenbesitz, der in einer Urkunde Friedrichs II. von 1210 ausdrücklich von der Waldmark unterschieden wird[562]. Die Urkunde von 1185 zeigt, daß das alte Gebiet der Waldmark sicher nicht weiter nach Westen reichte als auf den Karten von 1785/86. Sie macht aber gleichzeitig deutlich, daß im Laufe der Jahrhunderte Veränderungen eintraten; denn auf den Karten liegt der Münchschwanderhof außerhalb des Waldgebietes.

Außer dem Kloster als solchem waren die Klosterhöfe Weiler und Schwanden (Südteil von Neukirchen) nutzungsberechtigt[563]. Die Bewohner von Erlenbach mußten für die ihnen freiwillig zugestandenen Nutzungen eine Prozession nach Rohrbach unternehmen[564]. Die Lage der Orte Schwanden (Neukirchen) und Rohrbach zeigt schon an, wo wir die Ostgrenze der Waldmark suchen müssen. Eine Betrachtung des Erwerbs der Waldmark durch das Kloster gibt hier näheren Aufschluß. Das erste Viertel des Waldes verkaufte Mitte des 13. Jahrhunderts Conrad von Lichtenstein[565]. Der Waldanteil gehörte zu einem Hof in Alsenzen, Seidelhof genannt. Der Seidelhof (heute Sattelhof) liegt an der Alsenz am Kreuzungspunkt der Straßen von Enkenbach nach Rockenhausen und von Kaiserslautern nach Worms. Er war ein alter Königshof[566]. Die Geschichte des Sattelhofs läßt sich bis in das Jahr 987 zurückverfolgen, als er aus dem Besitz des salischen Herzogs Otto als Teil des Stiftungsgutes an das Kloster St. Lambrecht kam. Erst 1209 veräußerte ihn das Kloster an die Adelsfamilie von Lichtenstein. Die Vogtei über den Hof besaß Merbod aus dem in dem benachbarten Wartenberg ansässigen Adelsgeschlecht. Gleichzeitig verkaufte Conrad von Lichtenstein auch Besitz in Gonbach und dem Wäschbacherhof (Gemeinde Langmeil). Als Datum des Verkaufs galt bisher das Jahr 1245, aus dem

Messersbacherhof, Horterhof   Fotos: Stefan Bang, Otterbach

eine von Conrad und seiner Gattin Agnes von Lichtenstein ausgestellte Verkaufsurkunde stammt[567]. Eine andere, undatierte und von Würdtwein mit Nr. 53 hinter der genannten eingereihte Urkunde ist jedoch vermutlich in die Jahre 1242/43 zu datieren und damit auch der Verkauf. Zu dem mit dem Seidelhof erworbenen Waldmarkanteil gehörte auch der Waldbezirk Brand[568]. Das nächste Waldstück und ein Hof in Rohrbach kamen aus den Händen des schon genannten Geschlechts von Wartenberg an das Kloster[569]. Die Bauern aus Alsenbrück, Mehlingen und Sembach sowie die zum Kirchspiel Rohrbach gehörigen werden in Urkunden von 1276[570] mit der Waldmark in Zusammenhang gebracht. Ein Beleg aus dem folgenden Jahr erlaubt es, die Grenze noch etwas weiter nach Süden zu verfolgen. Conrad von Wartenberg beurkundete darin die Steinsetzung zwischen seinem Hof Fronden bei Breidenborn und dem Klosterbesitz in der Waldmark und den Wäldern Brand und Fronden. Der Waldbezirk gehörte demnach dem Kloster, der nach diesem benannte Hof[571], der heutige Fröhnerhof an der Straße Kaiserslautern-Mehlingen, verblieb im Besitz des Ritters. Nach Ausweis dieser Urkunde ist der Fröhnerhof oder wenigstens ein Fröhnerhof wesentlich älter, als Christmann angibt. Ob der Hof allerdings von 1277 bis 1560 ohne Unterbrechung besiedelt war, ist damit noch nicht erwiesen. Bei dem Verkauf eines weiteren Waldmarkanteils an Otterberg im Jahre 1282 tauchte auch ein weiterer Name, nämlich Kalenberg, auf[572]. Noch ein in Verbindung mit der Waldmark vorkommender Name ist Bulbeck[573]. Die Form Euweck, die schon Emil Lind in seinen Regesten 1928 mit einem Fragezeichen versah, ist ein Lesefehler[574].

Die östliche Abgrenzung der Waldmark dürfte nach den aufgeführten Belegen etwa der heutigen Straße von Kaiserslautern nach Langmeil gefolgt sein. Selbst heute noch liegen drei kleinere Walddistrikte des Otterberger Waldes östlich und westlich von Wartenberg und Rohrbach[575]. Der Zusammenhang der Waldmark mit dem Sattelhof und dem Hof Rohrbach beweist, daß diese einstmals weit nach Nordosten reichte. Im Laufe des Mittelalters erfolgte, soweit wir das sehen können, eine Einschränkung auf die südlichen Teile des Waldgebietes. Nach einer Urkunde Kurfürst Friedrichs von der Pfalz über die Rechte in der Waldmark von 1567 sind nur mehr die Orte Neukirchen, Mehlingen und Baalborn berechtigt, Schöffen zum Waldgericht nach Otterberg zu entsenden. Den Bewohnern von Baalborn wird aus „nachbarlichen Willen, doch ohne einig Gerechtigkeit"[576] der Übertrieb in den Otterberger Eigenwald unter bestimmten Bedingungen gestattet. Zu diesem Eigenwald zählt u. a. auch der Kalenberg, der in

Seite aus dem Otterberger Güte- und Zinsverzeichnis, um 1430
Eintragungen über Wiesen in Sambach.   Staatsarchiv Speyer

den alten Urkunden stets zusammen mit der Waldmark vorkommt. Das Gebiet der Waldmark reichte offensichtlich bis knapp an Otterberg heran, aber nicht darüber hinaus bis in das Lautertal, wie Zink meinte. Der Hof Wenchelswanden gehörte, wie schon erwähnt, ursprünglich nicht zu ihr. Die Nutzungsrechte der Bewohner von Erlenbach waren mit der Auflage einer Prozession nach Rohrbach verbunden, sie wurden „de gratia et non de jure" gewährt[577].

Die mächtigen, in den Waldungen um Otterberg heute weitgehend noch erhaltenen Grenzsteine können für eine Bestimmung der Grenzen der Waldmark nur sehr bedingt herangezogen werden. Schon sehr früh wurden an den Grenzen der Waldmark entsprechende Markierungen gesetzt, erstmals bereits 1185[578], im Jahr 1277 sogar Marksteine in unterschiedlicher (roter und weißer) Farbe[579]. Von wann die heute erhaltenen Steine stammen, ist aber schwer mit Sicherheit festzustellen. Der häufig eingehauene Abtsstab verweist in die Zeit des Klosters. Nähere Zeitangaben sind wahrscheinlich nur aus der Schriftform der eingehauenen Buchstaben zu gewinnen, eine Arbeit, die ein Fachmann auf diesem Spezialgebiet ausführen müßte. Sie bezeugen jedoch auf alle Fälle einen früheren Zustand als die erhaltenen Waldbeschreibungen. Für eine Abgrenzung der Waldmark sinkt aber ihre Aussagekraft, da wir wohl das Besitzzeichen des Klosters Otterberg (Abtsstab mit den Buchstaben Otbg), der Grafen von Sickingen (drei Kugeln) und anderer Angrenzer kennen, aber kein Zeichen, das eindeutig die Waldmark als Gemeinschaftswald bezeichnet. Auffallend ist die Darstellung von Händen mit ausgestreckten Fingern, die auf einigen Steinen vorkommen und gern als Hinweis auf die Waldmarkgenossenschaft gedeutet wurden. Bei dem Otterberger Münchhof bei Hochspeyer stehen ganz ähnliche Steine wie in den Waldungen um Otterberg selbst. Sie sind sogar aus dem gleichen Gestein wie die Otterberger Kirche und wurden offensichtlich von dort herbeigeschafft[580]. Allerdings fehlen dort Steine mit der Darstellung von Händen. Sie kommen hingegen an der Enkenbach-Neukirchener Grenze, am Münchberg bei Baalborn[581] und an der heutigen Otterberger Gemarkungsgrenze südlich Potzbach[582] in der Nähe des Hinkelsteins vor. In der Vellmannschen Waldbeschreibung liegen zwischen dem Hinkelstein und dem ersten Stein mit Eideshänden (Nr. 5) nur vier Grenzsteine. Ganz in der Nähe finden wir auch an der Heiligenmoschler Straße das „ungarische Kreuz"[583]. Es steht nicht in Zusammenhang mit der Waldmark, sondern mit dem hier verlaufenden alten Straßenzug Kaiserslautern–Bad Kreuznach. Die Herkunft des Kreuzes ist noch ungeklärt; Christmann vermutet, daß es auf durchziehende ungarische Soldaten zurückgeht. Auch Stein 18, wo die Gemarkungen Otterberg, Höringen und Potzbach zusammenstoßen, und einige weitere Steine im gleichen Gebiet tragen oder trugen die Abbildung von Händen. Ihre Verbreitung beschränkt sich anscheinend auf ein Gebiet, das, wie wir zeigen konnten, einmal zur Waldmark gehörte. Einen Hinweis dafür, daß diese Hände Zeichen der Märker seien, konnten wir jedoch nicht feststellen. In der Beschreibung von 1589[584] wird hingegen von einem Stein im Amseltal, der die Waldmark und Waldbesitz des Spitals Kaiserslautern abgrenzt, gesagt: „... hat oben wegen der Waldmarckhen ein Creutz". Kreuze als Symbole auf Grenzsteinen führt auch eine Grenzbeschreibung der Waldmark[585] häufig an. Auch der oben erwähnte Stein mit den Schwurhänden am Münchberg trug oben ein Kreuz[586], womit wenigstens ein loser Zusammenhang zwischen Schwurhänden und Kreuz hergestellt werden konnte. Vielleicht bezeichneten beide Symbole die Waldmark. Ob auch der Hinkelstein selbst bzw. die danebenstehenden, schon von Vellman erwähnten Grenzsteine die Grenze der Waldmark anzeigten, erscheint unsicher.

Die nördlichen Teile der alten Waldmark weisen die späteren Waldbeschreibungen wie die von Vellmann 1600 als Eigenwald des Klosters aus. Dieses verstand es offensichtlich, den von allen Waldmärkern gemeinsam genutzten Wald immer mehr einzuschränken. Die einzelnen Stufen sind aus zwei Urkunden von 1306 und 1567 noch in Andeutungen abzulesen. In einem Schiedsspruch zwischen den Waldmärkern und dem Kloster wurden 1306 nur noch die Bezirke Waldmark und Brand aufgeführt. Fronden und Kalenberg fehlten bereits[587]. Im Jahr 1567 zählte der Kalenberg schon zum Eigenwald. Den in Baalborn ansässigen Waldmärkern wurden lediglich „außer nachbarlichen willen, doch ohne gerechtigkeit"[588] die Rauhweiden im Spechtsbruch und Kalenberg zugestanden.

Die Bestrebungen des Klosters, das Gebiet der Waldmark zu Gunsten des eigenen Waldgebietes zu verkleinern, sind nicht verwunderlich. Durch eine systematische Erwerbspolitik hatte es in den Jahren 1245–1284 das Waldgebiet in seine Hand gebracht, es den adligen Vorbesitzern abgekauft. Die Bestrebungen, auch die Nutzungsrechte der Waldmarkendörfer zu vermindern oder auf ein kleineres Gebiet zu beschränken, waren durchaus folgerichtige Maßnahmen, die auch darauf abzielten, ein eigenes, in sich geschlossenes Herrschaftsgebiet um das Kloster herum zu schaffen. Diese Bemühungen blieben jedoch in den Anfängen stecken. Die verkleinerte

Waldmark und die dazugehörigen Nutzungsberechtigungen überdauerten das Kloster.

d) Übergang zur Geldwirtschaft

Haben wir zunächst den käuflichen Erwerb eines wichtigen Gebietes betrachtet, also die Bedeutung der einzelnen Kaufhandlung gezeigt, so sollen die folgenden drei Tabellen ausweisen, daß auch der Menge nach die Ankäufe im Vordringen waren, wenn man sie mit der Zahl der Schenkungen im gleichen Zeitraum vergleicht. Die Tabellen zeigen darüber hinaus noch eine zweite Tendenz auf: das Ansteigen der Verpachtungen.

	1200 bis 1250	
	Land	Einkünfte und Rechte
Schenkungen	21	10
Käufe	7	6
Tausch	1	–
Verpachtungen	2	–

	1251 bis 1300	
	Land	Einkünfte und Rechte
Schenkungen	34	25
Käufe	28	9
Tausch	2	–
Verpachtungen	1	–

	1301 bis 1350	
	Land	Einkünfte und Rechte
Schenkungen	11	19
Käufe	17	9
Tausch	2	–
Verpachtungen	24	–
Pachtung	–	1

Diese Tabellen führen nur die Güter auf, von denen die Erwerbsart bekannt ist. Eine beträchtliche Anzahl von Besitzungen ist aber nur indirekt durch Bestätigungsurkunden, Privilegien und ähnliches zu erfassen. Diese Erwerbungen wurden nicht aufgenommen, da dabei nicht erkennbar ist, ob es sich um Käufe oder Schenkungen handelte.

Die Tabellen zeigen klar ein Anwachsen der Käufe im Verhältnis zu den Schenkungen. Ab 1300 mehrten sich auch die Verpachtungen. Sie setzten geradezu schlagartig ein. Für 1303 sind vier Verpachtungen bekannt[589], für 1304 sechs[590]. Die folgende Tabelle gibt eine Übersicht der Verpachtungen und Käufe in den Jahren 1290 bis 1320 nach Jahrzehnten geordnet.

Zeit	Verpachtungen	Käufe
1290–1300	–	4
1301–1310	12	12
1311–1320	5	4

Nach 1310 hörten die Käufe von Höfen so gut wie ganz auf. Das Kloster erwarb nur noch 1319 einen Hof in Speyer[591].
Der Übergang von der Eigenbewirtschaftung zur Geldwirtschaft wird auch durch den vermehrten Ankauf von Zehnten, Renten und Gülten deutlich. Diese Entwicklung setzte schon früher ein als die Verpachtungen. Zunächst beschränkte man sich dabei auf den Kauf von Zehnten und Abgaben, die man selbst zu zahlen hatte[592]. Aber die Entwicklung ging weiter. Das Kloster kaufte 1250 Gefälle in Bockenheim, Gossenheim und Kindenheim und 1284 nochmals Gefälle in Bockenheim[593]. Im gleichen Ort erwarb es 1253, 1284 und 1319 Gülten[594]. Für die 1284 erworbenen Gefälle zahlte Otterberg 400 libr. Hallens., die größte Summe, die es je für einen derartigen Kauf ausgab[595]. In Albisheim ging 1291 zunächst die erste Hälfte des Zehnten, 1309 die zweite Hälfte (der Weinzehnt ausgenommen) in den Besitz des Klosters über, und 1325 pachtete es schließlich den Glockenzehnten[596].
Eine ganz saubere Scheidung zwischen Schenkung und Kauf ist nicht immer möglich. Manche Schenkungen kann man fast als Käufe betrachten, da der Geber sich erhebliche Gegenleistungen und Sonderrechte sicherte. So gab Werner von Deidesheim 1216 dem Kloster Güter, erhielt aber dafür ein Pfund Gold und vier Pfund Silber sowie jährlich 20 Malter Korn[597]. In einer Bestätigungsurkunde von 1230 behielt sich seine Witwe Margarete noch ausdrücklich Sonderrechte vor, wenn das Kloster mehr als sechs Wochen mit der Lieferung im Rückstand bliebe[598].
Mit einer Schenkung war noch nicht immer der sichere Besitz eines Gutes gewährleistet. Erinnern wir uns an Degenhardt, der seinen Besitz in Erlenbach zunächst Otterberg und später Enkenbach übertrug[599]. Es ist daher verständlich, wenn das Kloster danach strebte, durch Bestätigungen der Schenkungen von verschiedenen Seiten die Rechtsunsicherheit möglichst auszuschließen. Solche Bestätigungsurkunden sind für eine ganze Reihe von Schenkungen erhalten[600]. Über die Schenkung einer Wiese in Hirschhorn gibt es sechs Urkunden, die sich auf drei Generationen verteilen[601].

Wenden wir uns nun einer genauen Untersuchung der Verpachtungen zu, die sich in den Jahren 1300–1325 besonders mehrten. Einkünfte aus verpachtetem Grundbesitz waren ursprünglich durch die Ordensstatuten verboten[602]. Einen Ansatzpunkt zur Durchbrechung dieses Verbots gab die im Mittelalter verbreitete Prekarie, eine Mischform von Pacht und Schenkung. Ein Gut wurde auf diese Weise dem Kloster geschenkt, dem Schenker aber gleichzeitig auf Lebenszeit gegen eine Zinszahlung wieder zugestanden. Der fromme Geber kam so in den Genuß der geistlichen Fürsprache des Klosters, dem er die Stiftung gemacht hatte, brauchte aber zu Lebzeiten auf sein gewohntes Geld und Gut nicht zu verzichten. Die ausgemachten Pachtsummen waren meist sehr niedrig; sie stellten nur eine Art Anerkennungsgebühr für die Besitzrechte des Klosters dar. Von hier aus führen zwei Wege weiter zur eigentlichen Verpachtung: 1. die Ausdehnung solcher Verträge auf Verwandte des Stifters[603], 2. die Vergabe von Klostergut an andere Interessenten. Hierbei waren drei Formen hinsichtlich der Zeitdauer üblich:

1. die Verpachtung für einen in dem Pachtvertrag ausgemachten Zeitraum (Zeit- oder Temporalbestand),
2. die Verpachtung auf Lebenszeit (Leibgeding),
3. die Verpachtung an Pächter und Erben in der direkten Linie (Erbbestand).

Bei der Zeitpacht konnte das Kloster leicht jederzeit wieder eingreifen. Die Pachtdauer war meist recht kurz bemessen, 9, 12 oder 15 Jahre. Um die Feldnutzung im Rahmen der Dreifelderwirtschaft reibungslos durchführen zu können, wählte man meist durch 3 teilbare Zeiträume. Nachteile dieser Wirtschaftsform waren der Raubbau der Pächter am Boden, da sie keinen langfristigen Nutzen hatten, und die Schwierigkeit der Neuverpachtung dieser ausgenützten und verwahrlosten Grundstücke, vor allem in Krisenzeiten, wenn Kriege oder Seuchen die Bevölkerung vermindert hatten und Land zur Ernährung der verbliebenen Zahl reichlich zur Verfügung stand. In den Otterberger Urkunden ist diese Form 1302[604] bei einer Verpachtung in Abenheim belegt, wobei der Pachtzeitraum 12 Jahre betrug. Im Fall des Klosters Schönau ist die erste Verpachtung 1316 belegt (in Oppau), doch ist das genaue Jahr weitgehend durch den Zufall der Überlieferung bedingt[605]. Die Verpachtung auf Lebenszeit[606] garantierte ununterbrochene Nutzung und Einnahmen für das Kloster auf einen längeren Zeitraum. Sie verhinderte jedoch eine Erhöhung des Pachtzinses, was insbesondere in Zeiten des Geldverfalls und der Münzverschlechterung einen Nachteil für den Verpächter darstellte. Solche Leibgedingsverträge wurden manchmal auch auf die Lebenszeit von Frau und Kindern ausgedehnt, was insbesondere beim Wormser Bürgertum beliebt war[607]. Diese auf zwei oder drei Generationen ausgedehnten Leibgedingpachtungen stellten schon den Übergang zur Erbleihe dar, die in den Otterberger Urkunden des 14. Jahrhunderts die übliche Art der Verpachtung war. Das Kloster hatte damit zwar die Sicherheit der Nutzung und des Eingangs der Nutzungsgebühr (Pachtzins), mußte jedoch finanzielle Einbußen durch die Entwertung des Pachtzinses im Laufe von Jahren und Jahrzehnten hinnehmen. Die Verpachtung von Grundbesitz war schon aus diesem Grunde auf die Dauer für das Kloster weniger günstig als die Eigenbewirtschaftung. Diese wiederum setzte eine genügend große Zahl von Mönchen und vor allem von Laienbrüdern voraus. Das Ansteigen der Verpachtungszahlen läßt daher wichtige Rückschlüsse zu:

1. Der Zustrom neuer Mönche und Laienbrüder glich die Verluste durch Abgänge, vor allem durch Todesfälle, nicht mehr aus; die Größe des Konvents schrumpfte zusammen.
2. Das Kloster war genötigt, Güter, die es selbst nicht mehr bewirtschaften konnte, zu Bedingungen zu verpachten, die für die Pächter günstig waren (Erbleihe). Es konnte trotz Geldentwertung den Pachtzins nur bei Aussterben der Pächterfamilie den Gegebenheiten anpassen. Die Verpachtungen bedeuteten daher zwar für den Augenblick eine angemessene Einnahme und finanzielle Entlastung, auf die Dauer jedoch eine schwere Schädigung der Wirtschaftskraft des Klosters.

Die Pachtsumme konnte entweder in Naturalien oder in Geld gezahlt werden. Beide Formen kommen in den Otterberger Urkunden nebeneinander vor. Naturalablieferungen wurden mit den Pächtern des Ormsheimerhofes 1301[608], von Liegenschaften in Kerzenheim 1303[609], in Freimersheim 1303[610], in Pfeddersheim 1304[611], in Oberflörsheim 1304[612], in Böhl 1304[613], in Rodenbach 1307[614], in Deidesheim 1310 und 1311[615], in Dalsheim 1312[616], in Dörrenbach 1320[617] abgeschlossen, wobei die Abgaben zu festgesetzten Terminen an bestimmten Stellen abzuliefern waren. Geldsummen vereinbarte das Kloster mit den Pächtern in Worms 1303[618], in Oppenheim 1303[619], in Worms 1312[620], in Nierstein 1327[621], in Bechtheim 1332[622] und Heuchelheim 1338[623]. Die Ortsnamen machen schon deutlich, daß auf Geld abgestellte Verträge hauptsächlich in Städten zustande kamen. Auf einer Kombination von Geldzahlung und Naturallieferungen beruhte eine Verpachtung in Oberflörsheim im Jahr 1326[624]. Der Hof wurde gegen Geld verpachtet, die dazugehörigen Felder gegen Liefe-

Stüterhof

Zeichnung: Siegfried Bauer

rung von Weizenmehl. In ähnlicher Weise verpachtete das Kloster auch eine Wiese in Bad Dürkheim im Jahr 1305[625].

Die Fälligkeitstermine für Naturallieferungen waren durch die Erntezeit bedingt. Getreide und Mehl mußten zwischen den Feiertagen Maria Himmelfahrt (15. August) und Maria Geburt (8. September) abgeliefert werden[626], Wein an Maria Reinigung (2. Februar)[627], Geldzahlungen an Martin (11. November)[628] oder, wenn zwei Jahresraten vereinbart waren, an Georg (23. April) und Remigius (1. Oktober)[629].

Bei einer Reihe von Verträgen vereinbarte das Kloster Sonderbedingungen, so bei einer Vergabe von Klostergütern in Otterbach im Jahr 1326[630]. Bei einer Verpachtung von Gütern in Nierstein und Dexheim im Jahr 1327 verpfändete der Pächter als Sicherheit für seine Zahlungen zwei Joch Weinberge in Dienheim[631]. Die Absicherung war anscheinend nicht unüblich; denn in der lateinisch abgefaßten Urkunde wird eigens erwähnt, daß der Anfall des Pfandes auf deutsch „ufholen" heiße. Die Pächter eines Hofplatzes in Nieder-Heimbach verpflichteten sich 1341, auf dem Platz ein Haus zu errichten[632]. Das Kloster erhielt die Möglichkeit, diesen Hof nach 20 Jahren für eine bestimmte Geldsumme wieder an sich zu ziehen. Verpachtungen sind vor allem in Orten nachzuweisen, in denen das Kloster wenige Besitzungen besaß, oder betrafen neuerworbene Güter, die erst gar nicht in Eigenbewirtschaftung übernommen wurden. In Abenheim, Kerzenheim, Freimersheim, Pfeddersheim, Rodenbach bei Kirchheimbolanden sind nur wenige Klostergüter bekannt; in Dalsheim erhalten wir überhaupt erst durch die Verpachtung Kenntnis von Klosterbesitz[633]. In Oberflörsheim verpachtete das Kloster Güter, die ihm die Eltern der Ehefrau des Pächters geschenkt hatten, wobei möglicherweise schon Zusagen für die Versorgung der Tochter gegeben wurden[634]. Ähnlich ist es bei einer Verpachtung in Bechtheim, bei der ausdrücklich die verstorbenen Vorbesitzer mitangegeben werden[635]. Das Generalkapitel konnte nicht länger die Augen vor der wachsenden Zahl von Verpachtungen verschließen und gab zunächst einzelnen Klöstern die Erlaubnis, solche vorzunehmen. Nach einer Visitation durch den Vaterabt von Eberbach und den Abt von Otterberg erhielt 1344 das Kloster Schönau die Erlaubnis zur Verpachtung als Leibgeding und zur Veräußerung sowie Tausch[636].

Verpachtungen waren manchmal auch der erste Schritt zum Verkauf. Ein frühes, bisher kaum beachtetes Beispiel ist der schon erwähnte Verkauf des Ormsheimerhofes[637]. Ebenso bemerkenswert wie die Tatsache als solche sind hier Größe und Bedeutung des verkauften Objektes. Die Höhe des erzielten Preises von 1700 Pfund Heller wird erst durch Vergleiche deutlich: Die beiden 1306 und 1308 in Eppelsheim erworbenen Höfe kosteten 364 bzw. 300 Pfund Heller. Beides waren Anwesen, die sich im Besitz adliger Familien befanden[638]; zu dem für 300 Pfund Heller veräußerten Hof gehörten immerhin noch etwa 60 Joch (iugera) Ackerland. Das 1308 in Worms vom Kloster Otterberg angekaufte Haus kostete 84 Pfund Heller, ein Hof mit Haus und Scheune in Bechtheim im Jahr 1332 25 Pfund Heller[639], der 1319 in der Herdgasse in Speyer erworbene Hof 244 Pfund Heller. Dabei handelte es sich hier um einen ganzen Komplex, den Hof mit Häusern und Zubehör[640]. Alle diese Ankäufe machten erst 1017 Pfund Heller aus, also nicht einmal zwei Drittel der Summe, die der Ormsheimerhof allein einbrachte. Das Kloster Schönau erhielt 1360 für die Verpfändung eines Hofes in Worms nur 120 Pfund Heller[641]. Dies legt die Vermutung nahe, der Verkauf des Ormsheimerhofes diente der Abdeckung von Schulden, die das Kloster bereits zu Beginn des 14. Jahrhunderts belasteten. Man muß sich auch daran erinnern, daß schon der Kaufpreis des Ormsheimerhofes im Jahr 1215 außerordentlich hoch war, nämlich 450 Pfund Wormser Geldes[642]; dazu kam dann noch ein weiterer 1232 vom Kloster getätigter Güterankauf für 100 Pfund Metzer Geldes[643]. Summen, wie sie beim Verkauf des Ormsheimerhofes den Besitzer wechselten, kamen sonst durchaus in den Pfandgeschäften der deutschen Könige vor. Für 1000 Pfund Heller verpfändete 1331 König Ludwig der Bayer die Reichsstadt Weißenburg im Elsaß und die Landvogtei im Speyergau an die Pfalzgrafen Ruprecht und Rudolf; die Reichsstadt Sinsheim im Kraichgau wurde 1316 um 2000 Pfund Heller verpfändet, die Reichsstadt Pfeddersheim 1330 um 600 Pfund Heller, ein Betrag, der allerdings noch im gleichen Jahr verdoppelt wurde[644]. Die ganze Stadt Kaiserslautern und die Burg Wolfstein brachten 1322 eine Pfandsumme von 10000 Pfund Hellern[645], einen im Vergleich niedrigen Betrag.

e) Wirtschaftlicher Niedergang

Die Mitte des 14. Jahrhunderts kennzeichnet für die Geschichte des Klosters Otterberg nicht nur ein Einschnitt hinsichtlich der Quellenüberlieferung, sondern es setzte auch um diese Zeit ein spürbarer Niedergang ein. Dies entsprach durchaus der allgemeinen Tendenz, die auch sonst zu beobachten ist. Friedrich Lütge hat in vier Punkten die schwierige wirtschaft-

liche Lage der Grundherren im 14. und 15. Jahrhundert treffend gekennzeichnet:
1. Rückgang der Kaufkraft des Geldes, damit Rückgang des Wertes der fixierten Geldzinsen,
2. Rückgang der Agrarpreise infolge des geringen Bedarfs der durch Seuchen und Sinken der Geburtenzahlen verminderten Bevölkerung,
3. unbesetzte Bauernstellen durch Aussterben infolge von Seuchen, Ausfall ihrer Abgaben für den Grundherrn,
4. Forderung höherer Löhne durch die knapper gewordenen Arbeitskräfte[646].

Die Folgen dieser Entwicklung blieben auch für das Kloster Otterberg nicht aus. In den Jahren 1347–1349 wurde Deutschland von der ersten großen Pestepidemie des 14. Jahrhunderts heimgesucht, und um etwa die gleiche Zeit fand auch eine Reihe von Verkäufen durch das Kloster statt. Am Schluß des Mainzer Kopialbuches, dessen letztes datiertes Stück in das Jahr 1362 gehört, ist der Verkauf von 26 verschiedenen Abgaben vermerkt[647].

Um dieselbe Zeit verringerten sich die Schenkungen merklich. Nach 1350 sind nur mehr acht belegt, die sicher in diese Jahre zu datieren sind[648]. Später kam ab und zu ein Verzicht auf vom Kloster geschuldete Abgaben vor, also auch eine Art Schenkung[649].

Etwa gleichzeitig mit dem Nachlassen der Schenkungen und den genannten Verkäufen hören wir auch von den ersten Verpfändungen.

Die dargelegte Entwicklung läßt sich beim Kloster Schönau in gleicher Weise verfolgen. Hier mußte 1360 der Hof in Worms dem dortigen Domkapitel für 120 Pfund Heller verpfändet werden[650].

Ebenso mehrten sich in diesen Jahren die Rechtsstreitigkeiten über Besitz oder Besitztitel. Teilweise entstanden sie daraus, daß Otterberg mit seinen Verpflichtungen in Verzug geraten war. So schuldete es 1441 den Fruchtzehnten vom Heubergerhof, der dem Heiliggrabkloster in Speyer zustand, schon seit mehreren Jahren[651]. In Biebelnheim war es 1479 die Bede schon seit acht Jahren schuldig, und der Schultheiß ließ daher die Ernte auf den Otterberger Feldern beschlagnahmen[652]. In diesem Fall war das Recht auf der Seite Otterbergs; denn die Güter in Biebelnheim waren von der Bede befreit[653]. Das Kloster berief sich hier wie bei anderen Streitigkeiten immer wieder auf seine alten Privilegien, die ihm Abgabefreiheit zusicherten[654].

In der zweiten Hälfte des 14. Jahrhunderts erlitt das Kloster durch kriegerische Ereignisse schwere Schäden[655]. Krieg, Unruhe, Aufstände, Brand wurden von Papst Bonifaz IX. als Begründung für die Inkorporationen in Nierstein genannt[656]. Diese Schädigungen und das schon erwähnte Aufhören der Schenkungen führten zu immer größeren wirtschaftlichen Schwierigkeiten. Das durch die Verkäufe eingenommene Geld reichte offensichtlich nicht aus, die nötigen Zahlungen zu leisten. So geriet das Kloster in erhebliche Schulden. Deshalb mußte König Ruprecht von der Pfalz bei den Gläubigern Otterbergs um einen Zahlungsaufschub einkommen. Er erklärte hierbei: „ ... daz sie vnd dasselbe ir Closter swerlichen mit großen schulden beladen sin, daz yn vnd demselben ir Closter zu verderben treffe ..."[657]. Für das Eingreifen des Königs war es auch höchste Zeit. Einzelne Gläubiger pfändeten schon die Pferde der Boten, die die Otterberger Mönche zu ihnen schickten. Diese Übergriffe verbot nun Ruprecht energisch und erklärte, er habe das Kloster in „ ... des heiligen richs besonder schirme, gnade vnd geleite genomen ..."[657]. Er bat „ ... yn ziele und stunde zu geben, daz sie yn die bezalunge getun mogen ..."[657]. Schon früher, noch als Pfalzgraf, hatte Ruprecht die Otterberger Zollprivilegien bestätigt[658].

Es scheinen aber weder der von Ruprecht erwirkte Zahlungsaufschub noch die Hilfe des Ordens, der 1413 dem Kloster alle an den Orden zu zahlenden Abgaben auf drei Jahre erließ „auditis paupertate, penuria et miseriis monasterii Otterburg"[659], die finanziellen Schwierigkeiten beseitigt zu haben. Etwa 20 Jahre später, 1423, bat Kurfürst Ludwig III. von der Pfalz den Mainzer Erzbischof, Abt und Konvent des Klosters Otterberg „ ... des subsidiums zu erlassen das er itzund von siner pfafheit vnd Clostern off hebet, wan sie arme sin vnd des zugeben nit bemogen ..."[660]. Im gleichen Jahr griff er auch in Bockenheim zu Gunsten der Klöster Otterberg und Kaiserslautern ein, indem er die Rückgabe entfremdeter Güter bewirkte[661]. Bald darauf stellte er einen Schutzbrief für Otterberg und alle seine Besitzungen aus. Er wandte sich darin an seine Amtleute, Diener und Untertanen, sie sollten dem Kloster und allen seinen Höfen „ ... aller atzunge, herberge, frondienste, wagenferte vnd ander beswernisse ..."[662] erlassen. Dieser gutgemeinte Aufruf scheint jedoch auf wenig Widerhall gestoßen zu sein; denn schon im nächsten Jahr, 1426, mußte Ludwig die Gläubiger des Klosters zu sich nach Neustadt bitten. Dort erreichte er eine Regelung der Zahlungen. Die Verpflichtungen dem Kurfürsten und seinen Dienstmannen gegenüber wurden weitgehend erlassen. Die recht lange Urkunde gibt Einblick, wie groß die Verschuldung des Klosters war. Es sind insgesamt 37 Gläubiger verzeichnet, über deren Forderungen in Neustadt verhandelt wurde. Es ging dabei nicht nur um Geld, sondern auch um die verschiedensten Naturalabgaben. Die Gesamthöhe der Otterberger Verpflichtungen anzugeben ist nicht möglich, da es sich nur zum Teil um Posten in bestimmter Höhe, vielfach aber um Gülten und andere Dauerzahlungen handelte. Die Gläubiger waren teilweise andere Klöster und Geistliche, in der Mehrzahl aber Bürger, vor allem aus Kaiserslautern. Otterberg hatte sogar von einem Juden 25 Gulden geborgt, die sich unterdessen durch Wucherzinsen zu einer Schuld von 60 Gulden ausgewachsen hatten. Es ist also nicht übertrieben, wenn der Kurfürst am Beginn seiner Urkunde erklärte: „ . . . als das Closter zu Otterburg größliche und swerliche verdorben vnd mit großen schulden behafftet ist . . ."[663]. Vermutlich im Zusammenhang mit dieser Schuldenregelung stand auch der Verkauf des Stüterhofes an den pfälzischen Kurfürsten. Der Hof wurde im gleichen Jahr, 1426, mit 80 wilden Pferden um 1100 rheinische Gulden veräußert[664]. Dem Eingreifen des Kurfürsten von der Pfalz scheinen direkte Verhandlungen mit dem Abt in Otterberg selbst vorausgegangen zu sein. Pfalzgraf Ludwig hielt sich jedenfalls am 16. Juli 1425 in Otterberg auf. Er stellte nämlich an diesem Tag in Otterberg ein Zollprivileg für Eberbach aus[665]. Wahrscheinlich sprach man damals aber nicht nur über die wirtschaftlichen Belange Eberbachs, sondern auch über die sehr viel schwierigere wirtschaftliche Situation von Otterberg selbst.

Mit Rücksicht auf dessen Lage wurde das Kloster Otterberg wiederholt vom Besuch des Generalkapitels und der Entsendung eines Mönches zum Studium befreit[666].

Die durch Pfalzgraf Ludwig erreichte umfangreiche Schuldenregelung scheint jedenfalls eine Festigung der Wirtschafts- und Finanzlage Otterbergs bewirkt zu haben. Zwar hörte man immer noch von Schulden und rückständigen Zahlungen, aber sie erreichten nicht mehr die Höhe, die die Urkunde von 1426 zeigt. Teilweise forderten einzelne Dörfer auch Abgaben in der Hoffnung, die alten Privilegien seien unterdessen vergessen worden. Die Verwaltung der Klostergüter wurde nun straffer. Man begann Saalbücher von dem Eigentum des Klosters und seinen Einnahmen anzulegen[667]. Neue Verpachtungen[668] brachten wieder Geld ein, ebenso neue Verkäufe, auch wenn sie manchmal zu ungünstigen Bedingungen und Preisen erfolgten. So ging 1440 der Hof in Daxweiler „ . . . mit allen sinem begriff vnd zugehorunge den wir haben zu Daßhwiler im dorff vnd velde rente vnd nutze vnd inn desselben dorffes marg vnd gericht gelegen, darzu auch alle ander vnßer vnd vnseres closters gulte, zinße, velle, rente vnd nutz daselbst"[669] für 330 rheinische Gulden in den Besitz Ludwigs IV. von der Pfalz über. Während das Kloster weiter entfernt liegende Güter in immer stärkerem Maße verpachtete, kaufte es in der Nähe zuweilen noch Land an, wenn dies seinen anderen Besitz abrundete. So zahlte es 1459 für einen Woog und zwei Wiesen in Alsenbrück 230 rheinische Gulden[670]. Der Preis erscheint hoch, wenn man bedenkt, daß der oben erwähnte Verkauf eines Hofes dem Kloster nur 330 rheinische Gulden einbrachte.

Eine der bedrückendsten Lasten, unter der nicht nur Otterberg, sondern fast alle Zisterzienserklöster[671], und nicht nur diese, zu leiden hatten, war die Atzung und die mit ihr in Verbindung stehenden Dienste für das Gefolge des Landesherrn. Otterberg trachtete schon sehr früh danach, sich von diesen Verpflichtungen loszukaufen. Die Atzung bedeutete nicht nur eine dauernde Belastung, sondern brachte auch einen ständigen Unsicherheitsfaktor mit sich, da die Höhe der Aufwendungen nicht begrenzt war. Für den Hof Mönchbischheim bestätigte 1335 ein Urteil des Landfriedensrichters die Freiheit von der Atzung[672]. Meist aber mußte diese Freiheit erkauft werden. Schon 1340 befreite das Kloster seine Güter in Groß- und Kleinbockenheim durch eine Zahlung von 650 Pfund Heller von allen derartigen Abgaben und Lasten, die in diesem Falle dem Grafen von Leiningen zustanden. Die Verpflichtungen der Kurpfalz gegenüber hatte Kurfürst Ludwig III. bereits in seinem Schutzbrief von 1425 aufgehoben[673]. Ähnlich wie in Schönau[674] setzte eine Zeit der Konzentration ein; man gab Außenbesitzungen ab und versuchte eine erfolgreiche Wirtschaftspolitik in einem engeren Rahmen zu führen.

Bald nach dem Bayerischen Erbfolgekrieg (1503 - 1507) begann eine neue Serie von Verpachtungen. Sie betrafen vor allem die vorderpfälzischen Gebiete und hier wieder ganz besonders die Orte Groß- und Kleinbockenheim. Eine Übersicht über die Verpachtungen in den Jahren 1505 bis 1518 gibt die folgende Tabelle.

Jahre	Gesamtzahl der Verpachtungen	davon in Groß- und Kleinbockenheim
1505	14	5
1506	2	1
1507	10	5
1508	29	18
1509	7	4

Jahre	Gesamtzahl der Verpachtungen	davon in Groß- und Kleinbockenheim
1510	14	3
1511	9	6
1512	14	7
1513	3	3
1514	3	2
1515	10	4
1516	20	4
1517	14	6
1518	7	3

Diese Bemühungen unterbrach erneut der Bauernkrieg. Trotz dieses Rückschlags bemühte sich Abt Wigand 1528 bereits wieder, den Absatz von Klostererzeugnissen in Kaiserslautern neu in die Wege zu leiten und selbst in die Hand zu nehmen. Gegen Abtretung eines Stückes Land an der Eselsfürth erhielt das Kloster wieder das Recht, Wein ohne Ungeld auszuschenken. Allerdings mußte zu diesem Zweck der Ziegelhof vor den Toren der Stadt erst neu hergerichtet werden; denn er stand seit Menschengedenken leer[675]. Das Verdienst für diesen raschen Aufstieg dürfte nicht zuletzt dem sehr energischen Abt Wigand gebühren. Aber trotz aller Bemühungen waren nun die Tage des Klosters gezählt.

Auch aus dem 15. und 16. Jahrhundert liegen Besitzlisten vor, sind jedoch offensichtlich unvollständig. Ein Vergleich der drei folgenden Aufstellungen zeigt dies deutlich.

1469	1561	1574
Urkunde Kaiser Friedrichs III., StA Speyer, Kurpfalz 1863	Güteraufstellung in Cod. Pal. Germ. Nr. 809 U.B. Heidelberg	Güteraufstellung in Monasteria in Palatinatu GLA Karlsruhe, 65/2327
---	Ungenbach	---
---	Weiler	---
---	Alsenbrück	---
Bockenheim	Bockenheim	Kleinbockenheim
(Mönch)bischheim	Mönchbischheim	Mönchbischheim
Heubergerhof	Heubergerhof	Heubergerhof
Worms	Worms	Worms
Heßloch	Heßloch	---
	Deidesheim	Deidesheim

Mönche flüchten vor bewaffneten Bauern, 1525
Zeitgenössische Zeichnung, Fürstliches Waldburg-Zeil'sches Archiv, Schloß Zeil bei Leutkirch

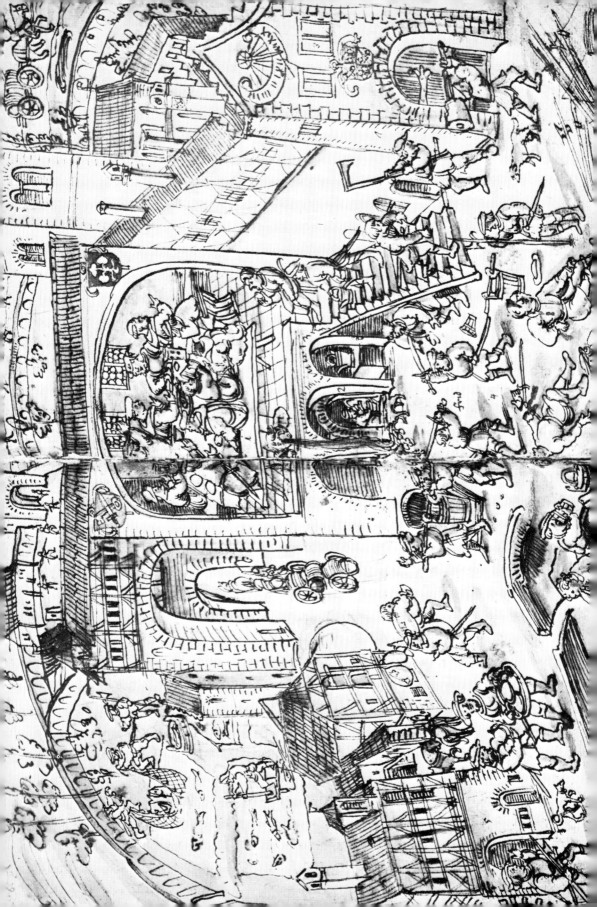

Urkunde Kaiser Friedrichs III., StA Speyer, Kurpfalz 1863	Güteraufstellung in Cod. Pal. Germ. Nr. 809 U.B. Heidelberg	Güteraufstellung in Monasteria in Palatinatu GLA Karlsruhe, 65/2327
Albisheim	---	---
Speyer	---	---
Oppenheim	---	---
(Kaisers)lautern	---	---
---	---	Kallstadt
---	---	Bössertheim
---	---	Kindenheim
---	---	Dirmstein
---	---	Bad Kreuznach

Als Kernstück enthalten alle drei Listen die Gruppe Bockenheim, Mönchbischheim, Heubergerhof, Worms. Dann beginnen die Abweichungen, wobei Heßloch wieder in den beiden ersten Aufstellungen vorkommt. Am unverständlichsten sind die Unterschiede zwischen der zweiten und dritten Liste, die zeitlich viel näher beieinander liegen. Der Wert der Aufstellungen, die anscheinend bestimmte Gegenden stärker berücksichtigen als andere, ist daher viel geringer als der früherer Zusammenfassungen, die so gut wie vollständige Aufzählungen boten. Eine Zusammenschau der drei Listen, wie sie die Gegenüberstellung bietet, dürfte noch am ehesten einen brauchbaren Überblick gewähren.

f) Bauernkrieg

Der Bauernkrieg des Jahres 1525 bedeutete in zweifacher Hinsicht den Anfang vom Ende des Klosters. Einmal vergrößerten Plünderungen und Verwüstungen die wirtschaftlichen Schwierigkeiten, die vorher schon bestanden hatten und Ende des 15. Jahrhunderts einigermaßen überwunden schienen, zum anderen wurden die Mönche selbst aus Otterberg vertrieben und zerstreut. Der Nachwuchs, der schon vorher vom flachen Lande kam[676], blieb fast ganz aus. In der Bauernschaft des deutschen Sprachraums gärte es schon seit zwei Jahrhunderten. Zunächst waren es meist Grenzlandschaften, die von Unruhen erschüttert wurden, so 1323 Flandern, Beginn in der Umgebung von Brügge, in der Schweiz 1489 der Rorschacher Klosterbruch, der sich gegen das Kloster St. Gallen richtete, Unruhen im Gebiet der Reichsabtei Ochsenhausen 1478 und 1502, der Aufstand des Armen Konrad im württembergischen Remstal 1514 und der

Bauern plündern das Kloster Weißenau, 1525
Zeitgenössische Zeichnung, Fürstliches Waldburg-Zeil-sches Archiv, Schloß Zeil bei Leutkirch

Bundschuh am Oberrhein, 1493 um Schlettstadt, 1502 im Bistum Speyer[677]. Die Forderungen der Bauern richteten sich fast immer gegen neue und höhere finanzielle Belastung, sie verlangten die Rückkehr zum alten Recht. Es mußte ihnen daher neuen Auftrieb geben, als Luther nach 1517 Forderungen vertrat, die den ihren sehr ähnlich waren, etwa die Verurteilung des Zinskaufs und die Ablehnung des gewaltsamen Einzugs der Zehnten[678]. Daß Luther dabei jede Empörung scharf ablehnte und selbst einem in die Sklaverei Verkauften das Recht absprach, seinem Herrn zu entfliehen, überhörten sie[679], insbesondere da 1524 zahlreiche Flugschriften aus der eigenartigen Planetenkonstellation im Februar dieses Jahres Unheil verkündeten[680]. Im Bistum Bamberg, in der Schweiz und im Schwarzwald kam es 1524 zu Bauernerhebungen[681]. Im nächsten Jahr brach überall am Oberrhein im April der Aufstand los. Die Beschwerden der Pfälzer Bauern sind nicht überliefert. Sie beriefen sich auf das „göttliche Recht" und standen vielfach unter bürgerlichen Anführern[682]. Der Aufstand hatte sein Zentrum in den fruchtbaren und dicht besiedelten Gebieten der Vorderpfalz; auf den Westrich griff er nur in beschränktem Ausmaß über, ja ein Bauernhaufen, der sich um Kaiserslautern zu bilden begann, wurde von anderen Bauern entwaffnet und dem Kurfürsten übergeben[683]. Trotzdem suchten Bauernscharen das Kloster Otterberg heim, eben jener aufständische Haufen, den später eigene Standesgenossen festnahmen. Der Chronist Peter Harer berichtet darüber: „Nachdem die Amtsverwandten zu Lautern, in Nanstuhler und Vischbacher Pflege umgeschlagen und sich auf 1000 oder mehr versammelt, zu welchen auch etlich viel von den zertrennten Kolbenhaufen[684] gelaufen, dieselben unterstunden, ihren Haufen durch Flehe, Dräu, Zwang und Bedrang und dergleichen Wegen schriftlich, mündlich und sonst tätlich zu vergrößern, fielen in die umliegenden Dörfer, drangen etlich Bauern, desgleichen in die Clöster Otterberg und Vischbach, die sie aller Dinge beraubten, plünderten, verwüsteten und verschlemmten. Rissen etlich viel Wöge, nachdem es deren in solchem Revier die Menge hat, mutwillig auf . . ."[685]. Sie zogen hernach vor die Burg Hohenecken, die sie ohne Widerstand einnahmen, wurden bei Odenbach von Philipp von Gontheim abgewiesen, kehrten zurück zur Stadt Kaiserslautern und wurden dort von den Bauern der Gerichte Kobelnberg (= Kübelberg), Weilerbach, Ramstein und Steinwenden bei Weilerbach geschlagen. Außer dem Kloster dürften auch dessen Besitzungen, vor allem die im Hauptaufstandsgebiet der Vorderpfalz, Schaden gelitten haben. In Deidesheim[686] plünderten die Bauern das Schloß der Bischöfe von Speyer; der dortige, anscheinend sehr bedeutende Otterberger Hof[687] dürfte kaum ganz verschont worden sein. Die Mönche verließen vor den anrückenden Bauern das Kloster. Der Kellermeister führte sie nach Kaiserslautern, konnte aber dort aus Mangel an Geld für ihre Unterkunft und Verpflegung nicht sorgen. Die Mönche erhielten so freien Urlaub; Mettenheimer, die Beschwerden seines Vaters sind die einzige Quelle, kleidete sich bei Verwandten neu ein, der Abt ließ ihm aber später diese Kleider wieder abnehmen[688].

6. Innere Geschichte des Klosters

a) Die Geschichte des Mönchtums und des Zisterzienserordens im Überblick

Dem Rate Christi und der Apostel folgend, gab es schon in den ersten christlichen Gemeinden Menschen, die freiwillig Werke der Entsagung auf sich nahmen und ein zurückgezogenes Leben führten. Narcissus, Bischof von Jerusalem, zog sich im 3. Jahrhundert von seiner Gemeinde zurück und lebte in der Wüste und abgelegenen Gegenden[689]. Diese Eremiten schlossen sich zu Gemeinschaften zusammen und setzten einen festen Tagesplan fest[690]. Martin von Tours und Johannes Kassian machten dieses eremitische Leben des Orients auch im Westen bekannt. Benedikt von Nursia (480 - 547) wurde der Begründer des abendländischen Mönchtums. In seiner Regel, die er 534 auf den Höhen bei Monte Cassino (Italien) verfaßte, wandte er sich von den überstrengen asketischen Forderungen ab und nahm die römische Familie als Beispiel für eine Ordensgemeinschaft, in der der Abt als Vater gebot und unbedingten Gehorsam verlangte. Im 7. Jahrhundert setzte sich das benediktinische Mönchtum auch nördlich der Alpen durch. Im 9. Jahrhundert kam es zu dessem Verfall in unserer Gegend; erst nach der Gründung des Klosters Cluny (910) in Frankreich lebten die Klöster neu auf. Eine Reihe weiterer Reformbestrebungen folgten. Nach vorübergehendem Aufenthalt in dem Benediktinerkloster Moutier-la-Celle gründete Robert von Molesme dort 1075 eine Ordensgemeinschaft. Als sich die strenge Richtung Roberts auf die Dauer nicht durchsetzen konnte, verließ er 1097 Molesme und schuf in der Einöde von Citeaux, 22 km südlich von Dijon, ein neues Kloster. Am 21. 3. 1098 wurde es kirchenrechtlich eröffnet. Im Jahr 1113 gründete es in La Ferté das erste Tochterkloster. Citeaux und seine Tochtergründun-

gen zeichneten sich durch besonderen Reformeifer aus. Die Mönche lebten in Armut, Einsamkeit und Askese. Der dritte Abt von Citeaux, Stephan Harding, formte die Klostergruppe durch seine einzigartige Gesetzgebung zu einem neuen Mönchsorden um. Die Carta Caritatis, von Papst Calixt II. 1119 als Grundgesetz des Ordens gebilligt, bezeugt die Weisheit und Lebenserfahrung dieses Abtes. Das Aufsichts- und Kontrollsystem der Mutterklöster und ihrer Filialen vermied die Gefahr der Isolierung des einzelnen Konvents. Die Zisterzienser, wie sich der Orden nach der Niederlassung in Citeaux nannte, erkannten die Benediktinerregel an und versuchten, streng nach ihr zu leben. Sie erweiterten aber auch die Bestimmungen und führten Laienbrüder ein, wobei die Begründung darauf abzielte, dieses Vorgehen vor der Regel Benedikts zu rechtfertigen[691]. Der Orden war streng gegliedert und aufgebaut, der Abt von Citeaux der erste aller Äbte. In Citeaux fanden auch alljährlich die Generalkapitel statt. Nur körperliche Gebrechlichkeit oder eine Profeß (Priesterweihe) entschuldigten das Fernbleiben eines Abtes. Er hatte in diesem Fall den Prior als Vertreter zu entsenden. Die Kapitel übernahmen gleichsam die Funktion einer gegenseitigen Visitation, einer Festigung des Ordens. Die Gemeinschaft unterstützte notleidende Klöster; jeder sollte mithelfen, den Mangel des Bruders zu lindern. Die Protokolle dieser Kapitelversammlungen sind eine wichtige Quelle für die Ordensgeschichte.
Die Vorschriften des Ordens für den Kirchenbau und das Leben der Mönche sind für das Verständnis des Klosters und seiner Geschichte von so großer Bedeutung, daß wir sie nach den Statuten wörtlich übernehmen wollen[692]:

VIII. Flüchtige Mönche und Konversen
Einem Mönch oder Konversen, der heimlich in ein anderes Kloster unseres Ordens flieht, rede man zu, zurückzukehren. Weigert er sich, so darf er nicht länger als eine Nacht bleiben; einem Mönch nehme man den Habit weg, außer er sei sicher schon Mönch gewesen, bevor er zu unserem Orden kam.

IX. Über den Bau der Abtei
Alle unsere Klöster, so wurde bestimmt, sind zu Ehren der Königin Himmels und der Erde zu erbauen, und zwar nicht in Städten, festen Plätzen und Dörfern. Einen neuen Abt darf man zur Neugründung nicht aussenden ohne wenigstens 12 Mönche, nicht ohne folgende Bücher: Psalterium,

Zisterziensermönche bauen ihr Kloster, 1. Hälfte des 16. Jahrhunderts
Federzeichnung, Germanisches Nationalmuseum Nürnberg vom Bau des Klosters Schönau

Pflügende Zisterziensermönche

Hymnarium, Kollektenbuch, Antiphonar, Graduale, Regel, Missale, und ehe diese Gebäude aufgeführt sind: Oratorium, Refektorium, Dormitorium, Gästehaus und Pförtnerzelle, damit sie sofort Gott dienen und nach der Regel leben können. Außerhalb der Klosterpforte baue man kein Wohnhaus, außer für Tiere. Damit unter den Abteien eine unlösliche Einheit dauernd bestehe, wurde zuvörderst bestimmt, daß die Regel des hl. Benedikt von allen einmütig verstanden und auch nicht in einem Buchstaben verlassen werde, daß ferner die gleichen Bücher zum göttlichen Offizium, die gleiche Kleidung und Lebensweise, dieselben Bräuche und Gewohnheiten beobachtet werden.

X. Welche Bücher nicht abweichen sollen

Missale, Evangeliar, Epistolar, Kollektenbuch, Graduale, Antiphonar, Hymnarium, Psalterium, Lektionar, Regel, Kalendarium seien überall einheitlich gehalten.

XI. Von der Kleidung

Die Kleidung sei einfach und wohlfeil, ohne Pelze und Unterkleidung, wie sie die Regel beschreibt. Die Kutten seien außen nicht flockig, und die Tagesschuhe von Kuhleder.

Zisterziensermönche beim Chorgebet   Foto: Landesbildstelle Rheinland-Pfalz, Koblenz

XII. Von der Nahrung

Bei der Nahrung beachte man die Bestimmungen der Regel über das Pfund Brot, Getränkemaß und die Zahl der Gerichte. Das Brot sei grob gesiebt. Wenn Weizen knapp ist, kann man Roggen nehmen. Diese Regel gilt nicht für Kranke. Auch den bezeichneten Gästen reiche man eine Semmel und den zur Ader Gelassenen einmal nur ein Pfund Weißbrot.

XIII. Daß im Kloster keiner Fleisch oder Fett esse

Die Gerichte im Kloster seien immer und überall ohne Fleisch und Fett zubereitet, ausgenommen für durchaus Kranke und Lohnarbeiter.

XIV. Tage mit Fastenspeise

In der Quadragesima (6wöchige Periode) vor der Geburt des Herrn, in der Septuagesima (9wöchige Periode vor Ostern) und an jedem Freitag (mit Ausnahme der Kranken), an den Quatemberfasten im September, an den Vigiltagen (Vortagen) von Johannes Baptist (Juni 24.), Peter und Paul (Juni 29.), Laurentius (August 10.), Maria Himmelfahrt (August 15.), Matthäus (September 21.), Simon und Judas (Oktober 28.), Allerheiligen (November 1.), Andreas (November 30.) essen wir Fastenspeisen. Für einen Gast wird nichts gekauft, wenn er nicht krank ist.

XV. Woher die Mönche ihren Lebensunterhalt nehmen

Die Mönche unseres Ordens müssen von ihrer Hände Arbeit, Ackerbau und Viehzucht leben. Daher dürfen wir zum eigenen Gebrauch besitzen: Gewässer, Wälder, Weinberge, Wiesen, Äcker (abseits von Siedlungen der Weltleute) sowie Tiere, ausgenommen solche, die mehr aus Kuriosität und Eitelkeit als des Nutzens wegen gehalten werden, wie Kraniche, Hirsche u. dgl. Zur Bewirtschaftung können wir nahe oder ferner beim Kloster Höfe haben, die von Konversen beaufsichtigt und verwaltet werden.

XVI. Daß ein Mönch nicht außerhalb des Klosters wohnen darf

Gemäß der Regel muß das Kloster die Wohnung des Mönches sein; mag er auch oft zu den Höfen geschickt werden, nie darf er dort länger wohnen.

XVII. Daß in unserem Orden das Wohnen mit Frauen verboten ist

Jede Gelegenheit von Frauenhilfe ist ausgeschlossen, ob nun zur Vermehrung und Aufbewahren von Nahrungsmitteln, Wäsche irgendwelcher Klosterdinge oder aus welcher Notwendigkeit immer - mit einem Worte, uns und unsern Konversen ist das Wohnen mit Frauen unter einem Dach verboten.

XVIII. Daß sie nicht die Klosterpforte überschreiten

Nicht einmal im Hofgebiet der Grangien dürfen Frauen als Gäste verweilen noch die Klosterpforte betreten.

XIX. Kein Verkehr mit Weltleuten durch gemeinsame Bewirtschaftung

Es ist uns nicht erlaubt, Verkehr mit Weltleuten zu haben, indem wir für Viehhaltung und Landbau den halben Ertrag oder Viehpacht geben oder nehmen.

XX. Was die Konversen hier zu tun haben

Wie gesagt, diese Arbeiten verrichten Konversen (Laienbrüder) oder Lohnarbeiter. Die Konversen nehmen wir ja mit Erlaubnis der Bischöfe als notwendige Mithelfer unter unserer Leitung wie auch die Mönche auf; wir halten sie als Mitbrüder, teilhaftig unserer geistlichen wie zeitlichen Güter gleich den Mönchen.

XXI. Von der Prüfung der Konversen

Jede Woche prüfen wir neue Ankömmlinge auf ein Jahr. Dann nehmen wir im Kapitel das Gelübde dessen entgegen, der bleiben will und zu bleiben verdient.

XXII. Daß ein Konverse nicht Mönch werden kann

Durch das Gelübde wird er zwar nicht eigentlich Mönch, selbst wenn er sehr darum angehalten hätte, vielmehr bleibe er in dem Berufe, in welchem er berufen ist. Sollte er vielleicht anderswo, durch Einflüsterung des Teufels, von irgend jemand, einem Bischof oder Abt das Mönchs- oder auch Kanonikergewand annehmen, so darf ihn keines unserer Klöster mehr aufnehmen.

XXIII. Welche Einkünfte wir nicht haben

Kirchen, Altäre (Benefizien), Begräbnisse, Zehnten aus fremder Arbeit und Nahrung, Dörfer, Hörige, Bezüge von Ländereien, Backhäusern, Mühlen und ähnliches, was dem lauteren Mönchsberuf entgegen ist, verwehrt unser Name und die Verfassung unseres Ordens.

XXIV. Wen wir zur Beichte, Kommunion und zum Begräbnis annehmen

Zur Beichte, hl. Kommunion und zum Begräbnis nehmen wir - mit Ausnahme eines Gastes und unserer Dienstleute, die im Bereich des Klosters sterben - keinen Fremden an. Auch nehmen wir kein Opfer zur Konventmesse an.

XXV. Was wir besitzen und nicht besitzen dürfen von Gold, Silber, Edelsteinen und Seidenstoff

Die Altartücher, Gewänder der Altardiener sollen nicht von Seide sein, außer Stola und Manipel; die Kasel sei nur einfarbig, alle Ornamente des Klosters, Gefäße und Geräte seien nicht von Gold, Silber und mit Edelsteinen bedeckt, außer Kelch und (Kommunion-)Röhrchen, die beide nur silbern und vergoldet, aber niemals von Gold sein dürfen.

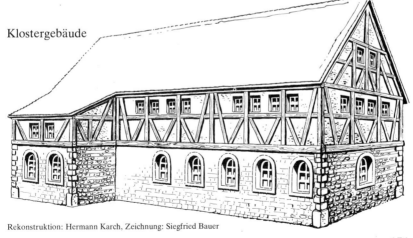

Klostergebäude

Rekonstruktion: Hermann Karch, Zeichnung: Siegfried Bauer

Rest der ehemaligen Klosteranlage (Dormitorium) im heutigen Zustand   Zeichnung: Siegfried Bauer

XXVI. Über Bildwerke, Malereien und das Holzkreuz
Bildwerke dulden wir nirgends, Malereien nur auf Kreuzen, die aber nur in Holz ausgeführt seien.

Die Laienbrüder erlangten im Zisterzienserorden wohl eine besondere Bedeutung, gehen jedoch nicht auf ihn zurück, wie früher vielfach angenommen[693]. In Citeaux gab es Laienbrüder; ihr Sinn bestand zunächst darin, den Mönchen die Verfolgung des alten Einsamkeitsideals zu ermöglichen. Bald aber wurden die Laienbrüder zu den unentbehrlichen Helfern im Landwirtschaftsbetrieb der Klöster. Ein Usus Conversorum regelte ihre Rechte und Pflichten. In einer Vorbereitungszeit (Noviziat) von einem Jahr wurden sie für ihre spätere Tätigkeit ausgebildet. Sie erlernten einige Gebete; der Gebrauch von Büchern war ihnen jedoch nicht gestattet. Nach dem auf Lebenszeit gültigem Gelübde trugen sie eine ähnliche Kleidung wie die Mönche nur in etwas dunklerer Farbe, grau oder braun. Wegen der weißen Kutten der Mönche und der grauen der Laienbrüder nannte man die Zisterzienser auch die weißen oder grauen Mönche. Die Laienbrüder arbeiteten in den Werkstätten des Klosters oder verrichteten häusliche Hilfsarbeiten; ihr eigentliches Feld aber war die Bewirtschaftung der Grangien (Klosterhöfe). Sie unterstanden dem Cellerar (Kellermeister), er hielt auch wöchentlich Lesungen zur Erbauung und religiösen Unterweisung ab. Stellvertreter des Cellerars war der Grangiarius (Hofmeister), meist ein Laienbruder. Ihre Andachten verrichteten sie werktags gewöhnlich auf den Höfen; nur an Sonn- oder Festtagen kamen die Laienbrüder der näher gelegenen Grangien in das Kloster und nahmen am Gottesdienst der Mönche teil. In vielen Klosterkirchen hatten die Konversen einen besonderen Chor[694], selbst ihre Krankenstuben waren ursprünglich von denen der Mönche getrennt[695]. Wegen der harten Arbeit galten für sie gemilderte Fastenvorschriften. Die Zahl der Laienbrüder überstieg stets die der Mönche. In Clairvaux gab es um 1150 zweihundert Mönche und dreihundert Laienbrüder, in Himmerod 1224 sechzig Mönche und zweihundert Laienbrüder. Verdankte der Orden seine Wirtschaftsblüte im 12. Jahrhundert auch weitgehend den Laienbrüdern, so verursachte ihre große Zahl doch Schwierigkeiten bei der Aufrechterhaltung der geforderten strengen Zucht. Die auf den Höfen zerstreuten Laienbrüder waren viel schwerer zu überwachen als die Mönche. So ist es nicht verwunderlich, wenn die überwiegende Zahl von Vergehen gegen die Disziplin, die vor dem Generalkapitel verhandelt

wurde, Laienbrüder betraf. Es kamen auch Revolten von Laienbrüdern vor, so 1170 in Schönau[696].
Der Zisterzienserorden breitete sich sehr schnell aus, vor allem dank des großen Einflusses von Bernhard von Clairvaux. Er trat 1112 in das Kloster Citeaux ein; bereits 1115 übertrug Stephan Harding dem Fünfundzwanzigjährigen die Leitung des Klosters Clairvaux. Bernhard gehörte zu den großen Gestalten des christlichen Mittelalters. Er war 1130 Schiedsrichter in der Doppelwahl zweier Päpste und verhalf Innozenz II. zum Sieg, betrieb die Verurteilung der Philosophie Abaelards auf dem Konzil von Sens (1140) und war Prediger und Organisator des Zweiten Kreuzzuges (1146). Einer seiner Schüler bestieg unter dem Namen Eugen III. (1145 - 1153) den päpstlichen Stuhl. In Deutschland sind die Klöster Eberbach (1131) und Himmerod (1134) unmittelbare Gründungen Bernhards. Eberbach galt als das wichtigste Zisterzienserkloster Deutschlands[697].
Damit mündet unser Überblick über die Geschichte des Zisterzienserordens wieder in die Geschichte unseres Klosters. Von Eberbach aus wurde Otterberg noch zu Lebzeiten Bernhards (gest. 1153) mit Mönchen besiedelt. Die folgende Tabelle gibt über die Tochterklöster Eberbachs Auskunft[698].

Eberbach
gegründet 1131

Schönau	Otterberg	Arnsburg	Godts-Dael
Diöz. Worms	Diöz. Mainz	Diöz. Mainz	(Val Dieu)
gegr. 1142	gegr. 1143	gegr. 1174	Diöz. Lüttich
			gegr. 1180
Bebenhausen	Disibodenberg		
Diöz. Konstanz	Diöz. Mainz		
gegr. 1191	gegr. 1259		

b) Otterberger Äbte und ihre Amtszeiten

Der Leiter des Klosters war der Abt. Er wurde auf Lebenszeit gewählt, nur freiwillige Abdankung oder Absetzung aus schwerwiegenden Gründen konnten seine Amtszeit vorzeitig beenden. Der Abt genoß einige Ehrenvorrechte, eigener Tisch für die Mahlzeiten oder zusammen mit den Gästen des Klosters, Ehrenbezeigungen bei Messe und Chorgebet. Er vertrat das Kloster auch nach außen, Erwerbungen konnte er aber nur im Zusammenwirken mit dem Konvent vornehmen. Er nahm neu in das

Kloster kommende Anwärter (Novizen) auf und war der Vertreter des Klosters auf dem Generalkapitel. Die Wahl des Abtes ging im Kapitelsaal unter dem Vorsitz des Vaterabtes, also des Abtes von Eberbach, vor sich[699]. Dieser holte auch noch die Bestätigung durch das Generalkapitel ein. Die überragende Stellung des Abtes wurde abgemildert durch die Bestimmung der Benediktinerregel, daß der Abt vor wichtigen Beschlüssen mit den Mönchen zusammen Rat pflege, wobei wirklich alle zu Wort kommen sollen, da Gott oft einem Jüngeren offenbart, was das Beste ist[700]. Die Konversen besaßen kein Stimm- und Wahlrecht[701].

Über die genauen Amtszeiten der Äbte gibt die folgende Liste Aufschluß:

Nr.	Name	Zeit	erster und letzter Beleg
1	Stephan	Gründung bis 1173	erster Abt, letzter Beleg OU Nr. 3
2	Albero	1185	Mon.Pal. I S. 256.
3	Wilhelm	---	nur als ehemaliger Abt 1209 erwähnt, Gatt.Nr. 32–34.
4	Philipp	1209/25	Mon.Pal. I S. 264, Sterbedatum auf Grabstein.
5	Johannes	o. D. ca. 1226	OU Nr. 27, einziger Beleg.
6	Hertwig	1229	OU Nr. 53, einziger Beleg.
7	Gerhard	1230/36	OU Nr. 56, 68.
8	Folkard	1240	OU Nr. 73; Baur, Hess.Urk. II Nr. 85.
9	Gerhard	1242	OU Nr. 75, einziger Beleg.
10	Ulrich	1245	Mon.Pal. I S. 284.
11	Walthelm	1247/59	OU Nr. 80; Mon.Pal. I S. 313.
	Wilhelm	1248	OU Nr. 84, einziger Beleg.
12	Friedrich	1263/64	Gatt.Nr. 105; OU Nr. 145.
13	Johannes	1267/71	Gudenus, Codex III S. 749; OU Nr. 173.
14	Gottfried	1272/76	OU Nr. 176; Mon.Pal. I S. 352.
15	Gerhard	1275/76 evtl. 1277	OU Nr. 191, 199, 203.
16	Heinrich	1278/84	OU Nr. 210, 233.
17	Gerhard	1292/1301	Mainz Stadtarchiv. Urk.Nr. 313; OU Nr. 290.
18	Johann	1303/24	OU Nr. 294, 399 ohne Datum; Mon.Pal. I S. 429.
19	Heinrich	1325/32	OU Nr. 405; Baur, Hess.Urk. V Nr. 294.
20	Peter	1336/43 Sept. 20	Glasschröder, Urk. Pfälz. Kirchengesch. i. MA Nr. 499; OU Nr. 455.
21	Philipp	1350 Jan.–Mai	Baur, Hess. Urk. III Nr. 1229; Gatt. Nr. 552.

Nr.	Name	Zeit	erster und letzter Beleg
22	Johann	1353/55	Baur, Hess. Urk. V Nr. 388; Remling, Klostergesch. I S. 229.
23	Nikolaus	1366/70	Baur, Hess. Urk. III Nr. 1372; Mon. Pal. I S. 452.
24	Friedrich	1392/95	Baur, Hess. Urk. V Nr. 516; Gudenus, Codex V S. 742.
25	Konrad	1405/44	Gatt. Nr. 1022, 1404.
26	Peter	1451/67	Stadtarch. Kaiserslautern, Rotes Buch, S. 88/95 u. Originalurk.; Mon. Pal. I S. 476.
27	Johann	1469/86	Gatt. Nr. 1774; HStA Wiesbaden 22/1745.
28	Matthias	1486/1502	Gatt. Nr. 1954, 2180.
29	Pirmin	1503/19	Gatt. Nr. 2188; GLA Karlsruhe 65/2327, Marc. Rosenberg; Roth, Geschichtsquellen aus Nassau 3 S. 177.
30	Wigand	1519/47	Roth, Geschichtsquellen aus Nassau 3 S. 177; Gatt. Nr. 2671; StA Speyer, Beforchung der Bockenheimer Güter 1550, Feb. 4
31	Wendelin Merbot	1553/61	GLA Karlsruhe 65/2327; Mon. Pal. I S. 249.

Auch diese Liste enthält noch unausgefüllte Zeitspannen zwischen einzelnen Äbten; besonders lang sind die Abstände 1185 - 1209, 1284 - 1292, 1355 - 1366 und 1370 - 1392. Daneben gibt es aber auch Überschneidungen bei den Jahren 1275/76 und einige sehr dürftig belegte Äbte.

Für die ersten Äbte sind die Belege besonders unzureichend. So erklärt es sich, daß man allein durch die Verschiebung eines Kommas, einen Abt Albero II. erfassen zu können glaubte[702]. Nach einer Pause von 24 Jahren folgt auf den Beleg für Abt *Albero* von 1185 ein einzeln für sich stehender Nachweis für einen nur mit der Initiale G bezeichneten Abt vom 13. Dezember 1209. Dieser Abt G macht zunächst vor allem deshalb Schwierigkeiten, weil eine Reihe von Argumenten dafür sprechen, daß Abt Philipp bereits 1195 in Otterberg tätig war. Schon Franz Xaver Remling hat diese Vermutung ausgesprochen und alle von Philipp sonst bekannten Lebensdaten lassen diese Annahme zu. Im Jahr 1198 war außerdem mit Sicherheit ein Abt im Amt. Die Äbte von Eberbach, Otterberg, Schönau, Arnsburg und Bebenhausen unterließen in dem genannten Jahr den Besuch des Generalkapitels und wurden deshalb mit einer Strafe belegt. Den Namen des Abtes überliefert das Kapitelprotokoll nicht[703]. Wenn wir uns dem einzigen Beleg für den angeblich 1209 amtierenden Abt G zuwenden, so ist die entsprechende im Gatterer-Apparat in Luzern erhaltene stark beschädigte Urkunde nicht das Original von 1209[704], sondern eine Bestätigung durch die Wormser Richter von 1312. Aus der Handschrift können daher keine Rückschlüsse auf eine andere chronologische Einordnung gezogen werden. Diese könnte eher auf den in den lateinischen Urkundentext eingestreuten deutschsprachigen Lageangaben wie „an das ander velt", „in denselben gewanden" oder „zuhet naher Flersheim" aufbauen. Die erste in deutscher Sprache abgefaßte Urkunde im Otterberger Urkundenbuch stammt erst von 1291[705], die erste im Urkundenbuch der Stadt Worms von 1283[706]. Die früheste, bisher erfaßte deutschsprachige Urkunde aus dem Gebiet der heutigen Pfalz überhaupt stammt etwa von 1250[707]. Auch die besprochenen Einschübe wären daher im Jahr 1209 sehr ungewöhnlich. Die Datumszeile als solche ist zudem nicht eindeutig. Sie lautet: „Anno Domini MCC⁰IX⁰VII⁰, in die beate Lucie."[708] Die Jahreszahl ist so nicht lesbar; denn nach 1209 bliebe noch 7 übrig. Die für heutige, an arabische Zahlen gewöhnten Leser mögliche Lesung 1297 ist für das 13. Jahrhundert allerdings wenig wahrscheinlich[709]. Die offensichtlich verschriebene Jahreszahl machte auch dem Mönch, der die Abschrift für das Otterberger Kopialbuch fertigte, Schwierigkeiten. Er schrieb MCCIXVII und tilgte die VII wieder durch Untersetzen von Punkten. Eine spätere Hand fügte XC in die Ziffer ein und las: MCCXCIX = 1299[710]. Unter dieser Jahreszahl druckten Frey und Remling die Urkunde; sie ließen aber im Text das unlesbare Gebilde M.CC.XCIX.VII[711]. Sicherlich gehört die Urkunde etwa in das Jahr 1299, da aus diesem Jahr eine die gleiche Schenkung betreffende Urkunde vorliegt (OU Nr. 283). Die Schwierigkeit für die Abtchronologie ist damit behoben; für 1299 ist Abt Gerhard sicher belegt.

Die nächste Unklarheit fällt wiederum in die Amtszeit von Abt Philipp. Im Otterberger Urkundenbuch steht als Nr. 27 eine Urkunde mit dem erschlossenen Datum 1218, in der ein Abt *Johann* als Zeuge vorkommt. Die Urkunde betrifft Sambach.

Im Jahr 1218 sind eine Reihe weiterer Urkunden für diesen Ort bekannt, was vermutlich zu dem genannten zeitlichen Ansatz führte. Eine Überprüfung der in der Urkunde genannten Personen ermöglicht eine genauere zeitliche Bestimmung. Die Urkunde ist von Heinrich, Domdekan in Worms, und Sueneger, Domsänger in Worms, ausgestellt. Beide kommen als Zeugen einer Urkunde von 1224 vor[712], Heinrich zwei Jahre später nochmals als ehemaliger Dekan[713]. In der gleichen Urkunde steht der Kanoniker Landolfus Rapa in der Zeugenreihe; dieser dürfte mit dem Kanoniker Landolfus in unserer Otterberger Urkunde identisch sein. Die bezeugte Schenkung stammte von Eberhard von Lautern und seinen Söhnen Arnold und Wilhelm. Sie kommen gemeinsam 1226 bei einer Schenkung an das Prämonstratenserkloster Kaiserslautern vor[714]. Diese Feststellungen deuten auf eine etwa spätere Entstehungszeit der Urkunde hin, auf die Jahre 1225/26. Abt Johannes wäre damit Nachfolger Abt Philipps. Allerdings bleibt die besprochene Urkunde das einzige Zeugnis. Er wird darin auch nur als Abt des Klosters bezeichnet, der Name Otterberg fehlt; in der ganzen Urkunde kommt jedoch kein anderes Kloster als Otterberg vor.

Für den nächsten Abt, *Hertwig*, ist gleichfalls nur ein sicherer Beleg bekannt, nämlich für das Jahr 1229. Die von Remling herangezogenen, bei Würdtwein im Monasticon Palatinum gedruckten Urkunden von 1225 geben den Namen des Abtes nicht an. Der erste Beleg für den nachfolgenden Abt *Gerhard* (1230) ermöglicht einen glatten Anschluß. Die Nachweise für Abt Gerhard reichen bis 1236. Ein einzelner, noch zu besprechender Beleg für einen Abt Gerhard stammt aus dem Jahr 1242. Dazwischen stehen zwei Zeugnisse für Abt *Folkard*, der bei Remling fehlt. Beide Urkunden datieren aus dem Jahr 1240, die eine aus dem Monat April, die andere ist ohne genauere Datierung[715]. In beiden Fällen ist der Abt als Zeuge genannt. Schwierigkeiten bereitet der nächste, oben bereits kurz erwähnte Beleg für einen Abt *Gerhard* aus dem Jahr 1242 (OU Nr. 75). Er läßt sich zwar ohne Widerspruch zwischen die Äbte Folkard (1240) und Ulrich (1245) einfügen; er wird jedoch dadurch verdächtig, daß im selben Jahrhundert zwei andere Äbte des gleichen Namens bezeugt sind: Gerhard I. 1230 - 1236 und Gerhard II. ab 1275. Das Datum im Original des Otterberger Kopialbuches ist sauber und eindeutig, auch der in der Urkunde genannte Friedrich von Leiningen ist für die in Frage kommende Zeit nachweisbar[716]. Der in der Urkunde als verstorben bezeichnete Theoderich von Eiselntheim ist mit Dietzo I. (Belege von 1202 - 08 bekannt) identisch; es besteht keine zwingende Notwendigkeit diese Stelle auf Dietzo II. (1247 - 57) zu beziehen[717]. Die Tatsache, daß nur ein Beleg vorliegt, reicht nicht dafür aus, diese Urkunde umzudatieren, insbesondere da die Urkundenaussteller 1253 nochmals in einer Otterberger Urkunde vorkommen[718]. Für *Ulrich*, den nächsten Abt, liegen wiederum nur wenige Belege vor; eine einzige Urkunde ist genau datiert. Sie stammt aus dem Jahr 1245[719]. Das von Remling unter Abt Ulrich aufgeführte Zoll-

Abt Walthelm, 1256 Staatsarchiv Luzern
GA Nr. 90

Abt Gerhard, 1294 Staatsarchiv Luzern
GA Nr. 262

Abt Friedrich, 1263 Stadtarchiv Darmstadt. Foto: Immo Beyer, Darmstadt

privileg Pfalzgraf Ludwigs von 1249[720] enthält keinen Abtnamen; es fällt aber eindeutig in die Amtszeit von Abt Walthelm, für den ab 1247 Belege vorliegen[721]. Die Zeitspanne für die Tätigkeit von Abt Ulrich ist daher nur kurz, höchstens 1242 - 1247. In das Jahr 1242 gehört möglicherweise eine undatierte Urkunde über den Erwerb des Sattelhofes bei Alsenbrück von Conrad von Lichtenstein, die den Namen des Abtes Ulrich enthält[722]. Würdtwein gab dieser Urkunde die Nummer 53 und stellte sie damit zwischen Urkunden aus dem Jahr 1245 und 1249. Dieser zeitliche Ansatz kann nicht stimmen, da in der Urkunde das Ableben der Gemahlin Conrads von Lichtenstein, einer Tochter des Rheingrafen, erwähnt wird. In einer Urkunde vom Jahr 1245, die Würdtwein als Nummer 51 druckte, ist Conrads Ehefrau Agnes Mitausstellerin[723]. Agnes von Lichtenstein überlebte aber ihren Ehemann[724]; sie kann mit der verstorbenen Gattin nicht gemeint sein. Conrad hatte offensichtlich zwei Ehefrauen, die Tochter des Rheingrafen, deren Vorname unbekannt ist, und Agnes, die aus dem Geschlecht von Hornberg stammte[725]. Der in einer in den Collectanea Lameyana erhaltenen Abschrift der besprochenen undatierten Urkunde notierte Vermerk „circa 1242"[726] dürfte dem wahren Jahr nahekommen; er stellt jedenfalls die richtige Reihenfolge der beiden Urkunden her.

Der nächste Abt *Walthelm* ist von 1247 - 1259 belegt. Dazwischen taucht einmal ein Abt *Wilhelm* auf. Es handelt sich dabei wahrscheinlich um eine Verschreibung des Abtnamens[727]. Die Reihenfolge und die Amtszeiten der nächsten Äbte *Friedrich* und *Johann* sind klar und bedürfen keiner besonderen Erörterung. Die gegenüber Remling möglichen Fortschritte sind auch hier wieder zu beobachten. Remling gibt z. B. für Abt Friedrich überhaupt keine Jahreszahl an[728].

Neue Schwierigkeiten bietet die Abgrenzung der Amtszeiten der nun folgenden Äbte *Gottfried* und *Gerhard*. Gottfried wird erstmals 1272 genannt[729]; dann folgt zwei Jahre später ein Beleg für einen Abt G[730], 1275 ein Beleg für Abt Gerhard und vier für Abt G[731], 1276 drei Belege für Abt Gottfried und einer für Abt Gerhard[732], 1277 ein Beleg für Abt G und ein Beleg für Abt Ulrich[733], ab 1278 dann Belege für Abt H bzw. Heinrich[734]. Die Abkürzung G ist doppeldeutig; sie kann für Gottfried oder Gerhard stehen. Prüft man alle Nachrichten, so zeigt sich, daß die Schwierigkeiten von einer einzigen Belegstelle ausgehen, von der mit der Jahresangabe 1275 versehenen Urkunde Reinhards von Hohenecken, in der der Namen Abt Gerhards vorkommt[735]. Bleibt diese Urkunde außer Betracht, so reichte die Reihe der Belege für Gottfried bzw. G von 1272 bis 1276. Die späteste Erwähnung ist außer zwei Urkunden ohne Tagesdatum aus dem Jahr 1276 eine vom 15. Mai 1276[736]. Für Abt Gerhard bliebe dann nur eine kurze Amtszeit von Ende Mai 1276 bis 1277, belegt durch eine Urkunde ohne Tagesdatum aus dem Jahr 1276 mit dem vollen Namen Gerhard und eine Urkunde mit der Initiale G, in diesem Fall Abkürzung für Gerhard, vom 28. Februar 1277[737]. Bei der Abschrift des nicht erhaltenen Originals der Urkunde Reinhards von Hohenecken in das Otterberger Kopialbuch könnte bei der römischen Jahreszahl versehentlich der letzte Strich weggelassen worden sein und das richtige Datum 1276 lauten. Dieser Erklärungsversuch macht also die Korrektur einer überlieferten Jahreszahl nötig. Will man ohne derartige Änderungen auskommen, lassen sich die Aussagen der Quellen nicht auf einen einheitlichen Nenner bringen; man muß dann annehmen, daß sie eine unübersichtliche, zweideutige Situation im Kloster selbst widerspiegeln. Eine zwiespältige Abtwahl ist in der eben ruhiger gewordenen Zeit nach dem Interregnum weniger wahrscheinlich, wenn auch gerade in den Jahren 1275/76 häufiger Abtwechsel eine gewisse Unsicherheit mit sich brachte. Die Aussteller von Urkunden, in denen Abt Gottfried genannt wird, sind außerdem z. T. die gleichen wie in den Urkunden, in denen Abt Gerhard als Abt bezeichnet wird, z. B. Werner Kolb von Wartenberg[738], was auch gegen eine Doppelwahl spricht. Die bei Äbten gerade in dieser Zeit aufkommende Abkürzung des Namens und die Verwendung der zweideutigen Initiale G, die für Gottfried und Gerhard stehen kann, sind immerhin ein beachtenswerter Hinweis in diese Richtung. Sollte ein mehrfach erkrankter oder sonst verhinderter Abt Gottfried einen Vertreter Gerhard gehabt haben, so könnte die Abkürzung die Verlegenheit mancher Urkundenaussteller wiedergeben. Die Abkürzungen kommen ausschließlich im Text der Urkunden vor; war der Abt bei der Ausstellung anwesend, steht sein Name daher in der Zeugenreihe wie 1276, heißt es auch ganz eindeutig Gottfried[739]. Die Erwähnung eines Abtes Ulrich im Januar 1277, was eine Überschneidung mit Abt G bedeuten würde, ist auf den uns schon bekannten Abt Ulrich aus der Mitte des 13. Jahrhunderts zu beziehen. Es handelt sich um eine nachträgliche Bestätigung eines damals vollzogenen Rechtsgeschäfts des Vaters durch den anscheinend nunmehr verfügungsberechtigten Sohn und dessen Mutter[740].

Die beiden letzten Äbte des 13. Jahrhunderts sind *Heinrich* und *Gerhard*. Auch der Abtname Heinrich wird vereinzelt abgekürzt[741]. Der verhältnismäßig lange Abstand zwischen dem letzten Nachweis für Heinrich 1284

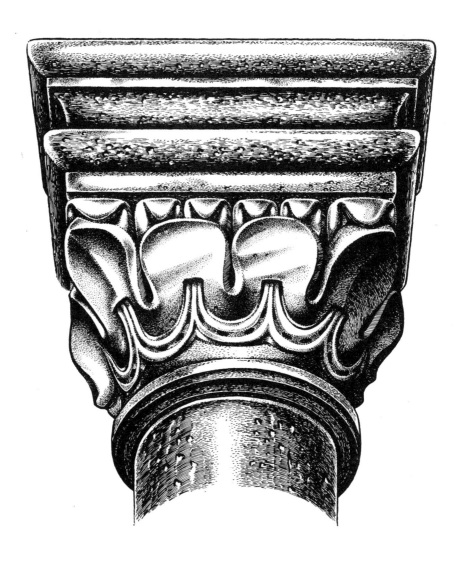

Kelchblockkapitell im Mittelschiff — Zeichnung: Siegfried Bauer

und dem ersten für Abt Gerhard konnte durch eine früher meist übersehene Urkunde im Stadtarchiv Mainz wenigstens um ein Jahr verringert werden[742]. Auch für Gerhard kommen Namensabkürzungen wie G oder Ger. vor, jedoch nur in wenigen Fällen[743]. Der letzte Beleg für Abt Gerhard stammt aus dem Jahr 1301. Im Januar 1303 wird er als verstorben bezeichnet. Vermutlich verschied er nicht allzulange vorher, also im Jahr 1302. Im März 1303 ist bereits sein Nachfolger *Johannes* bezeugt[744].
Auch die Abfolge der Äbte im ersten Drittel des 14. Jahrhunderts erscheint auf den ersten Blick unschwierig. Auf Abt Gerhard, letzter Beleg im Mai 1301, folgte Johann, erster Beleg im März 1303[745]. Für ihn und seinen Nachfolger Heinrich liegen im Otterberger Urkundenbuch sogar Urkundendrucke für das gleiche Jahr, nämlich 1325, vor[746]. Der Versuch, eine klare Abgrenzung innerhalb des Jahres zu ziehen, läßt sofort die Fragwürdigkeit einer der Datierungen erkennen. Die Urkunde über die Pachtung des Glockenzehnten in Albisheim enthält selbst kein Datum; sie wurde lediglich von Frey und Remling im Kopfregest auf 1325 datiert[747]. Ein Hinweis, worauf sich die genannte Datierung stützt, wird nicht gegeben. Auf ihr läßt sich aber keine Abtchronologie aufbauen, ja, sie ist überhaupt kaum zu halten. Der in der Urkunde erwähnte Abt Hermann von Rodenkirchen wird von Remling selbst nur für die Jahre 1305 - 1311 als Abt nachgewiesen[748]. Das letzte sichere Auftreten von Abt Johannes bezeugt eine Urkunde vom April 1324[749]. Auffallend ist auch die Titulatur Abt Johanns; stets heißt es nur: „Johannes, dictus abbas" (genannt Abt)[750]. Der Grund für diese eigenartige, einschränkende Formulierung könnte in einer nicht vollgültigen Wahl liegen. Allerdings gibt es auch Urkunden, die Rechtsbeziehungen zwischen Johann und dem Mutterkloster Eberbach bezeugen[751].
Die folgenden Äbte *Heinrich* (1325 - 1332) und *Peter* (1336 - 1343) bieten in unserem Zusammenhang keine Schwierigkeiten. Für Abt Heinrich liegen Belege aus den Jahren 1331 und 1332 vor[752], die Remlings Angabe des Todesjahrs 1330[753] berichtigen. Auffallend kurz ist die Amtszeit von Abt *Philipp* (1350 Januar bis Mai). Für seinen Nachfolger *Johann* gibt es einen sicheren urkundlichen Beleg aus dem Jahr 1353[754] und eine Nachricht ohne Quellenangabe bei Remling für 1355[755]. Die Spanne bis zum nächsten Beleg ist außerordentlich lang, 1355 bis 1366, also über 10 Jahre. Es ist auffallend, daß in der Mitte und der zweiten Hälfte des Jahrhunderts die Zeiten ohne sichere Belege für einen Abt die der bezeugten Amtszeiten weit übersteigen. Auf die lange beleglose Zeit folgt die Amtsperiode von

Abt *Nikolaus* mit gerade vier nachweisbaren Jahren: Juni 1366 bis Juni 1370[756]. Die nächste Lücke umfaßt 22 Jahre, die folgende Amtszeit von Abt *Friedrich* knapp drei Jahre: Juni 1392 bis Mai 1395[757].

Von 1343 - 1400 sind nur 9 Jahre und 7 Monate Äbte bezeugt; für die Zwischenzeiten von insgesamt 47 Jahren 5 Monaten fehlen Belege (für Johann III. ist wegen der Angabe bei Remling das ganze Jahr 1355 als Amtszeit berücksichtigt). Dieser auffallende Mangel an Belegen ist sicher zum Teil darauf zurückzuführen, daß um 1350 das Otterberger Kopialbuch, bisher die Hauptquelle, aufhört. Allein läßt es sich daraus aber nicht erklären. Die langen Spannen zwischen den Belegen (bis zu 22 Jahren zwischen Nikolaus und Friedrich) lassen doch längere Vakanzen und Schwierigkeiten bei den Abtwahlen vermuten. Möglicherweise spielte hier die 1332 von Kaiser Ludwig dem Bayern verfügte Übertragung der Schutzvogtei über das Kloster an die Pfalzgrafen eine Rolle[758].

Mit dem 15. Jahrhundert trat eine Beruhigung in der Abfolge der Äbte ein. Abt *Konrad* amtierte von 1405 - 1444. Die ganze erste Hälfte des Jahrhunderts kannte keinen Abtwechsel. Der neue Abt kam vermutlich aus Maulbronn, wo er „oeconomus" war, also die besten Voraussetzungen mitbrachte, der immer größer gewordenen Verschuldung Herr zu werden[759]. In der Amtszeit Abt Konrads bemühte sich der Pfalzgraf auch immer wieder um Zahlungsaufschub und erwarb 1426 einen der alten Klosterhöfe, den Hof Hilsberg (heute Stüterhof) für 1100 Gulden. Abt Konrad kam nicht nur aus dem heute württembergischen Maulbronn, er stammte auch aus etwa der gleichen Gegend, aus Bönnigheim bei Ludwigsburg. Am 28. 2. 1483 starb ein Otterberger Abt Conrad, Beichtvater des Zisterzienserinnenkloster Altenmünster in Mainz. Ob unser Abt ein so hohes Alter erreichte oder die Nachricht auf einen bisher unbekannten Abt Conrad zu beziehen ist, kann aus der Todesnotiz nicht entnommen werden[760]. Sein Nachfolger *Peter* (1451–1467) wurde anscheinend wieder aus den Reihen der Otterberger Mönche genommen, jedenfalls liegt kein gegenteiliger Hinweis vor. Er hatte mit vielen andrängenden Schwierigkeiten fertig zu werden. Die Äbte der Klöster genossen auch in dieser Zeit noch hohes Ansehen; Abt Peter steht an der Spitze von vier geistlichen Würdenträgern, die im März 1451 als Zeugen bei der Abschriftnahme eines kaiserlichen Privilegs durch den Rat der Stadt Kaiserslautern zugegen waren[761]. Peter hatte den Abtstuhl nicht so lange inne, wie man früher annahm[762]. In der Folgezeit kam es zu einem über 15 Jahre dauernden Streit um die Abtwürde zwischen zwei Kandidaten, auf den wir im

Kapitel Ordenszucht noch näher eingehen müssen. Beide trugen den Namen Johann, was ihre Unterscheidung erschwert. Mit dem Rücktritt Abt Johannes von Slich 1486 war der Weg für eine Neuwahl frei. Zwischen Johann und den bei Remling folgenden Abt Pirmin stand *Matthias* an der Spitze des Klosters. Er wird bereits einige Monate vor Johanns endgültigem Rücktritt als Abt bezeichnet[763] und ist bis Ende 1502 nachweisbar; genau ein Jahr später wird sein Nachfolger *Pirmin* erstmals urkundlich erwähnt[764]. Abt Pirmin Furst stammte aus Dittelsheim bei Worms[765].

Damit haben wir das 16. Jahrhundert und die beiden letzten Äbte erreicht. Nach Pirmins Tod wurde noch im gleichen Jahr (1519) der Keller *Wigand Windeck* aus Worms Abt[766]. Die schweren Verwüstungen, die das Kloster im Bauernkrieg erlitt, führten sogar dazu, daß die Mönche in Urlaub geschickt wurden, da der Keller weder in Otterberg noch in Kaiserslautern für ihren Unterhalt sorgen konnte. Der Wormser Bürger Jörg Mettenheimer behauptete 1526, sein Sohn sei gegen seinen Willen nur seines Vermögens wegen zum Eintritt in das Kloster veranlaßt worden. Das Ende von Wigands Amtszeit steht nicht sicher fest. Er wird noch in einer Urkunde von 1547, und in einer Güterbeschreibung von 1550 erwähnt[767]; nach Remling leitete er das Kloster noch 1551[768]. Sein Nachfolger war der letzte Abt des Klosters: *Wendelin Merbot*. Wegen der zeitbedingten Neigung zur Buchstabenhäufung kommen auch Formen wie Meerbot und Meerbott vor[769]. Seine erste bekannte Amtshandlung ist die Verleihung der Bruderschaft an Caspar Bender aus Mielbuchen am 24. April 1553[770]. Kurfürst Friedrich von der Pfalz forderte 1559 den Abt auf, seinen Glauben zu ändern. Im Februar 1561 verzichtete Merbot schließlich auf alle Rechte an dem Kloster und zog sich in den Klosterhof in Worms zurück. Am 31. Oktober 1561 ist er dort gestorben und wurde zu St. Andreas bestattet, wo auch der letzte Abt von Schönau seine Ruhestätte fand[771].

Todesnachrichten von Äbten besitzen wir nur selten. Außer der schon erwähnten Urkunde vom Januar 1303 ist nur das Todesdatum Abt Philipps durch den erhaltenen Grabstein bekannt. Wenn auch die Umschrift gerade an der entscheidenden Stelle weitgehend zerstört ist und die Herausgeber der Kunstdenkmäler von Bayern nur die Lesung bis MCCXX für sicher halten, so ist doch noch eindeutig zu sehen, daß das darauffolgende Zeichen nicht I heißen kann[772]. Da aber Abt Philipp 1222 noch urkundlich belegt ist[773], die Zahlen III und IV wegen des erhaltenen Restes nicht in

Palmettenkapitell im Langhaus   Zeichnung: Siegfried Bauer

Frage kommen, ist die Zahl V sehr wahrscheinlich. Höhere Zahlen wie VI, VII, VIII ließen einen recht langen Zeitraum ohne urkundliche Nachrichten entstehen und keine Möglichkeit zur Einfügung des in einer Urkunde dieser Jahre genannten Abts Johannes offen. Der Form nach paßt der erhaltene Rest gut zu dem zweiten V in HVIVS. Das Fehlen von Todesdaten erklärt auch die Abstände zwischen den Amtszeiten der einzelnen Äbte. Ohne die Grabplatte besäßen wir für Philipp nur Belege bis 1222. Erst aus der Spätzeit des Klosters besitzen wir wieder Todesnachrichten: von dem Abt Pirmin Furst aus der Eberbacher Visitationschronik des Abtes Martin Ryfflinck und für Wendelin Merbot durch die von Würdtwein überlieferte Grabinschrift im Kreuzgang der Kirche St. Andreas in Worms[774]. Die Inschrift hat Würdtwein vermutlich einer Aufzeichnung Schannats entnommen[775].

Sind schon die Amtszeiten der Äbte nur mit Schwierigkeiten festzulegen, so nimmt es nicht wunder, daß andere Daten aus ihrem Leben, ihrem Werdegang und Nachrichten über ihre Herkunft und Abstammung noch seltener sind. Merkwürdigerweise können wir über die frühen Äbte noch eher Aussagen machen als über die späteren. Der erste Abt Stephan stammte, wie schon erwähnt, aus einem in der Umgebung von Otterberg begüterten Ministerialengeschlecht.

Von Stephans Nachfolger Albero besitzen wir ein Abtsiegel[776]. Die Angabe von Remling über die Herkunft des Abtes Albero ist unsicher. Er hält ihn „dem Namen, der Zeit und Verhältnisse nach, für den Vaters Bruder der Gude von Bolanden, Gemahlin des Rheingrafen Wolframs"[777]. Leitnamen in der Familie von Bolanden sind jedoch die Namen Werner und Philipp. Außerdem ist Albero (Alberich) ein reiner Klosternamen, der keinerlei Rückschlüsse auf die Familienzugehörigkeit erlaubt. Der zweite Abt von Citeaux hieß Alberich, dieser Name wird von dem zweiten Otterberger Abt offensichtlich bewußt aufgegriffen[778].

Über Abt Philipp sind wir besser unterrichtet. Nach den Angaben bei Cäsar von Heisterbach war er vornehmer Herkunft, Kanoniker in Köln, studierte in Paris und wurde Mönch und später Abt im Kloster Bonnevaux in Südfrankreich. In Köln ist er von 1170-76 nachweisbar[779]. Er verfaßte geistliche Bücher, darunter einen Kommentar des Hohen Liedes. Die Berufung nach Otterberg dürfte um 1190 erfolgt sein, auch wenn ein sicherer Beleg erst aus dem Jahr 1209 vorliegt. Mit Remling möchte ich annehmen, daß der bedeutende Mann den Auftrag zum Bau der großen Klosterkirche (Baubeginn ca. 1190) gab und daß das Kloster unter seiner

Leitung stand, als es das erste kaiserliche Privileg erhielt (1195)[780]. Philipp wäre es dann auch gewesen, der zusammen mit den Äbten von Eberbach, Schönau, Bebenhausen und Arnsburg das Generalkapitel des Jahres 1198 nicht besuchte. Die Äbte ergriffen damit im Streit zwischen Staufern und Papsttum Partei und stellten sich auf die Seite des eben gewählten Philipp von Schwaben. Auch aus einer Notiz über die Belagerung von St. Goar im Jahr 1202 kann geschlossen werden, daß Philipp in diesem Jahr bereits Abt in Otterberg war[781]. Wenn man daran denkt, daß er nicht wie üblich nach dem Tod seines Vorgängers berufen wurde, sondern daß zwei ehemalige Äbte weiter im Kloster lebten, daß er auch nicht, wie meist üblich, aus dem eigenen Konvent stammte, sondern von auswärts kam[782], so ist dies ein Hinweis darauf, daß am Ende des 12. Jahrhunderts eine große Veränderung im inneren Gefüge des Klosters stattfand, von der wir kein direktes Zeugnis besitzen. Vermutlich waren es die Staufer, die hier im Zuge ihrer Politik eingriffen. Durch die Unterstützung der Staufer und ihrer Ministerialen konnte das Kloster Otterberg nun einen schnellen Aufschwung nehmen, erst jetzt wurde es ein „geistlicher Stiftungsmittelpunkt für die Reichsministerialen der Umgebung"[783].

Über Abt Philipps Herkunft wissen wir nichts. Frey's Vermutung[784], er gehöre dem im benachbarten Otterbach ansässigen Adelsgeschlecht an, ist mit Sicherheit ein Irrtum. Fast alle überlieferten Lebensdaten sprechen dagegen: sein Studium und seine Mönchsjahre im entfernten Frankreich, die Bezeichnung honestus bei Caesarius von Heisterbach[785] (für einen adligen Ritter wäre nobilis zu erwarten) und das von Frey genannte abweichende Todesdatum.

Philipp sorgte offensichtlich mit großer Strenge für Ordnung im Kloster. Der Prior, sein Stellvertreter, wurde 1218 wegen der Vernachlässigung liturgischer Pflichten mit 6 Tagen Haft bestraft[786].

c) Die Dignitäre des Klosters

Die Gesamtheit der Insassen eines Klosters bildete den Konvent. Der Abt war bei Abmachungen, die dem Kloster rechtliche Bindungen oder Verpflichtungen auferlegten oder den Klosterbesitz betrafen, an die Zustimmung des Konvents gebunden. Das Läuten der Kirchenglocken rief die Mönche zu diesem Zweck im Kapitelsaal zusammen. Der Konvent gliederte sich in Mönche und Konversen. In späterer Zeit besaß dieser oft ein eigenes Vermögen; eine Bulle Papst Benedikts XII. vom Jahr 1335 erlaubte ihm die Führung eines eigenen Siegels[787].

Der *Prior* war der Stellvertreter des Abtes und der Leiter des geistlichen Lebens im Kloster. Erfahrungsgemäß wurden Priore vielfach später selbst Abt des Klosters oder eines Tochterklosters. Die Liste der Priore ist viel lückenhafter als die der Äbte. Bis 1300 werden sie zuweilen als Zeugen in Urkunden genannt. Sehr häufig ist hier nur ein Beleg bekannt, so daß keinerlei Amtsdauer ersichtlich ist.

Name	Zeit	Belege
Rudolf	1155	OU Nr. 2.
Gerwin	1173/1209	Baur, Hess. Urk. 2 Nr. 11; Gatt. Luzern Nr. 32–34.
C	1240	OU Nr. 73.
Wernher	1247/56	OU Nr. 81; Würdtwein, Mon. Pal. 1 S. 306.
Friedrich	1260	OU Nr. 137.
Walthelm	1263	OU Nr. 143.
Heinrich	1270/76	OU Nr. 166; Würdtwein, Mon. Pal. 1 S. 335.
Johannes Holtzner	1487	Canivez, Statuta V Nr. 65.
Matthäus	1534/35	Stadtarchiv Heidelberg, Städt. Sammlung Nr. 115; StA Speyer, Kurpfälzische Urk. Nr. 189.

Stellvertreter des Priors war der Subprior, der in Schönau ab 1206 gelegentlich bezeugt ist[788]; in Otterberg ist der einzige Beleg für diesen Posten aus dem Jahr 1486, in dem das Amt des Priors gerade nicht besetzt war[789]. Für das Jahr 1260 ist ein Prior Friedrich belegt, drei Jahre später ein Abt Friedrich[790]. Ähnliche Anzeichen für den Aufstieg zur Abtwürde liegen bei Prior Heinrich (1270 und 1274 belegt) vor: ein Abt Heinrich ist ab 1278 nachweisbar. Heinrichs Werdegang läßt sich vielleicht sogar noch weiter zurückverfolgen: 1255 und 1256 ist ein Keller Heinrich belegt[791]. Im gleichen Jahr ist ein anderer Heinrich als Infirmarius (= Betreuer der kranken Mönche) bezeugt[792]. Der Namen Heinrich ist, wie das Beispiel zeigt, zu gebräuchlich, um ganz sichere Rückschlüsse zuzulassen. Der 1247 - 1256 mehrfach belegte Prior Wernher erreichte diese Würde wahrscheinlich auch über die Vorstufe des Kellers, die 1240 ein Wernherus bekleidete[793]. Ein Gottfried war 1270 Kämmerer (meist die dritte Stufe nach Prior und Keller) und 1260 in der etwas auffallenden Namensverbindung Gotfried Syfrid Bevollmächtigter des Konvents bei der Stiftung eines ewigen Lichtes auf dem Kirchhof des Klosters Otterberg selbst[794].

Bei Abt Walthelm sprechen die Anzeichen dafür, daß er aus dem Mutterkloster Eberbach kam. Dort ist 1246 ein Prior Walthelm belegt[795]. Abt Matthias war vielleicht vorher Keller in Otterberg. Dieses nach dem Prior ranghöchste Amt und seine Inhaber erlangten in wirtschaftlichen Krisenzeiten besondere Bedeutung.

Die Verwaltung des Klostergutes, soweit es später nicht zu dem Sondervermögen des Abtes gehörte, verwaltete der *Cellerarius*, deutsch Keller oder Kellner[796]. Das Amt wurde wegen der umfangreichen damit verbundenen Aufgaben gern geteilt. In Schönau gab es im 14. und 15. Jahrhundert Großkeller, denen noch Mittel- und Unterkeller unterstanden[797]; in Otterberg sind die Bezeichnungen Großkeller (cellerarius maior) und Mittelkeller nur in der Zeit der wirtschaftlichen Blüte belegt, und zwar Großkeller erstmals bereits 1255[798], ein Mittelkeller 1272[799]. Die Amtsbezeichnung Bursar (von bursa = Geldbörse) tritt in den Otterberger Urkunden nicht auf. In Altenberg war der Bursar meist mit dem Keller identisch[800]. Folgende Otterberger Hauptkeller und Keller sind bekannt:

Name	Zeit	Belege
Warnher	1155	OU Nr. 2.
Wernher	1209/40	Würdtwein, Mon. Pal. 1 S. 264; OU Nr. 73.
Gerhard	1247/48	OU Nr. 81 nur Initiale G, OU Nr. 84.
Heinrich, Großkeller	1255/56	OU Nr. 123; Würdtwein, Mon. Pal. 1 S. 306.
Walter	1261	Gatt. Luzern Nr. 105.
Johannes	1270	OU Nr. 166.
Peter, Mittelkeller	1272	Würdtwein, Mon. Pal. 1 S. 327.
Heinrich	1298	OU Nr. 272.
Johannes, Großkeller	1312	OU Nr. 361, vielleicht der gleiche wie der Keller von 1270.
Jakob, Großkeller	1314	Würdtwein, Mon. Pal. 1 S. 418.
Culman	1332/36	OU Nr. 431; Glasschröder, Urk. Nr. 499.
Wernher	1339	OU Nr. 449.
Matthias	1486	HStA Wiesbaden 22/1745.

Der Verwalter des Konventsvermögens war der *Kämmerer*. Er besaß in der Reihenfolge der Würdenträger meist den dritten Platz[801]. Für Otterberg wie auch für Schönau sind Belege dafür sehr selten. Sie beschränken sich auf die Jahre 1270/74 und auf die Namen Gotfrid und H[802]. Es ist daher gut möglich, daß dieses Amt in späteren Jahrhunderten wie in Altenberg mit dem des Kellers vereinigt wurde[803].

Über die weiteren Klosterämter sind die Nachrichten noch spärlicher. Der *Infirmarius*, dem die Obhut über die erkrankten Mönche und Laienbrüder, ursprünglich in getrennten Krankenstuben, anvertraut war, ist lediglich für das Jahr 1255 namentlich bekannt[804].

Der stärker dem inneren Klosterleben zugehörige *Kantor* wird vergleichsweise häufig erwähnt:

Name	Zeit	Belege
Adelbero	1155	OU Nr. 2.
Friedrich	1235	OU Nr. 67.
Wernher	1240	OU Nr. 73.
Symon	1329	OU Nr. 416.
Johann	1336	Glasschröder, Urk. Nr. 499.

Dem Abt zugeordnet war der *Notar*, dessen Stelle später vermutlich der *Syndicus* einnahm. Beide traten vor allem als Bevollmächtigte des Klosters bei Verhandlungen auf, so der Notar Wernher 1255[805] und der Syndicus Johann 1304[806]. In der gleichen Urkunde wie Johann wird auch ein Syndicus des Mutterklosters Eberbach genannt. Vermutlich gehörte der *Placitator* (Fürsprecher) Conrad, genannt 1336, auch in diesen Kreis[807]. Das Amt des *Werkmeisters* (magister operis) hing mit dem Bau der Kirche und der Klostergebäude zusammen. Um so auffallender ist, daß die überlieferten Namen von Werkmeistern gerade in den Jahren nach Abschluß des Kirchenbaues einsetzen:

Name	Zeit	Belege
G	1260	OU Nr. 134.
Friedrich	1272	Würdtwein, Mon. Pal. 1 S. 327.
Wernher, Conrad, Johann und Peter	1274	Würdtwein, Mon. Pal. 1 S. 335.

Durch eine Bauinschrift am ersten Stein des Gurtbogens oberhalb der Kämpferplatte des östlichsten Hauptpfeilers der Nordseite ist der Namen Hartmut überliefert. Da an der genannten Stelle der frühgotische Bauabschnitt beginnt, vermutet Hausen[808], daß es sich hierbei vielleicht um den Architekten dieses Stils handeln könnte. Es ist kaum zu entscheiden, ob wir diesen Hartmut den eben genannten Werkmeistern zurechnen können, die Mönche waren, oder ob es sich hier um einen weltlichen Bau-

Kelchblockkapitell im äußeren Chorhaus

Zeichnung: Siegfried Bauer

meister handelte, den das Kloster mit der Weiterführung der Bauarbeiten beauftragte. Werkmeister Friedrich steht in der Zeugenreihe gleich nach dem Abt und noch vor dem Mittelkeller[809], also eindeutig unter den Personen geistlichen Standes und an bevorzugter Stelle. In der Regel führten die Mönche und die Laienbrüder die Bauarbeiten selbst aus. Eine berühmte Federzeichnung zeigt Laienbrüder bei Arbeiten an Kreuzgang und Kirche des Klosters Schönau[810]. Die genaue Übereinstimmung mancher Schmuckformen, etwa eines Palmettenfrieses, der in Otterberg und Maursmünster vorkommt[811], läßt jedoch vermuten, daß für Spezialaufgaben Berufshandwerker herangezogen wurden, die im Mittelalter von Baustelle zu Baustelle weiterwanderten.

Noch spärlicher als über die Professen im Kloster selbst sind unsere Nachrichten über die Vorsteher der Wirtschaftshöfe, die *Grangiare*, obwohl gerade die Kenntnis über sie besonders wertvoll wäre, da sie nicht nur unser Wissen über die Klosterinsassen bereichern würden, sondern auch erkennen ließen, ob ein Hof noch in Eigenbewirtschaftung betrieben wurde. Die Bezeichnung Hofmeister (grangiarius) trägt nur ein uns lediglich mit seiner Initiale S in der Zeugenreihe einer Urkunde von 1240 überlieferter Unbekannter. Er steht zwischen dem Cellerar und dem Kantor, scheint also eher Mönch als Laienbruder gewesen zu sein. In der Regel waren jedoch die Hofmeister Laienbrüder und hielten sich auf den Wirtschaftshöfen und nicht im Kloster auf[812]. Ein weiterer Beleg aus dem Jahr 1256[813] gehört vermutlich auch hierher. Der dort aufgeführte Cunrades, magister in Swanden, war wahrscheinlich auch Hofmeister; ein Hof bestand dort bereits seit 1195[814]. Allerdings steht er in der Zeugenreihe erst hinter den Laienbrüdern, jedoch ist diese im Druck möglicherweise nicht korrekt wiedergegeben. Die Bezeichnung „Magister curiae", wörtlich übersetzt gleichfalls Hofmeister, kommt 1229 für Heßloch, 1261 für Großkarlbach, 1272 für Wernsweiler und 1314 für den Messersbacherhof vor[815]. Für die Vorsteher der städtischen Höfe sind kaum Belege vorhanden. Wenn überhaupt, wird ihr Amt umschrieben „curie eorum magistri Wormatiensis"[816]. In einer weiteren Urkunde wird wahrscheinlich das gleiche Amt durch einen längeren Text beschrieben: „ . . . Heinrici dicti de Batinheim, qui tunc temporis prefuit curie monasterii in Otterberg, que Bishoveheim nuncupator . . ." (Heinrich, genannt von Batinheim, der damals dem Bischofsheim (= Mönchbischheim) genannten Hof des Klosters Otterburg vorstand)[817].

d) Die Mönche und Laienbrüder

Die Zahl der Mönche war in den verschiedenen Klöstern und zu verschiedenen Zeiten sehr unterschiedlich. Clairvaux besaß um 1150, also etwa zur Zeit der Gründung Otterbergs, bereits 200 Mönche und 300 Laienbrüder[818], Altenberg 1198 einhundertzehn Mönche und 338 Laienbrüder[819], Himmerod 1224 sechzig Mönche und neunzig Laienbrüder[820]. Über die Aufnahme von neuen Bewerbern entschied der Abt. Er besaß also die Möglichkeit, die Zahl der Konventsmigleider mit Absicht klein zu halten. Auch die vorhandenen Baulichkeiten setzten Neuaufnahmen zuweilen Grenzen[821]. Der Gründungskonvent für eine neue Klostersiedlung bestand in der Regel nur aus dem Abt und 12 Mönchen[822]. Für Otterberg wie auch für Schönau besitzen wir keine Konventslisten. Wir sind daher auf die Erwähnung in Urkunden angewiesen, wo vor allem im 13. Jahrhundert Mönche vereinzelt als Zeugen genannt werden.

Name	Zeit	Belege
Adelbero	ca. 1173	Baur, Hess. Urk. 2 Nr. 11.
Brunicho	ca. 1173	Ebenda.
Godefrid	ca. 1173	Ebenda.
Werner	ca. 1173	Ebenda.
Dirolph	1209	Würdtwein, Mon. Pal. 1 S. 264.
Engermann	1209	Ebenda.
Heinrich	1209	Ebenda.
Nebelung	1209	Ebenda.
Heinrich Creiz[823]	1229	OU Nr. 53.
Hermann	1229	Ebenda.
Rudolf	1229	Ebenda.
Ulrich	1229	Ebenda.
Kuno	1235	OU Nr. 67.
Sifrid	1240	Baur, Hess. Urk. 2 Nr. 85.
Jacob	1240	Ebenda.
Heinrich de Curia	1248	OU Nr. 84.
Hermann	1248	Ebenda.
Alhard	1252/56	OU Nr. 102; Würdtwein; Mon. Pal. 1 S. 306.
Wernher Militellus	1255	OU Nr. 123.
Petrus	1261	Gatt. Luzern Nr. 105.
Wernher	1261	Ebenda.
Heinrich	1263	OU Nr. 143.
Herricus de Bockenheim	1263	Ebenda.
Johannes Militellus	1263	Ebenda.
Volkenandus	1268	OU Nr. 162.

Name	Zeit	Belege
Gerung	1270	OU Nr. 166.
Heinrich gen. Militellus	1270	OU Nr. 170.
Peter	1270/74	Gatt. Luzern Nr. 147; OU Nr. 185.
Godefrid	1270/74	Ebenda.
Sigelo	1274	Würdtwein, Mon.Pal. 1 S. 335.
Friedrich	1274	Ebenda.
Bomund	1274	Ebenda.
Volckenard	1274	Ebenda.
Wentzo von Dydingesen	1312	OU Nr. 361.
Heinrich	ca. 1314	Rossel, UB Eberbach 2, 2 Nr. 708.
Conrad gen. von Oppenheim	1325	OU Nr. 402.
Johann gen. Juden	1329	OU Nr. 417.
Conrad	1339	OU Nr. 448.
Johann von Celle	1339	OU Nr. 445, 446.
Hermann von Kollen	1339	Ebenda.
Nikolaus	1355	HStA Wiesbaden 22/970.
Friedrich Schreyer	1378/84	HStA München, Rheinpfälzer Urk. Nr. 1398, 3119; Gatt. Luzern Nr. 848.
Conrad	1391	Toepke, Heidelberg 1 S. 50.
Peter Stoffer	1400	Gatt. Luzern Nr. 985.
Andreas Hercuitille	1460	Canivez, Statuta 5 S. 64.
Johann de Indagine	1469	Canivez, Statuta 5 S. 261.
Theodorich	1482	Canivez, Statuta 5 S. 443.
Jakob der Schuhmacher	1484	GLA Karlsruhe 67/829, fol. 275 v; Stadtarchiv Kaiserslautern Nr. 26.
Nikolaus Diepurg	1489	Canivez, Statuta 5 S. 705/06.
Werner von Alzey	1489	Ebenda.
Adam von Heßloch	1489	Ebenda.
Heinrich von Sobernheim	1489	Ebenda.
Philipp von Lautern	1489	Ebenda.
Johann von Lausheim	1489	Ebenda.
Johann Indagine	1489	Ebenda.
Bruno von Heßloch	1489	Ebenda.
Johann Diepergher	vor 1492	Eubel, Hierarchia catholica 2 S. 101.
Matthias Stein	1503	Toepke, Heidelberg 1 S. 450.
Gallus Birretar	1513	Ebenda S. 513.
Johannes Smaltz	1520	Ebenda S. 523.
Mettenheimer	1525	Gensicke, Bauernkrieg S. 21.
Caspar Bender von Mielbuchen	1535	GLA Karlsruhe 65/2327, Monasteria in Palatinatu fol. 4 r.
Philipp Bach	1561	Gensicke, Mönche S. 34.
Victor Padmacher	1561	Ebenda.
Sebastian Kleiber	1561	Ebenda.

Kelchblockkapitell am äußeren Chorhaus   Zeichnung: Siegfried Bauer

Die Schreibung der Ortsnamen in den Protokollen des Generalkapitels ist hier, wie häufig, stark entstellt. Die Zuweisungen Alzey, Heßloch, Sobernheim und Kaiserslautern erscheinen so gut wie sicher. Dieburg könnte Familiennamen sein; die Stadt Dieburg liegt sehr weit entfernt, Lausheim dürfte Lambsheim oder Laumersheim, beide Kr. Frankenthal, bedeuten.

Vor der Mitte des 13. Jahrhunderts ist die Herkunft der Mönche völlig unbekannt. Mit dem Aufkommen der Beinamen, also ab 1248, sind Rückschlüsse möglich. Urkunden des 13. Jahrhunderts überlieferten die Beinamen de Curia (vom Hof), Militellus (Ritterchen) und von Bockenheim (örtliche Herkunftsbezeichnung). Alle drei Namen führen nach Worms. Die Familie Militellus zählte zu den bekannten Wormser Familien. Ihre Mitglieder sind seit 1196 (Heinrich Militellus) in Worms nachweisbar. Sie stellten Ratsherren, so Heinrich, ja sogar Bürgermeister (Wernher). Otterberg war also in Worms nicht nur besonders reich begütert, Angehörige einflußreicher Wormser Familien traten als Mönche ins Kloster ein und stärkten dadurch die Beziehungen zwischen diesem und der Stadt. Es ist durchaus möglich, ja sogar wahrscheinlich, daß sie z. T. zu hohen Würden im Kloster aufstiegen. Das überlieferte Material reicht allerdings nicht aus, um einen Nachweis zu führen, aber es fällt doch auf, daß wenige Jahre, nachdem Johann Militellus erstmals als Mönch in einer Urkunde auftauchte (1263), ein Abt Johannes 1267 die Leitung des Klosters übernahm. Auch Herrich von Bockenheim gehörte in den Wormser Bereich. Ein Berthold von Bockenheim (1262 - 1274) war Wormser Bürger[824], und Heinrich de Curia kommt als Zeuge in einer Urkunde vor, in der ein Wormser Bürger dem Kloster eine Schenkung machte[825]. Heinrich Boos glaubt, daß er auch in der Urkunde des Bischofs von Vironensis über die Verleihung eines Ablasses an die Kapelle des Otterberger Hofes in Worms mit Bruder Heinrich gemeint ist[826]. Auch im 14. Jahrhundert gehörten alle Otterberger Mönche, deren Herkommen festzustellen ist, in den Wormser Bereich. Wieder stand eine bedeutende Familie, seit 1197 in Worms nachweisbar, die wiederholt Ratsherren und kurz vor 1300 auch den Bürgermeister stellte, an der Spitze: die Familie Jude. Johann dicto Juden kommt, wie nicht anders zu erwarten, in einer Wormser Urkunde, ausgestellt von den Richtern der Stadt, vor[827]. Er zahlte eine Summe Geldes zurück, eine Verpflichtung seines in der Lombardei von einem Stein erschlagenen Bruders. Diese Stelle gibt auch einen deutlichen Hinweis auf den Beruf der Familie: es handelte sich offensichtlich um Kauf-

leute, die bis nach Italien Handel trieben. Auch an der Ausstellung der Verkaufsurkunde der Wormser Bürgerin Margarete Zeisolf, mit der ein Hof und andere Güter in Rheindürkheim an das Kloster Otterberg übergingen, ist ein Heilmannus Judei beteiligt[828]. Auch für Johann von Celle bestanden Verbindungen nach Worms. Ein gleichnamiger Vertreter der Familie ist 1381 in einer Urkunde des Klosters Liebenau vor Worms als Geber aufgeführt[829]. Bei Conrad von Oppenheim können wir nach all diesen engen Beziehungen zu Worms vermuten, daß hier Wiesoppenheim bei Worms als Herkunftsort anzunehmen ist, nicht Oppenheim am Rhein. Wentzo von Dydingesen kommt als Zeuge in einer Urkunde der Wormser Richter vor[830]. Der Herkunftsort selbst ist nicht feststellbar. Die merkwürdige Ortsnamenform wurde im Wormser Urkundenbuch fälschlich zu Dydingen vereinfacht[831]. Bei den engen Beziehungen, die gerade zu Worms und der dortigen Kirche herrschten, ist es nicht verwunderlich, wenn nicht nur ein Wormser Bischof in Otterberg beigesetzt[832], sondern auch der einzige Otterberger Mönch, der bischöfliche Würden errang, hier Weihbischof wurde[833]. Vom letzten Viertel des 14. Jahrhunderts ab sind Familiennamen regelmäßig überliefert. Auch eine räumliche Einordnung ist fast immer möglich, allerdings keine genaue Herkunftsangabe. Bei Friedrich Schreyer ergeben sich durch Verkaufsurkunden deutliche Beziehungen nach Speyer, Jakob der Schuhmacher, hier ist es fraglich, ob Schuhmacher noch Berufsbezeichnung oder bereits Namen ist, stammte aus Kaiserslautern und besaß dort das Bürgerrecht[834]. Mettenheimer kam aus Pfeddersheim. Die Familie war auch in Worms ansässig und ein Bruder des Otterberger Mönches Caspar Mettenheimer 1530 dort Ratsherr[835]. Philipp Bach war gleichfalls aus Pfeddersheim, Padmacher aus Heßloch und Kleiber aus Alzey. Auffallend ist, daß sich kaum Mönche nachweisen lassen, die in Kaiserslautern beheimatet waren. Dies liegt zum Teil daran, daß die mittelalterlichen Urkunden für diese Stadt lange nicht so gut erschlossen sind wie die für Worms. Die im Bürgerbuch der Stadt Kaiserslautern[836] zusammengetragenen Aufstellungen beginnen erst 1597, also nach dem Ende des Klosters. Typische Kaiserslauterer Familiennamen kommen in der Liste der Mönche auch nicht vor, allenfalls der aber auch sonst nicht seltene Namen Bender, der im Zusammenhang mit einem nicht zu identifizierenden Mielbuchen steht. Ein Hans Bender aus Kusel ist 1603 Metzger in Kaiserslautern[837].
Reichen die Belege für die Mönche auch bei weitem nicht aus, die Gesamtzahl aller Otterberger Klosterbrüder zu erfassen, so sind nur gerade ein

halbes Dutzend Namen von Laienbrüdern überliefert, obwohl deren Zahl in der ersten Zeit die Zahl der Mönche vermutlich überstieg[838].

Name	Zeit	Belege
Hermann	1240/52	OU Nr. 73, 102; Baur, Hess. Urk. 2 Nr. 85.
Gerung	1240	Baur, Hess. Urk. 2 Nr. 85.
Conrad	1255	OU Nr. 123.
Peter	1272	OU Nr. 176.
Reinher	1272	OU Nr. 176.
Johannes	1339	OU Nr. 449.

Auch der 1237 in Kirschgarten tätige Konverse Ulrich wird als Otterberger Laienbruder angesehen, da das Nonnenkloster Kirschgarten der Otterberger Aufsicht unterstand[839]; der entsprechende Beleg stammt jedoch erst aus dem Jahr 1273.

e) Ordenszucht

Bei den strengen Regeln, die im Zisterzienserorden galten und gelten, ist es nicht verwunderlich, wenn immer wieder einzelne Klöster versuchten, sich von ihnen auferlegten Einschränkungen zu befreien, oder einzelne Äbte und Mönche gegen die Gebote verstießen.

Den Zisterziensern war fast ausnahmslos der Besitz von Grund und Boden erlaubt, von dessem Ertrag sie ihren Lebensunterhalt bestritten. Ein Privileg Papst Innozenz II. befreite sie 1132 von der Zehntzahlung für alle selbst genutzten Ländereien. Diese Vergünstigung führte jedoch zu zahlreichen Streitigkeiten, so daß die Zisterzienser sich 1180 bereit erklärten, für neuerworbene Güter Zehnt zu zahlen[840]. Sehr bald sah das Generalkapitel ein, daß durch Schenkungen erworbener Streubesitz nicht mit Nutzen selbst bewirtschaftet werden konnte; es gab daher 1208 die Einwilligung, Güter zu verpachten, die wenig ertragreich oder weit vom Kloster entfernt waren[841]. Dies bedeutete schon ein Abgehen von der Forderung nach unbedingter Eigenbewirtschaftung. Die Wirtschaftsprinzipien des Zisterzienserordens begannen sich den Wirtschaftsweisen außerhalb des Ordens anzugleichen[842]. Die Zisterzienserklöster beschritten nun den Weg zur Grundherrschaft. Sie wurden vielfach als Nachbarn geradezu gefürchtet, da sie den kleinen Grundbesitz aufkauften und so auch Siedlungen vernichteten[843].

Die Einzelklöster warteten dabei nicht immer, bis das Generalkapitel die Bestimmungen gelockert hatte, auch Otterberg nicht. Gleich die erste Urkunde des Otterberger Urkundenbuchs berichtet von der Schenkung eines Zehnts „... in curti que vocatur Hagenauwe..."[844]. Aus der vierten Nummer des gleichen Urkundenbuchs geht die Übereignung einiger Leibeigener hervor. Beide Urkunden fallen noch in die Zeit der strengeren Wirtschaftsbestimmungen. Auch später scheint Otterberg Leibeigene gehabt zu haben[845]. Als sich die Wirtschaftsprinzipien des Ordens immer mehr den sonst üblichen anglichen, mehrten sich auch die Zehnten- und Rentenkäufe des Klosters Otterberg. Dies war jedoch eine allgemeine Entwicklung. Die Wirtschaftsordnung des Abtes Stephan Lexinton für das Kloster Savigny aus dem Jahr 1230 spricht offen von den Einkünften an Zinsen. Zu ihrer Einziehung gab es sogar besondere Amtleute[846].

Die große Zahl von Jahrgedächtnissen und ähnlichen Verpflichtungen, die das Kloster im Laufe der Zeit übernommen hatte, führte oft zu einer Vernachlässigung dieser Stiftungen. Manche Geber suchten dem vorzubeugen, indem sie für den Fall der Nichteinhaltung die damit verbundenen Einkünfte einem anderen Kloster oder Geistlichen zuwiesen. So stiftete Wildgraf Otto 1370 ein Jahrgedächtnis, dessen Einkünfte (5 Pfund Heller jährlich), wenn Otterberg säumig war, dem Pfarrer in Imsweiler zufallen sollten[847]. Auch der umgekehrte Fall ist belegt, d.h. das Kloster Otterberg übernahm die Pflichten und Einkünfte, wenn das Kloster Eberbach bzw. Eußerthal die Pflichten vernachlässigte[848].

Das Kloster Otterberg überschritt bei seinem Vorgehen aber nicht den üblichen Rahmen. Im Gegenteil, es suchte nach einer rechtlichen Grundlage für seine Handlungen und ließ sich deshalb Sondervollmachten vom Papst erteilen. So erhielt es von Papst Alexander IV. das Recht, bei einem allgemeinen Interdikt heilige Handlungen (bei Auschluß der Gebannten und Exkommunizierten) vorzunehmen, das Begräbnisrecht, die Erlaubnis, Erbschaften anzunehmen und Zehnten in anderen Pfarreien zu kaufen[849]. Das Recht zum Zehntkauf und Annahme von Erbschaften ist dabei teilweise nur eine nachträgliche Rechtfertigung einer schon früher geübten Praxis.

Wenden wir uns nun der Frage zu, wie die Äbte und Mönche die Gebote der Regel achteten. Der erste Abt, der gegen die Verpflichtung zum Besuch des Generalkapitels verstieß, war Abt Philipp, den wir bisher als besonders tüchtigen Abt hervorhoben. Schon allein dies macht etwas stutzig und läßt vermuten, daß nicht Nachlässigkeit die Ursache für die unterlassene Reise nach Südfrankreich war. Außer dem Abt von Otterberg wurden gleichzeitig die Äbte von Eberbach, Schönau, Bebenhausen und Arnsburg bestraft, also fast die ganze Eberbacher Klosterfamilie[850]. Das läßt den Gedanken auftauchen, daß Absicht hinter der Weigerung steckte, das Generalkapitel zu besuchen. Im gleichen Jahr, 1198, hatte eine Doppelwahl Otto IV. von Braunschweig und Philipp von Schwaben gleichzeitig zu deutschen Königen gemacht. Politische Rücksichten auf den in Südwestdeutschland mächtigen staufischen Kandidaten können daher sehr gut dazu geführt haben, daß die fünf Äbte Deutschland nicht verließen. Als Strafe wurde ihnen ein sechstägiger Verpflegungsentzug mit Ausnahme von Wasser und Brot auferlegt, ein Strafmaß, das der Schönauer Abt noch einmal 1200 wegen einer im Generalkapitel vorgetragenen Lüge erhielt[851]. Im Jahr 1218 bekam der Prior eine Strafe wegen Vernachlässigung liturgischer Pflichten[852]; im Jahr 1219 floh ein Laienbruder aus dem Kloster[853]. Der Besuch des Generalkapitels stellte auch eine finanzielle Belastung dar; um diese zu mildern, unternahmen die Äbte benachbarter Klöster die Reise häufig gemeinsam. So mieteten 1282 die Äbte von Eberbach, Schönau, Otterberg, Godts-Dael (Val-Dieux), Bebenhausen, Arnsburg und Disibodenberg gemeinsam in Citeaux eine Wohnung für 50 Pfund Turnosen[854]. Auch 1323 und 1327 machten die genannten Äbte die Reise gemeinsam, allerdings mit Ausnahme des Abtes von Godts-Dael (Val-Dieu), des am weitesten abseits liegenden Klosters. Dafür hatten sich auch einige andere Äbte benachbarter Zisterzienserklöster angeschlossen[855]. Auf ihrer Reise machten sie anscheinend auch in Otterberg Station. Im Jahr 1336 ermahnte von hier aus der Abt von Eberbach zusammen mit anderen Äbten deutscher Zisterzienserklöster alle diejenigen Äbte, die nicht am Generalkapitel teilnahmen, wenigstens das Provinzialkapitel in Frankfurt zu besuchen[856]. Die genannten Klöster verband ihre Abhängigkeit vom gleichen Mutterkloster eng miteinander. Die Beziehungen zu den zwei räumlich am weitesten entfernt liegenden Klöstern, Godts-Dael (Val-Dieu) und Bebenhausen waren jedoch etwas lockerer. Der Einfluß der Filiation zeigte sich nicht nur beim gemeinsamen Besuch des Generalkapitels, sondern auch beim gemeinsamen Fernbleiben wie 1198. Im 15. Jahrhundert mußte sich der Otterberger Abt mit Rücksicht auf die schlechte wirtschaftliche Lage seines Klosters häufig in Citeaux wegen seines Fernbleibens entschuldigen (so 1420, 1473, 1478 - 1481, 1486) oder er wurde überhaupt vom Besuch befreit (1429 - 1432, 1439, 1482 bis 1484)[857].

Kelchblockkapitell am äußeren Chorhaus   Zeichnung: Siegfried Bauer

Verweigerte nach den alten Bestimmungen der Zisterzienserorden jedem Mönch, bei dem auch nur ein Geldstück gefunden wurde, die Bestattung in geweihter Erde, so lassen sich doch gegen Ende des 14. Jahrhunderts private, durch Urkunden verbriefte Einkünfte nachweisen. Im Jahr 1378 erhielt der Otterberger Mönch Friedrich Schreyen einen jährlichen Zins von 1 Pfund Heller, der erst nach seinem Tode dem Kloster zufallen sollte[858]. Derselbe erwarb 1384 einen weiteren Zins, der zur Hälfte an ihn und zur Hälfte an Abt und Konvent ging[859]. Der aus Kaiserslautern stammende Jakob der Schuhmacher konnte nach dem Eintritt in das Kloster noch 100 Gulden Bürgerpflicht an die Stadt zahlen. Er hielt sich offenbar wenigstens zeitweise im Otterberger Hof in Kaiserslautern auf[860].

Im Jahr 1487 nahm Abt Matthias sogar eine ganze Kaiserslauterer Familie in eine weltliche Pfründe des Klosters auf, nämlich Brackenhein, seinen Sohn Simon, Jungens Hencken zu Katzweiler und Frau Else. Sie erhielten gegen eine Zahlung von 300 Gulden im Kloster eine Kammer mit Bett und Zubehör, das Essen der Konventsherren (schon dieses Wort anstatt Mönche ist typisch), dazu ein Maß Wein und bei Krankheit besondere Kost. Das Kloster versprach, die Pensionäre mit keiner geistlichen oder weltlichen Arbeit zu beschweren, nach dem Tode die Jahrzeiten abzuhalten (Gedächtnismessen) und einen Eintrag ins Seelbuch vorzunehmen[861].

In den Jahren 1469–1486 spielte sich in Otterberg ein erbitterter, innerer Kampf um die Abtwürde ab. Der Konvent erhob anscheinend zunächst Johann de Indagine, einen Otterberger Mönch, zum Abt. Die Wahl wurde in das Protokoll des Generalkapitels aufgenommen und schien damit gesichert[862]. Noch im gleichen Jahr setzte wahrscheinlich das Mutterkloster Eberbach einen anderen Abt ein, Johann Slich aus Eberbach. Der gleiche Vornamen trug dazu bei, die Verhältnisse schwer durchschaubar zu machen. Am 21. September 1469 urkundete Abt Johann erstmals; da in der Urkunde die Äbte von Eberbach, Schönau und Disibodenberg als Schiedsrichter in dem Streit zwischen dem Kloster Otterberg und den Kämmerern von Dalberg auftraten[863], ist anzunehmen, daß es sich bei Johann um den Eberbacher Kandidaten handelte. Dieser setzte sich in der Folgezeit auch durch. Der Otterberger Abt war gerade in den nächsten Jahren viel auswärts tätig und erhielt wichtige Aufgaben übertragen. So wohnte er 1472 der Wahl des neuen Abtes von Eberbach bei, bestätigte im nächsten Jahr die Wahl des Jakob von Kreuznach zum Abt von

184

Kelchblockkapitell am äußeren Chorhaus   Zeichnung: Siegfried Bauer

Disibodenberg, erhielt 1481 zusammen mit dem Abt von Bebenhausen den Auftrag, Altenmünster und St. Agnes in Mainz zu reformieren und drei Jahre lang zu visitieren, wurde im gleichen Jahr zusammen mit dem Abt von Himmerod als Untersuchungsrichter über den Prior von Ramsen eingesetzt und bekam 1485 den Auftrag, zusammen mit einer Reihe anderer Äbte eine Schrift auf Irrlehren durchzusehen[864]. Erst in den Jahren 1486/87 traten die wohl schon seit Beginn der Amtszeit als Folge der zwiespältigen Wahl schwelenden Konflikte zutage. Bei seinem krankheitsbedingten Rücktritt im Jahr 1486 bescheinigten Subprior und Keller von Otterberg ihm vor dem Vaterabt von Eberbach und den Äbten von Eußerthal, Schönau und Arnsburg eine gute Amtsführung und setzten ihm eine jährliche Pension aus. An der Erklärung fällt auf, daß der Subprior, da das Amt des Priors merkwürdigerweise gerade zu dem Zeitpunkt des Rücktritts eines Abtes unbesetzt war, die Urkunde ausstellte, daß dies vor einer feierlichen Äbteversammlung geschah, die Originalurkunde in den Gewahrsam des Klosters Eberbach überging[865] und die versammelten Äbte die Aufforderung erhielten, das Kloster Otterberg „forther zu versehen mitt eyner doglichen, geschickten und geistlichen personen, die uns und unser closter nutzlich vor sin mogen". Damit wurde praktisch wieder die Berufung eines Abtes aus Eberbach oder aus einem der anderen Klöster als einzig mögliche Lösung vorgeschlagen und dadurch nochmals die Wahl von Johannes Slich gerechtfertigt. Als im nächsten Jahr dann eine Visitation Otterbergs stattfand, stellten die ausführenden Äbte von Marienstatt und Baumgarten fest, daß in den letzten drei Jahren, als sie gemeinsam oder einzeln visitierten, der Konvent sich in Auflehnung gegen den Abt befand und der Prior Johannes Holtzner der Wortführer der Unzufriedenen war[866]. Die Auflehnung hatte sogar dazu geführt, daß der genannte Prior und mindestens acht weitere Mönche das Kloster verließen und nach Kaiserslautern gingen. Unter ihnen befand sich auch Johann de Indagine, den wir schon von 1469 als Bewerber um die Abtwürde kennen[867]. Die Reaktion des Ordens auf dieses aufrührerische Verhalten war merkwürdig milde. Schon die Tatsache, daß die Äbte der entfernter gelegenen und unbeteiligten Klöster Marienstatt (Diözese Köln) und Baumgarten (Elsaß) die Visitation vornahmen und nicht der Vaterabt von Eberbach, zeigt, daß auch das Generalkapitel Eberbach und die von ihm abhängigen Klöster als Partei betrachtete. Der Abt von Eberbach forderte dann 1487 die geflohenen Aufrührer auf, zurückzukehren und sich der Bestrafung zu stellen, versprach aber gleichzeitig, daß ihnen dann Absolution zuteil würde und sie ihre alten Ämter wieder bekämen. Dieser Nachsatz machte die angedrohte Bestrafung praktisch illusorisch und stellte ein sehr weites Entgegenkommen dar. Zwei Mönche waren dem Kloster elf Tage ferngeblieben. Hier bleiben die Verhältnisse unklar, da ihre Namen mit kleineren orthographischen Abweichungen in den Kapitelbeschlüssen an zwei Stellen genannt werden. Zwei Jahre später beantragte der Abt von Otterberg auch wirklich die Wiedereinsetzung[868]. Eine neue Untersuchungskommission, bestehend aus den Äbten von Werschweiler und Bebenhausen, nahm sich 1489 nochmals der Vorfälle an. Sie hatte den Auftrag, sie in freundschaftlichem Geist beizulegen und die Alterspension für den resignierten Abt mit Rücksicht auf die Armut des Klosters in gerechter Weise zu ermäßigen[869].

Daß der Konvent, auch was Zucht und Organisation anbelangte, lange Zeit eine ungebrochene Kraft besaß, zeigen verschiedene Aufträge zur Umorganisierung, Reformierung und Visitierung. Dem Arbeitseifer der Otterberger Mönche stellte Philipp von Hohenfels 1249 ein hervorragendes Zeugnis aus. In der Schenkungsurkunde seines Allodiums in Schimsheim heißt es, daß sie vom frühen Morgen bis zum Abend mit Erntearbeiten beschäftigt seien und sogar Gottesdienst und Gebet deswegen vernachlässigten[870].

7. Das Kloster im Ordensverband

Otterberg zählte nicht zu den Klöstern, von denen zahlreiche Neugründungen ausgingen. Das war bei seiner Lage im Westen Deutschlands auch kaum zu erwarten. Das Kolonialland jenseits von Elbe und Saale, das in erster Linie für Klosterneugründungen in Frage kam, war weit entfernt.

Die einzige Neugründung stellte eigentlich nur eine Umwandlung dar, nämlich die eines Benediktinerklosters in ein Zisterzienserkloster. Das Kloster Disibodenberg, um dieses handelte es sich, lag auf einer Anhöhe zwischen Nahe und Glan, kurz vor deren Vereinigung. Erzbischof Gerhard von Mainz übergab im Jahr 1259 die alte, aber stark verschuldete Abtei dem Abt Walthelm von Otterberg zur Umwandlung in ein Zisterzienserkloster[871]. Das Kloster auf dem Disibodenberg zählte zu den ältesten Deutschlands. Es wurde um 690 von dem heiligen Disibod, einem irischen Einsiedler, gegründet[872]. Ein Otterberger Zisterziensermönch, Bruder Johann, ging nun mit zwölf anderen Mönchen und Laienbrüdern nach Disibodenberg und übernahm die Leitung der alten Abtei. Der frühere benediktinische Abt Otto, der ihn und seinen Nachfolger noch überlebte, mußte das Recht Otterbergs anerkennen[873]. Schon früher, nämlich 1220, war Abt Philipp zusammen mit dem Abt von Schönau und dem Propst von Höningen von Papst Honorius III. zum Untersuchungsrichter gegen Abt Christian von Disibodenberg bestellt worden[874]. Trotz der Umorganisation des Klosters rissen aber wieder unhaltbare Zustände ein, und im Jahr 1477 wurde nach einer Visitation der Disibodenberger Abt abgesetzt[875]. Bei den Abtwahlen im Kloster Disibodenberg mußte nach den Vorschriften des Ordens ein Otterberger Visitator anwesend sein. Ausdrücklich überliefert ist die Zustimmung des Otterberger Vaterabts zu der Wahl des Jacob von Kreuznach[876]. Im Jahr 1528 wurde eine bereits vollzogene Abtwahl wenige Tage darauf nochmals wiederholt, da der Otterberger Visitator erst in der Zwischenzeit angekommen war[877].

Das Zisterzienserinnenkloster Kirschgarten bei Worms stand anscheinend eine Zeitlang unter Otterberger Oberaufsicht. Die Nachrichten darüber sind jedoch spärlich und bauen auf einer unsicheren Quellengrundlage auf. Die Angaben bei Paulus Weißenberger[878] beruhen entweder auf einer alten Arbeit aus dem 18. Jahrhundert[879] oder auf einer Urkunde aus dem Jahr 1273[880], in der aber der Namen Otterberg gar nicht vorkommt und der Bezug darauf nur durch die bei Schannat überlieferte Mitteilung hergestellt wird. Erst bei einem Güterverkauf im Jahr 1330 ist die Zustimmung des Otterberger Abtes Heinrich belegt; Quelle ist wiederum Schannat[881].

Das Prämonstratenserinnenkloster Enkenbach unterstand gleichfalls für kurze Zeit der Aufsicht Otterbergs. Es kam 1190 wieder unter die von Münsterdreisen[882]. Im 16. Jahrhundert scheint es aber Otterberg erneut angegliedert worden zu sein. In den Verzeichnissen Otterberger Besitzes zur Zeit der Säkularisierung werden nämlich eine Propstei Enkenbach und eine Klause Fischbach genannt[883].

Die Unterstellung des Zisterzienserinnenklosters Ramsen, Kr. Kirchheimbolanden, unter Otterberg bildete nur ein kurzes, anscheinend niemals recht verwirklichtes Zwischenspiel. Das Kloster wurde gleich nach seiner Umwandlung in ein Zisterzienserinnenkloster 1268 dem Kloster Schönau unterstellt[884]. Ein Beschluß des Generalkapitels vom Jahr 1422, der eine

Klosterkiche Enkenbach

Foto: Stefan Bang, Otterbach

Unterstellung unter Otterberg aussprach, wurde wahrscheinlich wegen des Widerstands des Landesherrn nicht verwirklicht[885]. Die Unterstellung unter Schönau bestand offenbar noch 1395[886]. Als das Kloster im 15. Jahrhundert immer mehr in Verfall geriet, erhielt anscheinend zunächst Eußerthal und 1422 Otterberg die Visitationsrechte[887]. Dieser Beschluß wurde 1458 erneuert[888]. Abt Peter von Otterberg trat daher zuerst an den Amtmann in Kirchheimbolanden und 1459 an Graf Johann II. von Nassau-Saarbrücken mit dem Anliegen heran, die Nonnen anderswo anzusiedeln und das Kloster mit Mönchen aus Otterberg zu besetzen. Diesen Plan lehnte der Landesherr scharf ab; er nannte ihn „anmaßlich"[889]. Als 1470 die Äbte zweier elsässischer Klöster mit der Aufsicht betraut wurden, trafen sie nur mehr eine Nonne im Kloster an[890]. Nach Graf Johanns Tod kam es 1470 zu einem Neubeginn in der Form eines Priorates, um dessen Inkorporation sich auch Otterberg bemühte. Es erhob sich jedoch bald ein Konflikt mit dem Bischof von Worms, und 1486 erhielten die Klöster Schönau, Maulbronn und Eußerthal den Auftrag, die Rechte Ramsens zu verteidigen, wobei sie sich die Unterstützung der Kurpfalz sicherten[891]. Die Bemühungen fruchteten jedoch nichts.

Im Laufe der Geschichte des Klosters hatten sich einzelne Höfe so stark verselbständigt, daß sie bei der Aufhebung als eigene Propsteien angesprochen wurden. Die Grangie Mönchbischheim[892], die Höfe in Worms und Deidesheim[893] erhielten diese Bezeichnung; dazu kamen noch früher selbständige Klöster wie Odernheim, Enkenbach[894] und Weißenburg im Elsaß, wo sonst nur eine dem Kloster Otterberg inkorporierte Kapelle bekannt ist[895]. Da alle diese Nachrichten aus der vergleichsweise unkritischen Literatur des 18. Jahrhunderts stammen, kann man ihnen keinen großen Wert beimessen. Möglicherweise handelte es sich um Organisationsformen der Verwaltung der Klostergüter nach Aufhebung der Konvente.

8. Klosterarchiv und -bibliothek, Siegel, Wappen

a) Archiv und Bibliothek

Die Nachrichten über ein Klosterarchiv sind äußerst spärlich; um so schwerer wiegt daher eine Nachricht aus dem Jahr 1185, einem Zeitpunkt nur etwa 40 Jahre nach der Klostergründung, die das Vorhandensein eines Klosterarchivs klar bezeugt. In einer Urkunde des Abtes Albero, des zweiten Abtes des Klosters, über Grenzsteinsetzungen um den Klosterbesitz heißt es: „... duo privilegia inde conscribentes, et unum in nostro, alterum vero in eorum aerario pro testimonio reponentes". Um den Wortlaut der getroffenen Vereinbarung zwischen dem Kloster und den Nachbarn für die Zukunft sicher zu erhalten, wurden also zwei Ausfertigungen der betreffenden Urkunde hergestellt, wovon eine zur Aufbewahrung in der Schatzkammer des Klosters Otterberg bestimmt war, die andere gelangte wahrscheinlich an das Kloster St. Lambrecht, dessen Abt Gebeno als erster der „zuverlässigen und glaubwürdigen" Personen (personis fidelibus et idoneis) genannt ist, die den Grenzumgang und die Grenzfestlegung durchführten[896].

Das lateinische Wort aerarium bedeutet allerdings nicht im strengen Wortsinn Archiv, sondern Schatzkammer[897]. Die Aufbewahrung von Urkunden zusammen mit dem Kirchenschatz und wertvollen liturgischen Gewändern war aber durchaus die Regel[898]. Gewöhnlich diente dazu ein Raum in einem besonders geschützten Teil der Kirche, etwa im Turm oder einem Gewölbe. Die Erwähnung eines Archivs für das Kloster Otterberg, das sich damals noch in seiner Notunterkunft auf der Otterburg befand, ist besonders bemerkenswert. Archive lassen sich vielfach erst recht spät nachweisen, in dem 1133 gegründeten Zisterzienserkloster Altenberg im Bistum Köln z. B. erst 1386[899]. Trotz dieses frühen ersten Belegs sind die Nachrichten über das Archiv aus den folgenden Jahrhunderten mehr als kümmerlich. Ein deutlicher Hinweis, daß ein Archiv zur Aufbewahrung älterer Urkunden vorhanden war, ist das im Stadtarchiv Mainz[900] erhaltene Kopialbuch aus dem 14. Jahrhundert. Der Zweck von Kopialbüchern war es, den Wortlaut von häufig benötigten Privilegien und Urkunden in der Kanzlei bequem greifbar zu haben, ohne die Originale, auf denen die Rechtsansprüche beruhten, dem täglichen Gebrauch und damit der Gefahr von Beschädigung oder Verlust auszusetzen. Wir können daher aus der Anlage des Kopialbuchs auf das Vorhandensein eines Archivs mit einem eigenen Verwahrraum schließen.

Von der Klosterbibliothek sind nur Spuren feststellbar. Zwei Pergamentbände sind in der Murhardschen Bibliothek und Landesbibliothek in Kassel erhalten geblieben. Sie wurden bei dem Brand des Gebäudes nach dem Luftangriff im Jahr 1941 in Mitleidenschaft gezogen, befinden sich aber dank fachgerechter Restaurierung in einem lesbaren Zustand. Die Handschriften sind genau auf den 1. Mai 1341 datiert und enthalten Predigten des schon erwähnten in Otterberg lebenden Mystikers Nikolaus von Landau. Die Bände kamen aus Heidelberg 1685/86 nach Kassel, als Kurfürst Karl, ein Enkel des Landgrafen von Hessen, gestorben war, die Kurwürde an das Haus Pfalz-Neuburg überging und auch die übrigen Verwandten im Testament mit Besitzteilen bedacht wurden[901]. Einen weiteren Hinweis auf die Klosterbibliothek bietet eine Urkunde von 1429, die berichtet, daß der Abt 15 köstliche, gute Bücher, die versetzt waren, für 115 Gulden wieder eingelöst habe[902].

b) Siegel und Wappen

Die Stadt Otterberg führt heute noch ein Wappen (in Silber drei rote Eichhörnchen), das aus der Klosterzeit stammt. Es ist aber mit Sicherheit nicht das erste und älteste Wappen des Klosters.
Bevor wir in eine Erörterung der Wappen von Kloster und Äbten eintreten, müssen wir die Begriffe Wappen und Siegel klären und voneinander abgrenzen. In der Praxis sind Wappen und Siegelbilder häufig gleich. Länder, Städte und Gemeinden führen heute in der Regel das Wappenbild im Dienstsiegel. Historisch gesehen sind Wappen und Siegel jedoch verschiedener Herkunft. Die Wappen stammen aus dem Bereich des Militärs und der Kriegsführung. Sie dienten zur Kennzeichnung von Einzelkämpfern und Heerhaufen und wurden erstmals während des 1. Kreuzzugs (1096 - 1099) in größerem Umfang verwendet. Wappen bedienten sich daher immer der Farbe; für die Farbgebung galten sehr strenge, heute noch beachtete Regeln. Es gibt Wappen ohne Bilder, aber keine Wappen ohne Farbe. Siegel hingegen dienen zum Schutz vor unberechtigter Öffnung[903] oder als beweiskräftiges Erkennungszeichen[904]. Beide Gebrauchsarten waren schon im Altertum bekannt. Seit dem 12. Jahrhundert wurde es üblich, das Wappen im Siegelbild zu führen. Diese Wappensiegel verdrängten mit der Zeit die anderen Siegelbilder, vor allem die Porträtsiegel. Diese Entwicklung brachte für unsere Kenntnis von den Wappen einen großen Vorteil mit sich; die meisten alten Wappendarstellungen sind auf Siegeln erhalten. Die Wiedergaben auf Rüstungen, Fah-

nen und Standarten gingen meist mit diesen unter; plastische Darstellungen an Bauteilen und insbesondere auf Grabdenkmälern sind nicht so häufig wie Wappensiegel. Der Erhaltungszustand von Bauplastiken ist außerdem meist sehr schlecht, wenn die bearbeiteten Steine den Witterungseinflüssen ausgesetzt sind[905].

Kehren wir nun zum Kloster Otterberg und den besonderen Gegebenheiten zurück, die im Zisterzienserorden herrschten. In den Zisterzienserklöstern führte ursprünglich allein der Abt ein Siegel, das den Schriftstücken Rechtskraft im Namen des Klosters verlieh. Das Bild dieses Siegels war durch einen Beschluß des Generalkapitels aus dem Jahr 1200[906] festgelegt: der Abt als sitzende Figur, mit der rechten Hand den Krummstab, mit der linken ein Buch haltend[907]. Eberbach, das Mutterkloster Otterbergs, führte bereits 1178 ein derartiges Siegel[908], Altenberg 1197[909]. Ein älteres Siegel Eberbachs von 1160 zeigt nur eine Hand, die einen Abtstab hält[910]. Das Motiv des thronenden Abtes entspricht auch den Siegeln, wie sie von den Benediktinerklöstern und den Bischöfen geführt wurden. Für Otterberg ist es bis jetzt noch nicht gelungen, ein Siegel dieses Typs nachzuweisen. Ende des 12. Jahrhunderts kam in Eberbach bereits ein neuer Siegeltyp auf. Er zeigt einen stehenden Abt in Dreiviertel der Figur (Kniestück), der Buch und Stab direkt vor den Körper hält[911]. Das Siegel des Eberbacher Tochterklosters Arnsburg von 1219 ist im Siegelbild damit fast identisch[912]. Auch von diesem Typ ist in Otterberg kein Siegel belegt[913]. In Altenberg zeigen die Siegel bis 1211 die sitzende Figur; ab 1222 erscheint der Abt frei stehend[914]. In Eberbach ändert sich 1219 der Siegelstempel erneut. Der Abt steht nun auf einer Standplatte, der Stab wird vom Körper weggehalten[915]. Dieses Siegel ist in Eberbach sehr lange im Gebrauch; die beiden letzten Belege stammen aus den Jahr 1296[916]. Daneben war in Eberbach bis 1270 auch ein Siegel mit einem thronenden Abt in Verwendung[917]. Die Umschrift war immer dieselbe: SIGILLUM ABBATIS DE EVERSBACH; der Namen des Abtes wurde nicht genannt. Dies entsprach den Vorschriften des Ordens[918]. Dieser Siegeltyp ist auch in Otterberg belegt. An einer Urkunde des Jahres 1256[919] hängt heute noch das leicht beschädigte Siegel des Abtes Walthelm, das in der Gestaltung dem gleichzeitigen Eberbacher Siegel entspricht. Die Ausführung ist in Otterberg etwas gröber; die Gesichtszüge (insbesondere die Nase) der Abtsfigur wirken ein wenig plump, die Schriftzeichen der Umschrift sind kräftig. Der gleiche Stempel fand auch bei den Äbten Friedrich und Gerhard Verwendung[920]. Siegel-

Türsturz von einem Klostergebäude, heute im Haus Rieder in der Klostergasse. Linkes Wappen: gekreuzter Abtstab und Zisterzienserbalken. Rechtes Wappen: drei Eichhörnchen.

Mönchfigur mit Wappen. Im Besitz von Otto Jochum, Otterberg, Gerberstraße.

Zeichnungen: Siegfried Bauer

Ich Michel von Northey Eua sin eelich Hussfrauw bekenn offenlich mit dissem brieff für uns un[d] unser erben das wir zu einer erbeschafft bestand hon umb die Wurdige vnd Andechtige heren Abt vnd Conuent zu Otterburg dysse hernachgeschrieben Ire vnd Ires Closters weingerten underhalben morgs wingarts Ime Spewel off nah[e] walld die heren von Otterburg naher Zyn harten Conti Item eyn morg In oberaheim benarckt am Coloensteyn wegs off eyn syt die von Rosentaill off die ander syt hyupers Mauried Dysse gutter sollen wir bestender oder vnser erben ewiglich In gutten redderlichem vnd tentlichem buw vnd besserung vnder eym stame vnverteilt halten vnd hanthaben Vnd den heren von Otterburg alle Jaer Ine herbst do von geben vnd für dem selben wingart lobern von eynem stame samenthafftig Acht virteil guts Lutern dreher weins dreher Och des besten gewechs so Iaers do Ine wechst Ehe wider vns oder vnser erben wilchs Iaers mit soll schwyren oder schurme hauel mißwachs oder eynige and[er] vrsach vnd behelff die Imant erdencken kan Vnd wer es sach das vns oder vnsn erben eyn[es] Iaers oder mee mit souil weins off den bestand gutteren wuchs das von der gullt wie vorsteet bezalt mochten sollen wir das anderswo herfullen das den heren von Otterburg ey wenigen geschee Wir bestend oder vnser erben sollen die bestand gutter mit vussern od[er] vnderen noch mit ermeley weyse wie die erdacht oder gesprochn wers mag Kloster beschweeren on glaublichen wissen vn[d] willen der heren von Otterburg Vnd wurden wir bestend oder vnser erben eynes Jars oder mee summ an bezalung der weingullt In all[er] maßen wie vorsteet oder an ander Ire Inegeschr[eben] eynen oder mee puncten bruchig So moigen die heren von Otterburg vns oder vnsn erb[en] die bestand gutter wie sie leyen mit eym buttel oder gericht[s] man zu Gross Rockenhey vn[d] huren hellern verbeten lassen vn[d] zu Iren handen nemen vnd domit fortch[t] thun vn[d] lassen als mit andern Iren eygen vnd onuerbunen guttn on Intrag vnser vnserer erb[en] vnd allmenglichs Des zu warem vrkund hon wir bestender mit fließ gebetten die Erbarn Thorn heynken Itholffs Jacobs heynken Cleßgin becker Wolffen Niclas Medart von Sultzen Niclas herm kitzs Erißman Ioppe Niclas Anthis tufell Clas von Valborn helfferichs Philip Bayentz hansen vnd Wendlinus Iofte all geschworn scheffen des gerichts zu Gross Rockenhey das sie Ires gerichts Ingesiegel wollen hencken an dissen brieff vns bestend vnd vnser erb[en] oder wer die vorgschreben bestanden gutt Inhait aller Ire Ingeschreben sachen domit zu bezagen Des wir heynmeister Itholffs vnd scheffen vns bekennen von flißiger beth wegen der biturermelt bestend also gern versiegelt thon Geben Sontags darnach Cristus geburt In dem XV vn[d] eylfften Jar

Verpachtungsurkunde mit Eichhörnchensiegel von 1511   Original: Stadtarchiv Heidelberg

stempel waren mit Sicherheit auch bei den anderen in der Zwischenzeit amtierenden Äbten in Gebrauch. Die Umschrift lautete: SIGILLUM ABBATIS DE ODDERBURG. Ende des 13. Jahrhunderts taucht in Eberbach erstmals ein Abtnamen in der Siegelumschrift auf[921]. Dies führte dazu, daß nun die Siegelstempel beim Abtwechsel geändert werden mußten, sehr häufig wurde dann sofort ein neuer Stempel angefertigt und nicht nur der Namen ausgetauscht. In Eberbach ist dies gut zu beobachten, wobei vor allem Unterschiede in der Länge des Abtsstabes bestehen[922]. Papst Benedikt XII. gestattete durch eine Bulle vom 12. Juni 1335 auch offiziell die Namensführung im Siegel[923]; in Altenberg fällt das erste derartige Siegel dementsprechend in die Zeit des Abtes Pilgrim (1359 - 1369), in Himmerod (Eifel) in die des Abtes Balduin (1328 - 1338)[924]. Für Otterberg ist ein neuer Siegelstempel unter Abt Peter (1336 - 1343) bekannt. An einer Urkunde vom 17. Mai 1338[925] hängt ein gut erhaltenes Siegel dieses Abtes. Wie in den Eberbacher Siegeln der gleichen Zeit verzieren zwei heraldisch stilisierte Lilien den Hintergrund[926]. In der Kette der Otterberger Abtssiegel tritt nun eine längere Pause ein. Der in der Wirtschaftsgeschichte so deutlich spürbare Einschnitt um 1350 wirkte sich auch hier aus. Von den vier Äbten der Jahre 1350 - 1400 sind nur wenige Urkunden erhalten, keine davon mit einem Abtssiegel. Erst unter Abt Konrad sind wieder Nachweise vorhanden, sogar mehrere Belege[927]. Die Form der Siegel machte in der Zwischenzeit einen Wandel durch. Die in der Baukunst herrschenden gotischen Zierformen fanden nun auch hier Eingang. Der Abt steht in einer Nische, die von einem Baldachin bekrönt wird[928]. Auffallend ist ferner in Otterberg eine Vertauschung von Stab und Buch, so daß das Buch nun in der rechten, der Abtsstab hingegen in der linken Hand gehalten wird. Abt Peter II. (1451 - 1467) ist nur mit einem stark beschädigten Stück eines Siegels vertreten[929]. Unter Abt Johann waren wenigstens zwei Stempel in Gebrauch. Der ältere[930] zeigt den Abt unter einem noch reicher verzierten Baldachin; Stab und Buch sind wieder auf die üblichen Seiten zurückgekehrt. Der jüngere Stempel läßt die kleiner gewordene Abtsfigur zu Gunsten eines noch prächtigeren Beiwerks zurücktreten. Der nur mit dem Stab ausgestattete Abt steht wie die Skulpturen an den Eingangsportalen der gotischen Dome auf einer Konsole, der Baldachin wird von einem Türmchen gekrönt, womit vermutlich eine Kirchenarchitektur angedeutet werden soll[931]. Die gleiche Form behält auch Abt Matthias bei[932]. Im 14. Jahrhundert verloren die Siegel der Äbte an Bedeutung, da der

Konvent unterdessen selbst ein Siegel mit Wappen führte. Abtssiegel werden daher wieder selten. Bekannt ist lediglich ein kleines Siegel des letzten Abtes aus dem Jahr 1561[933]. Das Wappen zeigt einen Querbalken und die Buchstaben WMA (Wendelin Merbot, Abbas). In Altenberg waren schon 100 Jahre früher Sekretsiegel in Gebrauch, häufig gleichfalls mit dem Zisterzienserbalken[934].

Gleichzeitig mit der Erlaubnis zur Aufnahme des Namens in das Abtssiegel führte die erwähnte Bulle Papst Benedikts XII. von 1335 eine weitere, bedeutsamere Neuerung ein: das Konventssiegel. Der Konvent, die Gemeinschaft der Mönche im Kloster, hatte als handelnde Körperschaft immer mehr an Bedeutung gewonnen. Die meisten Urkunden nennen Abt und Konvent, wenn ein Rechtsgeschäft mit dem Kloster geschlossen wurde. Das Konventssiegel befand sich nicht in der Verwahrung des Abtes, sondern vermutlich in der des Priors[935]. Es ist in Otterberg erstmals 1417 belegt; bei einem Güterverkauf siegelten Abt Conrad und der Konvent. Das Konventssiegel ist rund; es lehnt sich in seiner Gestaltung eng an das Vorbild des Mutterklosters Eberbach an, das die Muttergottes mit dem Kind auf einer einfachen Sitzbank zeigt, rechts von ihr ein blühendes Bäumchen[936]. Im Eberbacher Siegel sitzt ein kleiner Vogel an der Spitze dieses Bäumchens, im Otterberger läßt ihn das Kind fliegen, sonst gibt es kaum einen Unterschied. Das Konventssiegel wird ohne Veränderung beibehalten[937].

An der Wende vom 15. zum 16. Jahrhundert trat neben die Siegel von Abt und Konvent ein Siegel der Abtei. Auch diese Entwicklung vollzog sich auch in anderen Zisterzienserklöstern. In Altenberg findet sich ein Abteisiegel erstmals als Zusatz im Siegel des Abtes Arnold (1467 - 1490), wobei zunächst ein Sekretsiegel des Abtes mit der Umschrift SIGILLUM ABBATIS VETERIS MONTIS einen Schild mit dem geschachten Schrägbalken der Zisterzienser gekreuzt mit einem aus einem Dreiberg hervorwachsenden Abtsstab zeigt, also eine Kombination von Zisterzienserwappen und Abteiwappen. Das Abteiwappen stellt dabei ein sog. „redendes Wappen" dar (Dreiberg-Altenberg)[938]. Das Wappen des Klosters Schönau ist lediglich von Grenzsteinen bekannt[939]. Im Otterberger Eichhörnchensiegel müssen wir ohne Zweifel ein solches Abteisiegel sehen. Es ist als Siegel erstmals im Jahr 1507 zu fassen[940], allerdings als Siegel des der Abtei zugehörigen Gerichts in Großbockenheim. Damit ist bereits eine Schwierigkeit bei der Deutung des Siegels aufgezeigt. Die frühen Eichhörnchensiegel sind alle Gerichtssiegel. Daneben gibt es noch eine

Überlieferung auf einem aus einem Klostergebäude stammenden Türsturz und auf zahlreichen Grenzsteinen. Die Eichhörnchen tauchen ferner in den Gerichtssiegeln von Neukirchen und Baalborn auf[941]; das von Erlenbach zeigt ein Eichhörnchen und ein Marienbild[942], das von Alsenbrück ein Eichhörnchen, den Buchstaben A und eine Brücke [943]. Baalborn führt heute noch in dem 1935 verliehenen Wappen u. a. ein Eichhörnchen[944]. Alle diese Belege zeigen schon, wo das Eichhörnchensiegel, dessen Bild bereits auf ein Waldgebiet hindeutet, seine Heimat hat: in der Waldmark. Zwar ist hierfür kein direkter Beweis erhalten, doch ist kaum eine andere Herleitung denkbar. In der Waldmark besaß Otterberg eine führende Position; es hatte den Gerichtstag abzuhalten, und ihm fielen die Strafgelder zu[945]. Von hier aus wurde das Symbol vermutlich auf die anderen Orte übertragen, in denen das Kloster Gerichtsrechte ausübte, so auch nach Großbockenheim, von dem die meisten Belege erhalten sind. In Otterberg ist das Wappen noch in einigen kargen Spuren auf einem von einem Klostergebäude stammenden heute in einem Haus der Klostergasse vermauerten Türsturz zu sehen[946]. Der Stein zeigt zwei Wappen, dazwischen die Worte „got versich die di", darüber als Ritzzeichnung zwei Drachen mit verschlungenen Hälsen[947]. Der Stein stammt aus dem späten 15. Jahrhundert. Das rechte Wappen ist das Eichhörnchenwappen, das linke zeigt einen geschachten Balken von einem Abtsstab gekreuzt. Die Deutung dieses Wappens ist noch umstritten, es wird als Abtswappen[948] und Wappen des Zisterzienserordens[949] angesprochen. Das eigentliche Abtswappen stellte, wie wir sahen, immer eine Abtsfigur dar. Wenn die aus kunstgeschichtlichen Kriterien gewonnene Datierung des Steines stimmt, müßte es sich um das Wappen des Abtes Johann (1469 - 1486) oder Matthias (1486 - 1502) handeln, deren Wappen bekannt sind und die übliche Form zeigen. Trotzdem dürfte die Lösung in der hier angegebenen Richtung zu suchen sein. Erinnern wir uns an das kleine Siegel des Abtes Wendelin Merbot und an ein bereits erwähntes Sekretsiegel[950] und Gegensiegel[951] des Abtes von Altenberg. Ein Wappen des Zisterzienserordens ist nicht nachweisbar. Zwar führten der hl. Bernhard und die vier Primar-Abteien bereits Wappen[952]; aus dem Wappen Bernhards, dem Familienwappen der Ritter von Fontaine, das den bekannten geschachten Schrägbalken zeigt, entwickelte sich der spätere Zisterzienserbalken. Da andere Zisterzienserklöster redende Wappen führten, Eberbach z. B. einen Eber, der eine Kirche trägt[953], glaubte man, auch für Otterberg ein solches annehmen zu müssen und aus einem undeutlichen Abdruck des Eichhörnchenwappens drei Fischottern, die Fische halten, erkennen zu können[954]. Die bayerische Archivverwaltung nahm im 19. Jahrhundert an, die Ottern seien von den wallonischen Neusiedlern verkannt und in Eichhörnchen verändert worden. Ein Antrag, die Fischottern in das Stadtwappen aufzunehmen, wurde vom Otterberger Stadtrat abgelehnt, der so der geschichtlichen Wahrheit zum Siege verhalf[955].

9. Das Ende des Klosters

Eine wesentliche Ursache für den Niedergang vieler Klöster in dieser Zeit war der Mangel an Nachwuchs. Schon lange waren deshalb auch die Zisterzienser zur Pachtwirtschaft übergegangen und unterschieden sich dadurch kaum noch von Klostergrundherrschaften anderer Orden. Die Gunst der Bevölkerung wandte sich nach dem Aufkommen der Bettelorden der Franziskaner und Dominikaner weitgehend diesen zu, wie sie einstmals dem neuen Orden der Zisterzienser zuteil geworden war. Auf Drängen des pfälzischen Kurfürsten, der auch hier die Schutzvogtei besaß, entschloß sich 1551 der Papst, das Dominikanerinnenkloster St.

Otterberger Klosterhof in Worms   Rekonstr.: Dr. Armknecht n. einem Stich der Stadt Worms

Lambrecht, in dem nur mehr die Priorin, zwei Chorschwestern und drei Laienschwestern lebten, aufzuheben. Am 1. September 1553 übernahm die Heidelberger Universität die Verwaltung des Klosterbesitzes, ein Vertrag sorgte für den weiteren Lebensunterhalt der Schwestern[956]. Die Renten zahlte allerdings die Universität später nur unregelmäßig aus. Die Aufhebung des Klosters St. Lambrecht gab auf legalem Wege ein Beispiel, das bald Schule machen sollte. Die Unruhe der Bauern und gerade ihre Feindseligkeit den Klöstern gegenüber war vom Gedankengut der Reformation beeinflußt. Die Lehren Luthers und der anderen Reformatoren stellten eine tödliche Bedrohung für jede klösterliche Gemeinschaft dar, denn Klöster kannte der neue Glauben nicht und Luther selbst hatte einen Mönchsorden verlassen. Zwei Jahrzehnte nachdem Luther auf dem Reichstag in Worms (1520) den Widerruf seiner Lehre abgelehnt hatte, unternahm Kurfürst Friedrich III. 1546 erste vorsichtige Versuche zur Einführung der Reformation, die dann durch den Schmalkaldischen Krieg und das Interim wieder zum Erliegen kamen. Bei der Bestattung des Pfalzgrafen Philipp in Heidelberg am 16. November 1548 wurde die Trauerfeier in einer eigenartigen Doppelform abgehalten. Ein reformierter Prädikant hielt eine Predigt, der Abt von Schönau aber war trotzdem in vollem Ornat anwesend und warf als erster drei Schaufeln Erde auf den in das Grab gesenkten Sarg. Weihwasser und Weihrauch durften bei der Zeremonie nicht verwendet werden. Kurfürst Ottheinrich (1556 - 1559) stellte sich eindeutig auf die Seite des Luthertums; in Schönau wird im Jahr 1558 bereits ein kurfürstlicher Klosterverwalter erwähnt[957]. Schönau war das erste pfälzische Kloster, das säkularisiert und der landesherrlichen Verwaltung unterstellt wurde. Otterberg blieb anscheinend unter Ottheinrich noch unangetastet. Erst sein Nachfolger Friedrich III. (1559 bis 1576) verlangte von Abt Wendelin, zum neuen Glauben überzutreten oder die Abtei zu räumen. Das genaue Datum dieses Befehls ist nicht bekannt, Remling[958], Frey[959] und Würdtwein[960] nennen kein Datum, Gensicke[961] gibt 1559 an, ohne dafür eine Quelle zu nennen. Dieser Mangel an genauen Unterlagen ist nicht verwunderlich, wenn man bedenkt, daß man schon im 17. Jahrhundert das genaue Datum der Aufhebung von Schönau nicht mehr wußte[962]. Am 24. Februar 1561 verzichtete jedenfalls Wendelin Merbot auf alle Rechte, die ihm als Abt des Klosters zustanden. Er erhielt dafür vom Pfalzgrafen eine Geld-, Wein- und Fruchtrente zugesichert. Drei Mönche des Klosters stellten ebenfalls eine entsprechende Verzichtsurkunde aus, Philipp Bach aus Pfeddersheim,

Victor Padmacher aus Heßloch und Sebastian Kleiber aus Alzey[963]. Der Abt und die drei Mönche waren also die einzigen verbliebenen Insassen des Klosters. Die Blütezeit von Otterberg war längst vorbei; andere Klöster, z. B. St. Lambrecht 1553, waren sogar mit Einwilligung des Papstes säkularisiert worden. Der Kurfürst stieß anscheinend kaum auf Widerstand und konnte seine Maßnahmen durchsetzen. Abt Wendelin ging nach Worms, wo auch der Schönauer Abt Zuflucht fand, schloß mit dem dortigen Rat am 24. Juni 1561 einen Vertrag, in dem ihm die Reichsstadt bürgerlichen Schutz und Schirm zusagte. Er regelte in allen Einzelheiten die Rechte und Pflichten des Abtes, der in der Nebenbehausung des Otterberger Hofes wohnte. Der Schutzbrief war auf sechs Jahre befristet, keine lange Zeit, aber mehr als ausreichend für den offensichtlich gebrochenen Mann. Am 31. Oktober 1561 starb Abt Wendelin. Er hatte mit dem Kurfürsten, der ihn seines Klosters beraubte, Frieden gemacht; darauf weist schon die gewährte Pension und der Titel eines Pfälzischen Rates hin[964]. Die Urkunde vom 24. Juni 1561[965] siegelte er noch mit einem Stempel, der den Zisterzienserbalken und die Abkürzung WMA, Wendelin Merbot Abbas, trägt. Der Pfalzgraf sprach nach seinem Tod von dem „verstorbenen Abt selige"[966].

Abt Johann, 1484

Staatsarchiv Luzern, GA Nr. 1926

Konventssiegel, 1489

Staatsarchiv Luzern, GA Nr. 2001

Gerichtssiegel von 1507

Stadtarchiv Heidelberg Nr. 125

10. Zwischenspiel

Nachdem der Abt Otterberg spätestens im Frühsommer 1561 verließ, waren die Gebäude für eine neue Verwendung frei. Eine solche bot sich zunächst nicht an, aber die Stätte des aufgelassenen Klosters lag deshalb keineswegs verlassen da. Die pfälzische Verwaltung bestellte sehr schnell weltliche Schaffner, die für die Weiterführung der Wirtschaftsbetriebe der Zisterzienserklöster zu sorgen hatten. In Schönau begegnet uns ein solcher schon 1558, im gleichen Jahr, in dem auch der Schönauer Abt sich in Worms niederließ[967]. Der Übergang vollzog sich zeitlich offenbar ohne Bruch. Für Otterberg ist die Quellenüberlieferung weniger günstig. Im Jahr 1566 war Johann Hans Engel Pfleger in Otterberg, ein in der Verwaltung erfahrener Mann, der 1555 zusammen mit seiner Ehefrau Allewin von Johann Graf zu Dhaun-Falkenstein zum Erbbeständer von umfangreichen Gütern in Höringen gemacht worden war[968]. Engel erstattete in einem Gerechtigkeits- und Gefällbuch[969] Bericht über die Zustände. Er wird ferner in dem Weistum für Baalborn[970] und Berzweiler (1565)[971] als Otterberger Pfleger aufgeführt; 1566 stellte er als solcher ein Gerechtigkeits- und Gefällbuch des Dorfes Lohnsfeld zusammen[972]. Die noch verbliebenen Mönche und das Gesinde verwies man wegen der hohen Haushaltskosten, die sie verursachten, aus den Klostergebäuden. Die Güter in Otterberg, Weiler, Ungenbach und Alsenbrück wurden für sechs Jahre verpachtet, damit sie Einnahmen einbrachten. Dies war möglich, da im Otterberger Bezirk einschließlich Weiler und Münchschwanderhof alle Liegenschaften dem Kloster gehörten und kein Privatmann eigenen Besitz hatte. Offensichtlich mangelte es aber an Menschen, die in oder um Otterberg wohnten und Pächter werden wollten; eine Anzahl von Häusern, Wiesen und Plätzen lagen öde. Wenigstens dreißig Personen sollten in Otterberg wohnen, die dann auch die Ländereien des Hofes Ungenbach zu bewirtschaften hätten. Die Streitigkeiten unter den Einwohnern schlichtete, soweit der Pfleger dies nicht vermochte, das Gericht in Erlenbach, „bis mit der Zeit die Einwohner in Otterberg so zugenommen haben werden, daß ein eigenes Gericht eingesetzt wird". Zunächst aber herrschte ein Übergangszustand; Otterberg war rechtlich weder Stadt noch Dorf, es war für die pfälzische Verwaltung immer noch das Kloster. Dies kam besonders deutlich in dem Schiedsspruch zum Ausdruck, den Pfalzgraf Friedrich III. am 21. Februar 1567 in Heidelberg über die Streitigkeiten zwischen dem Otterberger Pfleger und den Waldmarkendörfern Baalborn, Mehlingen und Neunkirchen fällte. In 13 Punkten wurden die Rechte der Dorfbewohner genau umschrieben, wobei stets von den drei Gemeinden oder Dörfern und dem Kloster Otterberg gesprochen wurde. Wäre nicht zu Beginn der Urkunde statt Abt und Konvent der „pfleger unseres closters" genannt, nichts würde verraten, daß es nicht mehr von Mönchen besiedelt war. Bei der Verteilung der Schöffensitze erhielten die Dörfer je zwei, das Kloster Otterberg nur einen Sitz zugesprochen, woraus der vorsichtige Schluß gewagt werden kann, daß die Einwohnerzahl von Otterberg unter der der drei Waldmarkendörfer lag. Auf die Dauer konnte man aber doch nicht an der Tatsache vorbeisehen, daß sich hier eine neue weltliche Ansiedlung bildete. Mochten die Verwaltungsjuristen noch mit dem Begriff Kloster auskommen, so stellte sich der Obrigkeit doch die Frage, wie die dort lebenden Menschen geistlich betreut werden sollten, nachdem der katholische Gottesdienst mit dem Wegzug der Mönche aufgehört hatte. Im Sommer 1569 hören wir erstmals von einem Pfarrer in Otterberg. Wir erfahren zwar nicht seinen Namen, es steht jedoch fest, daß er wohl schon einige Zeit amtierte; denn er stellte im Juli bereits eine Forderung auf Erhöhung seiner Bezüge, da er auch die Pfarrei Morlautern mitbesorge. Im Januar 1571 wird er oder sein Nachfolger wiederum erwähnt[973]. Diese bisher unbekannten Eintragungen in einem Protokoll des reformierten Kirchenrats zeigen, daß schon vor dem Zuzug der Glaubensflüchtlinge eine Kirchengemeinde bestand, deren Pfarrer die Bewohner von Morlautern mitbetreute. Diese Pfarrstelle findet auch in einem Kompetenzbuch[974] ihren Niederschlag, das aus den Jahren 1560 - 1570 stammt. Der Otterberger Pfarrer war demnach für Erlenbach, Morlautern, Weiler, Ungenbach, Gersweiler (Gersweilerhof) und Münchschwanden zuständig und bezog eine Besoldung aus den Einkünften des Klosters. Diese Besoldung bestand zum Teil aus Geld (70 Gulden), zum Teil aus Naturalien (1 1/2 Fuder Wein, 1 Fuder = ca. 1100 Liter, 30 Malter Korn, 10 Malter Hafer und 5 Malter Spelz, in Geld umgerechnet 54 Gulden 6 albus). Bei Anlage des Kompetenzbuches versah der Pfarrer auch noch die Pfarrei Sambach und erhielt dafür 28 Gulden, ein Zeichen, daß selbst vor der Ansiedlung der Wallonen Otterberg im Vergleich zu den Nachbarorten groß war. Von Erlenbach und Morlautern ist die Anzahl der Häuser bekannt: sie betrug in beiden Fällen 14; die Orte waren also damals recht klein. Die Verwaltung der Pflege Otterberg mag in den ersten Jahren dem Oberamt in Kaiserslautern zugestanden haben[975], im Jahr 1576 aber setzte Pfalzgraf

Friedrich III. als oberste Verwaltungsbehörde für das ganze eingezogene Kirchenvermögen in der Pfalz die Geistliche Güteradministration mit dem Sitz in Heidelberg ein. Von Ausnahmen abgesehen, blieb so das ganze frühere Kirchengut in einem Komplex erhalten, wurde nicht mit den Staatsgütern vermischt und der Hofkammer unterstellt. Damit blieb die eigentliche Zweckbestimmung vieler geistlichen Stiftungen des Mittelalters bestehen[976]. Innerhalb des von der Geistlichen Güterverwaltung überwachten Komplexes kam es mit der Zeit zu Verschiebungen zwischen den einzelnen Pflegen, z. B. von Schönau zu Lobenfeld[977]. Im Fall Otterberg erhielt die Geistliche Güteradministration z. B. die Verwaltung des schon vom Kloster verkauften Stüterhofes. Die umfangreiche „Churpfälzische Verwaltungsordnung" vom Jahr 1576[978] grenzte auch die Pflichten der Klosterpfleger ab. Es heißt darin:

„Aid der Pfleger, Schaffner und anderer Diener
Ihr werdet geloben und schwören, daß ihr dem durchleuchtigsten hochgeborenen Fürsten Pfalzgrafen Friedrichen, Kurfürsten, in Sonderheit aber ihrer kurfürstlichen Gnaden verordneten Kirchengütern - und Gefälle - derer Unteren kurfürstlichen Pfalz (Rheinpfalz) Verwaltung getreu, hold und gewertig sein, nach euern besten Verstand und Vermögen den Nachteil und Schaden wehren und wenden, frommen und bests getreulich werken, suchen und handeln, auch Ihrer Kurfürstlichen Gnaden dem Land Leute, bevorab gemelter Kirchengüter Verwaltung Ehr, Nutzen und Wohlfahrt befördern und sonderlich das Amt und Dienst, so euch befohlen ist, treu und fleißig versehen, dessen Recht, Herrlich- und Gerechtigkeit sambt loblichen Herkommen helfen handhaben; Gefälle, Einkommen und Nutzungen in jeder und rechten Zeit einbringen, dieselbigen nicht (ver)ringern noch abfellig werden lassen, sondern handhaben und so viel möglich und nützlich bessern und dabei nichts in eueren Gebrauch, eignen Nutz oder Vorteil verwenden noch angreifen, sondern alles und jedes beisammen behalten und nach Ihrer kurfürstlichen Gnaden Geheiß, befehl und willen oder daß wir das sonst Herkommen, ausgeben und verrechnen, auch euere Rechnungen alles und jedes Jahrs, so ihr deshalb erfordert, auffrichten und erbarlich tun und was ihr schuldig bleibt dem geordneten Verwalter unverlangt bezahlen und ausrichten. Desgleichen in sachen euren Dienst und Verrichtung betreffen keinen fremden Richter suchen, sondern auf Erfordern euch jeder Zeit bei Kurpfalz zu stellen und derselben Ausschlags zu gewarten und zu geloben schuldig zu sein, dabei auch alles

das tun sollt und wollt, so eurer Übergabe Revers-Brief ausweiset und ein ehrbarer redlicher Diener von Billigkeit wegen zu tun schuldig ist, treulich und ohne Gefährde (Arglist)". Dem Pfleger wurde auch eine Bestandsaufnahme aller Liegenschaften und aller beweglichen Habe anbefohlen; für Otterberg ist diese sehr wichtige Erfassung der vom Kloster herrührenden Güter aber nicht erhalten.

Kurfürst Friedrich III. begrüßt die bei Roxheim landenden Flüchtlinge
nach einem zerstörten Wandgemälde von Thiersch, Bay. Nationalmuseum München

C. Ansiedlung und Stadtgründung 1579-1582

1. Die Herkunft der Glaubensflüchtlinge

Kaum hatte Luther seine Lehre verkündet, so faßte sie auch schon in Flandern Fuß. Antwerpener Augustinermönche verteidigten in ihren Predigten die neue Lehre, und bereits um 1520 wurden einige Gelehrte und Geistliche gezwungen, ihre „irreführenden" Behauptungen zu widerrufen[979]. Im Jahr 1521 folgte ein Verbot der Bücher Luthers, zwei Ketzermeister erhielten den Auftrag zur Verfolgung der Abtrünnigen. Drei Antwerpener Mönche wurden als erste im ganzen Reich ihres Glaubens wegen hingerichtet. Trotz der Verbote und Verfolgungen breiteten sich das Luthertum, wiedertäuferische Lehren und ab 1542 auch der Calvinismus weiter aus. Bald verließen die ersten Glaubensflüchtlinge Flandern. Sie gingen ins Elsaß und nach England, wo 1547/48 eine erste Flüchtlingsgemeinde entstand. Bei der Bildung derartiger Gemeinden spielte die Sprache der Fremdlinge eine wichtige Rolle. War die Sprache der Flamen dem Niederdeutschen so ähnlich, daß z.B. in Emden die Eingliederung in die einheimische Gemeinde ohne Schwierigkeiten gelang, so war dies bei den französisch sprechenden Wallonen nicht möglich. Sie mußten eigene Kirchengemeinden bilden. Um 1555 waren Emden, Wesel, Aachen und Frankfurt die wichtigsten Schutzorte der Emigranten. In den Jahren 1567/68 - Herzog Alba war auf dem Weg nach den Niederlanden - setzte eine neue, zahlenmäßig stärkere Flüchtlingswelle ein. Zunächst bevorzugten die Flüchtlinge Städte mit schon bestehenden Ausländergemeinden. Die vorhandenen lutherischen Kirchen nahmen dabei im allgemeinen die Lutheraner auf. Schwieriger war die Lage der Calvinisten. In vielen Städten wollte die lutherische Obrigkeit nichts von ihnen wissen. In Frankfurt wurden 1562 ihre Predigten sogar verboten, erst 1571 duldete man mit Einschränkungen wieder Gemeinden (keine eigene Kirche und Predigt). Für viele Lutheraner blieben die Wallonen, meist kleine Handwerker mit geringer Bildung, Lumpen und Gesindel. Auch ein Besuch Calvins änderte die Situation nicht. Der Rat bestand auf Annahme der Frankfurter Kirchenordnung. Die Wallonen galten als besonders verdächtig. Tatsächlich kamen auch Streitigkeiten zwischen Flamen und den hitzigeren Wallonen vor. Der Pfälzer Kurfürst setzte sich in einem Schreiben vom 12. August 1561 beim Rat für sie ein, doch erfolglos. Durch sein Verhalten gab er den Flüchtlingen aber die Hoffnung auf eine neue, ruhige Bleibe auf pfälzischem Gebiet. Petrus Dathenus, der Anführer der Flamen, verzichtete daher am 26. März 1562 auf das erworbene Frankfurter Bürgerrecht. Das Ziel der neuerlichen Wanderung war Frankenthal, wo ein 1119 gegründetes Kloster wie in Otterberg im Zuge der Reformation (1562) aufgelöst worden war. Petrus Dathenus und 60 Flüchtlingsfamilien, darunter nur 2 wallonische, fanden in den Klostergebäuden Aufnahme. Frankenthal war die einzige unabhängige reformierte Gemeinde auf deutschem Boden. Es zogen immer wieder neue Glaubensflüchtlinge zu, wobei die Zahl der Flamen abnahm und die der Wallonen und Franzosen stieg. In den Jahren 1570/79 wurden 240 neue Bürger aufgenommen[980], 1577 eine wallonische Gemeinde in Frankenthal gegründet; eine deutsche folgte erst 1583. Schon vor diesen neuen Gemeindegründungen erteilte der Pfalzgraf am 13. Juni 1562 eine Kapitulation[981]. Fast gleichzeitig mit Frankenthal, das nicht alle weiterwanderungswilligen Flüchtlinge aufnehmen konnte, stellte der Pfalzgraf ein zweites aufgelassenes Kloster zur Verfügung, das schon wiederholt genannte Schönau. Am 25. Juni 1562 wurde eine Kapitulation über die Ansiedlung von Flüchtlingen abgeschlossen[982]. 35 Familien ließen sich dort nieder.

Die Ansiedlung in Frankenthal und Schönau geschah also fast gleichzeitig[983]. Nach Meinrad Schaab ging die erste Gruppe von Frankfurt nach Frankenthal; sie landete in zwei Schiffen bei Roxheim und zog von dort weiter nach Frankenthal, das sie am 3. Juni erreichte[984]. Etwa 30 Familien, meist Wallonen, die wegen Platzmangels in Frankenthal in Frankfurt hatten zurückbleiben müssen, zogen nach Verhandlungen mit ihren Anführern wenig später nach Schönau. Die Siedlung Schönau ist nicht nur wegen der Parallele (Ansiedlung in einem ehemaligen Zisterzienserkloster) für unser Thema von besonderer Bedeutung, sondern vor allem deshalb, weil von hier aus die Besiedlung von Otterberg erfolgte. Als Kurfürst Friedrich III. von der Pfalz am 26. Oktober 1576 starb, bestimmte sein Testament eine Teilung seines Herrschaftsgebietes. Eigentlicher Erbe wurde sein Sohn Ludwig; sein jüngerer Sohn Johann Casimir erhielt jedoch die Ämter Kaiserslautern, Neustadt und Böckelheim, und damit auch Otterberg[985]. Ludwig und Casimir waren zwei ungleiche Brüder; sie unterschieden sich u. a., und dies ist für unseren Zusammenhang wichtig, durch die Konfessionszugehörigkeit. Ludwig hing dem Luthertum an und versuchte diese Glaubenslehre auch in seinem Gebiet durchzusetzen. Dies führte sehr bald zu Spannungen mit den in Schönau angesiedelten reformierten Glaubensflüchtlingen. Ludwig setzte sich hier über den letzten Willen seines Vaters hinweg, der in Absatz 8 seines Testaments ausdrücklich das Verbleiben der „aus den Niederlanden, Frankreich und anderen Orten verjagten Christen" von seinen Nachfolgern verlangt hatte[986]. Am 20. April 1577 entließ er die reformierten Prediger in Heidelberg. Im März 1578 forderte er die Bewohner Schönaus zum Übertritt zum Luthertum oder zum Verlassen des Landes binnen drei Wochen auf[987]. Daraufhin zogen etwa 100 wallonische Familien von Schönau über den Rhein in das Gebiet des calvinistisch gebliebenen Bruders Johann Casimir, der sie in Otterberg einwies. Etwa die gleiche Zahl blieb in Schönau zurück und gab auf Rat der Genfer Theologen schließlich den Widerstand gegen den lutherischen Pfarrer und die lutherische Form der Abendmahlsfeier auf[986]. Die Flüchtlingssiedlungen Frankenthal und Lambrecht bestanden ungestört weiter, da sie beide im Gebiet Johann Casimirs lagen. Man vermutete, daß die Änderung des väterlichen Testaments - statt der Ämter Mosbach und Boxberg wurden in dem erst einen Tag vor Friedrichs Tod abgefaßten Kodizill die oben erwähnten drei linksrheinischen Ämter eingesetzt - dadurch veranlaßt wurde, daß Kurfürst Friedrich das Fortbestehen der Ansiedlungen sichern wollte[988]. Der Weg der Emigranten von Schönau nach Otterberg ist nicht genau zu verfolgen; wahrscheinlich ist mit einer etwas längeren Wanderzeit zu rechnen, da das Datum der Ausweisung (März/April 1578) und das der Kapitulation (15. Juni 1579) über ein Jahr auseinanderliegen. Vermutlich befanden sich die ersten Ankömmlinge auch schon einige Zeit in Otterberg, als die Verkündigung der Kapitulation erfolgte. Nach Stock[989] führte der Weg über Frankenthal und Worms, wo sich eine Reihe von Namen feststellen läßt, die später auch in Otterberg vorkommen, z. B. Blanc, Bodecon-Baudesson, Colin, Dison, Deny-Denis, Fleurquin, Lambert, Niset und Rousseau.

2. Die Ansiedlung in Otterberg

Im Spätjahr 1578 oder Frühjahr 1579 kamen in Otterberg die ersten wallonischen Glaubensflüchtlinge an. Wir haben gesehen, daß sie einen langen und schweren Weg hinter sich hatten, immer wieder gezwungen waren, um Obdach nachzusuchen, und nur ungern geduldet wurden.

Schönau, das ihnen endlich eine neue Heimat zu werden versprach, mußten sie wegen der konfessionellen Streitigkeiten im Lager des neuen Glaubens wieder räumen. Otterberg bot ihnen nun endlich Ruhe, Frieden, und damit die Möglichkeit, wirtschaftlich wieder auf die Beine zu kommen. Der Ort war vermutlich nicht unbesiedelt; die Tatsache, daß ein deutscher Pfarrer hier wenigstens noch 1571 amtierte, beweist dies; aber die Wallonen besaßen die Chance, die Mehrheit zu bilden und so ihre Angelegenheiten in die eigenen Hände nehmen zu können[990].

Wenden wir uns nun der Kapitulation zu, dem wichtigsten Dokument in der Geschichte der Stadt Otterberg. Die Urkunde ist am 15. Juni 1579 in Kaiserslautern ausgestellt und vom Pfalzgrafen eigenhändig unterschrieben. Ihr Wortlaut wird im Anhang abgedruckt; hier genügt die Zusammenfassung der oftmals recht umständlich formulierten Bestimmungen.

Einleitung: Der Pfalzgraf gibt seine Absicht kund, die aus Schönau vertriebenen Christen und andere Heimatlose in den unbewohnten Gebäuden des ehemaligen Klosters in Otterberg anzusiedeln. Die einzelnen Punkte der Kapitulation sollen das künftige Verhältnis von Fürst und Untertanen regeln.

1. Die Neubürger sollen gleich nach ihrem Einzug Huldigung leisten.
2. Die Nutzung der Kirche, Erlaubnis der Predigt und der Feier des hl. Abendmahls in ihrer Sprache (französisch) werden zugebilligt, sonst aber sind sie der Kirchenordnung Pfalzgraf Friedrichs unterworfen. Die Pfarrer werden mit pfalzgräflicher Zustimmung bestellt, die Beschlüsse der Synoden, der anderen Kirchenkonvente und das Visitationsrecht haben Gültigkeit. Bei einer Änderung in Religionssachen (d.h. Einführung des Luthertums) besteht Freiheit bei der Pfarrerwahl und Wegfall der Unterstellung unter Synoden und Visitationen.
3. Die Einwohner Otterbergs sind den Amtleuten in Kaiserslautern unterstellt. Gerichte werden durch eine zukünftige Stadtordnung eingesetzt. Der Gebrauch ausländischen Rechts ist verboten, die Bewohner von Otterberg sind den anderen Einwohnern des Amtes gleichgestellt.
4. Die Jagd in den Wäldern ist verboten, ebenso das Abhauen von Bäumen, Abmähen von Gras, Sammeln von Eicheln und Schütteln von fruchttragenden Bäumen; erlaubt ist das Sammeln von Brockholz, dürrem Unholz und solchem von Windbrüchen mit Ausnahme der Stämme und Hauptholzer. Es gelten die Waldordnungen und Anweisungen der Förster. Bau- und Brennholz kann käuflich erworben werden.

Kurfürst Johann Casimir, der Gründer der Stadt   Bayer. Staatsarchiv München

Münze des Johann Casimir, geprägt vor dem „Kölnischen Zug". Vorderseite: Johann Casimir in Paradeuniform. Rückseite: Wappen.

Fotos: Dr. Werner Seeling, Hohenecken

Die Benutzung der Fisch- und Krebsbäche, Weiher und Wöge ist verboten, ausgenommen die folgenden, die ihnen zugewiesen sind:
Oberes und Unteres Sauwöglein, nach Christmann: Sixmeister, Sichtmeisters Woog, Trübwoog, Schwarzwoog, Eichwoog, Ungenbacher Woog, Pfeiffer Wöglein, Krummeschwoog, Oberer Eschwoog, Schmidtswoog, Weilerhofwöglein, Eschborn Woog im Ungenbacher Grund.
5. Der Pfalzgraf behält sich zum eigenen Nutzen und als Sammelstelle für den Zehnt vor: das neu gebaute Scheuerstück, das Försterhaus vor dem Kloster, das Haus, das Hans Michel bewohnt, und das Haus, das Georg der Fischmeister jetzt innehat.
6. Verordnung von einheimischen Maß und Gewicht: Es gilt das Kaiserslauterer Maß und Gewicht. Vom Wiegegeld behält die Gemeinde 2 Teile, einen Teil führt sie an den Staat ab. Weinmaß ist wegen des fehlenden Weinbaues nicht erforderlich; es gilt jedoch grundsätzlich Kaiserslauterer Maß. Es gelten für Bier besondere Eichgefäße für 1/2, 1/4 und 1/8 Maß, das Ellenmaß für Längenmessung, pfälzisches Gemerk und Wappen wie in Schönau zur Tuchsieglung.
7. Frondienst, Heerespflicht und Steuern wie im Amt Kaiserslautern üblich, Fronleistungen werden für 5 Jahre erlassen.
8. Frevel und Bußen unterstehen in der üblichen Weise den Amtleuten.
9. Ein- und Auszugsgeld: Die ersten 100 Haushalte sind vom Einzugsgeld befreit, sofern der Einzug innerhalb eines Jahres erfolgt, lediglich eine Abgabe von 2 Gulden an den Gemeinen Kasten wird eingezogen, späteres Einzugsgeld 4 Gulden, wovon zwei der Staat, zwei die Gemeinde zur Erhaltung notwendiger Gebäude erhält. Abzugsgeld, sonst im Amt der 10. Pfennig des Vermögens, wird auf den 20. Pfennig ermäßigt (von 10 auf 5 Prozent), kein Leibeigenschaftsverhältnis für Otterberger Einwohner, bei Ansiedlung in anderen Gebieten als Leibeigene wird die Leibeigenschaftsgebühr nachträglich fällig. Neubürger müssen Huldigung leisten, männliches Gesinde wird zu einem bestimmten Termin im Jahr von Schultheiß und Bürgermeister verpflichtet.
10. Zoll-, Weg- und Umgeld (Steuer auf Bier und Wein) werden wie üblich erhoben, das bisherige Verbot des Weinschanks am Kirchweihtag für Wirte und das Umgeld auf Bier für 5 Jahre aufgehoben.
11. Die Zahlung von Rauchhafer, Fastnachts- und Martinshühnern wie üblich, da die Rauhweide und das Einsammeln von Brennholz gestattet sind. Rauchhafer und Martinshühner werden auf 5 Jahre erlassen.

12. Die alte und die neue Abtei, die Hofhäuser Ungenbach und Weiler mit Nebengebäuden und das Wirtshaus vor dem Kloster erhalten die Ansiedler kostenlos, alle anderen Baulichkeiten inner- und außerhalb der Mauer werden ihnen für insgesamt 200 fl. verpachtet; Scheuerstück, Fischerhaus und Försterhaus bleiben dem Pfalzgrafen, desgleichen eine Stube in der alten Abtei für einen eventuellen Aufenthalt des Pfalzgrafen. In diesem Gebäude dürfen nur Leute untergebracht werden, die saubere und reine Hantierungen verrichten. Die Ziegelhütte überläßt der Pfalzgraf gleichfalls den Einwohnern. Sie ist in den Zins von 200 fl. eingeschlossen. Die Ansiedler sind verpflichtet, ihre Häuser und die Kirche, die sie nur zum Gottesdienst benützen, aber daran keine Umbauten vornehmen dürfen, in gutem Zustand zu erhalten wie auch die Glocken und die Uhr der Kirche, die Ringmauer und beide Tore. Wegen der durch den Ort führenden Landstraße muß die Straße vom Unteren zum Oberen Tor genügend breit bleiben, die Häuser daran zu beiden Seiten in guter Ordnung stehen, damit die Straße nicht versperrt wird und Platz zum An- und Ausspannen der Fuhrwerke bleibt. Die Anlage der Straßen, Gassen und Plätze erfolgt nach ihrem Gutdünken auf Anweisung des Pfalzgrafen.

13. Alle Äcker und Wiesen, ausgenommen 5 Morgen Wiesen im Ungenbach, 4 Morgen Äcker im Münstertal und 4 Morgen im Guntensiegel, sind den Ansiedlern für 400 Gulden jährlich in Erbpacht überlassen, die genannten Weiher und andere in einer besonderen Aufstellung angeführten Güter für weitere 100 Gulden. Für den Klosterwald Langenbusch, wo gutes Bau- und Brennholz steht, zahlen sie 50 Gulden Pachtzins, für das Lauerwäldchen und -wöglein 12 Gulden. Sollte Wald gerodet werden, so wird der übliche Zehnt fällig. Die Ländereien, die bisher andere Einwohner bebauten und davon die Medumbsabgabe (Medumb oder Medem = grundherrliche Abgabe, siebente Garbe von gerodetem Land) leisteten, sollen auch den Neusiedlern zustehen, und zwar unter Bezahlung der gleichen Abgabe. Die Bebauung dieser Medumbsfelder ist nur mit Zustimmung des Pfalzgrafen gestattet.

14. Die Errichtung zweier Walkmühlen wird gestattet, da sie für das Gewerbe der Neusiedler notwendig sind. Abgaben sind davon nicht zu entrichten. Wenn Bauholz dazu im Langenbusch nicht vorhanden ist, kann es gekauft werden.

15. Wegen der zunächst oftmals notdürftigen Feuerstellen und Schornsteine wird die Einrichtung einer Feuerwache angeordnet. Die Gebäude-

und Feuerordnungen des Amtes Kaiserslautern gelten auch für Otterberg.
16. Die Ansiedler müssen Bäche, Wege und Stege in Ordnung halten. Andere Leute, die sich in Otterberg niederlassen, der Kapitulation gemäß leben wollen und einen guten Leumund haben, sind nach Billigung durch die Amtleute zur Ansiedlung zugelassen. Die gemeinschaftlichen Weiden und Wasserläufe sowie alles, was der Gemeinschaft der Ansiedler übertragen wurde, darf sich keiner als Besitz aneignen; niemand darf von der Nutzung ausgeschlossen werden. Was jedem als Eigentum zugeteilt wurde, steht ihm und seinen Erben als Eigengut zu. Alle gemeinschaftlichen und privaten Güter werden in das Gerichtsbuch eingetragen.
17. Der Hof Münchschwanden wird im gleichen Umfang, wie ihn der bisherige Pächter innegehabt, mit dem Zehnten und einem kleinen Weiher den Ansiedlern für einen Pachtzins von 80 Gulden übertragen. Die Hofbewohner dürfen 60 Schweine zur Mast mit Bucheckern in den Wald treiben.
Endabschnitt: Die Gesamtheit der Einwohner verbürgt sich für die geforderten Zahlungen. Die Kapitulation soll nicht nur für Pfalzgraf Johann Casimir gelten, sondern für alle seine Nachfolger. Die Einwohner stimmen dieser Kapitulation durch einen unter dem Stadtsiegel auszustellenden Revers zu.

3. Die Otterberger Kapitulation vom 15. Juni 1579

Über die Entstehung der Kapitulation sind wir nicht unterrichtet, trotzdem können wir über zwei bedeutende Gesichtspunkte Klarheit gewinnen:
1. Die Kapitulation für Otterberg ist kein eigenständiges Werk Johann Casimirs oder seiner Ratgeber; sie lehnt sich eng an die Kapitulationen seines Vaters für Frankenthal (1562 und 1573) und Schönau (1562) an. Änderungen sind nur in Einzelheiten und örtlich bedingten Gegebenheiten, nicht in den grundsätzlichen Bestimmungen vorhanden.
2. Über die Änderungen gingen offensichtlich Verhandlungen mit den Vertretern der Glaubensflüchtlinge voraus; es wird im Text wiederholt, z.B. in Punkt 10, 12 und 17, erwähnt, daß eine Bestimmung auf Ansuchen der Ansiedler getroffen wurde.
Die Menschen, die sich in Otterberg niederließen, genossen zunächst einmal die gleichen Rechte wie in Schönau: Benutzung der Kirche, Erlaubnis des Gottesdienstes in ihrer Sprache, pachtweise Überlassung der Kloster-

Otterberger Kapitulation mit der Unterschrift des Pfalzgrafen Stadtarchiv Otterberg
Ausschnitt aus der ersten und letzten Textseite.

güter, ja sogar in Einzelheiten wie dem Bau der Walkmühle oder der Verwendung des pfalzgräflichen Wappens bei der Sieglung der Tuchballen sind die Bestimmungen gleich, eigentlich kein Wunder; denn die weitgehend gleichen Leute gingen wieder den gleichen Gewerben nach. Die Kapitulation ist rechtlich noch keine Erhebung zur Stadt; diese erfolgte für Otterberg erst im März 1581, für Frankenthal 1577. Trotzdem setzt die Kapitulation ein städtisch organisiertes Gemeinwesen voraus. Im Text werden Bürgermeister, ein Stadtsiegel, Mauern und Tore, sowie eine Feuerwache genannt, alles typisch städtische Einrichtungen. Sie trifft Bestimmungen über Maße und Gewichte für die Gewerbe. Die Bezeichnungen für die Ansiedlung schwanken im Text der Kapitulation, Kloster (für den Zustand vor der Ansiedlung), Kommune (Punkt 12), Flecken (Punkt 9), meist wird jedoch das neutrale Wort „ort" verwendet. In Punkt 4 wird auf die Stadtordnung hingewiesen, die noch gegeben werden soll; gegen Schluß der Urkunde jedoch ein Stadtsiegel vorausgesetzt, mit dem die Gegenurkunde zu siegeln ist. Das wirklich verwendete Siegel nennt sich jedoch Gerichtssiegel[991].

Wenden wir uns nun den Besonderheiten der Otterberger Kapitulation zu. Zunächst fällt die Form des Dokumentes auf. Die Kapitulationen für Frankenthal und Schönau waren Anordnungen der Kanzleien oder, wie wir heute sagen würden, der Ministerien. Der Pfalzgraf erscheint als „kurfürstliche Gnaden" oder „durchleuchtigster hochgeborener Fürst", von ihm wird in der dritten Person gesprochen[992]. Die Ansiedler unterschrieben das Dokument und erkennen es damit an. Anders in der Otterberger Kapitulation. Hier ist der Pfalzgraf der Austeller der Urkunde; sie ist von ihm selbst unterzeichnet. Die Siedler stellen wie bei Lehenvergaben eine Gegenurkunde aus. Der Unterschied mag rein formal erscheinen, er verrät aber doch auch etwas von der Geisteshaltung Casimirs, der sich der Neusiedlung auch tatsächlich persönlich annahm, wie die schnelle Änderung einiger Bestimmungen zu Gunsten der Ansiedler und Besuche in Otterberg, auf die wir noch zu sprechen kommen werden, zeigen.

Der zweite Unterschied besteht in der Absicherung gegen Änderungen im Glaubensstand. Da die wallonischen Flüchtlinge ihre neue Heimat in Schönau so schnell wieder verlassen mußten, legten sie großen Wert darauf, in den Text der Otterberger Kapitulation eine Absicherung gegen eine mögliche Wiederholung einzubauen. Im Schlußkapitel bindet Johann Casimir seine Nachfolger an die Bestimmungen seiner Kapitulation, damit die Flüchtlinge nicht ein drittes Mal zur Aufgabe ihrer Wohn-

215

sitze gezwungen würden. Diese Klausel soll auch durch keine anderen Privilegien oder Rechtssprüche abgeändert werden können. Sollten künftige Pfalzgrafen dennoch gegen sie verstoßen, so müßten sie wenigstens die finanziellen Kosten einer neuen Übersiedlung übernehmen. In Abschnitt 2 der Kapitulation wurde die zusätzliche Bestimmung aufgenommen, daß bei einer Änderung im Bekenntnisstand der Pfalzgrafschaft die Unterstellung der Otterberger Kirchengemeinde unter die pfälzische Kirchenordnung automatisch ende.

Der dritte Unterschied besteht in der Zahl der für die Ansiedlung vorgesehenen Familien: 100. Uns mag dies heute wenig erscheinen, für die damalige Zeit und verglichen mit den beiden anderen Orten ist es viel. Bei Frankenthal dachte man zunächst an 60, bei Schönau an 35 Ansiedlerfamilien. Otterberg sollte also eine größere Siedlung werden und die Zahl der herandrängenden Ansiedler wirklich aufnehmen können. Offensichtlich kamen aber noch mehr Menschen. Die schnelle Erweiterung (2. Kapitulation) und die aus späteren Jahren überlieferten Einwohnerzahlen lassen diese Vermutung aufkommen.

Der vierte Unterschied besteht in der Schaffung besserer Startbedingungen für die Ansiedler. In Schönau wurde als Erleichterung für den Neubeginn eine Befreiung vom Einzugsgeld für die 35 Familien (Punkt 9) gewährt. In Otterberg ist diese Bestimmung übernommen; es sind sogar zwei Einschränkungen gemacht, eine zeitliche, die Freiheit gilt nur für ein Jahr, und eine sachliche, die Ansiedler müssen statt 4 Gulden Einzugsgeld 2 Gulden zu „gemeinen nutz und besten" zahlen. Aus der zweiten Frankenthaler Kapitulation (1572) übernommen und als Förderung gedacht sind verschiedene Abgabenbefreiungen, nämlich

1. Befreiung von Fronleistungen (Punkt 7),
2. Befreiung vom Umgeld für Bier (Punkt 10),
3. Befreiung von der Abgabe von Rauchhafer und Martinshühnern (Punkt 11)[993].

Wenn auch die Vergünstigungen keinen allzugroßen materiellen Wert darstellen, brachten sie sicherlich doch eine Erleichterung der wirtschaftlichen Lage der Neusiedler mit sich; nicht umsonst erreichten diese wiederholt eine Verlängerung. Diese Forderungen sind nicht verwunderlich, betrug der begünstigte Zeitraum für Frankenthal doch 10 Jahre[994].

Die Otterberger Fassung begünstigte auch die Gemeinde stärker. Sie erhielt nicht nur - wie schon erwähnt - von den Neuankömmlingen des ersten Jahres 2 Gulden, sondern den gleichen Betrag auch von allen Men-

216

schen, die sich später in Otterberg niederließen; denn die 4 Gulden Einzugsgeld wurden gleichmäßig zwischen Staat und Gemeinde geteilt. In Schönau war das Verhältnis 3 : 1.

Ein weiteres Zugeständnis des Pfalzgrafen ist die Überlassung von Fischteichen. Mit dem Grund und Boden waren nicht automatisch die Fisch- und Jagdrechte verbunden. Diese galten vielmehr stets als ein Vorrecht (Regal), das ursprünglich dem König, später dem Landesherrn zustand. Nur so erklärt sich auch die äußerst genaue Beschreibung der Fischteiche in Punkt 4. Der Pfalzgraf behält sich das Jagdrecht (wildfuhr) vor, er erläßt genaue Bestimmungen über die Nutzung des Waldes[995]. Ganz detailliert wird die Aufzählung bei den Fischrechten. Hier sind die Namen der einzelnen Wooge und Weiher samt ihrem Ertrag angegeben. Von den 14 aufgeführten Woogen werden 10 als Speiswoog bezeichnet, lieferten also Fische zum Verbrauch, einer als Hauptwoog (vermutlich der Größe wegen), zwei sind Laichwooge, einer wird als Winterbehälter gebraucht. Der Ertrag ist von 8 Speiswoogen und dem Hauptwoog, also von insgesamt 9 Fischteichen, angegeben. Ein Woog diente zur Besetzung der Speiswooge. Der Gesamtertrag ist allerdings nicht so leicht zu errechnen, da sich einige Widersprüche auftun; sicher ist, daß allein 2 Wooge 800 Karpfen erbrachten; davon erzeugte der Hauptwoog 500, ein weiterer Woog 200 nicht näher bezeichnete Fische. Zwei andere Wooge lieferten 900 Feustlinge (= Frischlinge), nochmals 2 weitere 500 Buben[996]. Obwohl ausgewachsene Fische und auch Jungfische dem Verzehr zugeführt wurden, kommen die Bezeichnungen Feustling und Buben auch bei den zur Aufzucht bestimmten Woogen vor. Zwei dienen als Laichwooge, wovon der eine 600 Buben „Gelaich" erzeugte, der andere „kan auch an speisung erzeugen 300 Buben", ist also anscheinend auch als Speiswoog in Gebrauch. Ein Woog schließlich lieferte 300 Feustlinge, womit die Speiswooge neu besetzt werden. Diese Rechnung geht allerdings nur auf, wenn man Feustlinge und Buben zusammen für die Besetzung der beiden 800 Karpfen erbringenden Wooge in Anspruch nimmt.

Die Lage der Wooge ist teilweise näher bezeichnet. Der als Hauptwoog genannte Eichwoog lag beim Kloster in Richtung Otterbach, also in einer Gegend, wo heute keinerlei Teiche mehr zu finden sind. Überhaupt zeigt die Aufzählung den Wandel einer Landschaft. Beim Schmidtswoog und beim Eschbornwoog wird der Ungenbacher Grund als Lageangabe benutzt. Der gleichnamige Hof ist längst abgegangen; der Bach heißt heute Lauerbach[997]. Der Namen bedeutet Bach mit Schlangen. Die beiden Wooge und zwei weitere, nämlich der Ungenbacher Woog und der Obere Eschwoog, die in der gleichen Gegend zu suchen sind, bestanden vermutlich schon 80 Jahre nach der Übergabe an die Bewohner von Otterberg nicht mehr; denn in der Gemarkungsbeschreibung von 1658 werden im 6. Umgang „Unkenbach" wohl 37 Parzellen aufgeführt, Wege, die nach Mehlingen und Schallodenbach führen, und die Ziegelscheuer; von Fischwoogen ist jedoch nicht mehr die Rede, lediglich ein Weiher in einer Wiese wird erwähnt[998]. Andere Wooge hingegen lassen sich 1658 noch nachweisen. Im Gewann Weyler Grund lag ein nicht näher bezeichneter Woog, der mit dem Weilerhof-Wöglein identisch sein dürfte. Der Schwarzwoog ist der Schwarzweiher im Gewann Badstube. Der Sichmeisterwoog kehrt unter der Bezeichnung Sechsmeisterwoog wieder und bildet den 42. Umgang. Der Name bezeichnet nun 9 Parzellen (Äcker und Wiesen), der (verkleinerte?) Teich heißt Mühlwoog und bezieht seine neue Bezeichnung von seinem Zweck.

Wenden wir uns nun dem zu, was die Kapitulation über die Baulichkeiten in Otterberg sagt. Erinnern wir uns, daß wir es mit der Anlage eines Zisterzienserklosters zu tun haben, daß also alle für ein Kloster erforderlichen Bauteile vorhanden gewesen sein müssen, zunächst die erhaltene Kirche und im Süden daran anschließend das Quadrat des Kreuzgangs, um den sich die Hauptgebäude des Klosters (Kapitelsaal, Speisesäle, Schlafsäle und Küche) gruppierten. Zu diesem lückenlosen Baukörper kamen mit Sicherheit eine Anzahl weiterer Gebäude, vor allem Wirtschafts- und Handwerksbetriebe. Heute noch gibt die erhaltene Anlage des Klosters Maulbronn einen guten Eindruck vom Umfang eines großen Zisterzienserklosters. Der ganze Klosterkomplex war mit einer Mauer umgeben. Diese allgemeinen Überlegungen helfen uns, die Angaben der Punkte 12 und 16 der Kapitulation besser zu verstehen. Die Neusiedler bekamen die Klostergebäude, sowohl die alten, vermutlich an den Kreuzgang angebauten, als auch die neuen. Über den Bau dieser neuen Abtei gibt es nur Vermutungen. Die Kunstgeschichtler nehmen die Zeit um 1485 an, aus der sich Baureste erhalten haben, etwa der Rest eines heute in der Gerbergasse Nr. 3 eingemauerten Portalteils[999]. Die Lage erfahren wir erst aus einem Schriftstück des 18. Jh., als die lutherische Gemeinde die Baulichkeiten erwirbt, abreißen läßt und auf dem gleichen Platz die lutherische Kirche erbaut[1000]. Der Klosterbezirk war mit einer Mauer umgeben. Das Wirtshaus, die Scheuer, das Fischerhaus und das

Haus Trupp, altes Bürgerhaus, erbaut um 1590   Zeichnung: Siegfried Bauer

Forsthaus erwähnt die Kapitulation als Einzelgebäude, ebenso außerhalb die Hofhäuser Ungenbach und Weiler mit Ställen und Scheuern. Aus der Klosterzeit stammt auch die Ziegelhütte, die gleichfalls den Neusiedlern überlassen wurde. Die Einrichtung der Unterkünfte erforderte sicherlich viele Baumaßnahmen, Absatzsorgen für die Ziegelhütte kamen daher wohl nicht in Frage. In der Mauer befanden sich bereits zwei Tore, die den Namen mit den späteren Stadttoren gemeinsam hatten, Obertor und Untertor. Durch den Ort führte die „gemeine Landstraße". Die Bebauung hatte entlang dieser Straße zu erfolgen, die Häuser mußten aber in „gleicher Ordnung" stehen, also in einer einheitlichen Fluchtlinie, damit die durchgehende Straße nicht versperrt würde; ihre Breite sollte den Kutschern das An- und Ausspannen der Pferde ermöglichen, ohne ein Verkehrshindernis zu sein. Auch für die Gassen verlangte der Pfalzgraf, sie seien so anzulegen, daß sie bequem benutzt werden könnten und bei Feuersgefahr einen guten Zugang zu den Häusern böten. Diese Forderungen erfüllte die Hauptstraße voll und ganz; noch heute läuft sie von der Einmündung der Mühlstraße geradlinig bis zur Stelle des Obertors. Sie ist breit genug, um den Verkehr des 20. Jahrhunderts zu bewältigen. Die anderen Gassen, vielleicht abgesehen von der „Hintergasse", sind nicht nach einem so klaren und durchschaubaren Plan angelegt. Die Beschreibung von 1658 führt hier ein schwer entwirrbares Knäuel von Gassen und Gäßchen vor Augen.

Als weiteren Hof außerhalb des Bereichs der Klosteranlage überließ der Pfalzgraf im 17. und letzten Punkt der Kapitulation den Neusiedlern die ehemalige Grangie Münchschwanderhof. Der Pachtzins betrug 80 Gulden, eine recht beachtliche Summe im Vergleich zu dem Zins für Otterberg selbst und die beiden Höfe Weiler und Ungenbach, der insgesamt mit 600 Gulden festgesetzt wurde; vermutlich entsprach er aber der Größe des Hofes. Die Beschaffenheit der Münzen ist dabei genau angegeben, jeder Gulden „grober Münze" zu je 15 Batzen. Der Batzen, eine zuerst in Bern (Schweiz) geprägte Münze, war seit dem Ende des 15. Jahrhunderts auch in Süddeutschland im Umlauf. In Schönau wurde der Pachtzins nicht für das ganze den Ansiedlern übergebene Gebiet festgesetzt, sondern nach der Fläche in Morgen berechnet, 1 1/2 Gulden für den Morgen. Daraus ergibt sich eine - allerdings ungenaue - Möglichkeit, den Umfang der in Otterberg übertragenen Güter abzuschätzen. Das Gebiet um das Kloster mit den nahe gelegenen Höfen Weiler und Ungenbach war demnach etwa 400 Morgen, das des Münchschwanderhofes etwa 53 Morgen groß.

Fassen wir die Ergebnisse der Untersuchung der Kapitulation zusammen:
1. Durch die Kapitulation wurde Otterberg eine Ansiedlung von (in der Regel wallonischen) Glaubensflüchtlingen.
2. Obwohl die Siedlung nicht sofort Stadtrechte erhielt, besaß sie doch städtischen Charakter und hob sich deutlich von den bäuerlichen Siedlungen in der Umgebung ab. Eine Stadterhebung war von Anfang an geplant. Kapitulation und Stadtordnung werden als gleichbedeutende Begriffe gebraucht.
3. Die Rechtsverhältnisse der Glaubensflüchtlinge entsprachen denen der anderen Ansiedlungen auf dem Gebiet der Pfalzgrafschaft. Die Otterberger Kapitulation ist kein eigenständiges und einzigartiges Dokument.
4. Abweichungen ergeben sich aus der persönlichen Anteilnahme des Landesherrn, der Zahl der vorgesehenen Ansiedler und den Vergünstigungen für die ersten Jahre.
5. An den von den Vorbildern abweichenden Reglungen haben offensichtlich Vertreter der Ansiedler mitgewirkt.
Bei den besonderen Bedingungen, die Pfalzgraf Johann Casimir den Glaubensflüchtlingen bei ihrer Ansiedlung in Otterberg gewährte, wurde stets das Zugeständnis des Gottesdienstes in der eigenen Sprache hervorgehoben. Dies darf uns aber nicht dazu verführen, in der Kapitulation eine Art Toleranzedikt zu sehen; lediglich Abweichungen in der Sprache, nicht aber in der Sache (Lehre) waren gestattet. Hierfür wird die Kirchenordnung seines Vaters ausdrücklich für verbindlich erklärt. Diese 1563 erlassene Kirchenordnung[1001] ist ein fast 180 Seiten umfassendes Dokument, das sehr genaue Vorschriften enthält. Die theologische Lehrmeinung, die Form von Taufe und Abendmahl sowie die Gebete bei den verschiedenen Anlässen sind genau vorgeschrieben, ja selbst ein Abschnitt Katechismus mit 129 einzelnen Fragen und genau formulierten Antworten ist vorhanden. Johann Casimir achtete ebenso streng wie andere Landesherren der damaligen Zeit auf die Einhaltung der herrschenden Glaubenslehre. Die Glaubensflüchtlinge fanden nicht in einem toleranten Staat Zuflucht, der sich mit ihrem Glauben abfand. Sie spürten im Fürstentum Lautern nur ein Ländchen auf, dessen Glaubenslehre der ihren entsprach und dessen Kirchenordnung sie sich unterwerfen konnten.

4. Die Zweite Otterberger Kapitulation vom 4. Juli 1579

Am 4. Juli 1579, also nur drei Wochen nach der ersten Kapitulation, erließ Pfalzgraf Johann Casimir eine zweite Urkunde mit Ergänzungen und Änderungen. Sie trägt schon in einem zeitgenössischen Kopialbuch[1002] den Titel „Zweite Otterberger Kapitulation", der sich auch eingebürgert hat. Er ist allerdings nicht besonders glücklich gewählt; denn die nur 4 Punkte umfassende zweite Kapitulation ist lediglich ein Zusatz zu der ersten, die dadurch in einigen ihrer Bestimmungen abgeändert, aber nicht außer Kraft gesetzt wird. Anders liegen die Verhältnisse in Frankenthal, wo die zweite Kapitulation erst elf Jahre nach der ersten erlassen und durch 12 neue Bestimmungen stärker verändert wurde.
Fassen wir den Inhalt der Zweiten Kapitulation kurz zusammen.
Einleitung: Nach verschiedenen Klagen der Ansiedler, die Schwierigkeiten hatten, in den zugewiesenen Gebäuden Unterkunft zu finden, erweiterte der Pfalzgraf die Kapitulation.
1. Das Refektorium (= Speisesaal) darf baulich verändert werden.
2. Die Ansiedler dürfen die Klosterküche benützen; nur der Brunnen muß erhalten bleiben.
3. Der Ochsenstall darf aufgestockt und als Gastwirtschaft mit Unterkunftsmöglichkeit betrieben werden.
4. Die für den Pfalzgrafen vorbehaltenen Wohnräume in der neuen Abtei werden auf eine Stube und zwei Kammern beschränkt.
In den verbliebenen Räumen erhält der Pfarrer seine Wohnung, die große Stube wird als Ratssaal verwendet. Die große Stube in der alten Abtei gibt der Pfalzgraf zum Bewohnen frei; sie darf aber nicht unterteilt werden.
Die Zweite Kapitulation wurde wahrscheinlich von den Ansiedlern betrieben, die mit den verfügbaren Räumen nicht auskamen. Sie macht deutlich, daß zwei Phasen gleichzeitig nebeneinander liefen: die notdürftige Unterbringung in den bisherigen Klostergebäuden und der Neubau von Häusern als Lösung für längere Zeit. Die Deutung des Wortes „Reventhal" als Refektorium ist durch einen Vergleich mit einer ähnlichen Stelle in einer so gut wie unbekannten Kapitulation für Eußerthal sichergestellt. Die verballhornte Form kommt auch im Schwäbischen vor. Dieses wichtige Klostergebäude sollte nach der Aussage der Kapitulation nicht „verbaut" (= baulich verändert) werden. Dies wird durch die zweite Kapitulation gestattet, um so mehr Unterbringungsmöglichkeiten zu

schaffen. In Eußerthal sollten im Refektorium vier Familien untergebracht werden, in der früheren Wohnung des Forstknechts drei. Die Glaubensflüchtlinge mußten sehr eng zusammenrücken, um überhaupt Unterkunft zu finden[1003]. Der Wirt - auch er war aus Schönau gekommen und dort schon Wirt - erhielt die Erlaubnis, auf dem Ochsenstall ein weiteres Stockwerk aufzubauen und dort Stuben und Kammern für Gäste einzurichten, ein Hotel zu betreiben, würden wir heute sagen.

Bei einem kritischen Vergleich der beiden Kapitulationen fallen einige Unstimmigkeiten auf. In Punkt 1 der Zweiten Kapitulation wird eine Bestimmung der ersten über die Benützung des Reventals herangezogen, die dort nicht zu finden ist. Ganz ähnlich ist es mit der Bestimmung über den Ochsenstall. Nach Punkt 12 der ersten Kapitulation ist als Unterkunft für den Pfalzgrafen eine Stube in der a l t e n Abtei vorgesehen, dort sollten deshalb nur Leute untergebracht werden, „die mit den saubersten und reinsten Hantierungen umgehen". In Punkt 4 der zweiten Kapitulation wird in dem gleichen Zusammenhang von der alten und der neuen Abtei gesprochen, und schließlich werden Zimmer für den Landesherrn in der neuen Abtei ausbedungen. Es fällt weiter auf, daß auch innerhalb der ersten Kapitulation die Bestimmungen in dieser Hinsicht nicht ganz einheitlich sind. In Punkt 5 wird für die Unterkunft des Pfalzgrafen und die Einsammlung des Zehnts nur das Scheuerstück, das Förster- und das Fischerhaus aus der Benutzung durch die Ansiedler ausgenommen, in Punkt 12 wird der gleiche Fragenkreis noch einmal aufgegriffen und nun die oben erwähnte Reglung über die alte Abtei getroffen. Eine Erklärung der Widersprüche ist nicht einfach. Punkt 5 hat sein Vorbild in den Bestimmungen für Frankenthal und Schönau; in Frankenthal wurde eine besondere Wohnung für den Kurfürsten, in Schönau eine Wohnung für einen pfälzischen Forst- und Fischereibeamten vorbehalten. Anscheinend war diese Reglung für Otterberg nicht ausreichend, und man hat in einem der letzten Punkte eine genauere Bestimmung getroffen, Einzelheiten aber trotzdem erst nach der Verkündigung der Kapitulation vereinbart. In Punkt 13 wird von einer solchen „sonderbarlichen ihnen zugestellten Spezifikation" gesprochen, die sich zwar nur auf die Äcker und Wiesen beziehen soll. Es ist aber gut möglich, daß solche genaue Absprachen auch das wichtigere Thema der Benutzung der Gebäude betrafen, und es ist ferner denkbar, daß die pfälzischen Amtleute und andere Beamten hier weniger großzügig waren als der Pfalzgraf selbst und zu engen Auslegungen neigten. Die ergänzende Zweite Kapitulation ist ein

angener schulden, so noch über die hieuor vergriffene beschwärlich spring=
ende, es das darauf vorwendets, vnnd sich ohngenerlich in die funffzig tausendt
gulden erstrecken. Zuuordrist der vß vnd zunemen vund Ihre L: einen dero
ruhen derselben allerdings habes zufsellen, allas gebruhrlich sudanisingge=
raichts. Deß zu vrkundt haben wir dies mit aigner handt vnderschriben vnd
Ihr vs siegel hieran zu ben fangen. Gebun Heidelberg den zweyen vnndt
zwantzigsten monatstag Augusti Anno das tausendt funffhundert sibentzig
vnnd Eins.

Ludwig Pfaltzgrave Churfürst

Gerichts statuta dern zur
Otterburg.

Wir Johannes Casimir vonn Gottes gnaden Pfaltzgrave bei
Rhein hertzog in Baiern, Pfaltzgrave vnnd schwigerhertzog mit diesem vnsem offent=
lichen Vrkhunds, wie die naire inwohner zu Otterburg in vnserem schutz vnnd schirm
zu derem vndersignen gleichstendem, in vnserer demuth ... gnadig dß
vnnd angenomenn, so aber in dahin nicht nicht allein zimblicher sine vns zu dienen
deselbs ha..auerndet, sonder auch sich der gestalt genieret vnnd noch teglich nach=
thung, das sie vnd vnderschenigkeligst gebetten, auch Ihre soln nachkhum..tzuverordnen
ihnen allerlei ordnungen, eynungen, vellungen vnnd freiheiten, so einen gem=
men, sonderlich bei diesen geuerlichen zeiten zu bei ..... haus nottwendig, zu geben
zu ordnen vnnd zu under statten. De.. ... allen nach obstat ihr weches
vnnd vngeuere, mit zeitigem Rath vollendtlich erwogen, ab nicht allein ihnen vnd
ihren nachkhomen, sondern auch uns vnd vnseren erben vnd nachkommen nutz=
lich vnd ersprießlich zu sein bevinden, Vnd derselben aus Rath vnd bewegung
khomen pfaltzgrouen besselhen, nachfolgende ordnung gemacht vnd dehr
aussch haben vnnd schreiben sis vnusch Die obrieb:

ffitlicho demweil it ider vnnrohnmehr allen Argwohn zuveri=
beren, sonderen auch der stillger in bei vnd vessen zu halten, da verlichen euien
der aigen vund die selbigen wie auch sonsten, im gantzen aufgrich mit weerha ..t
gut vnd macht huter thor, auch sohen des wir Nacht vingent, in nottrung ...
vnd rustung zu halten ordenen, Vnd ihnen also gar zuhowrholich. Callem ..

Zeichen dafür, daß Johann Casimir sich die Sorgen und Nöte der Neuansiedler angelegen sein ließ und für Abhilfe sorgte. Der kleinere Umfang seines Herrschaftsgebietes und die räumliche Nähe der Residenz Kaiserslautern machten schon rein praktisch eine solche Fürsorge viel eher möglich als etwa zwischen Frankenthal und Heidelberg.

5. Das Stadtrecht vom 26. März 1581

Wir haben gesehen, daß schon durch die Kapitulation Otterberg den Charakter einer städtischen Siedlung erhielt. Eine Verleihung des Stadtrechtes konnte nur mehr eine Frage der Zeit sein. In Punkt 3 wurde die Gewährung einer Stadtordnung ausdrücklich zugesagt. Punkt 6 enthält die Erwähnung eines Bürgermeisters, und es wird die Verpflichtung zu einer ordentlichen Rechnungslegung ausgesprochen. Die Otterberger Stadtordnung stammt vom 26. März 1581. Knapp 2 Jahre nach der Kapitulation löste Pfalzgraf Johann Casimir sein Versprechen ein. In der älteren Literatur wird als Grund für die Stadterhebung meist angegeben, Otterberg sei in der Zwischenzeit so schnell gewachsen, daß dieser Schritt notwendig geworden sei[1004]. Für einen Bevölkerungszuwachs gibt es leider keine Belege, die einen zahlenmäßigen Nachweis ermöglichen. Das Gerichtsbuch jener Zeit, in das die liegenden Güter, den Bestimmungen der Kapitulation folgend, eingetragen werden mußten, ist ebensowenig erhalten wie ein Verzeichnis der ersten 100 Ansiedler, die in den Genuß des verringerten Einzugsgeldes kamen. Die - früher kaum beachtete - Ankündigung einer Stadtordnung in der Kapitulation macht es überflüssig, nach einer weiteren Begründung hierfür zu suchen. Johann Casimir hatte den Glaubensflüchtlingen in Otterberg eine Zuflucht gegeben und seine Unterstützung zugesagt; es gab also keine Zweifel, daß er die versprochene Stadtordnung auch erlassen würde. Will man schon zusätzliche Gründe erbringen, dann eher solche, die zeigen, warum die Ausarbeitung dieses Privilegs fast zwei Jahre in Anspruch nahm.

Noch ein zweites Mißverständnis gilt es im voraus zu klären. Die von der historischen Forschung herausgearbeiteten Motive und Verfahrensweisen bei einer Stadtgründung gelten ausschließlich oder wenigstens vorzugsweise für das Mittelalter[1005]. Bei Otterberg liegt eine Sonderform vor, die fast nur in der Zeit kurz nach den Reformation möglich war: die Gründung auf dem Platz eines außerhalb einer Siedlung liegenden

Klosters. Dieses bildete die Voraussetzung. Der zweite Schritt, die Besetzung mit ausländischen wegen Glaubensverfolgungen geflüchteten Personen ist gleichfalls ein Sonderfall. Diese Unterscheidung hat man schon zu Beginn dieses Jahrhunderts erkannt, und so konnte Gottfried Gengler[1006] von „Einwanderer-, Emigranten- oder Kolonistenbriefen" sprechen. Als Ausgangspunkt für diese Form sieht er die Frankenthaler Kapitulation von 1573 an. Allen diesen Urkunden ist ein ziemlich gleichförmiger Inhalt eigen; sie befassen sich mit den konfessionellen Bedürfnissen der Ansiedler und den Bestimmungen zur Förderung der Gewerbe. Wenn Gengler auch die Gleichförmigkeit dieser Privilegien feststellt, so ist für unseren Fall Otterberg zu sagen, daß die Übereinstimmung der Stadtrechtsurkunden nicht so groß ist wie die der Kapitulationen. Es fand hier keine Übernahme statt; vermutlich ist der Grund dafür, daß bis zur Verkündigung des fertigen Textes Zeit für dessen Ausarbeitung notwendig war, das Stadtprivileg also nicht unmittelbar nach der Kapitulation erlassen werden konnte. Wenn wir einen Vergleich mit Frankenthal versuchen, so wird dieser zunächst dadurch erschwert, daß wir dort die zweite Kapitulation von 1573 und die Stadtordnung von 1577 heranziehen müssen; denn letztere regelte nur die Aufgaben der Pfarrer und städtischen Beamten.

Die Otterberger Stadtrechtsurkunde ist ziemlich umfangreich. Wir müssen uns daher zunächst einen Überblick verschaffen. Dies geschieht hier wieder in kurzen Inhaltsangaben, der Gesamttext folgt im Anhang.
Einleitung: Die innerhalb eines Jahres angewachsene Bevölkerung bittet um Verleihung einer Stadtordnung und sonstiger nützlicher Satzungen.

1. Erweiterung und Unterhalt der Mauern, handwerkliche Beschäftigung der Bevölkerung, daher scheint ein Marktbann nach Kaiserslautern nicht gerechtfertigt. Die Kapitulation wird durch die Stadtordnung nicht geschmälert. Die Abgabe von 4 Gulden Einzugsgeld bleibt.
2. Jahrmarkt am 3. Samstag nach Ostern und am Lukastag (18. Oktober).
3. Wochenmarkt am Donnerstag.
4. Zur Überwachung der Metzger sollen Schätzmeister eingesetzt und eine Ordnung über den Fleischverkauf von der Stadt erlassen werden.
5. Festlegung der Gemarkungsgrenzen durch einen Umgang, der jährlich oder in kurzen Zeitabständen zu wiederholen ist. Niederschrift in einem Weistum, da Pfleger, Amtleute und die angrenzenden pfälzischen Gemeinden Morlautern, Erlenbach und Baalborn sowie die angrenzenden

Herrschaften Wolfstein, Flörsheim u.a. bei dem ersten Umgang mitwirken.
6. Das Recht der Stadt, Pfändungen vorzunehmen.
7. Erlaß von Hut- und Wachtordnungen durch die Stadt.
8. Einteilung in 6 Viertel oder Quartiere. Unterteilung in Rotten zu je etwa 10 Hausgesäß.
9. Einsetzung eines Schultheißen als staatliche Obrigkeit, nach Möglichkeit aus dem Kreis der Ansiedler.
10. Eid des Schultheißen vor dem Amtmann in Kaiserslautern.
11. Weitere Aufgaben des Schultheißen (Anzeige der Zu- und Abzüge, Gebühren hierfür, Zoll und Umgeld).
12. Polizeiliche Aufgaben des Schultheißen (Bestrafung der Personen, die gegen die Kirchen-, Polizei-, Ehe-, Wald- und andere Ordnungen verstoßen).
13. Polizeiliche Aufgaben des Schultheißen bei todeswürdigen Straftaten.
14. Schultheiß als Polizeibehörde, Ortsgefängnis, Entlassungsbedingungen.
15. Verpflichtung der Bürger, dem Schultheiß und Stadtknecht Hilfestellung zu leisten.
16. Aufgaben des Schultheißen in zivilrechtlichen Streitfällen (bei Bürgern sind die Bürgermeister erste Instanz).
17. Appellation an die Amtleute in Kaiserslautern.
18. Zivilrechtsstand Fremder in Otterberg.
19. Vertretung des Schultheißen durch einen Bürgermeister (bei gesundheitlicher Verhinderung oder Befangenheit).
20. Stadtknecht oder Büttel als Gehilfe des Schultheißen.
21. Besoldung des Schultheißen, Freiheit von Abgaben.
22. Besoldung von Gerichtspersonen und Gerichtsschreiber.
(23.) Besoldung des Stadtknechts.
24. Zusammensetzung des Gerichts.
25. Aufgaben des Gerichtsschreibers.
26. Bildung des alten Rates.
27. Bildung des gemeinen Rates.
28. Wahl der Bürgermeister.
29. Eid der Ratsherren.
30. Eid und Aufgaben der Bürgermeister.
31. Weitere Aufgaben der Bürgermeister (Audienzen für das Publikum, Sitzungen).

32. Weitere Aufgaben der Bürgermeister (Mitwirkung der Viertel, Rotten und Handwerker, Vorladungen).
33. Gerichtsaufgaben der Bürgermeister.
34. Aufgaben der Baumeister (Wege, Gassen, Brandverhütung).
35. Wachtmeister.
36. Aufgaben der Rottmeister.
37. Scheidung der Handwerke voneinander.
Schluß: Vorbehalt späterer Änderungen.

Die ganze Stadtrechtsurkunde gliedert sich in drei große Teile. Die Punkte 1 - 8 behandeln allgemeine Themen; sie betreffen die ganze Stadt, ihre Einteilung, Umgrenzung und Versorgung.

Die Urkunde beginnt mit den Mauern und deren Unterhaltung. Das Recht der Ummauerung galt lange Zeit als besonderes Kennzeichen der mittelalterlichen Stadt. Zwar besaßen auch Klöster Ringmauern, das Beispiel Otterberg beweist es, und teilweise auch Dörfer. Trotzdem ist es charakteristisch, daß die Mauer, die vielfach in Wappen als Kennzeichen des Stadtrechts verwendet wird, in der Urkunde den ersten Platz einnimmt. Die Tatsache der Ummauerung diente auch als einer der Gründe für die Stadterhebung; der zweite ist die Art der Beschäftigung der Bürger, die der in Städten entspricht. Als dritten - schon in der Einleitung aufgeführten Grund - kann man den Bevölkerungszuwachs ansehen. Das Ziel der Ansiedlung von 100 Familien binnen Jahresfrist ist offensichtlich erreicht worden, und auch nach diesem Termin, obwohl nun Einzugsgeld gezahlt werden mußte, hielt der Zuzug weiter an. Das zweite Charakteristikum der mittelalterlichen Stadt war ihr Marktrecht. Nur in der Stadt durfte Markt abgehalten werden, nur dort gab es also an den Markttagen das breite Angebot von Waren; dorthin kam man, um den Bedarf zu decken. Für Otterberg brachte die Erhebung zur Stadt einen doppelten Vorteil. Für die Otterberger Verbraucher und Händler fiel der Weg nach Kaiserslautern, wo sie bisher ein- oder verkaufen mußten, weg; die Errichtung eines Marktes (Jahr- und Wochenmarktes) in Otterberg brachte für die umliegenden Dörfer einen neuen, näher gelegenen Marktort, machte Otterberg zum Mittelpunkt eines Einzugsbereiches. Dies bedeutete einen entscheidenden Wandel innerhalb von wenigen Jahrzehnten. Die Lage Otterbergs war nicht sonderlich günstig für einen Markt, sie konnte es nicht sein; denn Märkte bevorzugten leicht zugängliche Orte, Zisterzienserklöster aber mußten siedlungsfern und einsam liegen. Wir dürfen uns daher von der Bedeutung des Otterberger Marktes für die

Umgebung wohl keine übertriebenen Vorstellungen machen; dazu lag der alte und eingeführte Markt in Kaiserslautern viel zu nahe. Trotzdem war damit für die Bewohner, die ursprünglich ja vielfach aus weit größeren Städten stammten, eine praktische Erleichterung geschaffen, mehr noch, es war ihnen ein Stück vertrauter Umwelt zurückgegeben. Die Punkte 2 und 3 befassen sich nun mit der zeitlichen Festlegung der Märkte. Zwei Jahrmärkte, im Frühjahr und im Herbst, zu denen wohl Händler aus weiter entfernt gelegenen Orten mit Waren kamen, und ein Wochenmarkt am Donnerstag. Punkt 4 greift die Versorgung durch Geschäftsleute am Ort auf; die Metzger erhalten ihre eigene Ordnung, die Versorgung mit Fleisch wird geregelt. In Punkt 5 wird der Otterberger „bezirk" näher bestimmt. Dieser Punkt ist von außerordentlicher Bedeutung, aber es ist unmöglich, hier klare Verhältnisse zu schaffen. Die genaue Grenze wird nämlich nicht in dem Stadtrechtsprivileg, sondern in einem ergänzenden von Pfalzgraf Johann Casimir unterzeichneten Weistum angegeben. Dieses Weistum ist allem Anschein nach verloren[1007]. Auffallend ist hier das Wort Bezirk, es heißt nicht Gemarkung, Mark oder Bann. Gerade die Abgrenzungen der Otterberger Gemarkung im Waldgebiet sind aber schwierig; denn außer den, den Glaubensflüchtlingen zugestandenen Flächen gab es noch den Otterberger Eigenwald, welcher der geistlichen Güterverwaltung unterstand[1008], und die Waldmark, in der auch die Waldmarkendörfer Nutzungsrechte besaßen. Über die Abgrenzung dieser Wälder werden wir später noch sprechen müssen. Hier wollen wir den Versuch machen, den Otterberger „bezirk" mit Hilfe der genannten „Anstößer" wenigstens grob einzugrenzen. Angrenzende Gemeinden waren Morlautern, Erlenbach und Baalborn sowie zum Amt Wolfstein und der Herrschaft Flörsheim zählende Dörfer. Bei Erlenbach und Baalborn ist alles klar; beide Gemeinden grenzen auch heute noch an Otterberg. Mit Katzweiler und Mehlbach, Amt Wolfstein, sind zwei weitere Nachbargemeinden bestimmt. Zur Herrschaft Flörsheim gehörten Otterbach und Sambach[1009]. Vergleichen wir diesen Befund mit den heutigen Verhältnissen, so finden wir, daß eine Gemeinde genannt wird, die heute nicht mehr an Otterberg grenzt, nämlich Morlautern, daß aber eine ganze Reihe von Gemeinden fehlen, die im Norden an die Otterberger Gemarkung stoßen, nämlich Schneckenhausen, Heiligenmoschel, Höringen, Potzbach, Lohnsfeld und Wartenberg-Rohrbach. Hätte der Otterberger Bezirk von 1581 die gleiche Ausdehnung wie die heutige Gemarkung gehabt, müßten die Herrschaft Sickingen und die Grafschaft Falkenstein als

Vorstudie zur Stadtansicht von Philipp Helderhoff

Historisches Museum der Pfalz, Speyer

weitere Angrenzer genannt sein. Da dies nicht der Fall ist, reichte der Bezirk offensichtlich nicht so weit nach Norden, sondern vermutlich nur bis zum Horterhof[1010] und dem Messerschwanderhof, beides alte Grangien des Klosters, die wahrscheinlich der Geistlichen Güterverwaltung unterstanden, also Staatsbesitz waren, und deshalb nicht als eigenständige Nachbarn in Erscheinung treten. Dieser Befund eines kleineren, den östlichen und nördlichen Teil der Gemarkung auslassenden Gebiets deckt sich mit den Angaben des Otterberger Gewannbuches von 1658[1011], das ebenfalls keine Fluren in diesem Gebiet enthält; er findet seine Bestätigung auch in der Otterberger Kapitulation, in welcher der Münchschwanderhof auch besonders an die Neusiedler verliehen wurde, er gehörte anscheinend nicht zum eigentlichen Gebiet der Ansiedlung. Die Gemarkung Morlauterns grenzte noch zu Beginn des 19. Jahrhunderts im Weilergrund an die von Otterberg[1012].

In dem umschriebenen Bezirk durfte der Stadtknecht bei denjenigen, die einen Schaden angerichtet hatten, Pfändungen vornehmen. Die eingenommenen Gelder verblieben der Stadt. Zur weiteren Organisation des Gemeinwesens konnte die Stadt selbst Ordnungen erlassen, die allerdings - doch dies ist eigentlich selbstverständlich - dem Stadtprivileg als Grundordnung nicht widersprechen durften. Zum gleichen Zweck verfügte der Pfalzgraf auch eine Einteilung der Stadt, zunächst in 6 Viertel oder Quartiere, die dann in eine beliebige Zahl von Rotten unterteilt wurden, von denen jede etwa 10 benachbarte Häuser umfaßte. Da diese Einteilung nur sinnvoll war, wenn auf jedes Viertel wenigstens zwei Rotten entfielen, können wir so eine Mindestgröße der Stadt errechnen: 120 Häuser. Da gerade die neuerbauten Häuser sicher meist klein waren und nur von einer Familie bewohnt wurden, ergibt sich eine gute Übereinstimmung mit der in der Kapitulation genannten Zahl von 100 Familien des ersten Einzugs, unterdessen ist mindestens ein Zuwachs von 20 Familien oder 20 % anzusetzen, vermutlich jedoch mehr, da immer noch mit bewohnten größeren Gebäuden des Klosters zu rechnen ist und die Rotten nach Häusern (nicht Familien) aufgestellt wurden.

Von Punkt 9 an werden die Aufgaben des landesherrlichen Beamten, des Schultheißen, beschrieben. Dessen Aufgaben waren schon ihrer Natur nach in den einzelnen Städten des Landes ziemlich ähnlich; um so mehr verwundert es, daß zu dem Privileg für Frankenthal von 1577[1013] nur inhaltliche Parallelen, nicht aber Übereinstimmung im Wortlaut, festzustellen sind. Der Frankenthaler Text stammt offensichtlich von einem anderen Verfasser. Er ist mit einer Reihe lateinischer Wörter durchsetzt und zeigt deutlich die Hand eines gelehrten Juristen der damaligen Zeit; der Otterberger Text ist hingegen in einem umständlichen, manchmal etwas schwerfälligen Deutsch geschrieben. Punkt 9 enthält sofort ein wichtiges Zugeständnis; der Schultheiß soll, sofern ein tauglicher, tüchtiger Mann gefunden werden kann, aus dem Kreis der Otterberger Bürger genommen werden. Der Schultheiß hatte nach Punkt 11 zunächst eine Überwachungsaufgabe. Jeder, der ein- oder wegzog, mußte von ihm nach Kaiserslautern gemeldet werden, damit die entsprechenden Gebühren eingefordert werden konnten. Auch die Eintreibung von Zoll und Umgeld oblag ihm, ebenso die Weiterleitung an die Landschreiberei in Kaiserslautern. Er war also eine Art Polizeidienststelle, die sich gleichzeitig als Beauftragter der Finanzverwaltung betätigte. Dies macht Punkt 12 nochmals deutlich. Der Schultheiß überwachte die Einhaltung der vom Landesherrn und seinen Behörden erlassenen Ordnungen. Er bestrafte die Übertreter mit Geldstrafen und führte die Strafgelder ab. Das Auge des Schultheißen ruhte aber nicht nur auf den kleinen Sündern; alle, die ein Verbrechen begangen hatten, auf dem die Todesstrafe stand, sollte er gefangennehmen und nach Kaiserslautern vor den Amtmann bringen lassen. Die nächste Bestimmung ist eigentlich nur eine logische Folge. Der Schultheiß verwahrte auch die Gefängnisschlüssel. Als Hilfskraft bei diesen polizeilichen Aufgaben stellte die Stadt einen Stadtknecht an; aber auch jeder Bürger war verpflichtet, bei der Verbrechensbekämpfung mitzuwirken. Der Schultheiß hatte jedoch nicht nur polizeiliche Aufgaben, er nahm auch die eines Richters wahr. Zivilstreitsachen von Bürgern untereinander kamen zunächst vor die beiden Bürgermeister, die eine Schlichtung des Streites versuchten. Nahm ein Teil diesen Vergleich nicht an, so brachte der Schultheiß den Fall vor das Stadtgericht. Das gleiche Verfahren galt auch, wenn nur der Beklagte Bürger war. Wurde ein Fremder angeklagt, so ging das Vergleichsverfahren statt vor dem Bürgermeister vor dem Schultheißen vor sich. In allen Fällen, wo nur die Bürgermeister oder der Schultheiß die Sache außergerichtlich regelten, war eine Beschwerde bei den Amtleuten in Kaiserslautern möglich, die dann entschieden. Nach einem Gerichtsurteil des Stadtgerichtes ging der Instanzenzug gleichfalls nach Kaiserslautern; die Sache wurde an den Schultheißen zurückverwiesen, der sie an die Amtleute in Kaiserslautern weitergab.

Bei einer Verhinderung des Schultheißen durch Krankheit trat einer der Bürgermeister an seine Stelle, ebenso wenn der Schultheiß selbst in eine Sache verwickelt war. Der Schultheiß erhielt für seine Arbeit eine Vergütung, die teils aus direkten Zahlungen der Prozeßparteien, teils aus der Befreiung von bestimmten Abgaben bestand. In ähnlicher Weise war auch die Besoldung der Gerichtspersonen, des Gerichtsschreibers und des Büttels geregelt. Der Gerichtsschreiber war gleichzeitig auch Ratsschreiber (Punkt 25).

Die nächsten Abschnitte handeln von den Organen der Stadt, den Ratsherren und den Bürgermeistern. Punkt 26 regelt die Wahl des Alten Rates, womit wir uns noch eingehend befassen müssen, Punkt 27 die des Gemeinen Rates. Die Wahl ging so vor sich, daß jede Rotte, also wenigstens 10 Familien, zwei Personen wählten, sie den Bürgermeistern und diese wiederum den Amtleuten weitermeldeten. Einer der beiden Vorgeschlagenen wurde zum Ratsmitglied ernannt. Die Größe des Gemeinen Rats war also mit der Zahl der Rotten gekoppelt; die Mindestzahl lag daher bei 12[1014]. Die Wahl erfolgte jedes Jahr neu, innerhalb der Rotten acht Tage vor St. Johannes (24. Juni), die Amtszeit des Rates begann an dem eben genannten Tag. Nach vollzogener Wahl wurden die Bürgermeister erwählt. Der Ratsbürgermeister mußte aus dem Alten Rat genommen werden; das Amt wechselte unter dessen sechs Mitgliedern jährlich. Der Ratsbürgermeister verlor während seiner Amtszeit seinen Sitz im Gericht. Der Gemeine Bürgermeister wurde aus dem Gemeinen Rat auf die gleiche Weise gewählt wie dieser selbst. Die Rotten wählten zwei Personen aus, schlugen sie dem Amtmann vor, der nach Anhören des Alten Rates einen zum Gemeinen Bürgermeister bestimmte. Der Gemeine Bürgermeister wurde im Jahr nach seiner Amtszeit automatisch Schöffe des Gerichts, wodurch dieses - wie der Alte Rat - wieder sechs Mitglieder erhielt. Die Ratsherren des Alten und des Gemeinen Rats leisteten dem Landesherrn einen Treue- und Diensteid. Auch die beiden Bürgermeister wurden in ähnlicher Weise vereidigt. Sie verwahren jeder einen Schlüssel zu einem der Stadttore, sollten sie aber nur gemeinsam öffnen und schließen. Nachts durften die Tore nur in Ausnahmefällen geöffnet werden; bei der Öffnung mußten außer dem Wachtmeister acht bewaffnete Bürger zugegen sein. Der Ratsbürgermeister besaß auch den Schlüssel zum Ratssaal, hielt dort an allen Werktagen um 2 Uhr nachmittags zusammen mit dem Gemeinen Bürgermeister eine öffentliche Sprechstunde ab und nahm dort sein Amt als Mittler in bürgerlichen Streitsachen wahr. Eine Stadtratssitzung, an der beide Bürgermeister und der Alte Rat teilnahmen, fand jeden Donnerstag statt, wobei der Stadtschreiber das Protokoll führte. Tagten der Alte und der Gemeine Rat zusammen, so hieß die Sitzung Großer Rat. Dieser trat jedoch nicht nach einem festen Terminplan zusammen, sondern nur, wenn einschlägige Angelegenheiten vorlagen. Ratsherren, die mit dem Vertreter einer Angelegenheit blutsverwandt oder verschwägert waren, schieden bei der Behandlung dieser Frage aus. Die Bürgermeister konnten auch die ganze Bürgerschaft, einzelne Gruppen (Viertel, Rotten oder Zünfte) oder einzelne Personen vorladen und, bei Weigerung zu erscheinen, Strafen verhängen. Die Strafe war dabei für eine Rotte fünfmal so hoch wie für eine Person, für ein Viertel fünfmal so hoch wie für eine Rotte. In Punkt 33 werden die Gerichtsbefugnisse, nun aus der Sicht des Rates und der Bürgermeister, nochmals klargelegt. Die folgenden Artikel fordern als weitere städtische Beamte zwei Baumeister, von denen einer aus dem Alten, einer aus dem Gemeinen Rat genommen werden soll, und zwei Wachtmeister. Die Rottmeister erhalten außer ihrer Aufgabe als Ratsherren noch die Aufsicht über die Waffen und Rüstungen ihrer Rotten.

Der letzte Abschnitt ordnet eine Absonderung der Handwerke und Gewerbe an; es wird damit ein Zustand hergestellt, den wir von vielen mittelalterlichen Städten her kennen, in denen jeder Gewerbezweig eine Gasse zugewiesen bekam, woran heute noch viele Straßennamen erinnern. Für Otterberg bedeutete das, daß die Rotten und Viertel auch eine Gruppierung nach Handwerkern und damit nach Zünften darstellten.

Die Schilderung der Aufgaben der Bürgermeister und Ratsherren hat gezeigt, daß dem alten Rat die größere Bedeutung zukam. Er war zugleich Gericht, er bestritt die wöchentlichen Ratssitzungen. Aber gerade hier, bei der Vorschrift über die Ergänzungswahlen zum Alten Rat läßt uns das Stadtprivileg im Stich, indem es in den Abschnitten 26 und 27 zwei unvereinbare Anweisungen gibt. Nach Abschnitt 26 werden „so oft es von nöthen" aus jedem der 6 Viertel je 2 Personen gewählt (also insgesamt 12), den Amtleuten vorgeschlagen und von diesen 6 ausgewählt, die den alten und beständigen Rat bilden. Im nächsten Abschnitt wird dann gesagt, wenn ein Ratsherr dieses beständigen Rates durch Tod oder eine andere Ursache ausscheide, so sollen die Amtleute auf Vorschlag der restlichen Ratsmitglieder einen Mann aus dem Gemeinen Rat oder sonst einen tüchtigen Bürger auswählen, ihn in das Amt einsetzen und vereidigen. Es ist verständlich, daß Abschnitt 26 zunächst einmal für die erste Bildung des

Alten Rats gedacht war; denn nur in diesem Fall können gleichzeitig alle 6 Viertel wählen und die Amtleute aus 12 Kandidaten 6 zu Ratsherren bestimmen. Später dürften jeweils nur ein oder höchstens zufällig 2 Ratsherren etwa zur gleichen Zeit sterben oder sonst ausscheiden. Der Widerstreit zwischen dem Prinzip der Wahl und dem der Selbstergänzung ist meiner Meinung nach so zu entscheiden, daß 1581 ein einmaliger Wahlakt stattfand, der zur Bildung des beständigen Rates führte, dieser sich aber später gemäß Punkt 27 durch den Vorschlag einer geeigneten Persönlichkeit und die darauf folgende Ernennung durch den Amtmann selbst ergänzte. Dies widerspricht zwar der Floskel „so oft von nöthen", anderenfalls aber müßte der ganze zweite Teil des Punktes 27 umgangen werden oder dort ein Zusatz fehlen, daß die durch Selbstergänzung eingetretenen Mitglieder nur ersatzweise bis zur Neuwahl amtieren. Die kleine Korrektur im Abschnitt 27 ist um so berechtigter, als die Wiederholungsformel „so oft es von nöthen" in Punkt 26 schon der im gleichen Abschnitt dargelegten Wahl der vollen Zahl der Ratsmitglieder widerspricht. Eine Wiederholung der Gesamtwahl wäre höchstens denkbar, wenn der ganze Rat bei dem Landesherrn in Ungnade gefallen und von diesem eine vollständige Neubesetzung angeordnet worden wäre. In späterer Zeit wird stets nur von der Besetzung einer durch den Tod frei gewordenen Ratsstelle gesprochen, allenfalls von der Besetzung einiger Stellen, ohne daß der Eindruck erweckt wird, es handle sich nur um die Besetzung für den Rest einer Wahlperiode[1015]. Eine solche Auslegung hat allerdings zur Folge, daß den Vierteln kaum Aufgaben bleiben[1016]. Diese Entwicklung ist jedoch schon im Privileg angelegt. Den Rotten stehen Rottmeister vor, deren Aufgaben in einem besonderen Punkt beschrieben werden; von Viertelmeistern ist nicht die Rede. Diese kommen zwar in der Frankenthaler Verfassung von 1577 vor, aber es ist deshalb noch nicht ohne weiteres gestattet, sie auch für Otterberg stillschweigend anzunehmen. Schon in Frankenthal ist ihr Aufgabenkreis offensichtlich gering; sie werden wohl erwähnt, erhalten aber nicht wie die Rottmeister in einem eigenen Abschnitt Aufgaben zugewiesen, die auch in einer besonderen Eidesformel ihren Niederschlag finden. Man könnte ebensogut umgekehrt argumentieren und sagen, daß die Einteilung in Viertel nur nach Frankenthaler Vorbild überhaupt in das Otterberger Privileg kam und nicht mehr als eine Grundlage zur Vornahme der ersten Wahl sein sollte. Neustadt an der Weinstraße besaß nur eine Gliederung in 6 Viertel. Die Zahl 6 geht auf die Errichtung von zwei Vorstädten zurück, deren Viertelmeister neben die der alten vier Stadtviertel traten, in der Rangfolge aber immer unter ihnen blieben. Als in der Zeit nach dem Dreißigjährigen Krieg die Zahl der Bevölkerung besonders niedrig war, begnügte man sich vorübergehend mit 4 Viertelmeistern[1017]. In Otterberg kennen wir keine Anlage von Vorstädten, es sei denn, man nimmt eine Stadterweiterung nach Norden schon in den Jahren 1579-81 an. Die Entwicklung verlief später zu Gunsten der Viertel; im 18. Jahrhundert sind Viertelmeister bekannt, jedoch keine Rottmeister mehr.

Die Frage nach den Nachwahlen in den Alten Rat mußte aus Gründen der begrifflichen Klarheit hier eingehend erörtert werden. In der Praxis dürften die Wahlen keine zu große Rolle gespielt haben; denn es handelte sich ja nicht um jährlich wiederkehrende wie für den Gemeinen Rat, sondern um den doch ziemlich seltenen Fall, daß aus einer Gruppe von 6 Leuten einer stirbt und für Ersatz gesorgt werden muß. Für die vorgetragene Auffassung spricht auch, daß in dem Frankenthaler Privileg von 1582 der beständige Rat vom Landesherrn eingesetzt und bei Ausfall eines Mitgliedes dieser einen von zwei vom Rat vorgeschlagenen Kandidaten ernannte. In Lambrecht erfolgte nach dem Privileg von 1577 der Ersatz eines verstorbenen Schöffen so, daß die Rottmeister bei ihren Rotten durch Umfrage einen würdigen Kandidaten erkundeten, Rottmeister, Schultheiß, Unterschultheiß und die übrigen Schöffen sich dann auf zwei Personen einigten, die sie den Amtleuten vorschlugen und wovon einer schließlich zum neuen Schöffen ernannt wurde[1018].

Wir haben festgestellt, daß die Kapitulationen von Frankenthal, Schönau und Otterberg weitgehend gleichlautend sind, man also von einer Abfolge oder einer Familie sprechen könnte. Der Begriff Familie ist von der bisherigen Literatur auch in Verbindung mit dem Stadtrechtsprivileg verwendet worden; man sprach von einer Stadtrechtsfamilie[1019]. Soll das Bild stimmen, müssen die Verhältnisse jedenfalls im Vergleich zu den Kapitulationen umgekehrt werden. War dort Frankenthal das Vorbild, so erweist sich jetzt das Otterberger Stadtrecht von 1581 als Vorbild des Frankenthalers vom 6. September 1582. Das ältere bei der Stadterhebung verliehene Recht von 1577 sieht einen ganz anderen Aufbau der Stadtverwaltung vor und ähnelt dem Otterberger höchstens in der Einteilung in Viertel und Rotten. In der Ordnung von 1582 wurde auch ein beständiger Rat eingeführt[1020]. Ein Viertelmeister vertrat jetzt eine größere Zahl von Personen, und seine Stimme erhielt dadurch mehr Gewicht. Für Lambrecht stellte Pfalzgraf Johann Casimir 1577 gleichfalls ein neues

Privileg aus, das aber nicht die formelle Erhebung zur Stadt ausspricht. In ihren Aufgaben entsprachen die Schöffen der Gemeinde dem Otterberger Alten Rat in seiner Gerichtsfunktion. Auch die Lambrechter Schöffen wurden auf Lebenszeit ernannt, wobei die auch dort bestehenden Rotten bei der Aufstellung der endgültigen Bewerber mitwirkten. Da die Ordnung für Frankenthal später erlassen wurde als die für Otterberg und Lambrecht nicht Stadt war, wäre Otterberg als das Oberhaupt der „Stadtrechtsfamilie" zu bezeichnen. Wir müssen daher nach Vorbildern für die Otterberger Ordnung fragen und dazu einen Blick auf die Verhältnisse in Kaiserslautern werfen. Hier nahm im Jahre 1510 Kurfürst Ludwig eine Neuregelung vor. Es ging dabei um die Wiederbelebung einer älteren Anordnung des Kurverwesers Otto, derzufolge der Rat durch 22 Vertreter aus den Zünften ergänzt werden sollte. Diese „Zweiundzwanziger" waren beinahe ganz verschwunden. Die Einrichtung wurde nun erneuert; aus den 11 Zünften der Stadt wählte man am Nikolausabend (5. Dezember) je zwei Kandidaten, von denen der Amtmann dann 11 aussuchte und für 2 Jahre zu Ratsherren ernannte. Diese „Elfer" entsprachen also dem Gemeinen Rat in Otterberg, nur daß hier die Zünfte, dort die Rotten die Wahlen durchführten. Da die Handwerker in Gruppen angesiedelt wurden und die Rotten Nachbarschaftsverbände waren, dürfte in vielen Fällen in der Praxis kaum ein Unterschied bestanden haben. Die Wahl nach etwa gleichstarken Rotten sicherte eine gerechtere Beteiligung des einzelnen als die nach Zünften, die unter Umständen sehr ungleich stark sein konnten. Neben diesen Elfern bestand in Kaiserslautern der Alte Rat mit 12 Ratsherren wie herkömmlich. Dieser Alte Rat war ein ständiger Rat; die Ratsherren dienten auf Lebenszeit. Er entsprach also dem Alten Rat in Otterberg. Aus beiden Gremien wurde je ein Bürgermeister gewählt, die Rats- oder Gemeindebürgermeister hießen. Alle die Stadt betreffenden Angelegenheiten und Händel behandelten beide Räte, Gerichtssachen nur die „Zwölfer". Die Parallelen zu den Otterberger Verhältnissen sind also auch hier mit Händen zu greifen. Die Mitgliedschaft im „Zwölferrat" war auch in Kaiserslautern bedeutsamer und gab ein höheres Ansehen. Der Pfalzgraf beauftragte daher ausdrücklich den Amtmann, alle „Leichtfertigen, welche die neuen Räte mit Worten oder Werken geringschätzend behandeln, an Leib und Gut zu strafen"[1021].
Räte, deren Mitglieder auf Lebenszeit gewählt werden und die sich unter Mitwirkung des Amtsmanns selbst ergänzen, stellten eine damals auch sonst, z. B. in Neustadt a. d. Weinstraße[1022], gebräuchliche Organisations-

form dar. Im Grund genommen wurde eine Patriziatsverfassung ins Leben gerufen, wie sie im Mittelalter weitgehend üblich war. Schon im 14. Jahrhundert setzte in vielen Städten gegen die aus den vornehmen Geschlechtern der Stadt gebildeten Ratsgremien eine von den Zünften getragene Bewegung ein. Die Zünfte vertraten dabei den Grundsatz der Wahl auf eine begrenzte Amtszeit. Es zeigte sich im Verlauf der Entwicklung, daß die verschiedenen Zünfte sehr unterschiedliche Möglichkeiten besaßen, eine unentgeltliche Tätigkeit im Dienst der Stadt auszuüben, schon gar auf Lebenszeit. Das zeitaufwendige Amt des Bürgermeisters überließen die Handwerkerzünfte meist den Kaufmannszünften; die Kaufleute und Krämer besaßen in der Regel auch größere Vermögen und konnten es sich leichter leisten, die Ämter zu übernehmen. „Nun war es gewiß nicht so, daß Reichtum allein für einen Ratssitz oder für ein anderes Amt qualifizierte, aber er gab, Interesse und Eignung vorausgesetzt, eine soziale Geltung, die leicht genug zur Machtausübung in die Ämter führte. Wohl war indessen ein gewisser Vermögensstand unentbehrlich, um ohne ernstliche Gefährdung der Erwerbstätigkeit und damit der Existenz für die unbesoldeten Ehrenämter der Stadt zur Verfügung zu stehen. In Trier wurde diese Notwendigkeit 1455 höchst anschaulich in die Forderung gekleidet, daß ein Ratsherr „also viel habe, abe er ein jair ader ein half jair krank lege, daz man ime nit dürfe heischen gain"[1023]. Was Maschke hier am Beispiel der größeren Städte herausgearbeitet hat, dürfen wir auch bei der Betrachtung der Otterberger Verhältnisse nicht vergessen. Es wäre grundfalsch, von den Zuständen in unserer heutigen Demokratie auszugehen.

D. Otterberg in den Jahren 1582 - 1615

1. Allgemeine Geschichte

Die Jahre bis zum Beginn des Dreißigjährigen Krieges bilden einen ersten Abschnitt in der Geschichte der jungen Stadt. Die Quellen sind sehr spärlich, gerade über die entscheidenden Anfänge sind wir schlecht unterrichtet. Zwar sind die beiden Kapitulationen und das Stadtprivileg sogar mehrfach überliefert, über das Leben in der Stadt und ihre Entwicklung aber erfahren wir nur sehr wenig. Die Archivalien im Stadtarchiv setzen - von Ausnahmen abgesehen - erst nach dem Ende des großen Krieges ein.
Werfen wir zunächst einen kurzen Blick auf die allgemeine politische Entwicklung in der Pfalz. Otterbergs Landesherr, Pfalzgraf Johann Casimir, war ein durchaus streitbarer Fürst. Er führte eine Anzahl Kriegszüge, die ihn an den Niederrhein und in die Niederlande führten[1024]. Nach dem frühen Tod seines Bruders Ludwig im Jahr 1583 übernahm er für seinen Neffen Friedrich (1583 - 1610) die Vormundschaft. Dies bedeutete, daß im gesamten Gebiet der Kurpfalz das reformierte Bekenntnis wieder herrschend wurde, der Grund für den Auszug der Wallonen von Schönau nach Otterberg also nicht mehr bestand. Es ist ein gutes Zeichen für die junge Stadt Otterberg, daß sie diese Situation überstand. Ihre Bewohner waren so seßhaft geworden, daß sie Schönau nicht den Vorzug gaben und nicht wieder zurückwanderten. Auch eine Abwanderung nach Annweiler, wo der Herzog von Pfalz-Zweibrücken 1593 die Ansiedlung von Glaubensflüchtlingen gestattete[1025], kann nicht erheblich gewesen sein und beeinträchtigte die Weiterentwicklung von Otterberg nicht. Das Fürstentum Lautern ging wieder im Gesamtverband der Pfalz auf. Als Johann Casimir 1592 starb, trat für Otterberg keinerlei entscheidender Wandel ein. Kurfürst Friedrich IV. trat bei der Gründung der Union der protestantischen Fürsten 1608 an deren Spitze. Im Jahr 1602 mußte die Stadt bereits wieder einem neuen Landesherrn huldigen; wieder wurde im Amt Kaiserslautern eine Sekundogenitur eingerichtet, d.h. es wurde ein Herrschaftsgebiet gebildet, in dem ein nachgeborener Prinz zur Regierung kommen sollte. Pfalzgraf Friedrich setzte seinen zweiten Sohn Moritz Christian zum Landesherrn ein und bestimmte für den noch minderjährigen Prinzen eine Vormundschaftsregierung. Die Kapitulation und die Stadtordnung wurden bei dieser Gelegenheit wiederum bekräftigt und bestätigt. Der ganze Vorgang spielte sich in Otterberg selbst ab; die Urkunde ist hier am

15. Juli ausgestellt[1026]. Moritz Christian starb aber so früh, daß die Übertragung keinen praktischen Wert erlangte. Den Gedanken der Einrichtung einer Nebenlinie im Amt Kaiserslautern gab man aber nicht auf. Im Jahr 1610 erhielt der 1603 geborene Ludwig Philipp dieses Amt, die Herrschaft Simmern, die benachbarten Ämter Wolfstein und Rockenhausen sowie einige weitere Amtsbezirke übertragen. Die so begründete Nebenlinie nannte sich deshalb Pfalz-Simmern. Kaum hatte Ludwig Philipp jedoch die Regierung wirklich übernommen, brach der Krieg aus, und die Spanier vertrieben ihn aus seinen Landen.

2. Die Stadt und ihre Bewohner

Nach dem Tode Johann Casimirs (6. 1. 1592) wurde eine Bestätigung der Kapitulation und der Stadtordnung durch dessen Nachfolger Friedrich notwendig. Am 23. Januar 1593 erging daher ein kurfürstlicher Befehl an die Amtleute in Kaiserslautern, der nicht nur die Absicht zur Bestätigung zum Ausdruck brachte, sondern auch einige Änderungen enthielt, um welche die Bürgermeister und die ganze Bürgerschaft Otterbergs nachgesucht hatten[1027]. Die Abänderungen, man könnte sie analog zur kürzeren Zweiten Kapitulation fast dritte Kapitulation nennen, gliederten sich in 6 Punkte, wobei grundsätzlich die beiden alten Beurkundungen in Kraft blieben.

1. Pfarrerbesoldung: Johann Casimir hatte hierfür freiwillig 50 Gulden, 12 Malter Korn und 1 Fuder Wein zur Überwindung der Anfangsschwierigkeiten beigesteuert. Friedrich setzte diese Zuwendungen auf die Hälfte herab, gestand diese Summe aber für weitere 8 Jahre zu.

2. Zehnt: Die 1585 von Johann Casimir auf 20 Jahre getroffene Reglung (Verpachtung der Zehnteinnahmen samt der Zehntscheuer an die Stadt für 50 Gulden jährlich) wird aufrechterhalten.

3. Fron: Nach Ablauf der fünfjährigen Befreiung von den Frondiensten war eine Ablösung in Geld (Handfröner 1/2 Gulden, Kärcher 1 Gulden, Frondienst mit einem Wagen 1 1/2 Gulden) möglich. Dies sollte weitere 6 Jahre gelten.

4. Rauchhafer und Hühnerabgabe: Ablöse in Geld (1/2 Malter Hafer = 1/2 Gulden, 1 Huhn = 3 albus) nach Ende der Abgabenfreiheit für 6 Jahre gestattet, wird um weitere 6 Jahre verlängert.

5. Dehem- und Eckergeld: Bisher durften die Einwohner ein Schwein, das sie selbst aufgezogen hatten, gegen eine Gebühr von 3 albus für ein ausgewachsenes Schwein oder zwei Jungschweine (Märzlinge) zur Eckernzeit in die Waldungen zur Weide treiben (von Michaelis = 29. September bis Andreas = 30. November). Für gekaufte Schweine konnten höhere Gebühren genommen werden. Diese Bestimmung wurde bestätigt, und nur Schweine, die nicht für den Eigenbedarf geschlachtet wurden, mit höheren Gebühren belegt.

6. Umgeld: Die Zuweisung des halben Umgelds an die Stadt zum Unterhalt von Kirche und Gebäuden wurde um weitere 8 Jahre verlängert.

Der Inhalt der Urkunde, so mager er in sachlicher Hinsicht sein mag, ist doch sehr interessant. Zunächst erfahren wir von einigen Reglungen, die schon in die Jahre 1587/88 gehören, jetzt aber erst greifbar werden. Die Bürger versuchten nach Ablauf der Vergünstigungen ihre Verpflichtungen wenigstens in eine ihnen gemäßere Form, nämlich Geldzahlungen, umzuwandeln. Ein Teil der Abgaben, z.B. von landwirtschaftlichen Produkten, ging von der Voraussetzung aus, daß die Bewohner Landwirtschaft betreiben und darum die Form einer Naturallieferung angebracht ist. In Otterberg gab es aber nur wenige Bauern; die Handwerker betrieben etwas Landwirtschaft oder wenigstens Viehzucht als Nebenerwerb. Dies war auch dem Kurfürsten klar; denn er sagte ausdrücklich in der Begründung zu Punkt 2, daß nicht nur in Otterberg für Fronleistungen kein Bedarf sei, die Einwohner seien auch „als Handwerks- und Handelsleut, wie auch ihr Gesind zur fröhnen untüchtig". Es verwundert unter diesen Umständen weniger die Umwandlung in Geldzahlungen als das etwas kleinliche Bestreben, diese Umwandlung nur auf 6 Jahre zu bewilligen. Es war kaum damit zu rechnen, daß sich in dieser Zeit die Verhältnisse änderten. Der Grund für die befristete Umwandlung dürfte eher in der Höhe der umgerechneten Abgaben zu suchen sein. Im Spätmittelalter hatte sich die ewige Festlegung alter Naturalabgaben auf eine Geldzahlung in bestimmter Höhe bei langsamer Geldentwertung sehr zum Nachteil der die Zahlungen empfangenden Obrigkeit ausgewirkt; eine Wiederholung sollte nun vermieden werden, indem man sich die Möglichkeit einer Neufestsetzung nach 6 Jahren offenhielt. Waren die Bewohner auch Handwerker und Händler, so müssen sie sich für ihren persönlichen Fleischbedarf doch Schweine gehalten haben; nur so läßt sich der 5. Absatz erklären. Bei der damaligen Art der Schweinezucht spielte die Waldweide der Tiere, die sich dabei Eicheln und Bucheckern suchten, eine große

Nach Merian, um 1615.

Rolle. Das Entgelt für diese Sondernutzung der staatlichen Wälder war das Dehem- oder Eckergeld.

Die Bestimmung der tatsächlichen Höhe dieser Abgaben ist schwierig, da die Maße in den einzelnen Orten und Gegenden stark schwankten und bisher nur die Maße für Speyer bearbeitet sind. Dort entsprach ein Malter 125,7 Litern[1028]. Dies ist aber nur ein grober Anhaltspunkt; denn die Unterschiede auch innerhalb derselben Herrschaft konnten erheblich sein, in Württemberg z. B. schwankte ein Malter zwischen 130 und 250 Litern. Immerhin geben die hier genannten Geldbeträge eine Vorstellung von den damaligen Preisen, die später für die Beurteilung des Vermögens der einzelnen Bürger von Nutzen sein kann.

Aus den ersten Jahrzehnten der Stadt Otterberg sind uns keine Namen oder auch nur Zahlenangaben der Einwohner überliefert. Eine Ausnahme bilden die Pfarrer, über die noch gesondert zu reden sein wird. Die Einwohnerzahlen sind lediglich aus Angaben in der Kapitulation (100 bevorrechtigte Familien ersten Einzugs) und der Stadtrechtsurkunde (6 Stadtviertel zu wenigstens 2 Rotten zu je etwa 10 Familien = 120 Familien) annähernd bekannt. Eine erste Liste der Einwohner bietet das Schatzungsverzeichnis von 1592. In der Zeit um die Wende vom 16. zum 17. Jahrhundert stellen die Schatzungslisten die wichtigste Quelle zur Geschichte der Stadt Otterberg dar. Es ist daher erforderlich, kurz auf die Schatzung, ihren Ursprung und ihre Bedeutung einzugehen. Die Schatzung ist eine Steuer. Neben der Bede, der ältesten direkten Steuer, die in der Kurpfalz erhoben wurde, führte man zur Bestreitung außergewöhnlicher Staatsaufgaben Notbeden ein, die den Namen Schatzung erhielten[1029]. Die Schatzungen waren weitgehend Vermögenssteuern. Im Jahr 1593 ging man dazu über, die bisher nur von Fall zu Fall erhobene Schatzung in eine regelmäßige Steuer umzuwandeln. Die Vorsteher der Städte, Gemeinden und Ämter bewilligten in diesem Jahr Kurfürst Friedrich IV. eine Abgabe von 1 Gulden jährlich auf 100 Gulden Vermögen auf die Dauer von 10 Jahren. Im Jahr 1603 wurde diese Reglung nochmals um 10 Jahre verlängert. Gleichzeitig arbeitete man ein Verfahren zur Einschätzung des Vermögens aus. Die Schatzung belastete vor allem die große Masse der Untertanen. Ein Teil der landesherrlichen Beamten, Pfarrer und Lehrer genossen Schatzungsfreiheit. Bemessungsgrundlage war der Besitz an Grund und Boden sowie der darauf errichteten Gebäude einschließlich Scheuern und Stallungen. Dabei unterschieden sich die angewandten Maßstäbe; es gab Ermäßigungen, die an unsere heutigen Freibeträge

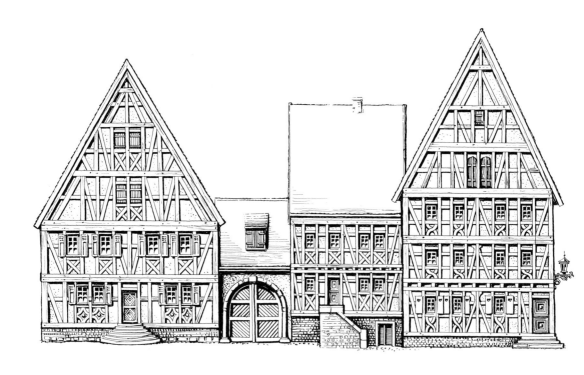

Um 1600, links: Gasthaus „Alter Löwe" mit Brennhaus, mitte: Haus Groel, rechts: Haus Raquet   Rekonstruktion: Hermann Karch, Zeichnung: Siegfried Bauer

oder Abschreibungsmöglichkeiten erinnern. Bewohnte der Eigentümer das Haus selbst, brauchte er nur 1/3 der veranschlagten Summe zu zahlen. Häuser an den Hauptstraßen wurden oftmals höher veranlagt als solche in kleinen Nebengäßchen, Gebäude, die dem Staat oder der Gemeinde gehörten, blieben schatzungsfrei[1029]. Für die Gewerbe setzte man bestimmte Summen fest, die dann auf die einzelnen Betriebe umgelegt wurden. Auch Kapitaleinkünfte unterlagen der Schatzung, nicht jedoch Bargeld, Wertgegenstände und Handwerkszeug. Im Jahr 1718 mußten auch mittellose Taglöhner wenigstens ein Kapitel von 50 Gulden versteuern[1029]. Die Einführung einer regelmäßigen Schatzung war möglich geworden, da die Bede gleichzeitig ihre Bedeutung verlor[1030]. Die Schatzungslisten erfaßten so praktisch die gesamte Einwohnerschaft. Sie sind auch für andere Orte wichtige Quellen und liegen z. B. für Kaiserslautern im Bürgerbuch gedruckt vor.

Das erwähnte Schatzungsverzeichnis von 1592 enthält 240 Namen, wobei nur die Steuerzahler, nicht deren Familienangehörigen aufgeführt sind, vermutlich auch nicht das Gesinde, soweit es im Hause wohnte und arbeitete. Die Bevölkerungszahl ist demnach von 1581 - 1592, also in reichlich 10 Jahren, auf das Doppelte angewachsen. Der Zuzug hielt somit durchaus an. Die Liste[1031] gibt die Namen, das Vermögen und die zu zahlende Vermögenssteuer an, nicht jedoch Beruf oder städtisches Amt. Lediglich der Schultheiß wird als solcher bezeichnet und steht als erster auf der Liste. Trotzdem kann man an den Vermögensabgaben die finanzkräftigsten Familien leicht erkennen. Wenn wir dann an die Feststellungen von Prof. Maschke über die Zusammenhänge von Besitz und der Möglichkeit der Übernahme von Bürgermeister- und Ratsherrenstellen denken, so werden die Familien deutlich, die hierfür in Otterberg in Frage kamen. Die am häufigsten in dem Verzeichnis vorkommende Vermögenssumme ist 25 Gulden, eine recht bescheidene Summe, die wohl die Mindestgrenze für die Veranlagung der Steuer war. Aus der Masse der 25 Gulden und 50 Gulden Bürger heben sich zwei „Kapitalisten" mit 1000 Gulden Vermö-

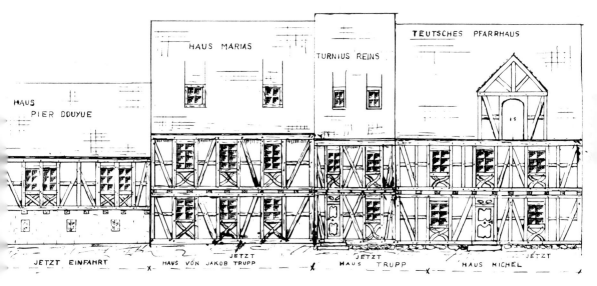

Bürgerhäuser   Rekonstruktion und Zeichnung: Hermann Karch

gen ab, Heilgart Gillis und Heinrich Bondeschon. Eine Übersicht gibt die folgende Tabelle:

1000 Gulden	Hennrich Bondeschon,
	Heilgart Gillis,
800 Gulden	Hanß Münch,
	Peter Racket,
600 Gulden	Ludtwig Balligann,
	Peter Luttin
450 Gulden	Hannß Morraw,
400 Gulden	Hanß Siemonn,
350 Gulden	Carrlen Bombergk,
	Clauß Siemonn,
300 Gulden	Dionisius Crahet,
	Niclauß Frabus,
	Peter Schlett,
250 Gulden	Hennrich Colla,
	Servaiß de Foy,
	Hennrich Rassimus,
200 Gulden	Walter Bach,
	Thomaß Berrna,
	Christe der Becker,
	Clodt Creutzer,
	Wilhelm Hermeau,
	Hubert Mulner,
	Hanß Schmitz Witwe,
	Clauß Wirts,
	Heilgart Zimmermann,
175 Gulden	Adam Hanß,
	Friedrich Hermito,
150 Gulden	Hannß Putz, Schultheiß,
	Petter Blaw,
	Peter Brasseur,
	Nitzo Disons Witwe,
	Peter Droisschopin,
	Clauß de Fion,
	Anthoniuß de Hensone,
	Hannß Thomann,

125 Gulden   Hanß Noe,
100 Gulden   Melchior Barrna,
              Thomaß Berro (Becco),
              Hannß Crahets Witwe,
              Hennrich Crahet,
              Lamprecht Crahey,
              Clauß Cromm,
              Hannß Dosa,
              Wilhelm Ferra,
              Clauß Grandam,
              Hennrich Grandam,
              Hannß Grigor,
              Adrian Hartweill,
              Matheiß Hubert,
              Hannß Joser, (Joster),
              Lambertt von Lüttich,
              Hannß Leonharts Erben,
              Hannß Lonsy,
              Hannß Massin,
              Peter Massin,
              Hennrich Metzger,
              Hannß Meuerer,
              Gillis Monhin,
              Peter Noe,
              Quirin Pautz,
              Clauß le Quaile,
              Walter Riemerts Witwe,
              Martin Schloßer,
              Remmeß Walt,
              Georg Zimmermann.

Der Rest verteilt sich auf 7 Personen mit 75 Gulden, 43 Personen mit 50 Gulden und 125 mit 25 Gulden.

Die nächste Schatzungsliste von 1611[1031] gibt die Namen der Ratspersonen und des Schultheißen an, und sie bestätigt, daß sich darunter die reichsten Männer der Stadt befanden. Ratspersonen waren:

    6400 Gulden Heilgart Gillis
    5000 Gulden Heinrich Hestermann
    4000 Gulden Johann Münch, Schultheiß

2000 Gulden Ludwig Balligam
2000 Gulden Johann Palla
1000 Gulden Ruprecht Müller
 600 Gulden Melchior Barna
 600 Gulden Johann Leonhardt, der Alte
 400 Gulden Abner Alhardt
 400 Gulden Jacob le Maßon

Mit der Schatzungsliste von 1592 haben wir erstmals ein Verzeichnis der Einwohner Otterbergs vor uns. Es erhebt sich so die schon in der älteren Literatur gestellte Frage, ob sich an Hand der Namen Aussagen über die Stammeszugehörigkeit machen lassen, auf die Otterberger Verhältnisse bezogen, ob sich Wallonen, Flamen und Deutsche voneinander trennen lassen. Richard Louis hat dies versucht und genaue Prozentzahlen, sogar auf halbe Prozent genau, angegeben[1032]. Es waren demnach 15,5% Deutsche, 2,5% Flamen, 36% Wallonen und 46% Franzosen ansässig. Da Louis glaubte, so exakte Zahlen angeben zu können, wurde daraus geschlossen, die Quelle selbst gäbe die Volkszugehörigkeit an[1033]. Dies ist aber nicht der Fall. Derartige Angaben sind äußerst anfechtbar. Festen Boden würde man nur dann gewinnen, wenn die früheren Wohnorte dieser Menschen bekannt wären, da wir aber für die fragliche Zeit keine Kirchenbücher von Otterberg besitzen, also auch nicht bei Heirats- oder Todeseinträgen einen Hinweis auf den Geburtsort erhalten, ist eine sichere Festlegung der Herkunftsorte ein von vornherein wenig aussichtsreiches Unterfangen. Ein Versuch kann höchstens dazu führen, gewisse Gegenden zu ermitteln, für die auch die in Otterberg vorkommenden Namen besonders typisch sind. Die sprachliche Untersuchung der Namen mag zu einer Trennung der deutschen, flämischen und französischen Namen beitragen. Die französisch sprechenden Wallonen und die eigentlichen Franzosen zu scheiden, ist auf diese Weise unmöglich, und die Zahl der unklaren oder ungeklärten Fälle wird immer sehr hoch sein, da gerade die fragliche Schatzungsliste von einem deutschen Schreiber angelegt wurde, der nicht nur die Vornamen ins Deutsche übertrug, sondern sicher auch eine große Zahl Familiennamen entstellt wiedergegeben hat. Dies ist eine allgemeine Erscheinung, die von Prof. Christmann auch für Kaiserslautern bereits festgestellt wurde[1034]. Sehen wir von den genauen Zahlenangaben ab, so dürfte Louis das Verhältnis der Bevölkerungsgruppen zueinander richtig wiedergegeben haben. Die Otterberger kamen in der Mehrzahl nicht aus Antwerpen oder dessen Umgebung, wie im vorigen Jahrhundert einmal vermutet wurde[1035], aber wahrscheinlich auch nicht ausschließlich aus dem Gebiet des Stifts Lüttich, wie Daniel Häberle in Überbewertung einer Angabe in der Beschreibung des Oberamtes Lautern durch den Amtmann Stephan Quandt von Wickeradt und den Landschreiber Jakob Schwab aus dem Jahr 1601[1036] glaubte. Widerlegt die erste Meinung schon das Fehlen jeglicher Schriftstücke in flämischer oder holländischer Sprache, so müßte die andere Ansicht noch durch weitere Belege untermauert werden, um Gültigkeit zu erlangen. Sicher ist, daß die französische Sprache vorherrschte, also Wallonen und nicht Flamen den Hauptteil der Einwohner bildeten. Philipp Stock versuchte, Familiennamen aufzuzeigen, die sowohl in Frankenthal, wo die Kirchenbücher ab 1565 erhalten sind, als auch in Otterberg vorkommen, berücksichtigte aber nicht, daß sich in Frankenthal vor allem Flamen angesiedelt hatten. Stock stellte etwa 20 Familiennamen fest, die vor 1578 in den Frankenthaler Kirchenbüchern belegt sind und nachher in Otterberg auftauchen. Er begeht aber einen methodischen Fehler, wenn er daraus den Schluß zieht, diese Menschen „gehören somit zu den ersten Einwohnern Otterbergs"[1037]. Es müßten dann nämlich auch die gleichen Vornamen überliefert sein. In Frankenthal bestanden nach 1577 zwei reformierte Gemeinden, die auch getrennte Kirchenbücher führten. Zu der holländisch sprechenden niederländisch-reformierten Gemeinde[1038] kam 1577 die aus Heidelberg vertriebene, französisch sprechende Gemeinde[1039]. Es liegt auf der Hand, daß die Beziehungen zu der älteren, niederländischen Gemeinde gering waren. Im Ortsregister des über 350 Druckseiten starken, niederländischen Kirchenbuchs kommt Otterberg nur zweimal vor. In beiden Fällen heirateten aus Otterberg kommende, junge Frauen Frankenthaler Bürger, Rachel Colla 1617 und Anna Roberts 1657. Im zweiten Fall war der Bräutigam Soldat, dessen Familiennamen (Heckenraet) sonst in Frankenthal nicht vorkommt, und auch die Braut trägt keinen in Otterberg üblichen Namen. Die Verhältnisse ändern sich, wenn wir das erhaltene Kirchenbuch der französisch-reformierten Gemeinde aus den Jahren 1569 - 1596 betrachten, die 1569 bis 1577 ihren Sitz in Heidelberg und seit 1577 aus den früher erwähnten politischen Gründen in Frankenthal, also im Gebiet Johann Casimirs, hatte. Hier treffen wir auf über 50 Familiennamen, die auch in Otterberg wiederkehren. Es sind dies:

Namen	Frankenthal	Otterberg
Al(l)ardin	1578	erst 1658
Bastien (Bastian)	1590	1592
Blanc	1578	1600
Bodeson (Bodeschon)	1578	1592
Bomberge (Bombergk)	1567	1592[1040]
Boulanger	1578	1592
Bouton (Bouter)	1578	1611

Altes Rathaus   Rekonstruktion: Hermann Karch, Zeichnung: Siegfried Bauer

Namen	Frankenthal	Otterberg
Brasseur	1578	1592
Ca(r)a	1595	1592
Chemé (Chemo)	1591	1592
Clauss	1591	1592
Col(l)a	1587	1592
Collin	1578	1592
Crahey, Crahe(t)	1579	1592
Croix	1576	erst 1658
Denis	1594	1611
Dison	1578	1592
de Fay	1589	1600
Fontayne (Fontaine)	1576	1600
Foy	1595	1592
Frappé	1579	1592
Gau(l)tier	1589	1600
Gil(l)is[1041]	1588	1592
Godin	1576	1600
Gregoire	1579	1600
Gros	1578	1592
Guillemin (Guilleaume)	1578	1600
Hubert	1584	1600
Jacque	1581	1600
José	1581	1600
Klein	1592	1611
Lambert (Lampert)	1580	1592
Laurence (Laurentz)	1587	1611
Ligois	1578	1600
Li(e)nard	1579	1600
Machon	1590 (nur Taufpate)	1592
Martin	1583	1600
Masson	1585	1592
Mayot (Mayet)	1583	1600
Michel	1581	1611
Nicolas	1586	1600
Noe(l)	1589	1592
Page	1576	1600

Namen	Frankenthal	Otterberg
Paul	1579	1600
Petit	1578	1600
Pourvoieur	1592	1600
Prevost	1585	1592
Remache	1578	1600
Remi	1582	1600
Renard	1596 (nur Taufpate)	1611
Rosseau	1578	1600
Simon	1587	1592
Thomas	1579	1600
Tiry	1578	1600
Vecray	1592	1611

Die vorausgehende Aufstellung gibt lediglich eine Übersicht der gleichen Familiennamen. Das bedeutet nicht, daß alle diese Familien von Frankenthal nach Otterberg auswanderten. Zwar liegen die Belege für Heidelberg oder Frankenthal in der Regel früher, dies hängt aber z. T. mit der Quellenüberlieferung zusammen, die dort bis 1596 sehr gut ist und dann schlechter wird[1042], wogegen in Otterberg erst ab 1592 einigermaßen vollständige Bürgerlisten vorliegen. Noch wichtiger aber wäre der Nachweis gleicher Vornamen. Führt man eine derartige Überprüfung durch, so schrumpft die Liste plötzlich stark zusammen.

Namen	Frankenthal		Otterberg	
Jean Cola	1594	Heirat	1611	Jean Colas Witwe
Jean Colin	1578	genannt	1592	genannt
Jean Gregoire	1579	geboren	um 1600	genannt
Thomas Jacques	1583	geboren	1611	genannt
Jean Nicolas	1589	genannt	um 1600	genannt
Pierre Paul	1579	geboren	1658	Peter Paul

Von über 50 Familien bleiben noch 6 Personen übrig, die zunächst in Frankenthal und später in Otterberg nachzuweisen sind, aber selbst diese 6 sind noch nicht völlig sicher. Der Eintrag bei Colin heißt im Frankenthaler Kirchenbuch genau Jean Jacquemin dict Colin (genannt Colin); bei einem anderen erscheint der Vornamen in übersetzter Form (Pierre - Peter), oder es handelt sich um den sehr häufig vorkommenden Vornamen

Wohngebäude aus der Zeit um 1600 an der Stelle des späteren lutherischen Pfarrhauses.

Rekonstruktion: Hermann Karch, Zeichnung: Siegfried Bauer

Jean[1043]. Nur zu leicht wäre Jehan Bastien, 1589 in Frankenthal getraut, auch in die Liste geraten; denn 1600 wurde ein Jean Bastien in Otterberg beklagt, durch einen Zufall ist jedoch bekannt, daß Jehan Bastien noch im Jahr seiner Hochzeit in Frankenthal verstarb[1044].

In den Frankenthaler französisch-reformierten Kirchenbüchern tauchen vereinzelt Personen auf, bei denen ausdrücklich vermerkt ist, daß sie in Otterberg wohnten, jedoch nur 4 im 16. Jahrhundert:

1582 Pieter Raquet aus Otterberg, Heirat mit Jeanne Fermant,
1586 Rachelle le Moine, Tochter des Jean le Moine aus Otterberg, Taufpatin,
1590 Philippe Oudin aus Otterberg, Heirat,
1593 Remy del Court aus Otterberg, Taufpate bei Jean Pourvoyeur.

Belege für einen direkten Zuzug sind selten. Sie erstrecken sich über einen größeren Zeitraum und geben keinen Beweis dafür her, welche Familien des ersten Einzugs aus oder über Frankenthal kamen. Auch umgekehrte Beispiele lassen sich finden, so etwa Hans Zimmermann, der 1592 in Otterberg wohnte und 1617 seinen Sohn Reinhard in Frankenthal taufen ließ[1045].

Erscheint im Verhältnis zu Frankenthal Otterberg als der nehmende Teil, so ist dies im Verhältnis zu Annweiler umgekehrt. Im Jahr 1593 begann Herzog Johann I. von Pfalz-Zweibrücken mit der Ansiedlung von Glaubensflüchtlingen in Annweiler. In einem Vertrag mit der Stadt vom 12. September wird von der Heimat der Neubürger gesagt: „... etliche Christen so biß anhero zu Otterburg, zu S. Lamprecht, Pfaltzburg und anderen ortten ..."[1048]. Diese Formulierung erinnert an den Eingangssatz der Otterberger Kapitulation, wo von den Christen aus Schönau gesprochen wird. Die Wanderung von Otterberg nach Annweiler hatte aber sicher ein sehr viel kleineres Ausmaß. Die erhaltenen Reste des Annweiler Taufbuches für die Jahre 1595-1599[1047] enthalten kaum Namen, die wir von Otterberg her kennen. Übereinstimmung im Vor- und Familiennamen besteht nur bei Peter Raquet, Otterberg 1593, Annweiler 1598, Gleichheit im Familiennamen noch bei Noé und Cola. Der Name Otterberg wird in dem Kirchenbuch, das vielfach Herkunftsorte nennt, an keiner Stelle erwähnt[1046]. Das Gewannbuch von 1658 enthält die Nachricht von einem Haustausch zwischen Otterberg und Annweiler.

Außer den wallonischen Flüchtlingen treffen wir in Otterberg auch Deutsche an. Ihr Vorkommen ist nicht verwunderlich. Eine kleine Zahl von Bewohnern war zweifellos bei dem Einzug der Wallonen vorhanden und blieb weiter in der Stadt. Andere nützten die Gelegenheit, aus ihren Sprachkenntnissen Nutzen ziehen zu können. Sprachen die Wallonen untereinander auch französisch und führten sie die Kirchenbücher, Ratsprotokolle und die bei der inneren Verwaltung entstehenden Akten in dieser Sprache, so waren Pfalzgraf und Amtleute doch Deutsche und verkehrten mit der Otterberger Stadtverwaltung in ihrer Sprache. Die Kapitulation und die Stadtrechtsurkunde sind selbstverständlich in Deutsch abgefaßt. Es ist so verständlich, daß Schultheiß, Bürgermeister und Ratsherren kaum ohne entsprechende Sprachkenntnisse auskommen konnten und sich der Schultheiß sicher eher im Verkehr mit den Untertanen sprachliche Schnitzer leisten konnte als in dem mit der Obrigkeit. Es ist so einleuchtend, daß die 1592 und 1611 amtierenden Schultheißen deutsche Namen trugen, Hans Putz und Johann Münch. Eine Zweisprachigkeit der Amtspersonen war vermutlich nicht nur praktisch, sondern auch vom Pfalzgrafen erwünscht. In der Ordnung für Lambrecht wird von den Gerichtsschöffen verlangt, daß sie „wo möglich in der deutschen Sprache erfahren" sein sollten[1049]. Man darf annehmen, daß die Dinge in Otterberg ähnlich lagen.

Betrachten wir nun die Einteilung von Stadt und Bürgerschaft, wie sie sich in der Schatzungsliste von 1611 widerspiegelt. Wir finden 12 Rotten verzeichnet, was die früher geäußerte Vermutung bestätigt, daß dies die Mindestzahl von Rotten war (6 Viertel zu je 2 Rotten) und ebenso die Ansicht, daß die Viertel zunächst zwischen den Rotten und der Gesamtheit der Bürgerschaft keine rechte Funktion hatten; die Viertel werden nicht erwähnt. Die Zahl der Bürger in einer Rotte aber entspricht nicht den Erwartungen.

 1. Rotte 45,
 2. Rotte 46,
 3. Rotte 28,
 4. Rotte 28,
 5. Rotte 20,
 6. Rotte 34,
 7. Rotte 39,
 8. Rotte 33,
 9. Rotte 34,
10. Rotte 27,
11. Rotte 12,
12. Rotte ..... 31, dazu 10 Amtspersonen, 9 Vormundschaften und 4 Ausmärker, zusammen 400 Namen.

Alte Apotheke

Rekonstruktion: Hermann Karch, Zeichnung: Siegfried Bauer

Diese Aufstellung überrascht zunächst. In der Kapitulation ist jedoch nicht von 10 Familien je Rotte, sondern von 10 benachbarten Häusern die Rede; die ungleichen Stärken der einzelnen Rotten könnten so ihre Ursache in der verschiedenen Bebauung einzelner Stadtteile haben. Es hätte dann hier größere Häuser mit 3 - 4 Familien, dort kleine mit nur einer Familie gegeben. Setzen wir je Rotte 10 Häuser an, so bestand die Stadt aus etwa 120 Wohnhäusern. Die Stadtansicht von Merian, die nur wenig später als die Schatzungsliste entstanden sein dürfte, läßt bei einer Nachzählung etwa 70 Häuser erkennen[1050], wobei in den engen Gassen sicher manche so verdeckt wurden, daß sie nicht mehr zu sehen sind. Die Zahl 70 ist im Vergleich mit der errechneten Zahl 120 gering, sie paßt auch nicht zu der ersten überlieferten Häuserzahl. Förster Vellmann erwähnt in seiner Beschreibung der Otterberger Waldungen von 1600[1051] auch kurz die Stadt selbst und gibt 304 Hofstätten und 310 Bürger an. Dies stimmt sehr gut, was die Zahl der Bürger betrifft, mit der Schatzungsliste von 1611 überein; diese hatten sich in etwa 10 Jahren um 90 Familien vermehrt. Falsch ist es jedoch, an die strenge Einhaltung und ewige Gültigkeit von Ordnungen zu glauben, auch wenn sie vom Landesherrn in feierlicher Form eingesetzt wurden. Die Otterberger hatten sich 1600 schon fast alle ihr eigenes kleines Häuschen gebaut; die Reglung, daß die Bewohner von 10 benachbarten Häusern eine Rotte bildeten, war offensichtlich längst durchbrochen. Die ursprüngliche Gesamtzahl der Rotten (12) wurde vielmehr zu einem festen Ordnungsschema. Im 17. Jahrhundert beobachten wir also praktisch eine Stadteinteilung in 12 Teile (Rotten), die keine gleichmäßige Stärke besitzen. Die Zahl 12 war scheinbar eine beliebte Zahl bei der Einteilung in Stadtviertel, vielleicht weil sie leicht und vielseitig teilbar ist (durch 2, 3, 4 und 6). Die entsprechende Schatzungsliste für die Stadt Kaiserslautern[1052] ist nach Zünften gegliedert, die in ihrer Zahl (nämlich 12) genau mit den Otterberger Rotten übereinstimmten.

Die Zahl von 12 Rotten taucht in Otterberg wieder in einem undatierten Schatzungsregister auf. Das Buch, in dem zahlreiche Blätter fehlen, zählt 12 Dixaines[1053]. Es enthält keinen Hinweis auf den Zeitpunkt seiner Abfassung; der bei der Neuordnung des Archivs durch Riedner angelegte Umschlag trägt den Vermerk „Um 1640?". Diese vorsichtig ausgesprochene Vermutung dürfte jedoch nicht den Tatsachen entsprechen. Das fragliche Schatzungsregister ist stark beschädigt, das Titelblatt und die ersten Seiten fehlen. Der Ansatz in das Jahr 1640 wurde bereits von Pfar-

Erstes wallonisches Schulhaus in Otterberg, 1579 erbaut   Zeichnung: Siegfried Bauer

rer Stock abgelehnt[1054], der auf einen Johann Müller hinwies, der in dem genannten Register aufgeführt ist, 1639 aber bereits bei Kassel eine Mühle erwarb. Stock verschob den zeitlichen Ansatz jedoch nur in die Jahre 1638/39 und sah sich daher gezwungen, eine erstaunlich hohe Einwohnerzahl mitten im Dreißigjährigen Krieg zu erklären, und unternahm auch einen unfruchtbaren Vergleich der hier und im Geschäftsbuch von Pourvoyeur vorkommenden Namen. Ist schon die Anlage eines Schatzungsregisters in den letzten Jahren des Dreißigjährigen Krieges wenig wahrscheinlich, so weisen die im Text vorkommenden Jahreszahlen 1601, 1604 und 1617[1055] auf früheres Entstehen hin. Das Wasserzeichen des Papiers, ein Adler mit Fischen im Schild, entspricht ziemlich genau einem 1591 in Straßburg nachweisbaren Wasserzeichen[1056]. Das Papier stammt aus der Papiermühle des Nikolaus von Dürckheim, eines der bedeutendsten Straßburger Papiermacher und -händler. Eine weitere Datierungsmöglichkeit geben die Eintragungen, insbesondere die von verwitweten Personen. Im Register werden Christmann Junker, Mathieu de Rechen, Henry de Champ und Peter Trois Chopine genannt; im Schatzungsregister von 1611 sind nur mehr ihre Witwen am Leben. Das Buch ist daher vermutlich um 1600 angelegt worden, vielleicht sogar früher, als Unterlage für die erste Schatzung von 1592. Es wurde lange Zeit verwendet, wie eine große Zahl von Korrekturen, die allerdings meist undatiert sind, beweisen. Ein Vermerk stammt erst aus dem Jahr 1719[1057]. Die Eintragungen sind viel ausführlicher als in den Schatzungslisten, da das vorliegende Buch auch die einzelnen Güter und die darauf lastenden Abgaben ausweist. Bei Raß Hestermann z. B. kann man gut erkennen, wie sich die Schatzungszahlung von 9 Gulden 1 Batzen und 1 1/2 Kreuzer zusammensetzt. Die Summe entspricht genau der Zahlung, die 1611 zu leisten war. Trotzdem ist das Buch für die Stadtgeschichte nicht so ergiebig, wie es auf den ersten Blick scheinen könnte. Wegen der fehlenden Seiten ist ein Überblick über die gesamte Bevölkerung nicht zu gewinnen. Die fehlenden Lageangaben bei den Häusern und nur sehr dürftige Hinweise auf die gewerbliche Tätigkeit lassen die einzelnen Eintragungen im luftleeren Raum stehen. Immerhin gibt das Schatzungsbuch die Möglichkeit, die Zahl der Häuser noch einmal von einer anderen Seite her zu ermitteln. Auch hier sind jedoch keine genauen Angaben zu erhalten. Die fehlenden Seiten senken die Zahl; die Schwierigkeit, Nachträge als solche zu erkennen, bringt eine weitere Fehlerquelle mit sich. Immerhin kommt man auf eine Zahl von ungefähr 200 Häusern, ein Ergebnis, das

Treppenaufgang an der alten Stadtmauer   Zeichnung: Siegfried Bauer

zwischen der durch Nachzählen auf den Stadtansichten gewonnenen Zahl und der von Vellmann genannten liegt. Die Wohngegend der 8. Rotte läßt sich als einzige etwas näher umschreiben. Die Häuser lagen fast alle an der Altenkirch. Der Namen kehrt im Gewannbuch von 1658 als „alte Kirchgasse" wieder[1058]. In diesem Buch ist die Stadt in 13 Beschreibungsbezirke eingeteilt, bei denen die Nummernzählung jeweils neu beginnt. Da die „Große Gasse" links und rechts neu gezählt wurde, schrumpfen die 13 Bezirke leicht zu den 12 Rotten zusammen.

Wir müssen uns nun den Abbildungen zuwenden, die uns von der Stadt Otterberg überliefert sind. Es gibt zwei wohl jedem Bürger bekannte alte Stadtansichten. Sie sind nicht nur in der Fachliteratur abgebildet, sondern auch in zahlreichen Veröffentlichungen[1059]. Es handelt sich um das Ölgemälde von Anton Mirou und den Stich von Matthäus Merian. Die Entstehung wird meist um 1620 bzw. 1645 angesetzt. Jedem Betrachter fallen die großen Gemeinsamkeiten der beiden Darstellungen sofort auf. Es ist daher verwunderlich, daß kaum einem Wissenschaftler Zweifel daran kamen, daß zwischen zwei so ähnlichen Darstellungen der große Dreißigjährige Krieg mit seinen Verwüstungen liegen sollte. Heute wissen wir sicher, daß beide Bilder den Zustand vor Kriegsbeginn zeigen. Wolfgang Medding hat 1965 den Nachweis geführt[1060], daß Merians Stich die Stadt Kaiserslautern in der Art von Befestigungsgürtel zeigt, wie er vor 1620 bestand; im Jahr 1620 wird einem nicht namentlich genannten Maler, „so die Stadt Lautern abcontrafeht hat"[1060], eine Vergütung von 12 Gulden bewilligt. Vermutlich ist in ihm Matthäus Merian der Ältere selbst zu sehen, der sich gerade damals in der schöpferischsten Periode seines Lebens befand. Daß, bedingt durch die Kriegszeiten, der Stich erst 1645 im Druck erscheinen konnte, ist nicht verwunderlich. Ist aber die Stadtansicht von Kaiserslautern bereits um 1620 entstanden, so wäre es merkwürdig, wenn die Vorlagen für die kleineren Städte jünger sein sollten. Bei Otterberg ist das schon wegen der großen Ähnlichkeit mit dem Bild von Mirou abzulehnen. Auch wenn Kaiserslautern von Merian selbst wiedergegeben wurde, so muß er die Arbeit bei Otterberg nicht gleichfalls selbst nach der Natur gemacht haben. Mirou war mit Merian befreundet; eine ganze Reihe von Merianstichen haben Bilder von Mirou zur Vorlage, außer Otterberg noch die Ansichten von Lambrecht, Hördt, Lambsheim, der Burg Bolanden und weiterer Orte in Baden, Hessen und dem Elsaß[1061]. Der Münchner Konservator Walter Gräff schrieb die Bilder, die vorher als Werke des Malers Helderhoff galten, erstmals Anton Mirou zu. Dieser, ein wallonischer Glaubensflüchtling wie die Otterberger selbst, lebte in Frankenthal und gehörte zur Malerschule des Gilles von Coninxloo[1061]. Heute hält die Bayerische Staatsgemäldesammlung in München die Bilder wieder für Werke von Helderhoff[1062], mißt der Streitfrage aber keine große Bedeutung bei. Nach Medding sind die meisten nach Vorlagen von Helderhoff gefertigten Stiche erst in den späteren Auflagen von Merians Buch verwendet[1063]. Um eine einheitliche Bezeichnung zu gewährleisten, behalte ich die auch im amtlichen Kunstdenkmälerband vorgenommene Zuschreibung (Mirou) bei. Zu dem Bild gibt es noch eine Vorstudie als Aquarell[1064]. Alle Bilder zeigen das Städtchen von Südosten, das Neutor in der Mitte. Dadurch wird eine erste Stadterweiterung sichtbar, wenigstens eine Veränderung des Mauerrings. Das Neutor vermittelte den Verkehr in Richtung Erlenbach und Kaiserslautern[1065]. Die Stadtanlage wird perspektivisch etwas verzerrt wiedergegeben. Auf späteren Stadtplänen ist ein deutliches Eck beim Neutor zu erkennen, Mirou und Merian lassen nur einen leichten Knick in der Mauer ahnen. Dadurch wird die Längenausdehnung größer, vor allem der Mauerteil zwischen Neutor und Untertor kommt deutlicher ins Bild. Die Abteikirche gibt dann sofort einen Orientierungspunkt, daneben steht eine nicht mehr erhaltene zweite Kirche noch im Gelände des ehemaligen Klosters. Ob es sich hier nur um das oft architektonisch besonders hervorgehobene und mit einem Dachreiter bekrönte Mönchsrefektorium (Speisesaal der Mönche)[1066] handelt oder ob der Turm später noch ausgebaut wurde, um dem Gebäude das Aussehen einer Kirche zu geben, bleibt ungewiß. Während sich um die Kirche die kleinen Häuser dicht an dicht drängen, ist beim Untertor und jenseits der Großen Gasse noch freier Raum. Dieser Platz wurde auch später nicht verbaut. Noch das Katasterblatt von 1916 zeigt diesen Zustand, und die Gärten der Anwesen an der Hauptstraße sind heute noch erhalten. In der Mitte ist ein freier Platz zu erkennen, in dem man einen Marktplatz vermuten könnte. In dem Gewannbuch von 1658, auf das wir später noch ausführlich zu sprechen kommen, heißt der Ort des ehemaligen Kreuzgartens im Süden der Kirche alter Markt[1067]. Die Ansichten von Mirou und Merian lassen die Stadtmauer unmittelbar am Chor der Kirche vorbeilaufen. Häuser nördlich vom Langhaus sind nicht zu erkennen, auch nicht in der Großen Gasse. Es sind daher zwei Stadterweiterungen möglich, die dann in den Jahren um 1615 vorgenommen worden sein müssen, kurz nach Fertigung des Entwurfs für die Ansichten und noch bevor die Rheinpfalz in den Strudel des Dreißigjährigen Krieges gezogen wurde. Der Mauerzug schwingt bei Merian beim Neutor in Richtung Kirche zunächst leicht nach innen; der heute noch im Stadtbild erkennbare Mauerzug aber an der gleichen Stelle nach außen, das ist ein Grund mehr, die spätere Welschgasse für eine Stadterweiterung zu halten. Die Gasse heißt noch 1658 Neugasse, was die Vermutung bekräftigt. Die Erweiterung nach Norden drängt sich schon vom Stadtgrundriß her auf. Er besitzt ohne diesen Teil eine durchaus sinnvolle, regelmäßige Form, fast ein Quadrat mit teilweise abgerundeten Ecken. Die langen, baumbestandenen Grasgärten hinter den Giebelhäusern der Großen Gasse sind nach den späteren Plänen gerade bei den Häusern, die etwa in der Höhe der Kirchenfassade liegen, besonders deutlich zu erkennen. Letzte Klarheit läßt sich auch hier nicht gewinnen; denn das Kirchenschiff verdeckt eine mögliche weitere Bebauung. Bei Bauarbeiten wurden Reste einer starken Mauer an einer Stelle gefunden, wo die frühere nördliche Stadtmauer zu erwarten ist. Das Bild von Mirou bzw. Helderhoff ist für lange Zeit die einzige Ansicht von Otterberg. Merian und der Zeichner eines Plans der Waldmarke des Klosters in den Jahren 1785/86, der auf einem Nebenkärtchen eine Stadtansicht bringt, sind von ihr ausgegangen[1068]. Erst aus dem 19. Jahrhundert ist wieder eine eigenständige Stadtansicht erhalten.

3. Kirche und Religion

Bei einer Siedlung von Glaubensflüchtlingen nimmt die Kirchengeschichte eine besonders bedeutsame Stellung ein. Die Menschen, die sich in Otterberg niederließen, hatten ihrer Religion wegen Heimat und Besitz verlassen. Sie schätzten die Verkündung der reinen Lehre, so wie sie diese verstanden, höher als Volkstum und irdische Güter. Die Wahl des neuen Ansiedlungsortes war in erster Linie davon bestimmt, daß die ungestörte Ausübung ihrer Religion gewährleistet wurde. Da bei dem reformierten Gottesdienst die Predigt im Mittelpunkt steht, war der Wunsch nach Verwendung der ihnen vertrauten französischen Sprache selbstverständlich. Die Glaubensflüchtlinge wählten sich weder Schönau noch Otterberg wegen der landschaftlichen Lage noch wegen sonstiger Vorzüge aus. Sie suchten ein reformiertes Land und fanden das zunächst in der Kurpfalz, später nach der Regierungsübernahme durch Ludwig VI. und der Einführung des Luthertums im Fürstentum Pfalz-Lautern. Dem

Blaues Haus, 1612 auf den Grundmauern eines Klostergebäudes errichtet   Zeichnung: Siegfried Bauer

Pfalzgrafen wiederum boten sich die aufgelassenen Klöster als geeignete Unterbringungsorte an. Was die Fremdlinge nach Otterberg führte, war für die gläubigen Christen Gottes Fügung, für spöttische Rationalisten schierer Zufall.

In einem Gemeinwesen wie Otterberg spielte der Pfarrer eine bedeutende Rolle. Trotzdem ist es nicht sicher, wer der erste Otterberger Pfarrer war. In den älteren Darstellungen[1069] wird Franziskus Junius als erster Pfarrer, und zwar für die Jahre 1579/80 genannt, und als Nachfolger Clignet. Diese Reihenfolge stößt heute auf Schwierigkeiten, da die dort angenommene Amtszeit von Junius einer Überprüfung an Hand der in seiner Autobiographie gelieferten Daten nicht standhält. Das erklärt auch, daß im Pfarrerbuch von Biundo auf zwei verschiedenen Seiten zwei unterschiedliche Angaben gemacht werden. Auch er hat bei Junius die Jahresangabe 1579/82, dazu noch 1567/73 Pfarrer in Schönau und Otterberg, bei Clignet dann 1580/86, wodurch nicht nur eine Überschneidung um zwei Jahre entsteht, sondern durch den Zusatz „1567 - 1578 Pfarrer in Schönau, zog mit dem größten Teil seiner Gemeinde nach Otterberg"[1070], auch noch die Reihenfolge der beiden Pfarrer umgekehrt wird. Die Angaben über Clignet sind offensichtlich eine Übernahme aus dem älteren Buch von Heinrich Neu über die badischen Pfarrer[1071]. Clignet war der dritte Pfarrer der Schönauer Gemeinde nach Berrayer und Junius, anscheinend nur ein Jahr (1567) dort tätig[1071], dann als erster Pfarrer in Otterberg, wo er sehr bald von Junius abgelöst wurde.

Aus dem Wirrwarr der überlieferten Daten führt kein klarer Weg; denn Junius wiederum sagt in seiner Selbstbiographie, daß er „zur Gründung einer neuen Ansiedlung nach Otterberg" berufen wurde[1072]. Es wird dabei nicht von einer Kirchengemeinde oder von Pfarrdiensten gesprochen. Junius, der später Professor war, kann also auch mit einer weltlichen Aufgabe, etwa der eines Bürgermeisters, in der Zeit vor der Stadterhebung mit ihren genauen Vorschriften betraut gewesen sein. Dann allerdings ergeben sich neue Schwierigkeiten bei der zeitlichen Eingrenzung seines Aufenthaltes. *Franciscus Junius* (lateinische Form) oder François Du Jon (französische Namensform), der bekanntere und bedeutendere der beiden Männer, war gebürtiger Franzose; er stammte aus Bourges, wo er am 1. Mai 1545 als Sohn eines hugenottischen Rechtsgelehrten das Licht der Welt erblickte[1073]. Sein Großvater hatte sich im Dienst des französischen Königs bewährt und war von diesem mit der Erhebung in den Erbadel ausgezeichnet worden. Franz selbst kam als Student nach

Genf, der Hochburg des Calvinismus, und studierte dort Theologie. Sein Interesse galt sehr bald den Texten des Alten Testaments. Schon in Genf nahm er Privatstunden in Hebräisch[1074]. 1564 erhielt er eine Pfarrstelle in Antwerpen. Im Oktober 1566 mußte er aus diesem Amt weichen und begab sich zunächst in die Gegend von Limburg[1074]; im April 1567 war er gezwungen, auch von dort zu fliehen, da eine berittene Truppenabteilung mit dem Haftbefehl schon unterwegs war. Junius kam nach Heidelberg, wo ihn Pfalzgraf Friedrich III. aufnahm; er besuchte von dort aus Schönau und unternahm eine Reise nach Frankreich. Nach seiner Rückkehr trat er im Oktober 1567 das Amt eines Predigers in der Flüchtlingsgemeinde Schönau an, die wegen einer Pestepidemie im folgenden Jahr einen Hirten und Tröster bitter nötig brauchte. Auf Verlangen Friedrichs III. diente er zwischendurch Wilhelm von Oranien als Feldprediger bei seinem Feldzug in den Niederlanden, kehrte dann aber wieder nach Schönau zurück. Im Jahr 1573 übersiedelte er nach Heidelberg, wo er mit Dr. Emmanuel Tremellius an der Übersetzung des Alten Testaments aus dem Hebräischen in das Lateinische, also aus einer Fremdsprache in die andere, arbeitete. Der Hauptübersetzer war der im Ghetto von Florenz geborene Jude Tremellius, der schon andere Übersetzungsarbeiten ausgeführt hatte, so eine Übertragung des Genfer Katechismus in die hebräische Sprache[1075]. Es bezeugt die großen Sprachkenntnisse von Junius, daß er an dieser Übersetzungsarbeit mitwirken konnte. Junius wandte sich vom Hebräischen aus auch dem Arabischen zu. Jakob Christmann, der 1609 zum ersten Professor der arabischen Sprache in Heidelberg berufen wurde, nennt Junius seinen Lehrer, der ihm die arabischen Bücher der Heidelberger Universität zugänglich gemacht habe. Christmann verfaßte 1582 eine arabische Grammatik, die an der Neustädter Hohen Schule, an der auch Junius lehrte, Verwendung fand[1076]. Der Tod Friedrichs III. 1576 trieb auch Junius in das Fürstentum Lautern, wo er 1578 in Neustadt Zuflucht fand und von dort aus die Gemeinde Lambrecht versah. Nach 14 Dienstmonaten berief ihn Johann Casimir nach Otterberg, wo er 1 1/2 Jahre Pfarrer der neuen Gemeinde war. Anfang Mai 1582 erhielt er einen Ruf als Professor nach Neustadt, später an die Universität Heidelberg. Die Datierung des Otterberger Aufenthaltes bereitet insofern Schwierigkeiten, als die eigenen Angaben von Junius verschiedene Termine ergeben, je nachdem, ob man vor- und rückwärts rechnet. Zählt man zu der Übersiedlung nach Neustadt (1578) 14 Monate Dienstzeit in Lambrecht, so wäre Junius frühestens im Februar 1579, spä-

Blick vom Neutor in die Stadt   Zeichnung: Siegfried Bauer

testens im Januar 1580 nach Otterberg gekommen; rechnet man von der Berufung nach Neustadt 1582 zurück, so ergibt sich eine Zeitspanne vom Dezember 1580 bis Mai 1582[1077]. Wenn man etwas größere Zeitspannen für die Übersiedlung einrechnet und sich an das genau angegebene Datum der Rückkehr nach Neustadt hält, dürfte Junius vom Sommer 1580 bis Frühjahr 1582 in Otterberg gewesen sein, was allerdings mehr als 1 1/2 Jahre sind. Dieser Lösung fügen sich auch zwei weitere Nachrichten ohne Schwierigkeiten ein. Pfalzgraf Johann Casimir besuchte am 21. August 1580 die Katechismuspredigt in Otterberg. Da der Pfalzgraf bei der Wahl seiner Prediger anspruchsvoll gewesen sein dürfte und Junius als Theologe bekannt war, möchte man annehmen, daß dessen Predigerkunst der Grund gewesen sein könnte, der den Pfalzgrafen bewog, sich am Nachmittag nach Otterberg zu begeben; denn außer dem Predigtbesuch vermerkte er nur einen Spaziergang. Da am Tag vorher Petrus Dathenus, der Pfarrer von Frankenthal und Mitbegründer dieser Ansiedlung, nach Kaiserslautern gekommen war, dürften an jenen Tagen wohl überhaupt die Glaubensflüchtlinge betreffende Fragen besprochen worden sein. Wir wissen andererseits, daß Junius am 1. April 1582 noch in Otterberg weilte; er schickte an diesem Tag einen Brief an den Heidelberger Professor Jakob Christmann[1076]. Dies stimmt wieder gut mit der in der Lebensbeschreibung angegebenen Berufung nach Neustadt im Mai 1582 zusammen. Eine andere Lösung wäre noch, für Junius den frühest möglichen Termin (Februar 1579) anzusetzen, Clignet hinter ihm einzureihen und den Brief vom 1. April 1582 als das Produkt eines zufälligen Besuches in Otterberg anzusehen. Solche Besuche waren durchaus möglich. Für das Jahr 1591 ist sogar ein von Junius geleiteter Classenconvent aller pfälzischen Fremdengemeinden in Otterberg erwähnt[1078]. Von 1584 - 1592 wirkte Franziskus Junius an der Universität Heidelberg, ging 1592 nach den Niederlanden und lehrte bis zu seinem Tod am 13. Oktober 1602 an der Universität Leiden. Die weiteren Otterberger Pfarrer erreichten nicht die Berühmtheit von Junius. Dies war nicht zu erwarten und auch nicht notwendig. Die Gemeinde war begründet und blühte.

Jean Grenon, 1586 - 1591 in Otterberg, kam vermutlich aus dem eigentlichen französischen Gebiet. Von 1563 - 1580 war er Pfarrer in Straßburg, das damals zum Deutschen Reiche gehörte[1079]. *Clement Dubois* war wie seine Vorgänger, wenn man nach dem Namen urteilt, Franzose, Otterberg anscheinend seine erste Pfarrstelle.[1080]. Er hatte sie 1590 - 1601 inne. Der Name Dubois taucht auch in dem undatierten Schatzungsbuch auf. Dort wird ein Jean erwähnt. Der einzige bekannte Sohn von Clement Dubois heißt aber Jakob Bernhard; er verehelichte sich 1651 in Herborn. Der Nachfolger von Dubois *Jacques Carron* war ein Emigrant der zweiten Generation. Der französische Namen verrät seine Herkunft; seine Wiege jedoch stand in Frankfurt am Main, wo er 1555 das Licht der Welt erblickte[1080]. Nach dem Studium in Heidelberg übernahm er in seiner Geburtsstadt die französische Pfarrstelle. In den Jahren 1602 - 1605 war er in Otterberg tätig; doch dann zog es ihn offensichtlich wieder zurück an den Main. Seine Ehe schloß er in Frankenthal, also wieder in einer Flüchtlingssiedlung, und auch seine Braut stammte aus Antwerpen. Der in Otterberg wiederholt vorkommende Namen Charon ist anderer Herkunft. Er wechselte 50 Jahre später in die Schreibung Scharon, was ein Hinweis auf seine Aussprache sein dürfte. Der Vorname des einzig bekannten, 1581 in Frankfurt getauften Sohnes von Pfarrer Carron, Theodor ist bei den Otterberger Charons nicht gebräuchlich.

Unter Jacques Carron kam es auch zu Interessengegensätzen zwischen der Gesamtheit der Flüchtlingsgemeinden in Deutschland und den die Entscheidung auch in Glaubenssachen beanspruchenden Landesherren. In der Kapitulation waren beide Gesichtspunkte berücksichtigt worden. Aus der Sonderstellung hinsichtlich Sprachgebrauchs im Gottesdienst und Darreichung der Sakramente schien es naheliegend, sich mit den Gemeinden in ähnlicher Lage zu besprechen und gemeinsam vorzugehen. Solche Zusammenkünfte, an denen außer Otterberg noch die Gemeinden in Frankenthal, Schönau, Frankfurt und Wetzlar beteiligt waren, wurden anfangs anscheinend geduldet; es führte sich sogar der Ausdruck „Privilegia conventum Gallicorum" (Privilegien der französischen Kirchengemeinden) ein. Im Jahr 1601 schränkte dann ein Erlaß des Kurfürsten an das Amt Kaiserslautern diese Zusammenkünfte beträchtlich ein. Dieser erklärte, die Privilegien niemals schriftlich gewährt zu haben, bei Zusammenkünften und Beratungen müßten in Zukunft folgende vier Punkte beachtet werden:

1. Kein Besuch eines Konvents ohne vorherige Genehmigung des Landesherrn.
2. Beachtung der Kapitulation, der Kirchen- und Almosenordnung sowie der anderen einschlägigen Anordnungen.
3. Verbot der Behandlung politischer Fragen; Konvente dürfen den Beschlüssen der Inspektoren und Kirchenräte nicht vorgreifen.
4. Ausführung von Beschlüssen der Konvente nur nach Genehmigung durch den Landesherrn.

Treppe durch die ehemalige Stadtmauer (Weg: Kirche - Friedhof)   Zeichnung: Siegfried Bauer

Diese Auflage machte jeden Konvent zu einer rein beratenden Körperschaft. Immer und in jeder Situation hatte der Landesherr die Entscheidung. Selbst wenn mit seiner Genehmigung und in Übereinstimmung mit der Kirchenordnung etwas beschlossen wurde, konnte er hinterher die Ausführung des Beschlusses unmöglich machen[1081].

Der nächste Pfarrer trug einen uns schon vertrauten Namen: Clignet. Ein Verwandschaftsverhältnis von *Pierre Clignet* zu N. Clignet wurde bisher noch nicht nachgewiesen. Altersmäßig könnte er wie der 1573 studierende Balduin Clignet sein Sohn sein. Pierre Clignet studierte nach einem Aufenthalt in England und Holland in Heidelberg Theologie und erwarb dort auch seinen Doktorgrad[1080]. Er trat seine Stelle in Otterberg am 9. November 1605 an. Wie lange er sie innehatte, ist unsicher; denn die überlieferten Daten für Clignet und seinen vermutlichen Nachfolger *Jean Charlier* (1606 - 1613) überschneiden sich[1082]. Ein Sohn von Jean Charlier bezeichnete sich bei der Immatrikulation in Heidelberg als Otterberger. Die Amtszeit von *Stephan Mozet*, in Otterberg seit 1614, fiel mit ihrem Hauptteil schon in den 1618 ausbrechenden Dreißigjährigen Krieg. Mozet stammte aus Sedan. Das Ende seiner Amtszeit ist unsicher. Er starb 1635 in Metz[1083].

In der Kapitulation bewilligte der Pfalzgraf den Bürgern von Otterberg Gottesdienst in der eigenen Sprache. Die fortlaufende Reihe wallonischer Pfarrer zeigt, daß sie von diesem Recht auch Gebrauch machten. Mit ihm war jedoch eine schwere Last verbunden. Für die Besoldung der Pfarrer und den baulichen Unterhalt der Kirche mußten die Bürger selbst aufkommen. Wie stand es mit der Erfüllung dieser Auflagen? Eine im Januar 1587 durchgeführte Erhebung über den Zustand der Kirchen, Schulen und Pfarrhäuser zeigte kein erfreuliches Bild. Die Otterberger Kirche war am Dach und an den Fenstern sehr baufällig; der Regen tropfte durch die Decke. Das an sich schon „gar enge Pfarrhaus"[1084] war gleichfalls von der Kirchengemeinde zu unterhalten, die dazu kaum in der Lage war. In Erlenbach herrschten ähnliche Zustände: der Turm war baufällig, das Dach undicht, so daß es auf die Kanzel regnete. In den Keller des Pfarrhauses drang Wasser ein und beschädigte das Gewölbe. Ein schwacher Trost ist es, daß auch sonst im Amt Kaiserslautern die Verhältnisse nicht besser waren; in Alsenbrück war das Kirchendach sehr baufällig, in Ramstein das ganze Gotteshaus. Über das Schulgebäude fehlt bei Otterberg der Eintrag.

Auf den Stadtansichten von Mirou und Merian ist außer der mächtigen Klosterkirche noch eine zweite Kirche abgebildet, die auf dem alten Klostergelände stand. Vielleicht benutzte man einen der bereits entsprechend ausgestalteten Säle der Klostergebäude und versah diesen nur mit einem Giebeldach und einem Turm. Bei den Ausmaßen der alten Abteikirche ist es unmöglich, daß dieser Kirchenraum für die Gottesdienste nicht ausreichte. Wenn man also eine zweite Kirche errichtete, muß dies andere Gründe gehabt haben. Der einleuchtendste ist der, daß auch Gottesdienste in deutscher Sprache stattfanden. Bei einer Durchsicht der in Otterberg vorkommenden Namen stößt man immer wieder auf deutsche Familiennamen. Es wohnten - wie schon erwähnt - hier auch Deutsche, sei es, daß sie wie die Wallonen ihr reformiertes Glaubensbekenntnis ihrer engeren Heimat vorzogen, sei es, daß sie durch die gewährten Vergünstigungen angelockt wurden. Unter den Otterberger Pfarrern taucht 1613 mit *David Haubrecht* [1085] erstmals ein deutscher Namen auf. Haubrechts Amtszeit 1613 - 1622 überschneidet sich mit der von Stephan Mozet. *Balthasar Mylius*[1085] ist sein Nachfolger. Er hatte vorher eine Pfarrstelle in Niederlützingen bei Breisach inne, kam also aus dem deutschen Sprachraum. Ein weiterer und letzter Beweis für das Vorhandensein eines deutschen Pfarrers in Otterberg ist die Ausdehnung des Pfarrsprengels. Für das Jahr 1605, also noch vor Haubrecht, ist bereits eine deutsche Pfarrei als Institution belegt. Der Pfarrer selbst wohnte damals in Erlenbach, das mit zum Otterberger Sprengel gehörte[1086]. Die Besoldung dieses Pfarrers bestritten auch die Einwohner. Die Viertelmeister sammelten sie vierteljährig bei den deutschen und den welschen Bürgern ein. Die Bürgermeister besorgten die Auszahlung an den Pfarrer. Um eine reibungslose Versorgung der deutschen Gemeinde in Otterberg zu ermöglichen, wurde die Kirche Sambach, früher eine Filialkirche von Erlenbach, nach Erfenbach umgepfarrt. David Haubrecht hatte dann vermutlich auch seinen Wohnsitz in Otterberg, da sich sein Sohn Daniel 1613 in Heidelberg als Otterbergensis immatrikulierte[1087].

Sehr schnell wurde in Otterberg auch eine Schule errichtet. Wenn auch die Kompetenzbücher über die Schule als Einrichtung keine Auskunft geben, erscheint doch schon 1583 - 1586 *Jean Figon* als Schulmeister oder Diakon in Otterberg[1088]. Der Schulmeister *Carolus Desiderius* ist 1600 belegt[1087]. Er stammte aus Toul, was seine französische Herkunft bezeugte. Es ist verständlich, daß die französisch sprechenden Bewohner von Otterberg großen Wert darauf legten, ihren Kindern in ihrer Sprache einen guten Unterricht zuteil werden zu lassen. Daneben dürfte für alle, die an eine weitere wissenschaftliche Ausbildung dachten, auch die Vervollkommnung in der deutschen Sprache notwendig gewesen sein. Wenn die jungen Otterberger eine Universität beziehen wollten, so schränkten religiöse Gründe, derenthalben sie schließlich die Ansiedlung gegründet hatten, die Auswahl stark ein. Die französischen Universitäten fielen spätestens nach der Aufhebung des Edikts von Nantes (1685) aus. In Deutschland kam in erster Linie die Landesuniversität in Heidelberg in Frage, wo wir neben den schon erwähnten Pfarrerssöhnen noch die Otterberger Studenten Johannes Casimir Emphardus (1594) und Johann Casimir Raquerius (1604) finden[1087]. Hinter der latinisierten Form Raquerius dürfte sich ein Glied der Familie Raquet verbergen, die seit 1592 in Otterberg nachweisbar ist und gern den Namen Johann bzw. Jean verwendete. Die bei den Studenten so beliebten Vornamen Johann Casimir zeugen von Dankbarkeit und Verehrung ihrer Eltern gegenüber dem Landesherrn und Wohltäter. Andere Universitäten, selbst solche, die verhältnismäßig nahe dem französischen Sprachgebiet liegen wie Straßburg, wurden aus religiösen Gründen gemieden. Die Matrikel der 1621 gegründeten Universität Straßburg verzeichnen bis 1794 keinen einzigen Studenten aus Otterberg[1089].

4. Gewerbe

Der führende Gewerbezweig der sich in der Pfalz ansiedelnden Glaubensflüchtlinge war die Tuchmacherei und die mit ihr in engem Zusammenhang stehenden Gewerbe[1090]. Diese Gewerbe bestimmten auch das Leben in Otterberg; sie konnten im 17. Jahrhundert als die führenden Gewerbe der Pfalz überhaupt angesprochen werden[1091]. Gleiche Vorschriften und Absprachen zwischen den einzelnen Produktionsstätten in Frankenthal, Lambrecht und Otterberg ermöglichten eine einheitliche Entwicklung und lassen Rückschlüsse von einem Ort auf den andern zu, etwa von Lambrecht auf Otterberg, für das nur wenig Material vorliegt. Otterberg lag in der Größe zwischen Frankenthal und Lambrecht. In den Niederlanden bestand damals eine sehr viel freiheitlichere und fortschrittlichere Gewerbeverfassung als in Südwestdeutschland. Die Organisationsform in den pfälzischen Fremdengemeinden läßt daher Einflüsse der einheimischen Zunftverfassung als auch der niederländischen Gewerbever-

Tuchpresse aus der Zeit um 1570   Original: Rathaushalle Michelstadt

fassung erkennen. Absatzschwierigkeiten ließen zwar das Bestreben, die strengen Formen der Zunftverfassung und Absatzregelung durchzuführen, erstarken, die freiheitliche Gesinnung der Frankenthaler Ratsherren aber ließ diese 1602 dafür eintreten, daß neuangekommene Handwerker sofort und nicht erst nach Erwerb des Bürgerrechts und dem erst dann möglichen Eintritt in die Zünfte mit der Ausübung ihres Berufes beginnen durften[1090]. Die älteste Ordnung über das Bereiten und Färben der Tuche in den drei Städten stammt aus Frankenthal und setzt eine strenge Aufsicht des Rates fest. Aber bereits unmittelbar nach der Besiedlung von Otterberg (1579/80) wurde eine Vereinbarung zwischen den Zünften in Frankenthal, Lambrecht und Otterberg geschlossen. Die Absprache erfolgte auf freiwilliger Grundlage, der Landesfürst wird nicht erwähnt, doch dürfte die Vereinbarung kaum ohne dessen stillschweigende Billigung entstanden sein[1092]. Die drei Zünfte blieben völlig selbständig. Aus der vermutlich nur bruchstückhaft erhaltenen Übereinkunft geht kein Rangverhältnis hervor. Nur die Löhne waren einheitlich und durften nicht eigenwillig geändert werden. Pfalzgraf Johann Casimir führte 1581 eine Zunftordnung mit allgemeiner Gültigkeit ein. Einige wenige Änderungen unterscheiden die Texte für Frankenthal und Lambrecht. Ein Text für Otterberg ist nicht erhalten. Da ein Dekret Johann Casimirs vom 1. Dezember 1585 den Schönauer Tuchmachern das Färben ihrer Erzeugnisse im Rahmen der für Frankenthal und Otterberg geltenden Bestimmungen erlaubte, haben Vorschriften für Otterberg mit Sicherheit bestanden[1093].

Das Schwergewicht der Zunftordnung lag auf den Vorschriften über die Herstellung der Tuche und deren Überwachung. Organisatorische Fragen traten in den Hintergrund. Immerhin erfahren wir, daß eine Zunftversammlung, Zunftmeister und Zunftknechte vorgesehen waren. Der Zunftversammlung, zu der jeder Zunftangehörige erscheinen mußte, auch wenn er auswärts wohnte, konnten auch Schultheiß und Bürgermeister beiwohnen. Handwerkliche Organisation, städtische und staatliche Obrigkeit wirkten hier also eng zusammen. Die Wahl der Zunftmeister erfolgte durch die Zunftversammlung, wobei von den 3 Zunftmeistern jeweils nur 2 ausschieden. Die Zunftmeister waren dem Amtmann gegenüber eidlich verpflichtet, die Bestimmungen genau zu überwachen. Die Zunftordnung wurde zur besseren Einprägung auf jedem Zunfttag verlesen[1094]. Die Lehrzeit war auf 1 1/2 Jahre festgesetzt; das ist außerordentlich wenig. Anderwärts wurde die doppelte Zeit verlangt.

Haus Galecki, altes Bürgerhaus, erbaut 1617   Foto: Karl Müller, Otterberg

Die Maßnahme diente vermutlich dazu, möglichst rasch die Produktion in Gang zu bringen; im Jahr 1603 wurde die Lehrzeit auf 4 Jahre hinaufgesetzt.

Die Tuchherstellung vollzog sich nur in seltenen Fällen vom Anfang bis zum Ende in einem Betrieb. Das Spinnen des Rohmaterials und das Wollschlagen übernahmen meist Frauen, Kinder und sonstige Familienangehörige. In Lambrecht beteiligte sich auch die einheimische deutsche Bevölkerung daran, da die Beschaffung des Garnes für die Weberei meist auf Schwierigkeiten stieß. War das Garn dann auf dem Webstuhl verarbeitet, kam das Tuch in die Walkmühle, die entweder genossenschaftlich von den Webern oder aber von selbständigen Walkern betrieben wurde. Ebenso war die Färberei in der Regel die Aufgabe eines eigenen Berufes. Nur billige Tuche färbten die Tuchmacher manchmal selbst[1094]. Ein weiteres Nebengewerbe stellten die Tuchscherer oder Tuchbereiter dar, die sich mit der endgültigen Fertigstellung des Erzeugnisses beschäftigten. Während der Produktion schrieb die Zunftordnung mehrfache Besichtigungen zur Qualitätskontrolle vor. Erst nach allen Prüfungen befestigten die Zunftmeister das Siegel mit dem pfälzischen Löwen an den Tuchen. Das Siegel gab es in drei verschiedenen Größen, je nach Qualität.

Auch für das Färben der Tuche galten strenge Vorschriften, Galläpfel und Kupfervitriol durften nur für geringe Tuche verwendet werden[1094].

Im Jahr 1603 wurde eine neue Vereinbarung zwischen den Zünften in Frankenthal, Lambrecht und Otterberg abgeschlossen[1095]. Die neuen Abmachungen zeigen, daß die Aufbauzeit vorüber war und nun die weitere Entwicklung stärker als früher von den Absatzmöglichkeiten abhing. Ein Lehrling, der das gesamte Handwerk (Krempeln, Spinnen und Weben) erlernen wollte, mußte jetzt vier Lehrjahre durchmachen. Jeder Meister durfte nur mehr auf einem Webstuhl arbeiten; eine Beschränkung der Tuchproduktion wurde jedoch nicht ausgesprochen[1094]. Trotzdem führten die genannten Maßnahmen, wenn nicht zu einem Produktionsrückgang, so doch sicher zu einer Verlangsamung der Fortentwicklung. Eine gesunde, nicht krisenbedrohte Handwerkerschaft konnte aber auch soziale Leistungen aufbringen. In Frankenthal wurde 1606 eine Art Krankenkasse gegründet. Von regelmäßig eingesammelten und von zwei Meistern verwalteten Beiträgen wurden Zahlungen im Krankheitsfall geleistet[1095]

Die Wolle für die aufblühende Tuchmacherei bezogen die Tuchmacher anfangs aus der Kurpfalz, wo eine ausgedehnte Schafzucht bestand. Die abseitige Lage von Otterberg und Schönau führte jedoch bald dazu, daß

Wollhändler die Versorgung mit dem Rohmaterial übernahmen und vor allem kleinere und weniger vermögende Tuchmacher in ihre Abhängigkeit brachten. Erschwerend gerade für die im Aufbau befindlichen Betriebe in Otterberg wirkte sich der Wettbewerb mit den einheimischen Tuchmachern aus, die in Kaiserslautern saßen. Die Kaiserslauterer Wollenweberzunft umfaßte 1611 insgesamt 66 Mitglieder; ferner sind 16 Leinenweber und 21 Gerber zu nennen[1096]. Die Auffassung Ziehners, daß die einheimischen Gewerbetreibenden nicht über den Ortsbedarf hinaus produziert hätten, dürfte damit hinfällig sein[1095]. Ziehner ging von den Verhältnissen in Heidelberg aus, wo 1588 nur 5 Wollenweber, 2 Tuchscherer und 1 Filzmacher anzutreffen waren. Das Kaiserslauterer Tuch wurde ganz im Gegenteil in weit entfernten Orten, wie Luzern oder Marburg, verkauft. An Qualität war es allerdings den Erzeugnissen der Wallonen unterlegen, deren Kammgarnstoffe die gröberen Tuche herkömmlicher Machart überflügelten[1095]. In Straßburg, wo 1447 der Bischof von Basel noch Lauterer Tuch einkaufen ließ, verbannte man es 1546 wegen schlechter Qualität[1096]. Neben Tuch wurde in Otterberg auch sog. Say hergestellt, ein aus Seide, Wolle, Baumwolle und Leinen gemischter Stoff[1097]. Der Krieg brachte die Tuchmacherei zum Erliegen. In Lambrecht ging die Zahl der gewalkten Tuche schlagartig zurück. Waren es 1618 noch 778 gewesen, so verringerten sie sich 1623 auf nur mehr 194, 1628 waren es 230. Zahlen für die späteren Jahre sind nicht vorhanden, vermutlich kam die Produktion ganz zum Erliegen[1098]. In Otterberg, wo keinerlei Unterlagen vorhanden sind, dürfte die Entwicklung ganz ähnlich verlaufen sein.

Andere Gewerbe spielten in Otterberg nur eine untergeordnete Rolle. Zwar dürfte die Bevölkerung nicht ausschließlich im Tuch- und Zeugmacherhandwerk beschäftigt gewesen sein, wie Ziehner vermutete[1097], der Namen Gerbergasse[1099] weist deutlich auch diesen Gewerbezweig nach. Nachrichten über den Umfang des Gerberhandwerks in Otterberg fehlen jedoch vollständig.

Fachwerkhaus, vor 1600, in der Lauergasse   Zeichnung: Siegfried Bauer

Zwischenbilanz

Der Dreißigjährige Krieg, der in der Pfalz heftiger tobte als in vielen anderen Gebieten Deutschlands, stellt einen neuen, scharfen Einschnitt in der Geschichte von Otterberg dar. Er bietet sich auch als Trennlinie für die beiden Bänden der Geschichte von Kloster und Stadt Otterberg an. In einem Gebiet, das früher nur kleine Weilersiedlungen aufwies, wurde 1143 ein Zisterzienserkloster gegründet, das den Namen seiner Gründungsstätte (Otterburg) annahm. Die Bedeutung dieses Klosters reichte weit über die Pfalz hinaus, die mächtige Klosterkirche legt heute noch Zeugnis davon ab. Nach der Aufhebung des Klosters brachte die Ansiedlung von Glaubensflüchtlingen neues Leben nach Otterberg. Die Herkunft und Sonderstellung der Einwohner stellte die neue Stadt in weitgespannte historische Beziehungen. Die Geschichte von Otterberg bis 1618 ist reich an Höhepunkten, sie kann sich an Bedeutung mit der vieler weitaus größerer Städte messen.

Anmerkungen

1. Landkreis Kaiserslautern S. 40
2. Ebenda S. 41/42.
3. Christmann läßt irrtümlich hier die Gemarkungen Otterberg, Schneckenhausen und Mehlbach zusammenstoßen. Das Versehen ist von Karlwerner Kaiser - Lothar Kilian in den Fundberichten für die Jahre 1953/55 bereits berichtigt worden. Siehe Ernst Christmann, Menhire und Hinkelsteine in der Pfalz S. 19 und MHVPf 65 S. 85/86.
4. Aufriß- und Grundrißzeichnung bei Daniel Häberle, Ein Beitrag zum Kapitel Hinkelsteine, in: PfM 21, S. 103-107; Christmann, Hinkelsteine S. 19 vgl. Anm. 3.
5. Häberle S. 105: ansehnlicher Teil. Vgl. Anm. 4.
6. Horst Kirchner, Die Menhire in Mitteleuropa und der Menhirgedanke, Akademie der Wissenschaften und der Literatur in Mainz, Abhandlungen der Geistes- und sozialwissenschaftlichen Klasse, Jg. 1955, Nr. 9, S. (21) - (22).
7. Häberle S. 105, vgl. Anm. 4.
8. Kirchner S. (19) nach E. Wahle, Dt. Vorzeit, 1932, S. 244, Anm. 27.
9. Kirchner S. (147), vgl. Anm. 6.
10. Bearbeitet von Karlwerner Kaiser und Lothar Kilian, MHVPf 65, 1966 und 1967, 1968.
11. MHVPf 65 S. 82.
12. MHVPf 66 S. 76.
13. Christmann S. 7, vgl. Anm. 3; StA Speyer Falkensteiner Akten, Fasz. 106, 1490/1500.
14. Herbert Naumann, Brunholdes Stul, in: MHVPf 63 S. 34 - 94.
15. StA Speyer GGA 58 b und zahlreiche weitere Überlieferungen.
16. Christmann S. 34, vgl. Anm. 3.
17. Kirchner S. (45), (51), vgl. Anm. 6.
18. Ebenda S. (40) ff.
19. Christmann S. 34, vgl. Anm. 3.
20. Ebenda S. 37/38.
21. MHVPf 65 S. 84 - 85.
22. Kirchner S. (17), vgl. Anm. 6.
23. MHVPf 66 S. 23, 25.
24. Karte der mitteleuropäischen Verbreitung bei Kirchner, vgl. Anm. 6, der in der Pfalz bei Christmann vgl. Anm. 3.
25. Kirchner S. (147) - (150), vgl. Anm. 6.
26. Ebenda S. (26) - (27).
27. MHVPf 65 S. 85.
28. Kirchner S. (94), vgl. Anm. 6.
29. Ebenda S. (99).
30. Ebenda S. (100).
31. Ebenda S. (108).
32. Ebenda S. (160); Christmann S. 13 ff., vgl. Anm. 3.
33. Kirchner S. (116/117), vgl. Anm. 6.
34. Ebenda S. (118) und Tafel XXVI.
35. Ebenda Tafel XXVII b.
36. MHVPf 66 S. 34.
37. 1954 insgesamt 45 im Bereich des Forstamtes, 1957 sieben neue Meldungen im Wald von Baalborn, Mehlbach und Mehlingen, MHVPf 6 S. 88.
38. Auskunft Dr. Kaiser, Speyer, Münze im Besitz von Studienrat Seeling, Hohenecken.
39. Landkreis Kaiserslautern S. 43.
40. PGA Karte 4: Funde aus der Römer- und Merowingerzeit, bearbeitet von F. Sprater.
41. Laut Mitteilung von Herrn Prof. Christmann, Kaiserslautern.
42. Karlwerner Kaiser, Die Otterburg bei Otterberg, in: Jb. Kaiserslautern 7, 1969, S. 8 - 14.
43. Christmann, Siedlungsgeschichte S. 46.
44. Ebenda S. 18 Abb. Nr. 2.
45. Ebenda S. 52.
46. Elsaß-lothringischer Atlas, hg. von Georg Wolfram und Werner Gley, Frankfurt 1931, Karte 29.

47 Fritz Langenbeck, Studien zur elsässischen Siedlungsgeschichte. Vom Weiterleben der vorgermanischen Toponymie im deutschsprachigen Elsaß 2 S. 7.
48 Ebenda 2 S. 40, 46.
49 Der hl. Severin wirkte vor allem in Österreich, gest. 482. Seine Lebensbeschreibung von Eugippus ist eine wichtige Geschichtsquelle.
50 Otto Roller, Die Oberrheinlande zur Römerzeit, Vortrag bei der Arbeitsgemeinschaft für geschichtliche Landeskunde am Oberrhein in Karlsruhe am 12. 7. 1963, Protokoll Nr. 35.
51 Landkreis Kaiserslautern S. 46 Karte IX.
52 Eugen Ewig, Die Civitas Ubiorum, die Francia Rinensis und das Land Ribuarien, in: RhVjBl 19, 1954, Heft 1.
53 Christmann, SN 3 S. 21 - 45.
54 Gebhardt, Handbuch der deutschen Geschichte, 8. Auflage. 1954, S. 90 - 94; Christmann, SN 3 S. 33/34.
55 PGA Karte 6.
56 Christmann, SN 3 S. 21 - 33.
57 Ebenda S. 25 Abb. 3.
58 Christmann, SN 1 S. 379/80; Landkreis Kaiserslautern S. 47.
59 Christmann, SN 1 S. 379/80.
60 Christmann, SN 3 S. 50 Abb. 11.
61 Ebenda S. 51.
62 Christmann, SN 1 S. 505.
63 Christmann, SN 3 S. 117.
64 OU Nr. 29, 5.
65 Christmann, Otterberger Mark S. 57.
66 vgl. ZGO 110, 1962, S. 244, Anm. 361.
67 Hermann Graf, Hatte Herzog Friedrich II. von Hohenstaufen, der Vater Barbarossas, wirklich keine Beziehungen zu Lautern? in: Jb. Kaiserslautern 3, 1965, S. 39/40, Eduard Schröder, Deutsche Namenkunde, Göttingen 1938.
68 Hermann Graf, War der Salier, Graf Otto von Worms, Herzog von Kärnten, (955-1004), unter Ausnützung der Schwäche der Reichsregierung ein Raffer von Reichsland und ein Räuber von Klostergut? in: BlPfKG 28, 1961, S. 53/54, Graf, Friedrich II., S. 40.
69 Kaiser, Otterburg, S. 8.
70 Pfarrbeschreibung im Prot. Pfarramt Otterberg. Kaiser, Otterburg S. 8.
71 Widder, Versuch 2, S. 222.
72 OU Nr. 250.
73 StA Speyer Abt. A 14, Nr. 58 m.
74 Das Tennenbacher Güterbuch, Veröffentlichungen der Kommission für geschichtliche Landeskunde in Baden-Württemberg, Reihe A, 19 Stuttgart 1969, S. XIX.
75 Riedner S. 33.
76 Kaller, Urkundenabschriften S. 101-106.
77 Universitätsbibliothek Heidelberg, Handschriftenabt. Cod. Pal. Germ. 809.
78 Notiz: Lägerbuch, zur Pfleg Otterburg gehörig.
79 Th. von Liebenau, Gatterer's Lehrapparat in Luzern, AZ 2. 1877, S. 204-226; Kaller, Archivgeschichte S. 168.
80 Emil Lind, Pfälzer Urkunden im Staatsarchiv Luzern, BlPfKG 1, 1925 und 4, 1928.
81 Hermann Schreibmüller, Pfälzer Reichsministerialen, Kaiserslautern 1911, S. 118 Anm. 3.
82 Kaller, Urkundenabschriften S. 101-106.
83 Würdtwein, Mon. Pal. 1 S. 254.
84 Kunstdenkmäler Kaiserslautern S. 354.
85 Eine neue, in das Archiv der Grafen von Loe in Schloß Wissen (Niederrhein) führende Spur verlief im Sande, da das Archiv im Krieg stark mitgenommen wurde und noch nicht wieder vollständig geordnet werden konnte.
86 Remling, Klostergeschichte 1 S. 216 Anm. 3.
87 HStA München, Geheimes Hausarchiv Nr. 317 S. 152.
88 Stadtarchiv Mainz 13/538.
89 Vgl. Allgemeine Deutsche Biographie 48, Leipzig 1904, S. 743.

90 Gerhard Kaller, Vorschläge Johann Jacob Böhmers zur Herausgabe von Urkunden in Briefen an Franz Xaver Remling, in: AmrKG 19 S. 347-350.
91 Vgl. eine Anzeige der Jägerschen Buchhandlung im PfM 1895, S. 40. Das Buch kostete damals 7,50 Mark.
92 Vgl. Johann Friedrich Böhmer's Leben, Briefe und kleinere Schriften, hg. von Johannes Janssen, 3 Bde. Freiburg/Br. 1868, 2 S. 391, 408 f.
93 Würdtwein, Mon. Pal. 1 S. 254 ff. Nr. 36.
94 HStA München Rheinpfälzer Urkunden Nr. 1384/1.
95 Würdtwein, Mon. Pal. 1 S. 261 ff.; Gatt. Luzern Nr. 32-34.
96 Riedner S. 107.
97 Phil. Diss. Freiburg/Br., Maschinenschrift.
98 Phil. Diss. Heidelberg 1957.
99 PGA Karte 9, Textheft 1, 1964.
100 Veröffentlichungen der Pfälzischen Gesellschaft zur Förderung der Wissenschaften 26, Kaiserslautern 1936.
101 Kunstdenkmäler Kaiserslautern S. 352 ff.
102 Remling, Klostergeschichte 1 S. 216.
103 Mainzer UB 2 Nr. 40. Die älteren Drucke (Acta Academiae Theodoro Palatinae und Würdtwein, Mon. Pal.) sind fehlerhaft und durch die neue Edition überholt.
104 Caspar Jongelinus, Notitiae abbatiarum ordinis Cisterciensis per universum orbem, Köln 1640, 2 S. 60.
105 Einen Überblick bietet meine Miscelle, Wer gründete das Zisterzienserkloster Otterberg, in: ZGO 113, 1965, S. 436-41.
106 Die Regesten der Bischöfe von Eichstätt, bearb. von Franz Heidingsfelder, Veröffentlichungen der Gesellschaft für fränkische Geschichte, Erlangen 1915-1938, Nr. 311.
107 Hohenlohisches Urkundenbuch 1, hg. von Karl Weller, Stuttgart 1899, Nr. 143, 232; F. J. Mone, Kaiserurkunden vom 8. - 14. Jh., in: ZGO 11, 1860, S. 18 u. 284.
108 Vgl. Die Rezension der Arbeit von Johanna Heß-Gotthold, Hausmacht und Politik Friedrich Barbarossas im Raume des heutigen Pfälzer Waldes, Schr. Kaiserslautern 7, 1962, durch Hans Werle im Jb Kaiserslautern 3, 1965, S. 134 f.
109 Heß-Gotthold spricht auf Seite 24 irrtümlich von einem vorderösterreichischen Grafen.
110 Arthur Wyss, Hessisches Urkundenbuch, 1. Abt. Urkundenbuch der Deutschordensballei Hessen 3, (Publikationen aus dem k. Preußischen Staatsarchiven 73) Leipzig 1899, S. 472 f.
111 Heß-Gotthold S. 24 f., vgl. Anm. 108; Wyss 3 S. 473, vgl. Anm. 110. Die bei Heinrich Bayer, Urkundenbuch zur Geschichte der mittelrheinischen Territorien 1, Coblenz 1860, Nr. 523 b, nach einer neueren Kopie abgedruckte Urkunde hat Arthur Wyss als Fälschung erwiesen. Wyss 3 Nr. 1334, S. 443, ff. u. 482, vgl. Anm. 110.
112 Ludwig Falck, Klosterfreiheit und Klosterschutz. Die Klosterpolitik der Mainzer Erzbischöfe von Adalbert I. bis Heinrich I. (1100 - 1153), in: AmrhKG 8, 1956, S. 52 Anm. 176.
113 Mainzer UB 2 Nr. 48.
114 Ebenda Nr. 50.
115 Leopold Janauschek, Originum Cisterciensium tomus I, Wien 1877, S. 83.
116 Mainzer Ub 2 Nr. 36, 37, 38, 39, 40, 53, 57.
117 Ebenda Nr. 36 Vorbemerkung, Nr. 39 Vorbemerkung.
118 Ebenda Nr. 36, 37. 38.
119 Ebenda Nr. 49.
120 Diese Urkunde vom 10. Juli 1144 hat die Stiftung des Klosters Amelunxborn durch den verstorbenen Grafen Siegfried von Boyneburg zum Inhalt, und so verwundert es nicht, wenn bekannte Zeugen wieder auftauchen. Die größere Übereinstimmung der Zeugenreihen ist also eher ein Beweis für die Richtigkeit der in der Folge noch darzulegenden Stiftung Otterbergs durch Siegfried als einer dagegen.
121 Mainzer UB 2 Nr. 44, 46.
122 Ebenda Nr. 37, 38, 39.
123 Ebenda Nr. 36; Original im StA Hannover, Kloster Fredelsloh Nr. 4.
124 Mainzer UB 2 Nr. 37.
125 Ebenda Nr. 33.

126 Otto Fahlbusch, Das Kloster Fredelsloh, in: Heimatblätter, hg. vom Museumsverein für Northeim und Umgebung 3, 1927, S. 71 ff.
127 Karl-Heinz Lange, Die Stellung der Grafen von Northeim in der Reichsgeschichte des 11. und frühen 12. Jahrhunderts, in: Niedersächsische Jb für Landesgeschichte 33, 1961, S. 103.
128 Falck S. 61, vgl. Anm. 112.
129 Heinrich Büttner, Das Erzstift Mainz und das Reich im 12. Jahrhundert, in: Hessische Jb für Landesgeschichte 9, 1959, S. 23 f.
130 Lange S. 10, vgl. Anm. 127.
131 Alexander Cartellieri, Weltgeschichte als Machtgeschichte 3, München und Berlin 1927, S. 180.
132 Lange S.77, vgl. Anm. 127.
133 Emil Kimpen, Ezzonen und Hezeliniden in der rheinischen Pfalzgrafschaft, MIÖG, Ergänzungsband 12, 1933, S. 39.
134 Ruth Gerstner, Die Geschichte der lothringischen Pfalzgrafschaft, Rheinisches Archiv 40, 1941.
135 Karl-Heinz Lange, Dissertation „Die Grafen von Northeim 950 bis 1144", Kiel 1958, 2 Bde. mit etwa 600 Seiten. Diese Dissertation ist nur in maschinenschriftlicher Vervielfältigung zugänglich. Ein vollständiger Druck ist geplant. Peter Moraw-Meinrad Schaab, Territoriale Entwicklung der Kurpfalz, PGA Textband Heft 11 (1969) S. 397, Stammtafel.
136 Annalista Saxo, MGSS 6, hg. von G. Waitz, 1082: Nr. 721, 1101: Nr. 734.
137 Monumenta Germaniae Historica. Die Urkunden der deutschen Könige und Kaiser, 8: Die Urkunden Lothars III. und der Kaiserin Richenza, hg. von Emil von Ottenthal und Hans Hirsch, Berlin 1927, Nr. 67.
138 Ebenda Nr. 97, 101, 120.
139 Heß-Gotthold S. 24, vgl. Anm. 108.
140 Lange S. 125, vgl. Anm. 135.
141 Ebenda S. 137.
142 Lange S. 97, vgl. Anm. 127.
143 Ebenda S. 99.
144 Mainzer UB 1 Nr. 510.
145 Wilhelm Bernhardi, Jahrbücher der Deutschen Geschichte, Lothar von Supplinburg, Leipzig 1879, S. 13/14.
146 Lange S. 99/100, vgl. Anm. 127.
147 MGH, Lothar III. Nr. 10, 24, vgl. Anm. 137.
148 Ebenda Nr. 33.
149 Mainzer UB 1 Nr. 550.
150 Bernhardi S. 21/22, vgl. Anm. 145.
151 Ebenda S. 255.
152 Ebenda S. 844.
153 Ebenda S. 438; Lange S. 100 Anm. 110, siehe Anm. 127.
154 Lange S. 153, vgl. Anm. 135.
155 Lange S. 100 Anm. 110, vgl. Anm. 127.
156 Mainzer UB 1 Nr. 608.
157 Lange S. 101, vgl. Anm. 127.
158 Mainzer UB 1 Nr. 613.
159 Böhmer S. 305 Nr. 307.
160 Ebenda S. 305/07 Nr. 310.
161 Büttner S. 22 f., vgl. Anm. 129.
162 Karl Hampe, Deutsche Kaisergeschichte in der Zeit der Salier und Staufer, 10. Aufl., bearb. von Friedrich Baethgen, Heidelberg 1949, S. 121.
163 Wilhelm Bernhardi, Jahrbücher der Deutschen Geschichte, Konrad III., Teil 1, 1138-1145, Stuttgart 1883, S. 39.
164 Lange S. 101, vgl. Anm. 127; Bernhardi S. 59 ff., vgl. Anm. 163.
165 Büttner S. 22 f., vgl. Anm. 129.
166 Mainzer UB 2 Nr. 6; Lange S. 102, vgl. Anm. 127.
167 Lange S. 102/03, vgl. Anm. 127.
168 Büttner S. 23, vgl. Anm. 129.
169 Mainzer UB 2 Nr. 33.

170 Acta Maguntina seculi XII., hg. von Karl Friedrich Stumpf, Innsbruck 1863, S. 22.
171 Lange S. 104/05, vgl. Anm. 127; Bernhardi S. 328 ff., vgl. Anm. 163.
172 Bernhardi S. 331, vgl. Anm. 163.
173 Karl Friedrich Stumpf, Die Kaiserurkunden des X., XI. und XII. Jh. chronologisch verzeichnet. 2, Insbruck 1865, Nr. 3456, 3457; letztere Urkunde GLA Karlsruhe Selekt A Nr. 132; Bernhardi S. 331 ff., vgl. Anm. 163.
174 Bernhardi S. 229, vgl. Anm. 163.
175 Ebenda S. 332.
176 Lange S. 106, vgl. Anm. 127.
177 OU Nr. 1.
178 Der bei Christmann, SN 1 für Otterbach angegebene Nachweis für 878 ist meiner Ansicht nach auf Ober-Niederotterbach, Kr. Bergzabern, zu beziehen, wo er sich ohne Schwierigkeiten in die anderen bei Christmann gegebenen Belege von 760 und 967 einordnen läßt. Auch Heß-Gotthold S. 63 Anm. 108 bezweifelt aus der Lage im Neusiedelland, daß Otterbach schon im 11. Jh. ein Dorf gewesen sein kann. Da der strittige Beleg aus Förstemanns Altdeutschem Namenbuch, 2. Aufl. 1913, stammt, ist durch die in Arbeit befindliche Neuherausgabe dieses Werkes vielleicht eine weitere Klärung zu erwarten.
179 Lange S. 45 ff., vgl. Anm. 127.
180 Kimpen S. 29 ff., vgl. Anm. 133.
181 Heß-Gotthold S. 24, vgl. Anm. 108.
182 Vita Lodewici comitis de Arnstein, in: Fontes Rerum Germanicarum 3, hg. von Johann Friedrich Böhmer, Stuttgart 1853, S. 331 f. und 339. Guda wird auch in den Bestätigungsurkunden für das Kloster aus dem 12. Jh. erwähnt. Vgl. Lange S. 160 Anm. 599, siehe Anm. 135.
183 Ebenda S. 328.
184 Remling, Klostergeschichte 2 S. 139.
185 Franz Joseph Mone, Hessische Urkunden und Regesten 1136-1295, in: ZGO 2, 1851, S. 434/35.
186 HStA München, Geheimes Hausarchiv, Handschrift 317 S. 152; GLA Karlsruhe 77/6248 u. 6254.
187 Remling, Klostergeschichte 1 S. 216 Anm. 3.
188 Die Eintragung lautet: Anno 1144 ward Otterberg gebaut, so vorhin ein Schloß oder eine Burg gewesen eines Grafen, genannt Ernst von Otterberg und wird das Kloster begabet mit Freiheiten von Kaiser Konraden und Graf Ernsten im Beisein des Bischoffen von Mainz und 19 anderen Bischoffen. (Geheimes Hausarchiv München, Handschrift 317 S. 152).
189 Karl Bosl, Die Reichsministerialität der Salier und Staufer. Schriften der Monumenta Germaniae Historica 10, Stuttgart 1950/51, S. 245.
190 Bernhardi S. 385, vgl. Anm. 163.
191 Falck S. 58, vgl. Anm. 112.
192 Hermann Graf, War der Salier, Graf Otto von Worms, Herzog von Kärnten (955-1004), unter Ausnützung der Schwäche der Reichsregierung ein Raffer von Reichsland und Räuber von Klostergut? In: BlpfKG 28, 1961, S. 53 f.
193 OU Nr. 5, 9.
194 Kaller, Kloster S. 28 f.
195 OU Nr. 1, 2; Heinrich Boos, Quellen zur Geschichte der Stadt Worms, 3Bde. Berlin 1886-1893, 1 Nr. 84.
196 Würdtwein, Mon. Pal. 1 S. 254 ff.
197 HStA München, Rheinpfälzer Urkunden Nr. 1384/1.
198 Mone S. 434/35, vgl. Anm. 185.
199 Zettelsammlung Herrn Heinrich Roths über Kölner Domherren, Stadtarchiv Köln, Geistl. Abt. 77a/4c B. 60.
200 Remling, Klostergeschichte 1 S. 219.
201 OU Nr. 13, 19, 42; Würdtwein, Mon. Pal. 1 S. 272 ff.
202 Zum Beispiel von Ludwig Stamer, Kirchengeschichte der Pfalz 2, Speyer 1949, S. 11; Graf S. 40, vgl. Anm. 67.
203 Stamer 1 S. 130/32, vgl. Anm. 202.
204 Im Mittellateinischen Wörterbuch, bearb. von Otto Prinz, 1 München 1967, sind in fast neun Spalten sechs Hauptbedeutungen und über 50 dazugehörige Varianten aufgeführt.
205 Boos 1 Nr. 76, vgl. Anm. 195.

206 In diesem Sinne Falck S. 51/52, insbes. Anm. 176, siehe Anm. 112.
207 Otto Piper, Burgenkunde, München und Leipzig 1905; Walter Hotz, Kleine Kunstgeschichte der deutschen Burg, Darmstadt 1965.
208 Walter Hellinger, Die Pfarrvisitationen nach Regino von Prüm, ZSRG, kan. Abt. 79, 1962, S. 14/24. Die Visitationen des Sendgerichts begannen mit den Fragen nach dem Kirchengebäude.
209 Lexikon für Theologie und Kirche 9, 2. Aufl. Freiburg 1964, Sp. 658/61 Artikel von H. Flatten.
210 Graf S. 38/41, vgl. Anm. 67.
211 Albert Sleumer, Kirchenlateinisches Wörterbuch, Limburg/Lahn 1926, S. 195.
212 Deutsches Rechtswörterbuch 2, Weimar 1932/35, Sp. 576.
213 Walter Schlesinger, Pfalz und Stadt Ulm bis zur Stauferzeit, Ulm und Oberschwaben 38, 1967, S. 14.
214 Janauschek 1 S. 83, vgl. Anm. 115.
215 Meinrad Schaab, Die Zisterzienserabtei Schönau im Odenwald, Heidelberger Veröffentlichungen zur Landesgeschichte und Landeskunde 8, Heidelberg 1963, S. 24.
216 Der Inhalt des Briefes ist in der Visitationschronik des Abtes Martin Rifflink von Eberbach überliefert. Original im HStA Wiesbaden, gedruckt bei F. W. C. Roth, Zur Bibliographie der hl. Hildegardis, Meisterin des Klosters Rupertsberg bei Bingen, in: Quartalblätter des historischen Vereins für das Großherzogtum Hessen, Jg. 1887, S. 86 f. Es spielte sich damals offensichtlich ein längerer Briefwechsel zwischen einem Mönche des Klosters Otterberg und der hl. Hildegard ab. In der Wiener Hildegard Handschrift (Cod. Vindob. 963 der Österreichischen Nationalbibliothek Wien) ist auf fol. 102 b ff. ein anderer Brief eines Bruders S. aus Otterberg an Hildegard und deren Antwort überliefert. Beide Briefe sind bei Paul Migne, Patrologiae, cursus completus. Series latina 197, Paris 1882: Hildegard von Bingen Sp. 350, gedruckt. Im Druck ist die Überschrift, aus der der Absender allein hervorgeht, weggelassen.
217 Vgl. P. Hermann Bär, Diplomatische Geschichte der Abtei Eberbach im Rheingau 1, hg. von K. Rossel, Wiesbaden 1855, S. 191 Anm. 23; Remling, Klostergeschichte 1 S. 217.
218 1155 bei Bad Dürkheim, OU Nr. 2; 1173 in Ibersheim bei Worms, Boos 1 Nr. 84, vgl. Anm. 195.
219 OU Nr. 5, 8.
220 Ormsheimerhof bei Frankenthal.
221 Vgl. Eduard Winkelmann, Acta Imperii inedita sec. XIII. et XIV., 2 Bde. Innsbruck 1880-1885, 2 Nr. 540. Praktisch bestand die pfälzische Schutzvogtei schon etwas früher, zumindestens bereits 1331, vgl. OU Nr. 428.
222 Häusser 1 S. 177.
223 Boos 2 Nr. 717, vgl. Anm. 195.
224 Vgl. Ludwig Christian Mieg, Monumenta Pietatis et literaria virorum in re publica et literaria illustrium selecta. Frankfurt a. M. 1702, S. 266. Darin ist ein Chronicon Lutrense enthalten. Vgl. ferner Lehmann S. 59.
225 Jb Kaiserslautern 4 S. 60/62.
226 Schaab S. 122/23, vgl. Anm. 215.
227 Gensicke, Mönche S. 21.
228 Würdtwein, Mon. Pal. 1 S. 254/56.
229 Remling, Klostergeschichte 1 S. 218; Frey 3 S. 104.
230 Schreibmüller S. 139 Anm. 2, vgl. Anm. 81.
231 Boos 1 Nr. 113 Auszug, vgl. Anm. 195; GLA Karlsruhe 67/1302 fol. 129 f.
232 Schreibmüller S. 142, vgl. Anm. 81.
233 Ebenda S. 150.
234 Ebenda S. 58, 123/24.
235 OU Nr. 73, 81, 84; Würdtwein, Mon. Pal. 1 S. 264.
236 Würdtwein, Mon. Pal. 1 S. 256 f.
237 ZGO 2 S. 434; Boos 1 Nr. 92, vgl. Anm. 195.
238 Hausen S. 58.
239 Ebenda S. 72.
240 Die Urkunde ohne Tagesdatum wird von den Regesta Imperii in diesen Monat verlegt, in dem der König am 22. 3. auch sont in Speyer nachweisbar ist.
241 OU Nr. 8.
242 Kaller, Kloster S. 81.
243 Schaab S. 52, vgl. Anm. 215.

244 Würdtwein, Mon. Pal. 1 S. 270.
245 Ebenda S. 272.
246 OU Nr. 42.
247 OU Nr. 24.
248 OU Nr. 35.
249 OU Nr. 9.
250 OU Nr. 32.
251 OU Nr. 22, 33, 34.
252 Johann Friedrich Böhmer, Regesta Imperii. Bd. 5 hg. von Julius Ficker und Eduard Winkelmann, 3 Teile, Innsbruck 1881 - 1901, 5, 2 Nr. 4057.
253 OU Nr. 47.
254 OU Nr. 48.
255 OU Nr. 51.
256 OU Nr. 53.
257 Hausen S. 48.
258 Würdtwein, Mon. Pal. 1 S. 279.
259 Valentin Ferdinandus Gudenus, Codex Diplomaticus, 2. - 5. Bd. Frankfurt und Leipzig 1747-1768, 2 S. 64.
260 OU Nr. 72 mit falscher Datierung auf 1239; Böhmer 2 S. 249 Nr. 287, vgl. Anm. 252.
261 Schutzschreiben Papst Innozenz IV. von 1254, OU Nr. 72 S. 53.
262 OU Nr. 74.
263 Würdtwein, Mon. Pal. 1 S. 282 ff.
264 Ernst Christmann, Das fränkische Königshofsystem in der Westpfalz, in: MHVPf 51, 1953, S. 154/56.
265 OU Nr. 76, 77.
266 Hausen Abb. 94.
267 Ebenda S. 15.
268 Kunstdenkmäler Kaiserslautern S. 357.
269 Ebenda S. 358; OU Nr. 87.
270 Kunstdenkmäler Kaiserslautern S. 357.
271 Ebenda S. 357; OU Nr. 118
272 OU Nr. 80, 81, 91, 92, 93, 95, 96, 97, 102, 103, 104, 105, 108, 110, 113, 115, 127.
273 OU Nr. 79, 84, 85.
274 OU Nr. 86.
275 OU Nr. 87.
276 OU Nr. 88.
277 OU Nr. 90.
278 OU Nr. 89; August Potthast, Regesta pontificum Romanorum, 2 Bde. Berlin 1874/75, Nr. 13811.
279 OU Nr. 121.
280 OU Nr. 118.
281 OU Nr. 120.
282 OU Nr. 93-97.
283 OU Nr. 98.
284 OU Nr. 100, 105.
285 OU Nr. 106.
286 OU Nr. 81.
287 OU Nr. 113.
288 OU Nr. 85.
289 OU Nr. 74.
290 OU Nr. 77.
291 OU Nr. 124.
292 Kunstdenkmäler Kaiserslautern S. 408.
293 OU Nr. 128.
294 OU Nr. 84.
295 OU Nr. 92.
296 OU Nr. 85, 124.
297 OU Nr. 101.

298 OU Nr. 111.
299 OU Nr. 122.
300 OU Nr. 93, 110.
301 OU Nr. 105.
302 OU Nr. 127.
303 Rossel 2 Nr. 337.
304 OU Nr. 129.
305 Stadtarchiv Heidelberg, Urkunden der Städtischen Sammlung, Urk. Nr. 2.
306 Würdtwein, Mon. Pal. 1 S. 313.
307 Remling, Klostergeschichte 1 S. 224.
308 OU Nr. 138.
309 OU Nr. 144.
310 Baur 2 Nr. 200.
311 Rossel 2 Nr. 383.
312 F. W. C. Roth, Geschichtsquellen aus Nassau, 4 Bde. Wiesbaden 1880-1884, 1 Nr. 5307.
313 Rossel 2 Nr. 404.
314 Von der entsprechenden Urkunde ist nur ein Druck des 18. Jh. bekannt (Gudenus 3 S. 749, vgl. Anm. 259); er steht im Widerspruch zu der Nachricht, daß die Umwandlung schon 1252 erfolgte (Germania Monastica, Ottobeuren 1967, S. 171; Handbuch der Historischen Stätten Deutschlands 4, Hessen, Stuttgart 1960, S. 334).
315 OU Nr. 159.
316 OU Nr. 162.
317 OU Nr. 171.
318 OU Nr. 168, 169.
319 OU Nr. 173.
320 Baur 5 Nr. 70.
321 OU Nr. 167.
322 OU Nr. 166.
323 Gatt. Luzern Nr. 147.
324 OU Nr. 160.
325 OU Nr. 172, 161.
326 Würdtwein, Mon. Pal. 1 S. 342.
327 Ebenda S. 301, 319, 320, 321, 322; OU Nr. 147.
328 OU Nr. 186.
329 ZGO 6 S. 305.
330 OU Nr. 177.
331 OU Nr. 198.
332 OU Nr. 184.
333 OU Nr. 187.
334 OU Nr. 176.
335 OU Nr. 191, 192.
336 OU Nr. 199.
337 Würdtwein, Mon. Pal. 1 S. 351.
338 Wüstung bei Rohrbach, Kr. Rockenhausen; Würdtwein, Mon. Pal. 1 S. 351.
339 OU Nr. 188, 194.
340 OU Nr. 194.
341 Schwanden ist heute ein Teil von Neukirchen; Würdtwein, Mon. Pal. 1 S. 351.
342 In OU Nr. 194 ist im Gegensatz zum Kopfregest in der Urkunde nicht nur von der Waldweide die Rede, sondern es werden ausdrücklich Wiesen erwähnt und die Weideberechtigung für alle Arten von Tieren zugestanden.
343 Würdtwein, Mon. Pal. 1 S. 328, 329, 332, 355.
344 OU Nr. 199.
345 Würdtwein, Mon. Pal. 1 S. 374, 389.
346 Ebenda S. 385.
347 Ebenda S. 394.
348 OU Nr. 218.

349 Baur 2 Nr. 321.
350 OU Nr. 221.
351 OU Nr. 228.
352 OU Nr. 229.
353 OU Nr. 237.
354 Baur 2 Nr. 355.
355 Ebenda 5 Nr. 122.
356 OU Nr. 231.
357 Rossel 2 Nr. 296.
358 OU Nr. 224, 238.
359 OU Nr. 225.
360 OU Nr. 231.
361 OU Nr. 233.
362 OU Nr. 235, 236.
363 OU Nr. 231.
364 OU Nr. 224, 238.
365 OU Nr. 233.
366 OU Nr. 212, 217, 219, 220, 223, 235.
367 OU Nr. 213.
368 OU Nr. 215.
369 OU Nr. 125.
370 Boos 3 S. 38 Anm. u. S. 233, vgl. Anm. 195.
371 Widder 4 S. 224; Peter Schnepp, Die Raugrafen, in: MHVPf 37/38 S. 170.
372 OU Nr. 137, 173, 174.
373 Kunstdenkmäler Kaiserslautern S. 408.
374 Alfred Hilgard, Urkunden zur Geschichte der Stadt Speyer, Straßburg 1885, Nr. 177.
375 OU Nr. 261; PGA Karte 34.
376 OU Nr. 255.
377 Winkelmann 2 S. 182, vgl. Anm. 221.
378 Koch-Wille 1 Nr. 1353; Würdtwein, Mon. Pal. 1 S. 399.
379 OU Nr. 254.
380 Baur 5 Nr. 160.
381 OU Nr. 279.
382 OU Nr. 253.
383 OU Nr. 272.
384 OU Nr. 258.
385 Rossel 2 Nr. 523.
386 OU Nr. 254.
387 Würdtwein, Mon. Pal. 1 S. 396.
388 OU Nr. 263.
389 Gudenus 3 S. 1184, vgl. Anm. 259.
390 OU Nr. 282.
391 OU Nr. 279.
392 OU Nr. 283, 286.
393 OU Nr. 262.
394 OU Nr. 266.
395 OU Nr. 121.
396 Eine Urkunde von 1290 trägt bei Würdtwein, Mon. Pal. 1 S. 381/82, ein um zehn Jahre zu frühes Datum, 1280 amtierte Erzbischof Wernher. Die Urkunde ist dem Inhalt nach entweder mit OU Nr. 246 identisch, wo das Tagesdatum übereinstimmt, oder mit der Abgabe der üblichen Wachszinsverpflichtungen (Vogt Nr. 131) vom 15. Mai 1290. Hier stimmt die Erwähnung des Wachszinses überein, nicht aber das Tagesdatum.
397 OU Nr. 246.
398 OU Nr. 252.
399 OU Nr. 257.
400 StA Speyer, Urkunden des Fürstentums Nassau Nr. 1851, Abschrift.

401 OU Nr. 273.
402 OU Nr. 274.
403 OU Nr. 280.
404 OU Nr. 281.
405 OU Nr. 294.
406 Kunstdenkmäler Kaiserslautern S. 409.
407 OU Nr. 243.
408 Vgl. S. 94 dieser Arbeit.
409 Walther Möller, Stamm-Tafeln westdeutscher Adelsgeschlechter im Mittelalter 1, Darmstadt 1922, N. F. Darmstadt 1950, Tafel X.
410 Widder 4 S. 224; Erhebungen der Akademie Karl-Theodors und in deren Acta Academiae Theodoro-Palatinae, 1 Mannheim 1766, S. 35, erstmals veröffentlicht, ebenso bei Jongelinus 4, S. 61, vgl. Anm. 104. Bei Widder wird eine Bestattung des Raugrafen Heinrich 1240 genannt, das ist aber ein Druckfehler, bei Acta Academiae steht richtig 1340, dies wird auch durch die gleichfalls dort bestattete Frau Elisabeth deutlich.
411 OU Nr. 294; im OU Druckfehler im Text MCCCIIII, das Mainzer Kopialbuch hat 1303 wie auch das Kopfregest im OU.
412 OU Nr. 297.
413 Boos 2 Nr. 27, vgl. Anm. 195.
414 Ebenda Nr. 24.
415 Würdtwein, Mon. Pal. 1 S. 412.
416 OU Nr. 349.
417 OU Nr. 353.
418 OU Nr. 354.
419 OU Nr. 375.
420 Gatt. Luzern Nr. 345.
421 Wilhelm Müller, Hessisches Ortsnamenbuch 1, Darmstadt 1937, S. 394.
422 OU Nr. 316.
423 OU Nr. 322, 330, 336.
424 OU Nr. 322.
425 OU Nr. 330.
426 OU Nr. 336.
427 OU Nr. 336.
428 OU Nr. 342.
429 OU Nr. 377.
430 OU Nr. 394.
431 OU Nr. 322, 324, 329.
432 OU Nr. 322, 324, 329, 330; Boos 2 Nr. 119, vgl. Anm. 195.
433 OU Nr. 324, 330.
434 OU Nr. 322.
435 Boos 2 Nr. 119, vgl. Anm. 195.
436 OU Nr. 322.
437 Würdtwein, Mon. Pal. 6 S. 143; OU Nr. 326, 347; Gatt. Luzern Nr. 35; OU Nr. 354, 355; StA Speyer, Kopialbuch Rosenthal S. 279; Remling, Klostergeschichte 1 Urk. Nr. 14; OU Nr. 368, 369.
438 OU Nr. 318, 356, 367, 378, 390.
439 Schaab S. 93, vgl. Anm. 215.
440 OU Nr. 345.
441 OU Nr. 391.
442 OU Nr. 392. Die Übertragung wird in den Mittelrheinischen Regesten 2, hg. von A. Goerz, Coblenz 1879, Nr. 1639, irrtümlich um 100 Jahre auf 1224 vorverlegt.
443 OU Nr. 294, 365, 382.
444 Schnepp S. 156, vgl. Anm. 371; OU Nr. 347.
445 Kunstdenkmäler Kaiserslautern S. 408.
446 OU Nr. 429; Baur 5 Nr. 295.
447 Baur 5 Nr. 273.
448 OU Nr. 427.

449 Würdtwein, Mon. Pal. 5 S. 375.
450 OU Nr. 418, 419.
451 OU Nr. 420.
452 Abgedruckt unter OU Nr. 419.
453 OU Nr. 425.
454 OU Nr. 387, 388.
455 Schaab S. 93, vgl. Anm. 215.
456 OU Nr. 412.
457 OU Nr. 413.
458 HStA München, Rheinpfälzer Urkunden Nr. 1394.
459 Ebenda Urkunde Nr. 1400.
460 OU Nr. 427.
461 OU Nr. 290.
462 Winkelmann 2 Nr. 540, vgl. Anm. 221.
463 OU Nr. 428.
464 OU Nr. 441.
465 OU Nr. 444, 450, 455.
466 OU Nr. 449.
467 Vermutlich Mönchbischheim, vgl. OU Nr. 434 u. 453.
468 OU Nr. 434; Würdtwein, Mon. Pal. 1 S. 434.
469 Remling, Klostergeschichte 1 S. 229.
470 OU Nr. 425.
471 OU Nr. 455.
472 Schnepp S. 163, 188, vgl. Anm. 371; Möller 1 Tafel X, vgl. Anm. 409.
473 Baur 3 Nr. 229.
474 Gatt. Luzern Nr. 552 vom 4. Mai 1350.
475 Baur 5 Nr. 388.
476 Die zwei Notizen im OU finden wir im Anschluß an Nr. 455; Schiedsspruch: HStA München, Rheinpfälzer Urkunden Nr. 1396.
477 Schnepp S. 189, vgl. Anm. 371; Möller 1 Tafel X, vgl. Anm. 409.
478 Gatt. Luzern Nr. 683 u. 711.
479 Würdtwein, Mon. Pal. 4 S. 379.
480 OU Nr. 427.
481 Würdtwein, Mon. Pal. 1 S. 452.
482 H. Zuchold, Des Nikolaus von Landau Sermone. Aus dem Germanischen Seminar zu Halle, Halle 1905.
483 HStA Wiesbaden 22/970.
484 Baur 5 Nr. 501.
485 Beispiel 1360, Baur 5 Nr. 426; Hans Mosler, Die Cistercienserabtei Altenberg. Germania Sacra, N. F. 2: Die Bistümer der Kirchenprovinz Köln, Heft 1: Das Erzbistum Köln, Berlin 1965, S. 124 ff. grundsätzliche Ausführungen zu diesem Thema.
486 HStA München, Rheinpfälzer Urkunden Nr. 1398.
487 Mosler S. 136, vgl. Anm. 485.
488 Baur 5 S. 516.
489 Remling, Klostergeschichte 1 S. 230.
490 Baur 5 Nr. 516 Anm.
491 OU Nr. 436.
492 Baur 5 Nr. 516 mit unrichtigem Datum 1389, vgl. Repertorium Germanicum 2 Sp. 948.
493 Baur 5 Nr. 516 Anm.
494 Repertorium Germanicum 2, Urban VI, Bonifaz IX., Innocenz VII. und Gregor XII. 1378-1415, bearb. von Gerd Tellenbach, Berlin 1961, S. 31 + f.
495 Remling, Klostergeschichte 1 S. 230.
496 GLA Karlsruhe 65/2327.
497 Karl Klunzinger, Urkundliche Geschichte der vormaligen Cistercienser-Abtei Maulbronn, Stuttgart 1854, S. 118.
498 Ebenda S. 118.

499 Ebenda S. 178 f.
500 Maximilian Huffschmid, Beiträge zur Geschichte der Cistercienserabtei Schönau bei Heidelberg, ZGO 46, 1892, S. 100.
501 Hans Mosler, Die Cistercienserabtei Altenberg. Germania Sacra, N. F. 2: Die Bistümer der Kirchenprovinz Köln, Heft 1: Das Erzbistum Köln, Berlin 1965, S. 122.
502 Gatt. Luzern Nr. 1335, 1398.
503 Koch-Wille 2 Nr. 3120; ganzer Urkundentext GLA Karlsruhe 67/809; Geheimes Hausarchiv München, Urk. Nr. 2646, vgl. Klaus-Peter Westrich, Spuren der Otterberger Klosterbibliothek im 15. Jahrhundert, in: Jb. Kaiserslautern 8/9, 1970/71, S. 119-123.
504 Gatt. Luzern Nr. 1398.
505 Häusser S. 354.
506 Ebenda S. 354 ff.
507 Würdtwein, Mon. Pal. 1 S. 475; Remling, Klostergeschichte 1 S. 231.
508 Richard Lossen, Staat und Kirche in der Pfalz im Ausgang des Mittelalters. Vorreformationsgeschichtliche Forschungen 3, Münster i. W. 1907, S. 210 ff. Urkundenanhang; Original GLA Karlsruhe 67/876 fol. 303 ff.
509 Erhalten als Insert in der Urkunde Karls V., StA Speyer, Kurpfälzische Urkunden Nr. 1863.
510 Universitätsbibliothek Heidelberg, Codex Palatinus Germanicus Nr. 809.
511 ZGO 27 S. 229; Gatt. Luzern Nr. 1398.
512 Remling, Klostergeschichte 1 S. 231.
513 Ed. Brinckmeier, Genealogische Geschichte des Hauses Leiningen u. Leiningen-Westerburg 1, Braunschweig 1890, S. 210; Original der Urkunde im Fürstlich Leiningischen Archiv, Amorbach.
514 StA Speyer, Bestand D 30, Nr. 195.
515 Fürstlich Leiningisches Archiv Amorbach Abt. A V; Kaller, Kloster S. 46.
516 StA Speyer, Mauchenheimer Kopialbuch im Leyenschen Archiv Waal, Regest von Pöhlmann, Urk. Nr. 1.
517 StA Speyer, Bestand A 1, Nr. 1892.
518 Heinrich Boos, Geschichte der rheinischen Städtekultur von ihren Anfängen bis zur Gegenwart mit besonderer Berücksichtigung der Stadt Worms, 4 Bde. 2. Ausg. Berlin 1899, 3 S. 154.
519 Schaab S. 45, vgl. Anm. 215.
520 ZGO 26 S. 168.
521 Bericht der Amtleute über die Mannschaft und ihre Ausrüstung, ZGO 26 S. 160 ff.
522 Verzeichnis Fuhrwerk aus Klöstern, ZGO 26 S. 216.
523 GLA Karlsruhe 65/2327 Marc Rosenbergs Badische Sammlung, Handschrift Monasteria Palatinatu S. 20.
524 Stadtarchiv Worms Urk. Nr. 12.
525 Peter Harer, Wahrhafte und gründliche Beschreibung des Bauernkrieges, hg. von Günther Franz, Schriften der Pfälzischen Gesellschaft zur Förderung der Wissenschaften 25, Kaiserslautern 1936, S. 56.
526 Gensicke, Bauernkrieg S. 60/62.
527 StA Speyer, Bestand D 31, Nr. 26.
528 StA Speyer, Bestand A 1, Nr. 1864.
529 Stadtarchiv Heidelberg, Städtische Sammlung Urk. Nr. 115.
530 StA Speyer, Bestand A 1, Nr. 1897.
531 Fürstlich Leiningisches Archiv Amorbach, Akten.
532 Ebenda.
533 GLA Karlsruhe 65/2327 Marc Rosenberg-s Badische Sammlung, Handschrift Monasteria Palatinatu S. 20; HStA Wiesbaden 22/1994.
534 Ebenda S. 20.
535 Stadtarchiv Worms Akten fol. 22.
536 Kunstdenkmäler Kaiserslautern S. 408.
537 GLA Karlsruhe 65/2327 Marc Rosenbergs Badische Sammlung, Handschrift Monasteria Palatinatu S. 4 a.
538 Remling, Klostergeschichte 1 S. 233.
539 Schaab S. 123, vgl. Anm. 215.
540 Gensicke, Mönche S. 22.

541 Dieser Eintrag fehlt in dem Druck der Urkunde durch Frey und Remling, ist aber im Original im StA Luzern (Gatt. Nr. 38) und im Mainzer Kopialbuch vorhanden.
542 Vgl. OU Nr. 37, 425; Baur 2 Nr. 336, 664; 3 Nr. 976, 987, 1010.
543 OU Nr. 12.
544 Vgl. Würdtwein, Mon. Pal. 1 S. 256; Böhmer 5, 1 Nr. 800, vgl. Anm. 252; OU Nr. 12; Böhmer 2 S. 105.
545 Vgl. Würdtwein, Mon. Pal. 1 S. 226; Potthast 2 Nr. 16218, vgl. Anm. 278. Die Urkunde fehlt bei Bourel de la Rouciere, Les Registres d'Alexandre IV., Paris 1902.
546 Von den 73 Orten, in denen die Urkunde Otterberger Besitz belegt, sind 3 doppelt aufgeführt. Die Orte sind in der gleichen Reihenfolge wie im Original genannt. Es werden zunächst die nahe bei Otterberg gelegenen Orte aufgeführt, dann die im Osten, Richtung Worms, schließlich die am Mittelrhein. Diese Ordnung ist aber nicht streng durchgeführt. Vgl. die in Klammern beigefügten Lageangaben.
547 Es kann sich hier um Kirchheim, heute Kirchheimbolanden, oder um Kirchheim a. d. Eck, Kr. Frankenthal, handeln. Die in der Aufstellung in der Nähe stehenden Ortsnamen lassen jedoch Kirchheimbolanden vermuten.
548 Der Namensform nach Neukirchen, Kr. Kaiserslautern. Die in der Aufstellung in der Nähe stehenden Ortsnamen lassen den Ort in Rheinhessen vermuten.
549 Lage unbekannt. Nach einer schriftlichen Auskunft von Prof. Ernst Christmann, Kaiserslautern, könnte man an Kempten bei Bingen denken, das aber weit entfernt liegt.
550 Kann Rheindürkheim, Dorn-Dürkheim, beide Kr. Worms, oder Bad Dürkheim, Kr. Neustadt, sein. Die in der Aufstellung in der Nähe stehenden Ortsnamen machen Bad Dürkheim wahrscheinlich.
551 Vielleicht Harxheim, Kr. Kirchheimbolanden.
552 Unter possessiones werden gezählt: vinea, prata, pascua, silvas, molendinas, domos, ortus, reditibus.
553 Vgl. OU Nr. 154, 253; Würdtwein, Mon. Pal. 1 S. 467, 475; StA Speyer GGA 58 m Bl. 34 b; Widder 4 S. 244. Der Münchhof wurde im 18. Jh. noch durch die geistliche Verwaltung verliehen.
554 Würdtwein, Mon. Pal. 1 S. 256 ff.
555 Ebenda S. 212 ff.
556 Vgl. Christmann SN 1.
557 Würdtwein, Mon. Pal. 1 S. 262.
558 OU Nr. 5, 14.
559 Vgl. Ernst Christmann, Aus Morlautern an der Reichs- und Königstraße, in: PfHBl. 12, 1964, S. 17.
560 Christmann, Otterberger Mark S. 57.
561 Würdtwein, Mon. Pal. 1 S. 264.
562 Ebenda S. 271.
563 Ebenda S. 271.
564 Ebenda S. 271.
565 Ebenda S. 282 ff.
566 Christmann S. 129, vgl. Anm. 264; Ernst Christmann, Die Flurnamenkartei als wissenschaftliches Forschungsinstrument, in: ZbayLG 18, 1955, S. 186; Otto Drumm, Vom Sattelhof und der Lohmühle, in: PfHBl 4, 1956, S. 63.
567 Würdtwein, Mon. Pal. 1 S. 282 ff.
568 Ebenda S. 329.
569 Ebenda S. 342 ff.
570 Ebenda S. 342 ff, 360 ff.
571 Christmann, SN 2 S. 215.
572 Würdtwein, Mon. Pal. 1 S. 382 ff.
573 Ebenda S. 360.
574 Lind S. 35, vgl. Anm. 80.
575 Anneliese Sturm, Die Wälder des östlichen Nordpfälzer Berglandes, Veröffentlichungen der Pfälzischen Gesellschaft zur Förderung der Wissenschaften 39, Speyer 1959, S. 113.
576 Würdtwein, Mon. Pal. 1 S. 501 f.
577 Ebenda S. 264.
578 Ebenda S. 256 ff.
579 Frey S. 100; Würdtwein, Mon. Pal. 1 S. 373.

580 C. Kleeberger, Sendelborn-Münchhof, in: PfM 25, 1908, S. 5.
581 Ebenda S. 5 Anm. 34; Stadtarchiv Otterberg B 1,1, Abschrift einer Grenzbeschreibung von 1600, S. 26 f. Die Abschrift enthält auch eine rohe Skizze von zwei gekreuzten Händen auf Stein Nr. 12.
582 StA Speyer, Bestand A 14, Nr. 58 b S. 40 f.
583 Waldbeschreibung von Vellmann 1600, StA Speyer GGa 58 b S. 38.
584 StA Speyer, Bestand A 14, Nr. 61/1 Bl. 3 b.
585 Stadtarchiv Otterberg B 1,1 S. 69 ff.
586 Ebenda S. 27.
587 OU Nr. 331.
588 Ney S. 239.
589 Vgl. OU Nr. 297, 298, 299, 301.
590 Vgl. OU Nr. 303, 304, 305, 308, 309, 311.
591 Vgl. OU Nr. 377.
592 Vgl. OU Nr. 37, 55.
593 Vgl. OU Nr. 93, 235.
594 Vgl. OU Nr. 110, 236, 378.
595 Vgl. Ou Nr. 235; Maria Elisabeth Merkel, Die Cisterzienserabtei Otterberg in ihrer wirtschaftlichen und rechtlichen Entwicklung, Dissertation Maschinenschrift, Freiburg/Br. 1925, S. 38.
596 Vgl. OU Nr. 250, 251, 344, 345, 348, 350, 399.
597 Vgl. OU Nr. 16.
598 Vgl. OU Nr. 56. Die außergewöhnliche Belastung ließ E. Merkel S. 16, vgl. Anm. 595, dort einen Steinbruch vermuten, dessen Steine zum Bau der Klosterkirche verwendet wurden. Am großen Fronberg, unmittelbar bei Otterberg, liegt aber ein Steinbruch, für dessen Steine der lange Transportweg wegfällt. Man ist allgemein der Meinung, diese Steine wurden zum Bau der Kirche verwendet. Vgl. Häberle, Sandsteinindustrie S. 5; Hocke, Abteikirche Otterberg; Hausen S. 16.
599 Vgl. Würdtwein, Mon. Pal. 1 S. 254; Remling Klostergeschichte 1 S. 218.
600 Vgl. OU Nr. 17, 18, 19; 101, 102, 143; 111, 112, 255, 292, 373, 155, 161 u. öfter.
601 Vgl. OU Nr. 62, 63, 64, 114, 116, 117. Die Schenkung erfolgte durch die Gräfin Lukarde von Saarbrücken und wurde von ihrem Sohn, Graf Simon von Saarbrücken, und von Wildgraf Conrad II., dem Gemahl der Tochter Simons, bestätigt bzw. bezeugt. Vgl. Möller Tafel XV, vgl. Anm. 409.
602 Josephus Canivez, Statuta Capitulorum Generalium Ordinis Cisterciensis ab anno 1116 ad annum 1786, Bibliothèque de la Revue d'histoire ecclésiastique 9 - 14 b, Louvain 1933-1941, 1 Nr. 1134.
603 Schaab S. 83, vgl. Anm. 215.
604 OU Nr. 291.
605 Schaab S. 65, vgl. Anm. 215.
606 Beispiel OU Nr. 459 (1362) und OU Nr. 408 (1326).
607 Schaab S. 83, vgl. Anm. 215.
608 OU Nr. 294.
609 OU Nr. 298.
610 OU Nr. 299.
611 OU Nr. 304, 305.
612 OU Nr. 309.
613 OU Nr. 311.
614 OU Nr. 334.
615 OU Nr. 358, 359.
616 OU Nr. 362.
617 OU Nr. 379.
618 OU Nr. 297.
619 OU Nr. 301.
620 OU Nr. 361.
621 OU Nr. 409.
622 Baur 5 Nr. 294.
623 OU Nr. 443.
624 OU Nr. 407.

625 StA Speyer, Limburger Kopialbuch B, fol. 155 b.
626 Beispiel OU Nr. 294, 298, 299, 304, 308, 311, 334, 362, 386; Baur 5 Nr. 294.
627 OU Nr. 358.
628 Beispiele OU Nr. 301, 407.
629 Beispiele OU Nr. 297, 361.
630 OU Nr. 408.
631 OU Nr. 409.
632 OU Nr. 452.
633 OU Nr. 362.
634 OU Nr. 325.
635 Baur 5 Nr. 294.
636 Schaab S. 66, vgl. Anm. 215.
637 Vgl. S. 134/135 dieser Arbeit.
638 Herburt gen. Slich, Heinrich Ruche und eine Anzahl Mitverkäufer.
639 Baur 5 Nr. 295.
640 Vermutlich gehörten dazu noch 2 weitere Höfe, die früher Sygel Guntram und dem Vater des Dompfründers Konrad Stetinger gehörten, von denen bei einem vor dem Stadtrat abgeschlossenen Kaufgeschäft an den Zwischenbesitzer Konrat Stetinger in Speyer ausdrücklich die Rede ist und die nach dem Kaufpreis zu schließen auch an Otterberg mitverkauft wurden, um 200 Pfund Heller an Stetinger, nach Ablösung eines Hellergeldes von 8 Pfund um 244 Pfund Heller weiterverkauft.
641 Schaab S. 66, vgl. Anm. 215.
642 OU Nr. 15.
643 OU Nr. 58.
644 Götz Landwehr, Die Verpfändung der deutschen Reichsstädte im Mittelalter, Forschungen zur deutschen Rechtsgeschichte 5, Köln 1967, S. 432/33.
645 Ebenda S. 415.
646 Vgl. Friedrich Lütge, Das 14./15. Jahrhundert in der Sozial- und Wirtschaftsgeschichte, in: Jb für Nationalökonomie und Statistik 162, 1950, S. 202 ff. Eine etwas abweichende Meinung vertritt Ernst Keller, Das deutsche Wirtschaftsleben des 14. und 15. Jahrhunderts im Schatten der Pestepidemien, ebenda 165, 1953, S. 161 ff.
647 Bei Frey und Remling unter OU Nr. 461 zusammengefaßt.
648 Vgl. Baur 5 Nr. 426; Würdtwein, Mon. Pal. 1 S. 452; Gatt. Luzern Nr. 640, 683, 961, 1516; HStA München, Rheinpfälzer Urkunden Nr. 1389, 3119; Lossen S. 210 ff. Urkundenanhang, vgl. Anm. 508
649 StA Speyer, Kurpfälzische Urkunden Nr. 862, 1899.
650 Schaab S. 66, vgl. Anm. 215.
651 Vgl. Glasschröder Nr. 633.
652 Vgl. Würdtwein, Mon. Pal. 1 S. 481.
653 GLA Karlsruhe 67/829 Bl. 75 ff.
654 Fürstlich Leiningisches Archiv Amorbach, Abt. A V, Kleinbockenheimer Kopialbuch Bl. 98 f.; GLA Karlsruhe 67/829 Bl. 275 b ff.
655 Vgl. S. 137 dieser Arbeit.
656 Vgl. Baur 5 Nr. 516.
657 GLA Karlsruhe 67/809 Bl. 70 a ff. oder 67/905 Bl. 61 a ff.; vgl. Koch-Wille 2 Nr. 3120.
658 Vgl. Würdtwein, Mon. Pal. 1 S. 456.
659 Vgl. Canivez 4 S. 119, siehe Anm. 602.
660 StA Würzburg, Mainzer Urkunden, weltliche Schreiben, L 17/32. Außer für Otterberg sprach der Kurfürst diese Bitte auch für das Kloster Syon aus.
661 Fürstlich Leiningisches Archiv Amorbuch Abt. A V, Kleinbockenheimer Kopialbuch Bl. 28 b.
662 GLA Karlsruhe 67/810 Bl. 180.
663 GLA Karlsruhe 67/810 Bl. 210 a.
664 Würdtwein, Mon. Pal. 1 S. 467; Louis J. Lekai, The White Monks. A History of the Cistercian orden, Okauchee Wis. 1953, S. 219, sieht in dieser Zahl einen Beweis für die bedeutsame Tierzucht des Ordens überhaupt. Deutsche Übersetzung von Ambrosius Schneider, Geschichte und Wirken der weißen Mönche, Köln 1958.
665 HStA Wiesbaden 22/1430.
666 Canivez 4 S. 333, 474, 621, 737; 5 S. 450, 528, vgl. Anm. 602; Eduard Winkelmann, Urkundenbuch der Universität Heidelberg, 2 Regesten, Heidelberg 1886, 2 Nr. 596.

667 Das älteste der uns erhaltenen Verzeichnisse (StA Speyer GGA 58 m) wurde in diesen Jahren begonnen.
668 Vgl. Würdtwein, Mon. Pal. 1 S. 470 ff.; Stadtarchiv Heidelberg, Städtische Sammlung Urk. Nr. 29; StA Speyer, Kurpfälzische Urkunden Nr. 1883, 1886.
669 GLA Karlsruhe 67/866 Bl. 6 f.
670 StA Speyer, Bestand 14, Nr. 68 Bl. 26 f.
671 Eberbach z. B. trat 1579 und 1659 erhebliche Teile seines Besitzes an den Landgrafen von Hessen und den Pfalzgrafen ab, um sich von der Atzung zu befreien. Vgl. J. Söhn, Geschichte des wirtschaftlichen Lebens der Abtei Eberbach im Rheingau. Vornehmlich im 15. und 16. Jh., Wiesbaden 1914, S. 31 f.
672 OU Nr. 434.
673 GLA Karlsruhe 67/810 Bl. 180.
674 Schaab S. 67, vgl. Anm. 215.
675 Stadtarchiv Kaiserslautern, Abt. C, 1. Rothes Buch S. 141 ff.; Julius Küchler, Das Steinerne Haus in Kaiserslautern, in: PfGBl 9, 1913, S. 19; Lehmann S. 81.
676 Der Vater des Mönches Mettenheimer, von dem bald noch ausführlicher zu reden sein wird, war Weinbauer in Pfeddersheim.
677 Vgl. Günther Franz, Der deutsche Bauernkrieg, München und Berlin 1933.
678 Ebenda S. 142.
679 Ebenda S. 141.
680 Vgl. Franz S. 147 f. siehe Anm. 677.
681 Ebenda S. 152.
682 Ebenda S. 367.
683 Ebenda S. 368; Harer S. 56, vgl. Anm. 525.
684 Dieser Haufen hatte sich am 30. April im Wasgau (Elsaß) gebildet und das Zisterzienserkloster Stürzelbronn verwüstet. Harer S. 47, vgl. Anm. 525.
685 Ebenda S. 56/57, Schreibung modernisiert.
686 Ebenda S. 58.
687 Noch im Dreißigjährigen Krieg machten sich die Spanier und das Bistum Speyer diesen Besitz streitig. Joseph Baur, Das Fürstbistum zu Speyer in den Jahren 1635 bis 1652, in: MHVPf 24, 1900, S. 138.
688 Gensicke, Bauernkrieg S. 61 f.
689 Max Heimbucher, Die Orden und Kongregationen der katholischen Kirche 1, Paderborn 1933, S. 61 ff.
690 Lekai-Schneider S. 13, vgl. Anm. 664; David Knowles, Geschichte des christlichen Mönchtums, Benediktiner, Zisterzienser, Karthäuser, deutsche Übersetzung München 1969, S. 72 ff.
691 Lekai-Schneider S. 33, vgl. Anm. 664.
692 Textgrundlage MS. 1207 von St. Geneviève in Paris nach Abdruck bei Lekai-Schneider S. 44/46, vgl. Anm. 664.
693 Ebenda S. 58 ff.
694 So in Altenberg, Mosler S. 16, vgl. Anm. 485.
695 Ebenda S. 126.
696 Schaab S. 43, vgl. Anm. 215.
697 Vgl. Albert Hauck, Kirchengeschichte Deutschlands 4, 1954, S. 343.
698 Die Tabelle ist nach den Angaben bei Albert Hauck, Kirchengeschichte Deutschlands, S. 344 Anm. 1, angefertigt.
699 Mosler S. 121 ff, vgl. Anm. 485; Schaab S. 36 ff, vgl. Anm. 215.
700 Philipp Hofmeister, Das allgemeine Stimm- und Wahlrecht bei den Ordensleuten, in: ZSRG, kan. Abt. 84, 1967, S. 78.
701 Ebenda S. 80/81 und 95 Zusammenfassung.
702 Zu Beginn der Urkunde von 1185 (Würdtwein, Mon. Pal. 1 S. 256) heißt es: „Ego Albero secundus abbas de Otterburg". Zieht man das secundus zu Albero, so handelt es sich um den Abt Albero II., bezieht man es aber richtig auf abbas, sagt es, daß Albero der zweite Abt des Klosters war. Zur Problematik der Abtchronologie vgl. Kaller, Amtszeiten und Herkunft der Äbte des Zisterzienserklosters Otterberg, in: AmrhKG 1970.
703 Philipp ist von 1170-76 als Domherr in Köln belegt. Auf die Lebensgeschichte dieses Abtes wird im Fortgang der Arbeit noch eingegangen. Zur Bestrafung des Abtes im Jahr 1198 vgl. Canivez, Statuta 1, S. 230/31.

704 Gatt. Luzern Nr. 35.
705 OU Nr. 250.
706 Boos 1 Nr. 408, vgl. Anm. 195.
707 Corpus der altdeutschen Originalurkunden bis zum Jahr 1300, Bd 1, hg. von Friedrich Wilhelm, Lahr 1932, Nr. 13.
708 Gatt. Luzern Nr. 35.
709 Arabische Ziffern waren in Europa zwar seit der Mitte des 12. Jh. bekannt, wurden aber nur vereinzelt in der gelehrten Literatur und auf Grabsteinen verwendet, seit dem 14. Jh. bei Haus- und Steininschriften und erst im 15. Jh. häufiger. Vgl. Heribert Sturm, Unsere Schrift, Neustadt/Aisch 1961, S. 92.
710 Otterberger Kopialbuch, Stadtarchiv Mainz 13/538 fol. 98 b.
711 OU Nr. 286.
712 Boos 1 Nr. 133, vgl. Anm. 195.
713 Boos 1 Nr. 136, vgl. Anm. 195.
714 Schreibmüller S. 48, 138, vgl. Anm. 81.
715 Baur 2 Nr. 85; OU Nr. 73.
716 Friedrich III. von Leiningen 1237 - 1287. Vgl. Brinckmeier 1 S. 53/71, siehe Anm. 513.
717 Frau Angelika Tröscher (Mainz), die an einer Genealogie des Geschlechts von Eiselntheim arbeitet, hat mich dankenswerter Weise auf die Belege für Dietzo I. hingewiesen.
718 OU Nr. 110.
719 Würdtwein, Mon. Pal. 1 S. 284.
720 Ebenda S. 288/89.
721 OU Nr. 80.
722 Würdtwein, Mon. Pal. 1 S. 286/88.
723 Ebenda S. 282/84.
724 OU Nr. 202 (1277); StA Speyer, Kurpfälzische Urkunden Nr. 1871 (1272). Vgl. Klaus Conrad, Die Geschichte des Dominikanerinnenklosters Lambrecht, Heidelberger Veröffentlichungen zur Landesgeschichte und Landeskunde 5, 1960, S. 83.
725 Die Angabe bei Remling, Klostergeschichte 1 S. 222 „Agnes, eine geborene Rheingräfin" ist irrig und beruht wahrscheinlich auf der falschen Urkundenreihung bei Würdtwein. Die Abstammung vom Geschlecht von Hornberg ist in der Literatur mehrfach bezeugt. Vgl. Lehmann, Urkundliche Geschichte der Burgen und Bergschlässer in den ehemaligen Gauen, Grafschaften und Herrschaften der bayerischen Pfalz, 2 Kaiserslautern o. J., S. 384; ZGO 4, 1853, S. 445 Anm. 4; Conrad S. 84, vgl. Anm. 724.
726 GLA Karlsruhe 65/1013 Nr. 185.
727 OU Nr. 84. Die Schreibung Wilhelmi hat auch das Original des Kopialbuches fol. 57.
728 Remling, Klostergeschichte 1 S. 224.
729 OU Nr. 176.
730 OU Nr. 189.
731 OU Nr. 191, 192, 194, 195, 196.
732 Würdtwein, Mon. Pal. 1 S. 347, 352, 365; OU Nr. 199.
733 OU Nr. 202, 203.
734 OU Nr. 210 u. öfter.
735 OU Nr. 191.
736 Würdtwein, Mon. Pal. 1 S. 347, 352, 365.
737 OU Nr. 199, 203.
738 Würdtwein, Mon. Pal. 1 S. 351; OU Nr. 199.
739 Abkürzung G: OU Nr. 189, 192, 194, 195, 196, 203; Gottfried: Würdtwein, Mon. Pal. 1 S. 365.
740 OU Nr. 202.
741 OU Nr. 210, 233.
742 Stadtarchiv Mainz Urkunde Nr. 313. Vgl. Richard Dertsch, Die Urkunden des Stadtarchivs Mainz, Beiträge zur Geschichte der Stadt Mainz, 20 Mainz 1962, S. 113.
743 Abkürzung G: Stadtarchiv Mainz, Urkunde Nr. 313; OU Nr. 286. Abkürzung Ger: Baur 5 Nr. 160.
744 OU Nr. 290, 294, 297.
745 OU Nr. 290, 297.
746 OU Nr. 399, 405.
747 OU Nr. 399.

748 Remling, Klostergeschichte 2 S. 121.
749 Würdtwein, Mon. Pal. 1 S. 429.
750 OU Nr. 297, 301; Remling, Klostergeschichte 1 S. 330 Urkundenanhang.
751 Rossel 2 Nr. 670.
752 OU Nr. 426; Baur 5 Nr. 294.
753 Remling, Klostergeschichte 1 S. 228.
754 Baur 5 Nr. 388.
755 Remling, Klostergeschichte 1 S. 229.
756 Baur 3 Nr. 1372; Würdtwein, Mon. Pal. 1 S. 452.
757 Baur 5 Nr. 516 Anm.; Gudenus 5 S. 742, vgl. Anm. 259.
758 Koch-Wille 1 Nr. 2131; Winkelmann 2 Nr. 340, vgl. Anm. 221.
759 Vgl. Remling, Klostergeschichte 1 S. 230. Remlings Quelle ist ein Werk des 17. Jh. von Caspar Bruschius, Chronologia Monasteriorum Germaniae, Nürnberg 1682. Am Ende des Abschnitts über Maulbronn erwähnt er auf Seite 334, daß aus den Reihen der Mönche Marquard Abt in Schönau und Conrad von Binigkhen (= Bönnigheim, Kr. Ludwigsburg) Abt in Otterberg wurden. Bruschius gibt keinerlei Jahreszahlen an. Da aber in der Otterberger Klostergeschichte nur dieser eine Abt Konrad vorkommt, kann Remling mit Recht diesen Hinweis hierher beziehen. Maulbronn stand seit 1372 unter pfälzischer Vogtei; es dürfte daher der Pfalzgraf einen Experten von dort in das gleichfalls seiner Vogtei und damit seinem Einfluß unterstehende Otterberg gezogen haben. Bei dem von Bruschius erwähnten zweiten Beispiel, der Berufung Marquards nach Schönau, sind die Verhältnisse ganz ähnlich, aber noch deutlicher. König und Pfalzgraf Ruprecht drängten dort der großen Verschuldung des Klosters wegen den Abt Cunrad 1405 dazu abzudanken und förderten die Wahl Marquards zum Nachfolger. Vgl. Krieger, Topgraphisches Wörterbuch 2, 2. Aufl. Sp. 889/90.
760 Kaller, Kloster S. 43 f., 79, E. J. W. Wagner: Die vormaligen geistlichen Stifte im Großherzogtum Herren 2; Darmstadt 1878, S. 141.
761 Lehmann S. 56.
762 Remling, Klostergeschichte 1 S. 231, handelt noch Ereignisse des Jahres 1479 unter dem ihm gewidmeten Abschnitt ab.
763 Gatt. Luzern Nr. 1954.
764 Gatt. Luzern Nr. 2180, 2188.
765 Gensicke, Mönche S. 20.
766 Gensicke, Bauernkrieg S. 60/62.
767 Gatt. Luzern Nr. 2671.
768 Remling, Klostergeschichte 1 S. 232.
769 Gensicke, Mönche S. 20 f.
770 GLA Karlsruhe 65/2327.
771 Gensicke, Mönche S. 21 f.
772 Inschrift des Grabsteins Kunstdenkmäler Kaiserslautern S. 410.
773 Glasschröder Nr. 572.
774 Würdtwein, Mon. Pal. 1 S. 249.
775 Vgl. StA Darmstadt Handschrift Nr. 253 S. 17.
776 Gatt. Luzern Nr. 24, STA Speyer, Beforchung der Güter in Bockenheim, 1550 Feb. 4.
777 Remling, Klostergeschichte 1 S. 218.
778 Möller S. 33, Tafel XVII, vgl. Anm. 409; Lekai-Schneider S. 24, vgl. Anm. 664.
779 Caesarii Heisterbacensis monachi Ordinis Cisterciensis Dialogus Miraculorum, Hg. von Joseph Strange, 2 Bde., Köln 1851, S. 46; Zettelsammlung Herrn Heinrich Roths über KölnerDomherren, Historisches Archiv der Stadt Köln, Geistl. Abt. 77a/4c, Bl. 60.
780 Zur Baugeschichte der Klosterkirche sind neue Erkenntnisse durch die vom Amt für Vor- und Frühgeschichte durchgeführten Ausgrabungen zu erwarten. Vgl. Hans Steinebrei, Die Grabungen im östlichen Klausurbereich des ehemaligen Klosters Otterberg, in: Heimatkalender für Stadt und Landkreis Kaiserslautern 1974, S. 173-80.
781 Remling, Klostergeschichte 1 S. 219, Hausen S. 72, OU Nr. 5. Auf die genaue Abfolge der von Cäsar von Heisterbach aufgeführten Stationen des Werdegangs von Abt Philipp und die Stelle über die Belagerung von St. Goar hat Fritz Herz in einer Rezension meines Aufsatzes „Amtszeiten und Herkunft der Äbte des Zisterzienserklosters Otterberg" aufmerksam gemacht. Vgl. Citeaux 24, 1973, S. 198.
782 Würdtwein, Mon. Pal. 1 S. 264; Mosler S. 122, vgl. Anm. 485.

783 Bosl S. 245, vgl. Anm. 189.
784 Frey 3 S. 110, 131. Die Formulierung auf Seite 110 (unter Otterberg) läßt auch bei Frey den Charakter der Vermutung erkennen. Als Todesdatum nennt er den 14. Dezember 1220, irrt sich also um 5 Jahre.
785 Fritz Herz denkt an eine Herkunft aus dem Raum Köln. Vgl. Anm. 779 und 781.
786 Canivez 1 S. 494, vgl. Anm. 602.
787 Mosler S. 136, vgl. Anm. 485.
788 Schaab S. 39, vgl. Anm. 215.
789 HStA Wiesbaden 22/1745.
790 OU Nr. 137, 143.
791 OU Nr. 166; Würdtwein, Mon. Pal. 1 S. 335; OU Nr. 210; OU Nr. 123; Würdtwein, Mon. Pal. 1 S. 306.
792 OU Nr. 123.
793 OU Nr. 81, 84; Würdtwein, Mon. Pal. 1 S. 306; OU Nr. 73.
794 OU Nr. 170, 137.
795 Rossel 1 Nr. 226.
796 Schaab S. 40, vgl. Anm. 215; Mosler S. 130, vgl. Anm. 485.
797 Schaab S. 40/41, vgl. Anm. 215.
798 OU Nr. 123.
799 Würdtwein, Mon. Pal. 1 S. 327.
800 Mosler S. 130, vgl. Anm. 485.
801 Ebenda S. 130.
802 OU Nr. 170; Würdtwein, Mon. Pal. 1 S. 335.
803 Mosler S. 131, vgl. Anm. 485.
804 OU Nr. 123 Heinrich.
805 OU Nr. 123.
806 Rossel 2 Nr. 609.
807 Glasschröder Nr. 449.
808 Hausen S. 48.
809 Würdtwein, Mon. Pal. 1 S. 327.
810 Original im Germanischen Nationalmuseum in Nürnberg. Beschreibung bei Huffschmid S. 427, vgl. Anm. 500; Abbildung: Kunstdenkmäler des Großherzogtums Baden 8, 1913, S. 607.
811 Hausen S. 46.
812 Lekai-Schneider S. 234, vgl. Anm. 664.
813 Würdtwein, Mon. Pal. 1 S. 306.
814 OU Nr. 5.
815 OU Nr. 53, Conradus magister in Heseloch; Gatt. Luzern Nr. 105; OU Nr. 176, frater Albertus, magister curie de Wernswilre; Würdtwein, Mon. Pal. 1 S. 418, hier allerdings wieder nicht völlig klar.
816 Boos 1 Nr. 316, vgl. Anm. 195.
817 OU Nr. 131 von 1260.
818 Lekai-Schneider S. 60, vgl. Anm. 664.
819 Mosler S. 126, vgl. Anm. 485, die Zahl wird allerdings vom Verfasser für unzuverlässig gehalten.
820 Lekai-Schneider S. 60, vgl. Anm. 664.
821 Mosler S. 125, vgl. Anm. 485.
822 Ebenda S. 126.
823 Der Nachname Creiz ist auch im Original des Kopialbuches. Nach Ernst Schwarz, Deutsche Namen-Forschung 1, Göttingen 1949, S. 69 ff., ist für einen Familiennamen die Erblichkeit typisch. Dafür ist hier die Zeit zu früh, Belege bei Schwarz für 1322, dort ist auch kein Nachweis möglich. Beinamen kommen bei den Ostgoten schon im 6. Jh. vor.
824 Boos 1 S. 40, vgl. Anm. 195.
825 OU Nr. 84; Boos 1 Nr. 221, vgl. Anm. 195.
826 Boos 1 Nr. 316, vgl. Anm. 195; Baur 2 Nr. 200.
827 OU Nr. 417.
828 OU Nr. 272 vom Jahr 1298.
829 Boos 2 Nr. 804, vgl. Anm. 195.
830 OU Nr. 361.

831 Boos 2 Nr. 72, vgl. Anm. 195.
832 Bischof Eberhard aus dem Geschlecht der Raugrafen, gest. 1277. Boos 3 S. 233, vgl. Anm. 195.
833 Johann Diepergher, 1492. Willi Dominicus, Päpste, Kardinäle und Bischöfe aus dem Cistercienserorden, Bregenz 1912, Nr. 326.
834 Lehmann S. 61.
835 Gensicke, Bauernkrieg S. 62 Anm. 9.
836 Hg. von Fritz Braun und Franz Rink, Kaiserslautern 1965.
837 Bürgerbuch Kaiserslautern Nr. 131.
838 Lekai-Schneider S. 60/61, vgl. Anm. 664; Mosler S. 126, vgl. Anm. 485.
839 Paulus Weißenberger, Geschichte des Klosters Kirschgarten in Worms, Der Wormsgau 6, Beiheft 1937, S. 61.
840 Vgl. Eberhard Hoffmann, Die Stellungnahme der Cistercienser zum kirchlichen Zehntrecht im 12. Jahrhundert, in: StMGBO 33, N. F. 2, 1912, S. 445.
841 Eberhard Hoffmann, Die Entwicklung der Wirtschaftsprinzipien im Cistercienserorden während des 12. und 13. Jahrhunderts, in HJb 31, 1910, S. 724.
842 Ebenda S. 700.
843 Vgl. Wilhelm Abel, Die Wüstungen des ausgehenden Mittelalters, 2. Aufl. Stuttgart 1955, S. 25; Karl Frölich, Rechtsgeschichte und Wüstungskunde, in: ZSRG, Germ. Abt. 64, 1944, S. 315; Fritz Hellwig, Der Einfluß der Klöster Wörschweiler und Hornbach auf die Wüstungsbildung im Westrich, in: Unsere Saar 7, 1932.
844 OU Nr. 1. Diese Schenkung stellt möglicherweise nur den Verzicht auf den Zehnten eines Hofes des Klosters Otterberg dar, von dessen Zahlung das Kloster auf Grund des päpstlichen Privilegs eigentlich hätte befreit sein müssen. Der Hanauerhof kommt nämlich schon in der ersten Aufstellung des Klosterbesitzes von 1195 vor (OU Nr. 5). Es gibt keine Nachricht über seinen Erwerb. Papst Innozenz III. rügte zudem noch 1208 die Nichteinhaltung der Zehntfreiheit und anderer dem Kloster Otterberg gewährter Freiheiten. Vgl. OU Nr. 8.
845 Im Jahr 1600 besaß die Pflege Otterberg Leibeigene in 10 verschiedenen Orten. StA Speyer, Kurpfälzische Urkunden Nr. 1523[10] Bl. 9 b ff.
846 Vgl. Bruno Grießer, Die Wirtschaftsordnung des Abtes Stephan Lexinton für das Kloster Savigny, in: Cistercienser Chronik 58, N. F. 14/15, 1951, S. 16 u. 27.
847 Vgl. Würdtwein, Mon. Pal. 1 S. 452.
848 Vgl. Rossel 2 Nr. 523; Würdtwein, Mon. Pal. 4 S. 379.
849 Vgl. OU Nr. 125, 130, 133; Stadtarchiv Heidelberg Urk. Nr. 2.
850 Canivez 1 S. 230, vgl. Anm. 602; Schaab S. 37, vgl. Anm. 215.
851 Schaab S. 37, vgl. Anm. 215.
852 Canivez 1 S. 494, vgl. Anm. 602.
853 Ebenda S. 511.
854 Vgl. Rossel 2 Nr. 486.
855 Ebenda Nr. 797, 840.
856 Vgl. Franz Winter, Die Cistercienser des nordöstlichen Deutschlands bis zum Auftreten der Bettelorden 3, Gotha 1871, S. 292.
857 Canivez 4 S. 231, 233, 474; 5 S. 322, 450, 534, vgl. Anm. 602.
858 HStA München Rheinpfälzer Urk. Nr. 1398.
859 Gatt. Luzern Nr. 848.
860 Lehmann S. 61.
861 Fürstlich von der Leyen'schen Archiv Waal, Mauchenheimer Kopialbuch Nr. 1 nach Regest im StA Speyer.
862 Canivez 5 S. 261, vgl. Anm. 602.
863 Gatt. Luzern Nr. 1774.
864 Canivez 5 S. 299, 321, 420, Nr. 27, 507, vgl. Anm. 602.
865 HStA Wiesbaden 22/1745.
866 Canivez 5 S. 604, vgl. Anm. 602.
867 Ebenda S. 705/06.
868 Ebenda S. 610, 705/06 Nr. 82, 83.
869 Ebenda S. 698.
870 OU Nr. 85.
871 Würdtwein, Mon. Pal. 1 S. 307, 310; Böhmer 2 S. 347.

872 Vgl. Remling, Klostergeschichte 1 S. 15 f.
873 Würdtwein, Mon. Pal. 1 S. 312; Böhmer 2 S. 347.
874 Remling, Klostergeschichte 1 S. 220.
875 Lossen 3 S. 155 Anm. 1, vgl. Anm. 508.
876 Canivez 5 S. 321, vgl. Anm. 602.
877 StA Speyer, Bestand D 31, Nr. 26.
878 Weißenberger S. 60, vgl. Anm. 839.
879 Johann Friedrich Schannat, Historia Episcopatus Wormatiensis 1, Frankfurt a. M. 1734; Johann Georg Lehmann, Urkundliche Geschichte der Klöster bei und um Worms, in: Archiv für hessische Geschichte und Altertumskunde 2, 1841, S. 398.
880 Baur 5 Nr. 75.
881 Weißenberger S. 21 Regest 88, vgl. Anm. 839; Schannat 1 S. 171, vgl. Anm. 879.
882 Vgl. Boos 1 Nr. 92, siehe Anm. 195.
883 Vgl. Würdtwein, Mon. Pal. 5 S. 5; GLA Karlsruhe 65/2327 Monasteria in Palatinatu Bl. 5 a.
884 Schaab S. 49, vgl. Anm. 215.
885 Canivez 4 S. 254, 5 S. 442, vgl. Anm. 602; Remling, Klostergeschichte 1 S. 270/74; StA Speyer, Nassauer Akten 1482 Nr. 330 t.
886 Remling, Klostergeschichte 1 S. 270.
887 Canivez 4 S. 254, vgl. Anm. 602.
888 Remling, Klostergeschichte 1 S. 271.
889 StA Speyer, Nassauer Akten 330 t.
890 Remling, Klostergeschichte 1 S. 271.
891 Ebenda S. 273.
892 Würdtwein, Mon. Pal. 1 S. 4; Widder 4 S. 217.
893 Widder 4 S. 217.
894 Würdtwein, Mon. Pal. 5 S. 5 ff.; GLA Karlsruhe 65/2327.
895 Stephan Alexander Würdtwein, Nova subsidia diplomatica, 14. Bde. Heidelberg 1781-1792, 10 S. 286.
896 Würdtwein, Mon. Pal. 1 S. 256/59, Original Gatt. Luzern Nr. 24.
897 Mittellateinisches Wörterbuch, hg. von der Bayerischen Akademie der Wissenschaften und der Deutschen Akademie der Wissenschaften in Berlin, 1 München 1960, Sp. 322.
898 Adolf Brenneke-Wolfgang Leesch, Archivkunde, Leipzig 1953, S. 125.
899 Mosler S. 23, vgl. Anm. 501. Über pfälzische Zisterzienserklöster fehlen entsprechende Angaben.
900 Stadtarchiv Mainz 13/538.
901 Rudolf Fendler, Buchmalerei in zwei Codices aus dem Kloster Otterberg, in: Jb. Kaiserslautern 7, 1969, S. 60-67.
902 Vgl. Westrich Anm. 503.
903 Versieglung, heute noch bei Wertpaketen üblich.
904 Besieglung, heute z. B. Dienstsiegel auf amtlichen Schriftstücken.
905 Gerhard Kaller, Das Sickinger Wappen, in: Jb. Kaiserslautern 4, 1966, S. 48, dort weitere Literaturangaben.
906 Canivez, Statuta 1 S. 257.
907 In der Wappenkunde (= Heraldik) werden die Seitenbezeichnungen aus der Sicht des Schildträgers verwendet. Dieser Brauch erklärt sich aus der geschilderten historischen Entwicklung. Für den heutigen Beschauer eines Wappens oder Wappensiegels erscheinen die beiden Seiten daher vertauscht. Zur besseren Unterscheidung spricht man auch von heraldisch-links (vom Beschauer rechts) oder heraldisch-rechts (vom Beschauer links).
908 P. Hermann Bär, Diplomatische Geschichte der Abtei Eberbach im Rheingau, hg. von K. Rossel, 1 Wiesbaden 1855, S. 681 ff., Tafel V.
909 Mosler S. 133, vgl. Anm. 501.
910 Bär S. 678 ff., Tafel V, vgl. Anm. 908.
911 Nach Rossel (Bär S. 681, vgl. Anm. 908) ist aus kunstgeschichtlichen Gründen der Typ mit Kniestück vor dem mit sitzender Figur einzureihen; dies erscheint mir jedoch wegen der überlieferten Daten und der Entwicklung in Altenberg zweifelhaft.
912 Vgl. Anm. 908.
913 Das beschädigte Siegel an einer Urkunde von 1209 (Gatt. Luzern Nr. 34) wurde schon für ein Siegel Abt Philipps gehalten, dürfte aber eher das Siegel des die Urkunde ausstellenden Abtes Conrad von St. Lambrecht sein. Es gehört dem ersten Typ (thronende Figur) an.

914 Mosler S. 134, vgl. Anm. 485.
915 Bär 1 S. 686, Tafel V, vgl. Anm. 217.
916 Ebenda 2 Tafel I Nr. 1.
917 Ebenda Tafel I Nr. 1.
918 Mosler S. 134, vgl. Anm. 485.
919 Gatt. Luzern Nr. 90.
920 1263: StA Darmstadt, Rheinhessen Ockerheim 1; 1294: Gatt. Luzern Nr. 262; 1297: HStA Wiesbaden 22/381.
921 Bär 2 S. 395, Tafel I Abb. 3, vgl. Anm. 217.
922 Ebenda S. 397.
923 Mosler S. 134, vgl. Anm. 485.
924 Ambrosius Schneider, Die Äbte des Cistercienserklosters Himmerod, in: AmrhKG 12, 1960, S. 55.
925 HStA München, Rheinpfälzer Urkunden Nr. 1395; Abb. Kunstdenkmäler Kaiserslautern S. 355.
926 Bär 2 Tafel I Nr. 4, vgl. Anm. 217.
927 StA Speyer, Urkunden des Fürstentums Nassau Nr. 354 vom 1. 8. 1417; Gatt. Luzern Nr. 1376 von 1441.
928 In Altenberg sind Wappen dieses Typs schon seit 1359 gebräuchlich, vgl. Mosler S. 134, siehe Anm. 485.
929 StA Speyer, Akten Nassau Nr. 330 t, Brief vom Jahr 1459.
930 Gatt. Luzern Nr. 1774 von 1469.
931 Gatt, Luzern Nr. 1920 von 1484.
932 Gatt. Luzern Nr. 2001 von 1489.
933 Stadtarchiv Worms Urk. Nr. 795.
934 Mosler S. 135, vgl. Anm. 485.
935 Ebenda S. 136.
936 Bär 2 S. 398, Titeltafel, vgl. Anm. 217.
937 Weitere Belege: Gatt. Luzern Nr. 1376, 1774, 2001.
938 Mosler S. 136/37, 161, vgl. Anm. 485.
939 Die Stadt- und Landkreise Heidelberg und Mannheim, Amtliche Kreisbeschreibung 2, 1968, S. 895.
940 Stadtarchiv Heidelberg Nr. 125.
941 Stadtarchiv Otterberg A I, 12.
942 Ebenda A I, 12.
943 Helmut Jan, Wappen und Siegel der Stadt Otterberg, in: Otterberg und seine Bürger 1, 1956.
944 Landkreis Kaiserslautern S. 268.
945 Würdtwein, Mon. Pal 1 S. 495 ff.
946 Kunstdenkmäler Kaiserslautern S. 409 Abb. Nr. 315.
947 Ebenda S. 411.
948 Ebenda S. 411.
949 Jan, vgl. Anm. 943.
950 Kleineres Siegel, ursprünglich für Geheimsachen, woraus sich der Namen erklärt.
951 Kleineres Siegel, das auf der Rückseite in das Wachs eines anhängenden Siegels eingedrückt wird.
952 Lekai-Schneider S. 23, vgl. Anm. 664.
953 Ebenda S. 49.
954 Kleeberger S. 5, 35, vgl. Anm. 580. Das falsche Wappenbild mit den Ottern wurde auch in das bekannte Wappenbuch des „Neuen Siebmacher" übernommen (Jan S. 23).
955 Günther, Pfälzer Wappen, Ludwigshafen 1905, S. 70.
956 Conrad S. 28 ff, vgl. Anm. 724.
957 Schaab. 122/23, vgl. Anm. 215.
958 Remling, Klostergeschichte 1 S. 233.
959 Frey 3 S. 113.
960 Würdtwein, Mon. Pal. 1 S. 248.
961 Gensicke, Mönche S. 20.
962 Schaab S. 122, vgl. Anm. 215.
963 Gensicke, Mönche S. 21.
964 Schaab S. 123, vgl. Anm. 215.
965 Stadtarchiv Worms Urk. Nr. 795.
966 Gensicke, Mönche S. 22.

967 Schaab S. 123, vgl. Anm. 215.
968 Urkunde im Stadtarchiv Otterberg, stark verfleckt.
969 Notariell beglaubigte Abschrift im Stadtarchiv Otterberg C IV.
970 J. Mayerhofer- F. Glasschröder, Die Weistümer der Rheinpfalz, in: MHVPf 16, 1892, S. 69/74.
971 Ebenda S. 106/120.
972 Ebenda S. 19.
973 GLA Karlsruhe 61/9532 Bl. 30a u. 144b.
974 Ebenda 63/4 S. 260.
975 Louis S. 26.
976 Schaab S. 126, vgl. Anm. 215.
977 Ebenda S. 126.
978 GLA Karlsruhe 67/974 fol. 63 - 126.
979 Robert van Roosbroeck, Die niederländischen Glaubensflüchtlinge in Deutschland und die Anfänge der Stadt Frankenthal, in: BlpfKG 30, 1963, S. 2 - 28.
980 J. Wille, Stadt und Festung Frankenthal während des Dreißigjährigen Krieges nebst einer Vorgeschichte ihrer Entstehung und Entwicklung, 1877, S. 9.
981 Ebenda S. 7; Text GLA Karlsruhe 67/847 fol. 82 - 86b.
982 Schaab S. 124/25, vgl. Anm. 215; Text GLA Karlsruhe 229/93800.
983 Kuhn S. 90 verlegt irrtümlich die Ansiedlung in Schönau bereits in das Jahr 1560, diesem Datum widersprechen die Aussagen von Schaab S. 124, vgl. Anm. 215; Volker Christmann, Die Kapitulation zwischen Kurpfalz und den Einwohnern von Frankenthal 1567 und 1573, in: Frankenthal einst und jetzt 1962/2 S. 16 - 21.
984 Schaab S. 124, vgl. Anm. 215.
985 Kuhn S. 9.
986 Huffschmid S. 91, 92, vgl. Anm. 500.
987 Knecht S. 7.
988 Kuhn S. 8; Werner Seeling, Franziskus Junius, in: Illustrierte Heimat-Chronik 1966 S. 13.
989 Stock, Otterberg S. 2/3.
990 Stock will hingegen zwei wallonische Pfarrer Clement Dubois 1578 und Franziskus Junius 1579 noch vor der Kapitulation in Otterberg tätig sein lassen (S. 3), dem widersprechen bei Dubois die sonst überlieferten Amtszeiten in Otterberg 1590 - 1601 (Biundo, Geistliche Nr. 1024), bei Junius das in seiner Autobiographie genannte Datum (Seeling S. 14, vgl. Anm. 988).
991 Abschrift Stadtarchiv Otterberg B 2.
992 Schönauer Kapitulation Punkt 1 und Einleitung. Eine vergleichende Betrachtung der Kapitulationen und Stadtrechtsprivilegien der pfälzischen Exulantensiedlungen erscheint vom Verfasser in Oberrheinische Studien 3, 1975.
993 Umgeld = eine Art Umsatz- oder Getränkesteuer, Rauchhafer und Martinshühner = eine grund- und gerichtsherrliche Abgabe in Form von Hafer bzw. Hühnern, die am Martinstag (Nov. 11) zu liefern sind.
994 Kuhn S. 92.
995 Nur Abfallholz darf gesammelt werden, unholz = Abfallholz, Brockholz = nach Ochs, Badisches Wörterbuch S. 330, zerbrochenes Holz, nach Weistümer, gesammelt von Jacob Grimm, 5 Bde. Göttingen 1840–1886, 2 S. 186, Brockholz eher eine bestimmte Holzart.
996 Junge Karpfen, ehe sie Setzlinge werden, Jacob und Wilhelm Grimm, Deutsches Wörterbuch, 10 Bde., 2 (1860) Sp. 461. In den Fischereiordnungen wird der Fang von Buben eingeschränkt, die Oggersheimer Ordnung von 1488 verbietet ihn vor St. Bartholomäustag (August 24) ZGO 4, 1853, Seite 88.
997 Christmann, SN 1 S. 995/96.
998 Stadtarchiv Otterberg E I, 1.
999 Kunstdenkmäler Kaiserslautern S. 358; 408, 411, 415.
1000 Evangelisches Landeskirchenarchiv Speyer.
1001 Abdruck in: Die evangelische Kirchenordnungen des XVI. Jahrhunderts 14, Kurpfalz, hg. von Emil Sehling, Tübingen 1969, S. 40–48, 50, 72, 333–408. Eine 1576/77 unter Johann Casimir gedruckte Kirchenordnung entspricht genau der Ordnung von 1565. Eine leicht veränderte Kirchenordnung Johann Casimirs erschien erst nach der Übernahme der Regierung der Kurpfalz 1585. Eine von Friedrich Krebs (Eine Kirchenordnung des Pfalzgrafen Johann Casimir, in: BlpfKG 36, 1969,

S. 118–19) veröffentlichte Kirchenordnung gibt offensichtlich nur Ausführungsbestimmungen. Sie ist schon vom Umfang her gesehen mit den früher genannten Kirchenordnungen nicht zu vergleichen.

1002 GLA Karlsruhe 67/856 Bl. 89 b – 90 a.
1003 Die Kapitulation für Eußerthal ist in Abschrift im STA Marburg erhalten. Signatur: 86/16843 1/2. Weitere Belege zur Formentwicklung des Wortes bei Hermann Fischer, Schwäbisches Wörterbuch, Bd. 5, Tübingen 1920, Sp. 232.
1004 Stock, Kloster S. 94, von hier wahrscheinlich ohne Überprüfung übernommen von Louis S. 27; Kuhn S. 100.
1005 Bei Hans Planitz, Die deutsche Stadt im Mittelalter, Köln und Graz 1954, und Edith Ennen, Frühgeschichte der europäischen Stadt, Bonn 1953, kommt dies schon im Titel zum Ausdruck.
1006 Gottfried Heinrich Gengler, Über die deutschen Stadtprivilegien des XVI., XVII. und XVIII. Jahrhunderts, Festschrift der Universität Erlangen zur Feier des achtzigsten Geburtstages des Prinzregenten Luitpold, Erlangen 1901.
1007 Zwar hat die wissenschaftliche Veröffentlichung der pfälzischen Weistümer, die nach dem Ortsalphabet gegliedert ist, den Buchstaben O noch nicht erreicht, da aber in der Stadtrechtsurkunde auch Baalborn und Erlenbach als Angrenzer genannt sind, müßte sich bei diesen Orten ein Hinweis finden. Dies ist jedoch nicht der Fall.
Unter Baalborn ist ein Weistum abgedruckt, das auch der Zeit Johann Casimirs stammt und in dem auch der Otterberger Klosterpfleger Engel erwähnt wird. Dieses Weistum, das in sich Datierungsschwierigkeiten bietet, beschäftigt sich nur mit den Otterberger Rechten auf der Gemarkung Baalborn, es gibt keine Grenzbeschreibung. Vgl. Pfälzische Weistümer 1, bearb. von Wilhelm Weizsäcker, Speyer 1962, Veröffentlichungen der Pfälzischen Gesellschaft zur Förderung der Wissenschaften 36, S. 69–74. Von Erlenbach liegt ein Weistum aus einem passenden Jahr nicht vor. Der Otterberger „bezirk" ist also nicht eindeutig zu bestimmen.
1008 Der Namen stammt noch aus der Klosterzeit, eigener Wald des Klosters.
1009 Beide Orte kamen im 15. Jh. unter Flörsheimische Herrschaft, von 1959 ist eine Gerichtsordnung von Friedrich von Flörsheim erhalten. Landkreis Kaiserslautern S. 354.
1010 Das Dorf Schneckenhausen ist 1595 als Hof erstmals erwähnt, als Dorf entstand es nach dem Dreißigjährigen Krieg, Landkreis Kaiserslautern S. 377 und Christmann, SN 1 S. 543.
1011 Stadtarchiv Otterberg E I, 2.
1012 StA Speyer, Abt. Katasterlithographien Bl. 23 Kanton Otterberg, Gemarkungen Otterberg und Morlautern. Auch nach Widder 4 S. 226 lag Morlautern zwischen Kaiserslautern und Otterberg.
1013 Druck: Monatsschrift des Frankenthaler Altertumsvereins 8, 1900, S. 33 ff.
1014 Nach den Strafbestimmungen im Artikel 32 könnte man sogar mit 5 Rotten je Viertel rechnen, die Strafe für 1 Viertel betrug das Fünffache der Strafe für 1 Rotte. Die Strafe für eine Rotte war jedoch auch nur das Fünffache der Strafe für eine Person, obwohl 10 Wohnstätten eine Rotte bildeten. Legt man diese Zahlenverhältnisse zugrunde, so kommen wir zu 2 1/2 Rotten je Viertel, also etwa das gleiche Ergebnis wie oben angenommen. Bei 5 Rotten je Viertel würde der gemeine Rat 30 Personen umfassen, die Einwohnerschaft 300 Familien oder etwa 1200 Personen, alles viel zu hohe Zahlen, die in den Quellen keine Stütze finden. Vgl. Schelp S. 69. Die Verfasserin hat mir die sehr genaue Arbeit dankenswerterweise zur Verfügung gestellt.
1015 Stadtarchiv Otterberg B 17 1/3; GLA Karlsruhe 61/9282 S. 52.
1016 Schelp S. 53 machte als erste auf den geschilderten Widerspruch aufmerksam, entschied sich dann aber für die Lösung, daß die selbst ergänzten Mitglieder nur bis zu einer Nachwahl im Amte blieben.
1017 Pirmin Spiess, Verfassungsentwicklung der Stadt Neustadt an der Weinstraße von den Anfängen bis zur französischen Revolution. Veröffentlichungen zur Geschichte von Stadt und Kreis Neustadt a. d. Weinstraße 6, 1970, S. 107/08.
1018 GLA Karlsruhe 67/856 fol. 109 b – 110 a, fol. 59 – 63 b.
1019 Louis S. 27; Deutsches Städtebuch S. 343.

1020 Vgl. Kuhn S. 94/95; Text GLA Karlsruhe 67/856 fol. 107–111b; Karl Huther, Die Geburtsurkunde der Stadt Frankenthal vom 29. Oktober 1577, in: Frankenthal einst und jetzt 1962/2 S. 25–28.

1021 Lehmann S. 66 ff.; Der Aufsatz von Rudolf Reeber, Verfassung und Verwaltung der Stadt Kaiserslautern seit dem Ausgang des Mittelalters, in: Kaiserslautern 1276–1951, Festschrift zum 675jährigen Jubiläum der Stadterhebung, Kaiserslautern 1951, S. 47–51, ist lediglich eine Wiederholung der Darstellung von Lehmann.

1022 Spiess S. 74–76, vgl. Anm. 1017.

1023 Erich Maschke, Verfassung und soziale Kräfte in der deutschen Stadt des späten Mittelalters, vornehmlich in Oberdeutschland, VSWG 46, 1959, S. 438, 434/35.

1024 Kuhn S. 117–161.

1025 Johann Georg Lehmann, Vollständige Geschichte des Herzogtums Zweibrücken, München 1867, S. 393.

1026 Abschrift GLA Karlsruhe 67/857 fol. 221/22.

1027 Zeitgenössische Abschrift GLA Karlsruhe 67/857 fol. 36–37b; Papierabschrift des 18. Jh. im StA Speyer, Kurpfälzische Urkunden Nr. 1939.

1028 Karl Christ, Reduktionstabellen alter Speyerer Maße und Gewichte, in: PfM 13, 1836, S. 44.

1029 Ludwig Blasse, Die direkten und indirekten Steuern in der Churpfalz, Phil. Diss. Heidelberg 1914, S. 3–5; S. 20, 22.

1030 Emil Kauw, Das Finanzwesen der Kurpfalz am Ausgang des 16. Jahrhunderts, Phil. Diss. Köln 1914, S. 55.

1031 StA Speyer, F 3, Nr. 10, Soldbelagregister des Oberamts Lautern; F 3, Nr. 11, Abdruck dieser Liste Jb. Kaiserslautern 1975.

1032 Louis S. 344.

1033 Kuhn S. 101.

1034 Bürgerbuch Kaiserslautern S. 336 unter Raquot.

1035 Zitiert bei Phil. Stock, Die Fremdenkolonie Otterberg, in: PfM 23, 1906, S. 21.

1036 Häberle, Otterberg S. 51.

1037 Stock, Otterberg S. 3.

1038 Kirchenbücher seit 1565, hg. von Adolf von den Velden, Registres de l'Eglise Réformé Néerlandaise de Frankenthal au Palatinat 1569–1689, 2 Bde. Brüssel 1911/13.

1039 Kirchenbücher seit 1569, hg. von Adolf von den Velden, Das Kirchenbuch der französisch-reformierten Gemeinde zu Heidelberg 1569–1577 und Frankenthal in der Pfalz 1577–1596, Weimar 1908.

1040 Beleg im niederländischen Kirchenbuch.

1041 Bei der Zusammenstellung der Daten wurde nur das Kirchenbuch herangezogen. Es kam nicht darauf an, den absolut frühesten Beleg für das Auftreten in Frankenthal festzuhalten. Heilgart Gillis unterzeichnete bereits 1562 die Frankenthaler Kapitulation (Anna Maus, Die Geschichte der Stadt Frankenthal und ihrer Vororte, 1970, S. 40). Die Familie Gillis ist im französisch-reformierten Kirchenbuch mit einem Eintrag nur spärlich vertreten, eine große Zahl weiterer Einträge finden sich im niederländischen Kirchenbuch. Vgl. Velden S. 114, siehe Anm. 1038.

1042 Das anschließende zweite Kirchenbuch ist verloren. Velden S. 91, vgl. Anm. 1039.

1043 Bei den eingedeutschten Vornamen Johann und Peter kann es sich trotzdem um Wallonen handeln. Der Heidelberger Krämer Ruprecht Klar beschäftigte 1600 einen aus Otterberg stammenden Dienstboten Johann, den man von der Namensform her und der Tatsache, daß er in Heidelberg eine Stellung annahm, zunächst sicher für einen Deutschen halten würde. Der gleiche Krämer hatte aber auch eine Magd Susanne aus Metz, was immerhin auffallend ist. Albert Mays und Karl Christ, Einwohnerverzeichnis des Vierten Quartiers der Stadt Heidelberg und der rheinischen Pfalz, Neues Archiv für die Geschichte der Stadt Heidelberg und der rheinischen Pfalz 2, 1893, S. 113.

1044 Velden S. 14, 25, vgl. 1039.

1045 Velden S. 175, vgl. Anm. 1038.

1046 W. Regula, Die Einwanderung der Hugenotten 1593 nach Annweiler und ihr geschichtlicher Hintergrund, Mitteilungen zur Wanderungsgeschichte der Pfälzer 1965, S. 154.

1047 Georg Biundo, Die Reste des französisch-reformierten Kirchenbuches zu Annweiler, BlpfKG 12, 1936, S. 65–73.
1048 Im Jahr 1600 ist in Otterberg ein Peter Rague nachzuweisen, es ist daher durchaus möglich, daß eine Rückwanderung oder eine Namensgleichheit auch im Vornamen vorliegt.
1049 GLA Karlsruhe 67/586 fol. 60 b.
1050 Schelp S. 44.
1051 Abschrift Stadtarchiv Otterberg B I, 1.
1052 Druck: Bürgerbuch Kaiserslautern S. 164–172.
1053 Stadtarchiv Otterberg L VI, 13. Dixaines, abgeleitet von dix = zehn war eine gebräuchliche Bezeichnung für Stadtviertel. Vom Zahlenbegriff her paßt es in Otterberg genau so wenig wie Viertel, eigentlich müßte es Zwölftel oder Sechstel heißen.
1054 Stock, Otterberg S. 7.
1055 Auf Bl. 106 Vorderseite, 105 Rückseite, 7 Rückseite und 92 Vorderseite.
1056 Gerhard Piccard, Rechtsrheinische (badische) Papiermühlen und ihre Beziehungen zu Straßburg, in: Börsenblatt für den Deutschen Buchhandel 17, 1961, S. 2319 ff.
1057 Bl. 73 Rückseite.
1058 Stadtarchiv Otterberg E I, 2 Übersetzung von 1723.
1059 Kunstdenkmäler Kaiserslautern S. 410/11; Louis, Aus der Geschichte der Stadt Otterberg.
1060 Wolfgang Medding, Kaiserslautern zu Beginn des Dreißigjährigen Krieges und der Kupferstich des Matthäus Merian von 1645, in: Jb Kaiserslautern 1965 S. 81/89; 87.
1061 Edmund Hausen, Wie entstand Merians pfälzische Topographie? In: Hand und Maschine, Mitteilungsblatt der Pfälzischen Landesgewerbeanstalt Kaiserslautern 7, 1932, S. 32; Walter Gräff, Kurpfälzische Städtebilder im Historischen Museum der Pfalz, in: PfM-PfHk 1922, S. 131/36; Eduard Plietzsch, Die Frankenthaler Künstlerkolonie und Gillis van Coninxloo, Phil.Diss. Heidelberg 1910.
1062 Auskunft vom Dezember 1967; Schelp S. 44.
1063 Medding S. 88, vgl. Anm. 1060.
1064 Im Otterberger Heimatkalender 1956 abgebildet. Das Original befindet sich nicht – wie dort angegeben – im Historischen Museum der Pfalz in Speyer.
1065 Stadtarchiv Otterberg E I, 2 Gewannbuch 1658 S. 230.
1066 Vgl. Ludwig Schmieder, Kurpfälzisches Skizzenbuch, Heidelberg 1926, S. 28 Tafel 22–23 Kloster Schönau. Die Bilder entstanden Ende des 16. Jh. Sie stammen von niederländischen Künstlern und gelten als naturgetreu. Obwohl insgesamt 5 Dachreiter zu erkennen sind, sitzt keiner auf dem Westflügel des Kreuzgangs.
1067 Stadtarchiv Otterberg E I, 2.
1068 StA Speyer Bestand A 14, Nr. 620.
1069 Etwa bei Cuno, Die pfälzischen reformierten Fremdengemeinden, in: Pfälzisches Memorabile Teil XIV, Westheim 1886.
1070 Biundo, Geistliche S. 218, 70.
1071 Heinrich Neu, Pfarrerbuch der evangelischen Kirche Badens von der Reformation bis zur Gegenwart II, Veröffentlichungen des Vereins für Kirchengeschichte der evangelischen Landeskirche Badens, Lahr 1938, S. 98; I S. 310.
1072 Gustav Adolf Benrath, Die Selbstbiographie von Franz Junius, Beiträge zur Badischen Kirchengeschichte, Sammelband I, Veröffentlichungen des Vereins für Kirchengeschichte in der evangelischen Landeskirche in Baden 22, Karlsruhe 1962, S. 69.
1073 Biundo, Geistliche Nr. 2505.
1074 Benrath S. 40, 52, 65, vgl. Anm. 1072; Seeling S. 10, 11, vgl. Anm. 988.
1075 Seeling S. 6, vgl. Anm. 988.
1076 F. W. E. Roth, Jacob Christmann, ein Heidelberger Professor 1554 bis 1613, in: Neues Archiv für die Geschichte der Stadt Heidelberg und der rheinischen Pfalz 3, 1898, S. 185/86.
1077 Seeling S. 14, vgl. Anm. 988.
1078 Cuno S. 131, vgl. Anm. 1069.
1079 Biundo, Geistliche Nr. 1719, wird er als französischer Pfarrer bezeichnet. Eine Unter-

scheidung von französischen und wallonischen Pfarrern gab es in Otterberg nicht, Biundo bezeichnete ihn daher in der ersten Auflage als wallonischen Pfarrer und vermied damit Mißverständnisse.

1080 Biundo, Geistliche Nr. 1024: Dubois, Nr. 735: Carron, Nr. 788: Clignet.
1081 GLA Karlsruhe 67/974 fol. 653-57.
1082 Julius Zimmermann, Das sogenannte Rote Buch, Quellen und Studien zur hessischen Schul- und Universitätsgeschichte, Heft 7, 1911, S. 181. Nach dem Roten Buch GLA Karlsruhe 77/3152 war der Nachfolger von Clignet Stephan Mozet, der am 8. 4. 1614 die Pfarrei übernahm, nach Biundo (Biundo, Geistliche Nr. 754, Pfarrerbuch S. 268) ist zwischen diesen Jean Charlier 1606–1613 Pfarrer in Otterberg gewesen, für Clignet bliebe dann eine Amtszeit von höchstens einem Jahr, Biundo gibt in beiden Büchern jedoch auch für Clignet 1605–1614 an. Da kaum 2 französisch-reformierte Pfarrer in Otterberg tätig gewesen sein dürften, müßte Charlier, von dem man außer der Tätigkeit in Otterberg keine andere Pfarrstelle kennt, dann ein Bürger gewesen sein, der versehentlich als Pfarrer angesehen wurde. Dafür spricht, daß in der Steuerliste von 1611 auch ein Olivier Chaplier vorkommt.
1083 Biundo, Geistliche Nr. 3580.
1084 GLA Karlsruhe 63/4 a S. 139.
1085 Biundo, Geistliche Nr. 1936: Haubrecht, Nr. 3724: Nylius.
1086 GLA Karlsruhe 63/5 S. 57 b, 63/4 S. 260.
1087 Gustav Toepke, Hintzelmann, Paul Weizsäcker, Die Matrikel der Universität Heidelberg von 1386 bis 1804, 7 Bde. Heidelberg 1884–1916, 2 S. 266 Nr. 109; 2 S. 206 Nr. 1; 2 S. 173 Nr. 75, S. 219 Nr. 14.
1088 Biundo, Geistliche Nr. 1312.
1089 S. Hausmann, Die pfälzischen Studenten an der alten Universität Straßburg, in: PfM-PfHk 1928 S. 234/44.
1090 Ziehner S. 144; 46/47.
1091 Gerhard Biskup, Die landesfürstlichen Versuche zum wirtschaftlichen Wiederaufbau der Kurpfalz nach dem Dreißigjährigen Krieg, 1932, S. 81.
1092 Friedrich Bühler, Die Entwicklung der Textilindustrie in Lambrecht, Wirtschafts- und Verwaltungsstudien mit besonderer Berücksichtigung Bayerns, Heft 50, Leipzig 1914, S. 20, 131; Ziehner S. 48.
1093 Ziehner S. 48/49; GLA Karlsruhe 67/855, 2. Hälfte Bl. 141 a.
1094 Bühler S. 23/24, 13, 29, 25, vgl. Anm. 1092.
1095 Ziehner S. 63, 64/65.
1096 Heinz Friedel, Die Entwicklung der Kaiserslauterer Industrie, in: Schr. Kaiserslautern 12, 1970, S. 86, 93.
1097 Ziehner S. 66/68, 56.
1098 Bühler S. 41, vgl, Anm. 1092.
1099 Stadtarchiv Otterberg, ältester Beleg im Schatzungsbuch L VI, 13 mit dem Datum von 1616.

Anhang

1. Verzeichnis des Otterberger Klosterbesitzes

Das Verzeichnis enthält den gesamten Otterberger Besitz (Grundbesitz, Rechte und ortsgebundene Abgaben, wie Zehnten und Gülten sowie Patronatsrechte), von der Gründung des Klosters bis zu dessen Aufhebung 1561. Es ist in der Regel nur der Erwerb angegeben. Ist dieser nicht urkundlich festzustellen, so ist der erste andere Beleg (Streitschlichtung, Privileg, Verpachtung und ähnliches), der das Otterberger Besitzrecht an dem betreffenden Objekt nachweist, angeführt.
Das Verzeichnis ist alphabetisch nach der heutigen Schreibweise der Ortsnamen angeordnet. Höfe außerhalb des eigentlichen Ortsgebietes sind gesondert unter ihren Namen eingereiht. Hat sich ein Ort später in zwei Gemeinden aufgespalten, so ist er unter dem Grundwort eingeordnet (z. B. Ober- und Nieder-Heimbach unter Heimbach). Die Gemeindezusammenschlüsse und Eingemeindungen der letzten Jahre wurden nicht berücksichtigt, da dadurch unklare Verhältnisse entstanden wären. So erscheint z. B. Erlenbach unter E, nicht unter K(aiserslautern). Ortsnamen, die nicht identifiziert werden konnten, erscheinen in der in der Urkunde verwendeten Schreibweise. Hinter dem Ortsnamen ist in Klammer das Werk angegeben, das zur Festlegung des Ortsnamens herangezogen wurde, wenn die Schreibweise in der Urkunde von der heutigen Namensform wesentlich abweicht. Die dabei benützten Werke sind nur mit dem Namen des Verfassers zitiert.
Da alle diese Werke alphabetisch angeordnet sind, erübrigt sich die Angabe von Seiten. Sie sind nur dort genannt, wo auf einen Hinweis unter einem anderen Stichwort Bezug genommen wird.
Der beschränkte Raum in der Tabelle zwang dazu, in der Spalte Belegnummer eine stärker verkürzte Zitierweise einzuführen als in der übrigen Arbeit. Arabische Ziffern hinter dem Verfassernamen oder einer Abkürzung geben jeweils die Bandnummer an. Es bedeutet:

Baur	Baur, Ludwig, Hessische Urkunden, 5 Bde. Darmstadt 1846–1873.
Boos	Boos, Heinrich, Quellen zur Geschichte der Stadt Worms, 2 Bde. Berlin 1886–1890.
Dahl	Dahl, Konrad, Urkundenbuch zur Geschichte und Topographie des Fürstenthums Lorsch. Darmstadt 1812.
Gatt.	Urkunden des Gatterer Apparates im Staatsarchiv Luzern.
GGA	Abt. Geistliche Güteradministration im Staatsarchiv Speyer.
GLA	Generallandesarchiv Karlsruhe.

Glasschr.	Glasschröder, Franz Xaver, Urkunden zur Pfälzischen Kirchengeschichte im Mittelalter, München und Freising 1903.
Grimm	Weisthümer gesammelt von Jacob Grimm, 5 Bde. Göttingen 1840–1886.
Gudenus	Gudenus, Valentinus Ferdinandus, Codex Diplomaticus . . . 3. Bd. Frankfurt u. Leipzig 1751.
Hdbg.	Stadtarchiv Heidelberg, Urkunden der Städtischen Sammlung. Bei Nr. 2 Urkunde des Stadtarchivs.
Heßl.	Heßlocher Saalbuch im Staatsarchiv Darmstadt, Abt. V B 3 Konv. 467, Fasc. 5.
Knobloch	Knobloch, Ludwig, Die Agrar- und Wirtschaftsverfassung des Wormsgaues im Mittelalter. Der Wormsgau, 10. Beiheft 1951.
Kurpf.	Kurpfälzische Urkunden im Staatsarchiv Speyer.
Mittelrh.	Mittelrehinische Regesten. Hg. von Ad. Goerz, 2. Bd. Coblenz 1879.
MP	Monasticon Palatinum, hg. von Stephan Alexander Würdtwein, 5 Bde. Mannheim 1793.
MR	Regesten der Erzbischöfe von Mainz, hg. von Johann Friedrich Böhmer und Cornelius Will, 2 Bde. Innsbruck 1877–1886.
Mü	Hauptstaatsarchiv München, Rheinpfälzer Urkunden.
Müller	Müller, Wilhelm, Hessisches Ortsnamenbuch, 1. Bd. Darmstadt 1937.
Mz	Stadtarchiv Mainz.
OU	Urkundenbuch des Klosters Otterberg in der Rheinpfalz, hg. von Michael Frey und Franz Xaver Remling, Mainz 1845.
Rem.	Remling, Franz Xaver, Urkundliche Geschichte der Abteien und Klöster im jetzigen Rheinbayern, 2 Bde. Neustadt a. d. Haardt 1836.
RI	Regesta Imperii, hg. von Johann Friedrich Böhmer.
Rossel	Rossel, H., Urkundenbuch der Abtei Eberbach im Rheingau, 2 Bde. Wiesbaden 1862–1870.
Schannat	Schannat, Johann Friedrich, Historia Episcopatus Wormatiensis, 1. Bd. Frankfurt/M. 1734.
Speyer	Staatsarchiv Speyer.
UB	Universitätsbücherei Heidelberg. Handschriftenabteilung.
Widder	Widder, Johann Goswin, Versuch einer vollständigen Geographisch.Historischen Beschreibung der Kurfürstl. Pfalz am Rheine, 4 Bde., Frankfurt u. Leipzig 1786/88.

Ortsnamen in der Urkunde	Objekt	Kauf, Schenkung usw.	Jahr	Belege
Abenheim, jetzt Worms Stadt				
Abenheim	Güter	Schenkung	1260	OU Nr. 136
Abenheim	Güter	Schenkung	1284	OU Nr. 237
Abenheim	Feld, Weinberge	Verpachtung	1304	OU Nr. 304
Albersbach, Ldkr. Kaiserslautern				
Almspach	Abgaben	Verkauf	1442	GGA 58 m
Albig, Ldkr. Alzey-Worms, (Frey S. 106)				
Albichen	Feld	Kauf	1304	OU Nr. 316
Albichen	¹/₂ Patronatsrecht, Zehnt	Schenkung	1323	OU Nr. 391
Albichen	Kirche	Inkorporation	vor 1325	OU Nr. 402
Albichen	1 Hof, Feld, Weinberge	Schenkung	1345	OU Nr. 458

Ortsnamen in der Urkunde	Objekt	Kauf, Schenkung usw.	Jahr	Belege

Albisheim, Donnersbergkreis, (Christmann)

Albesheim	Korngülte	Schenkung	1270	OU Nr. 171
Albisheim	½ Zehnt, Weinzehnt ausgen.)	Kauf	1291	OU Nr. 251
Albesheim	1 Hof	in Otterberger Besitz	1292	OU Nr. 256
Albisheim	½ Zehnt (Weinzehnt ausgen.)	Kauf	1309	OU Nr. 345
Albesheim	Zehnt von Korngülte befreit	Kauf	1309	OU Nr. 351
Albisheim[1]	Gülte	Schenkung	1315	Speyer, Kopialbuch d. Klosters Rosenthal S. 279
Albesheim (Albisheim)	Glockenzehnt	Pachtung	1325	OU Nr. 399
Albesheim	Güter	Erlaubnis zum Verkauf an Otterberg	1325	OU Nr. 400
Albensheim	Zehnt	Übertragung	1367	Mü Nr. 1017
Albesheim	Gülte	von Steinbach übertragen	1405	UB Lehmann-Nachlaß Nr. 376
Albsheim	Güter	in Otterberger Besitz	1422	Speyer Veldenzer Kopialbuch 2 Nr. 203

Alsenbrück, jetzt Alsenbrück-Langmeil. Donnersbergkreis, (Christmann)

Alsenze	Hof	Kauf	1242	MP 1 S. 281
Alsenzen	Wiese	Kauf	1276	OU Nr. 199,
Alsenzen	Wiese	Schenkung	1277	OU Nr. 205,
Alsenzen	Pfarrei	Inkorporation	1303	MP 1 S. 407
Alsenzen	Güter, Rechte	Schenkung	1304	MP 1 S. 412
Alsentzbrücken	Gülte	in Otterberger Besitz	1367	GGA 68 Fol 31
Alsenbrück	Woog, 2 Wiesen	Kauf	1459	GGA 68, 26 ff.
Alsenzen	Gerichtsbarkeit	in Otterberger Besitz	1505	GGA, 68, 6 ff.

Alsenz, Donnersbergkreis[2]

Alsencen	Güter	in Otterberger Besitz	1256	Hdbg. Nr. 2

Ortsnamen in der Urkunde	Objekt	Kauf, Schenkung usw.	Jahr	Belege
Alsheim, Ldkr. Alszey-Worms				
Alsheim	Gülte	Schenkung	1283	Baur 5 Nr. 122,
Alsheim	Grundbesitz	in Otterberger Besitz	1292	Baur 2 Nr. 481,
Alsheim	Feld	Schenkung	1325	Baur 5 Nr. 273
Alßheim	Hofstatt	Verpachtung	1505	Gatt. Nr. 2205
Altdorf, Ldkr. Landau-Bergzabern				
Altdorf	Gülte im Falle einer Vernachlässigung der Pflichten durch Eußerthal	Schenkung	1326	MP 4 S. 379
Altleinigen, Ldkr. Bad Dürkheim				
Lyningen	Abgaben	in Otterberger Besitz	1510	Heßl. 102r
Alzey, Ldkr. Alzey-Worms				
Alzeia	Güter	in Otterberger Besitz	1256	Hdbg. Nr. 2
Alzeya[3]	Hof	in Otterberger Besitz	1303	OU Nr. 299
Baalborn, jetzt Mehlingen, Ldkr. Kaiserslautern, (Christmann)				
Balbornen	Güter	Kauf	1276	MP 1 S. 351
Bacharach, Ldkr. Mainz-Bingen				
Bacharachen	Güter	in Otterberger Besitz	1256	Hdbg. Nr. 2
Crucebach[4]	Weinberg	Schenkung	1279	OU Nr. 218
Bad Dürkheim, (Christmann)				
Durenkeim	Feld	Pachtung	um 1155	OU Nr. 2
Durenkeim	Güter	in Otterberger Besitz	1287	OU Nr. 242
Durenkeim	Zins	Schenkung	1309	OU Nr. 349
Bad Kreuznach				
Krucenachen	Güter	in Otterberger Besitz	1256	Hdbg. Nr. 2
Crutzenach	Hof	in Otterberger Besitz	1564	GLA 65/2327 Bl. 5

Ortsnamen in der Urkunde	Objekt	Kauf, Schenkung usw.	Jahr	Belege
Becherbach, Ldkr. Bad Kreuznach				
Becherbach	Abgabe	in Otterberger Besitz	1430	GGA 58m Bl. 2
Bechtheim, Ldkr. Alzey-Worms, (vgl. OU Nr. 36)				
Berchheim	1/3 Allod	in Otterberger Besitz	vor 1200	Gatt. Nr. 27
Bertheim	Weinberge	Schenkung	um 1220	OU Nr. 36
Bechtheim	Weinberge	Schenkung	1294	Baur 5 Nr. 160
Bertheim	Güter	Schenkung als Gegenleistung für Verpachtung	1304	OU Nr. 308,
Bechtheim	Hof, Haus	Kauf	1332	Baur 5 Nr. 295
Bechtheim	Korngülte	Pfand	1344	OU Nr. 457
Bertheim	Feld, Weinberge Güterhälfte	Schenkung	um 1360	OU Nr. 460
Beindersheim, Ldkr. Ludwigshafen, (Christmann)				
Beintersheim	Gülte	von Steinwenden übertragen	1278	OU Nr. 214
Bermersheim, Ldkr. Alzey-Worms				
Bermersheim	Güter	Schenkung	1260	OU Nr. 136
Bertolviswilre, Wüstung in der Gegend von Grünstadt-Alzey, (Christmann)				
Bertolfeswiler	Allod	Schenkung	1225	MP 1 S. 278
Bertolviswilre[5]	Gut	Schenkung	1227	OU Nr. 50
Berzweiler, jetzt Hefersweiler, Ldkr. Kusel, (Christmann)				
Berhardeswilre	Allod	strittig	1223	OU Nr. 43
Bertzweiler	Gerichtsbarkeit	in Otterberger Besitz	1469	Grimm 5 S. 658
Biebelnheim, Ldkr. Alzey-Worms, (vgl. OU Nr. 458)				
Bibelnheim	Hof, Güter, Weinberge	Schenkung	um 1254	OU Nr. 122
Bybelnheim	Korngülte	Schenkung	1332	OU Nr. 430
Biebesheim, Kr. Groß-Gerau,				
Bubensheim	Wiese	Kauf	1276	ZGO 6 S. 305

Ortsnamen in der Urkunde	Objekt	Kauf, Schenkung usw.	Jahr	Belege

Biedesheim, Donnersbergkreis

Bussesheim	Feld	in Otterberger Besitz	1499	Speyer, Kopialbuch Rosenthal

Bingen, Ldkr. Mainz-Bingen

Piguan	Hof	in Otterberger Besitz	1256	Hdbg. Nr. 2
Bingen	Abgabe	in Otterberger Besitz	um 1491	Heßl. Bl. 121

Bischheim[6], Donnersbergkreis, (Christmann)

Byschovesheim	Hof	in Otterberger Besitz	1195	OU Nr. 5
Byschovesheim	Gülte	Schenkung	1315	Rem. 1 Urk. 14
Byschovesheim	großer Zehnt	Abtretung	1338	OU Nr. 441
Bischofsheim	Gülte	Lehen	1359	Gatt. Nr. 628

Bittersheim, Wüstung bei Lautersheim, Donnersbergkreis (MHVPf 1959)

Bössertheim	Hof	in Otterberger Besitz	1564	GLA 65/2327 Bl. 5

Bockenheim (Klein- und Großbockenheim), Ldkr. Bad Dürkheim, (Christmann)

Bockenheim	Hof	in Otterberger Besitz	1215	OU Nr. 14
Bockenheim	Güter	Schenkung	1248	OU Nr. 84
Bockenheim	Gefälle	Kauf	1250	OU Nr. 93
Bockenheim	Gülte	Kauf	1253	OU Nr. 110
Bockenheim	Gülte	Anerkennung	1268	OU Nr. 165
Bockenheim	Güter	Kauf	1270	Gatt. Nr. 147
Bockenheim	Güter	Kauf	1274	OU Nr. 185
Bockenheim	Gefälle	Kauf	1284	OU Nr. 235
Bockenheim	Gülte	Kauf	1284	OU Nr. 236
Bockenheim superioris scilicet et inferioris	Höfe, Felder, Weingärten, Zehnten	Schenkung	1285	OU Nr. 239
Groszbockenheim	Gerichtbarkeit	in Otterberger Besitz	1300	Grimm 5 S. 622/25
Groszbockenheim	Mittelhof	in Otterberger Besitz	1300	Grimm 5 S. 622
Bockenheim	Mühle	in Otterberger Besitz	1307	OU Nr. 333
Bockenheim	Gülte	Kauf	1319	OU Nr. 378

Ortsnamen in der Urkunde	Objekt	Kauf, Schenkung usw.	Jahr	Belege
Kleinbockenheim	Patronat über Friedhofskapelle	angemaßt	um 1330	Schannat S. 12
Groß-Bohginheim	Kollaturrecht am Altar	in Otterberger Besitz	1336	Glasschr. Nr. 499
Bockenheim zu grozen vnd ze kleinen	Hof, Güter	Schenkung	1340	OU Nr. 450
Bockinheym	Gülte	Schenkung	1349	MP 1 S. 460 ff.
Bockenheim	Pfarrei	Inkorporation	vor 1400	Mü Nr. 1400

Böhl, jetzt Böhl-Iggelheim, Ldkr. Ludwigshafen, (Christmann)

Buheln	Korngülte	Schenkung	1267	OU Nr. 159
Buhel	Güter	Verpachtung	1304	OU Nr. 311

Bolanden, Donnersbergkreis, (Christmann)

Altenbolanden	großer Zehnt	Abtretung an Otterberg	1338	OU Nr. 441

Boppard, Rhein-Hunsrück-Kreis

Boppardia	Zollfreiheit	Schenkung	1274	OU Nr. 186

Börrstadt, Donnersbergkreis, (Christmann)

Byirscheit	Hof	in Otterberger Besitz	1195	OU Nr. 5

Brunkweiler, Wüstung bei Dörnbach, Donnersbergkreis (MHVPf 1959)

Brunckwilre	Äcker	in Otterberger Besitz	1431	GGA 58 m Bl. 26

Büdigheim, Wüstung bei Billigheim-Ingenheim, Ldkr. Landau-Bad Bergzabern, (Christmann)

Büdingen	Weingarten	Verpachtung	1517	Gatt. Nr. 2246

Chemnaden[7]

Chemnaden	Güter	Kauf	1254	MP 1 S. 296
Kemmenade	Weiher	in Otterberger Besitz	1315	OU Nr. 371

Crumstadt, Kr. Groß-Gerau,

Crumbestat	Wiese	Kauf	1276	ZGO 6 S. 305

Ortsnamen in der Urkunde	Objekt	Kauf, Schenkung usw.	Jahr	Belege
Dalsheim, jetzt Flörsheim-Dalsheim, Ldkr. Alzey-Worms				
Dagelsheim	Güter	in Otterberger Besitz	1256	Hdbg. Nr. 2
Dalsheim	Feld	Verpachtung	1312	OU Nr. 362
Dalßheim	Hof	Verpachtung	1428	Gatt. Nr. 1226
Dalheim	Weinberg	Verpachtung	1498	Gatt. Nr. 2144
Dautenheim, Ldkr. Alzey-Worms				
Dunzensheim	Güter	Kauf	1308	OU Nr. 336
Daxweiler, Ldkr. Bad Kreuznach, (Seuser)				
Daswilre	Güter	Schenkung	1281	OU Nr. 221
Daßhwiler	Hof	Verkauf	1440	GLA 67/866
Deidesheim, Ldkr. Bad Dürkheim, (Christmann)				
Dydensheim	Güter, Feld	Schenkung	1216	OU Nr. 16
Dydensheim	Weinberge	Schenkung	1253	OU Nr. 111
Deidesheim	Hof	in Otterberger Besitz	1297 [8]	
Dydensheim	Weinberge, Gülten	Schenkung	1310	OU Nr. 354
Dydensheim	Weingülte	Kauf	1321	OU Nr. 382
Dydensheim	Güter, Weinberge	Kauf	1331	OU Nr. 429
Didensheim	Weinberg, 3 Häuser	Kauf	1347	Gatt. Nr. 530
Dydeßheim	Korngülte	Kauf	1468	Gatt. Nr. 1744
Dexheim, Ldkr. Mainz-Bingen, (vgl. OU Nr. 409)				
Dechisheim	Feld, Weinberge	Schenkung	um 1225	OU Nr. 45
Dienheim, Ldkr. Mainz-Bingen				
Dininheim	Gülte im Fall einer Vernachlässigung der Pflichten durch Eberbach	Schenkung	1292	Rossel 2 Nr. 523
Dielkirchen, Donnersbergkreis, (Christmann)				
Dylenkirchen	Hof, Feld, Weinberge	In Otterberger Besitz	1268	OU Nr. 160

Ortsnamen in der Urkunde	Objekt	Kauf, Schenkung usw.	Jahr	Belege
Dirmstein, Ldkr. Bad Dürkheim				
Diermstein	Güter	in Otterberger Besitz	1256	Hdbg. Nr. 2
Dirmenstein	Weinberg	Schenkung	vor 1360	OU Nr. 460
Dirmstein	Gülte	Kauf	1367	Gatt. Nr. 711
Dirmbstein[9]	Hof	in Otterberger Besitz	1564	GLA 65/2327
Dittelsheim, jetzt Dittelsheim-Heßloch, Ldkr. Alzey-Worms, (Mone ZGO 2 S. 436)				
Ditelnsheim	Güter	in Otterberger Besitz	1229	Gatt. Nr. 49
Ditensheim	Güter	in Otterberger Besitz	1304	OU Nr. 311
Dolgesheim, Ldkr. Mainz-Bingen (vgl. Christmann S. 441)				
Dolgesheim	Gülte	Schenkung	1315	OU Nr. 368
Dolgesheim	Gülte	Kauf	1372	Heßl. Lagerbuch Bl. 19
Dörnbach, Donnersbergkreis, (Christmann)				
Duringebach	Güter	Schenkung	1315	OU Nr. 369
Duringebach	Hof, Haus, Felder, Weinberge	Verpachtung	1320	OU Nr. 379
Dornbach	Güter	in Otterberger Besitz	1431	GGA 58 m Bl. 25
Dorn-Dürkheim, Ldkr. Alzey-Worms				
Dorndurcheim	Feld	in Otterberger Besitz	um 1491	Heßl. Bl. 38
Dörrebach, Ldkr. Bad Kreuznach (vgl. OU Nr. 221)				
Durrenbach	Güter	Schenkung	1281	OU Nr. 221
Dörrmoschel, Donnersbergkreis, (Christmann)				
Siccamuschela	Güter	Schenkung	um 1212	OU Nr. 11
Seckemusseln	Wiese	Kauf	1233	OU Nr. 61
Durrenmuscheln	Käsegülte	Schenkung	1306	OU Nr. 326
Dorrenmoßeln	Güter	in Otterberger Besitz	1432	GGA 58 m Bl. 31

Ortsnamen in der Urkunde	Objekt	Kauf, Schenkung usw.	Jahr	Belege

Ebernburg, jetzt Bad Münster am Stein-Ebernburg, Ldkr. Bad Kreuznach

Ebernburch	Güter	in Otterberger Besitz	1256	Hdbg. Nr. 2

Ebertsheim, Ldkr. Bad Dürkheim, (Christmann)

Ebroldesheim	Felder, Gülte	Kauf	1281	OU Nr. 225

Edenbornerhof bei Kirchheimbolanden, Donnersbergkreis, (Häberle)

Yedenburne	großer Zehnt	Abtretung an Otterberg	1338	OU Nr. 441

Eich, Ldkr. Alzey-Worms

Eichen	Hof	in Otterberger Besitz	1195	OU Nr. 5
Eichene	Güter	Kauf	1258	Rossel 1 Nr. 337

Eimsheim, Ldkr. Mainz-Bingen

Imßheim	Feld	in Otterberger Besitz	1511	Heßl. Bl. 39

Elmstein, Ldkr. Bad Dürkheim, (Christmann)

Elbenstein	Weiderecht	Schenkung	1253	OU Nr. 111
Elbstein	Wiese	in Otterberger Besitz	1294	MP 1 S. 399

Enkenbach, jetzt Enkenbach-Alsenborn, Ldkr. Kaiserslautern

Enkenbach	Aufischt über Kloster	an Münsterdreisen abgegeben	1190	Boos 1 Nr. 92

Ensheim, Ldkr. Alzey-Worms (Sturmfels)

Onensheim	Weinberge	Kauf	1267	OU Nr. 158
Onisheim	Hof, Feld, Weinberge	Kauf	1283	OU Nr. 231
Onßheim	Zehnt	in Otterberger Besitz	1502	Heßl. Bl. 64

Eppelsheim, Ldkr. Alzey-Worms

Eppelnsheim	Güter	in Otterberger Besitz	1256	Hdbg. Nr. 2
Eppilnsheim	Gülte	Schenkung	1295	OU Nr. 263
Eppilnsheim	Feld, Weinberge	Kauf	1305	OU Nr. 322
Eppilnsheim	Hof, Güter	Kauf	1306	OU Nr. 330

Ortsnamen in der Urkunde	Objekt	Kauf, Schenkung usw.	Jahr	Belege
Eppilnsheim	Hof, Felder	Kauf	1308	OU Nr. 336
Eppelsheim	Gülte	Schenkung	1360	Baur 5 Nr. 426
Eppelnsheim	Hof, Garten	Kauf	1382	Baur 5 Nr. 501

Erfenbach, jetzt Kaiserslautern Stadt

Erphenbach	Abgabe	in Otterberger Besitz	1430	GGA 58 m Bl. 3

Erlenbach, jetzt Kaiserslautern Stadt

Erlenbach	Praedium	Schenkung	nach 1173	MP 1 S. 254
Erlebach	Dorf	in Otterberger Besitz	1195	OU Nr. 5
Erlebach	Gerichtsbarkeit	Schenkung	1209	MP 1 S. 259
Erlenbach	Baptisterium	Übertragung von Weiler nach Erlenbach	1218	MP 1 S. 268
Erlebach	Güter	Schenkung	um 1285	OU Nr. 240
Erlebach	Güter	Schenkung	1360	Gatt. Nr. 640
Erlenbach	Güter	Schenkung	1396	Gatt. Nr. 961
Erlenbach	Güter	Kauf	1437	Gatt. Nr. 1335
Erlenbach	Zehnt	in Otterberger Besitz	1560	Widder 4 S. 230

Eselsfürth, Kaiserslautern Stadt

Eselsfurt	2 Weiher	Vergleich	1306	OU Nr. 327

Esselborn, Ldkr. Alzey-Worms

Eschilburne	Gülte	Schenkung	1283	Baur 5 Nr. 122
Eschilbornen	Korngülte	Kauf	1299	OU Nr. 282
Esshilburnen	Feld	Vergleich	1315	OU Nr. 372
Eschelborn	Hof	in Otterberger Besitz	1496	Heßl. Bl. 117

Flomborn, Ldkr. Alzey-Worms, (vgl. OU Nr. 330)

Flanborn	Feld	Kauf	1306	OU Nr. 330

Flonheim, Ldkr. Alzey-Worms

Flanheim	Nutzungsrecht von Gütern	Schenkung	1218	Mittelrh. 2 Nr. 1359
Flanheim	Weinberge	Schenkung	1236	OU Nr. 68

Ortsnamen in der Urkunde	Objekt	Kauf, Schenkung usw.	Jahr	Belege
Flanheim	Güter	Schenkung	um 1236	OU Nr. 69
Flanheim	Hof, Häuser, Feld, Weinberge	Rücknahme einer Verpachtung; Schenkung	1253	OU Nr. 108
Flanheim	Güter	Schenkung	1272	OU Nr. 177
Flanheim	Korngülte	in Otterberger Besitz	1304	OU Nr. 312
Flanheim	Korngülte	in Otterberger Besitz	1304	OU Nr. 314

Flörsheim, jetzt Flörsheim-Dalsheim, Ldkr. Alzey-Worms

Vlaersheim	Güter	in Otterberger Besitz	1256	Hdbg. Nr. 2
superiori Flersheim	Hof, Feld, Weinberge	Kauf	1262	OU Nr. 141
superiori Flersheim	Hof, Haus, Feld, Zehnt	Kauf	1293	OU Nr. 258
Flersheim	Gülte	Schenkung	1335	OU Nr. 435

Forst, Ldkr. Bad Dürkheim

Vorst	Weinberge	in Otterberger Besitz	1305	ZGO 9 S. 316

Frankenweide[10], Weidegebiet zwischen Annweiler und Lambrecht

Frankwede	Weide-, Holz- und Fischrecht	in Otterberger Besitz	1293	OU Nr. 261

Freimersheim, Ldkr. Alzey-Worms

Fremersheim	Güter	Schenkung	1283	OU Nr. 231

Frettenheim, Ldkr. Alzey-Worms

Frittenheim	Abgaben	in Otterberger Besitz	um 1491	Heßl. Bl. 24

Gauersheim, Donnersbergkreis

Gawerßheim	Gut	in Otterberger Besitz	1416	BlpfKG 37/38, S. 37

Gaulsheim, jetzt Bingen Stadt

Gaißheym	Feld	in Otterberger Besitz	1509	Heßl. Bl. 70

Ortsnamen in der Urkunde	Objekt	Kauf, Schenkung usw.	Jahr	Belege
Gau-Odernheim, Ldkr. Alzey-Worms, (Christmann S. 446)[11]				
Odernheim	Güter	Verpachtung	1323	OU Nr. 386
Geisenheim, Wüstung in der Gemarkung Dalsheim[12]				
Geysenheim	Feld	Verpachtung	1312	OU Nr. 362
Genheim, Ldkr. Bad Kreuznach				
Geynheim	Hof	Schenkung	1279	Baur 2 Nr. 321
Gernsheim, Kr. Groß-Gerau				
Gernsheim	freie Überfahrt auf Rheinfähre	Schenkung	1317	Baur 2 Nr. 805
Gersweilerhof, jetzt Kaiserslautern Stadt, (Christmann)				
Gerswilre	Allodium[13]	Schenkung	um 1216	OU Nr. 17
Gerswilre	Zehnt	Schenkung	1219	OU Nr. 32
Gerswilre	Güter	Kauf	1253	OU Nr. 113
Gerwilre	Güter	in Otterberger Besitz	1256	Hdbg. Nr. 2
Gerswilre	1 Weiher[14]	Vergleich	1294	OU Nr. 262
Gersweiler	Gerichtsbarkeit	in Otterberger Besitz	1467	MP 1 S. 475
Gonbach, Donnersbergkreis, (Christmann)				
Ganenbach	Güter	Kauf	1245	MP 1 S. 286
Ganenbach	Hof	in Otterberger Besitz	1279	OU Nr. 217
Ganenbach	Hof, Feld	Kauf	1281	OU Nr. 224
Ganenbach	Wiese	Kauf	1284	OU Nr. 238
Niedergonbach	Gerichtsbarkeit	in Otterberger Besitz	1505	GGA 68
Gossenheim, Wüstung bei Kindenheim, Ldkr. Bad Dürkheim, (Christmann)				
Goszenheim	Gefälle	Kauf	1250	OU Nr. 93
Gozensheim	Güter	in Otterberger Besitz	1256	Hdbg. Nr. 2
Gösesheim	Patronatsrecht	Otterberg zustehend	1496	Weech, Wormser Synodale, ZGO 27 S. 281
Großkarlbach, Ldkr. Bad Dürkheim, (Christmann)[15]				
Karlbach	Güter	in Otterberger Besitz	1256	Hdbg. Nr. 2

Ortsnamen in der Urkunde	Objekt	Kauf, Schenkung usw.		Jahr	Belege
Karlebach	Feld	Kauf		1261	Gatt. Nr. 105
Carlebach	Hof	Schenkung	vor	1360	OU Nr. 460

Groß Rohrheim, Kr. Bensheim, (Müller)

Rohrheim	Feld, Zehnt	Kauf	1276	ZGO 6 S. 305
Rohrheim	Hof	in Otterberger Besitz	1327	Baur 1 S. 291

Grünstadt, Ldkr. Bad Dürkheim

Grinstadt	Abgabe	in Otterberger Besitz	1497	Heßl. Bl. 92
Grinstadt	Hof, Haus	Verpachtung	1505	Gatt. Nr. 2207
Grinstadt	Feld	Verpachtung	1511	Gatt. Nr. 2333

Gudenbach, Wüstung zwischen Ramstein und Miesenbach[16]

Gudenbach	Geldgülte	in Otterberger Besitz	1430	GGA 58 m Bl. 10

Gundersheim, Ldkr. Alzey-Worms

Gunderenesheim	Güter	in Otterberger Besitz		1256	Hdbg. Nr. 2
Gundramisheim	Güter, Weinberge	Kauf		1267	OU Nr. 158
Gundramisheim	Hof, Güter, Weinberge	Kauf		1283	OU Nr. 231
Gundramsheim	Gülte	Schenkung		1283	Baur 5 Nr. 122
Gundramsheim	Güter	Kauf	um	1346	MP 1 S. 441
Gundramisheim	Zehnt	in Otterberger Besitz		1362	Baur 5 Nr. 436

Gundersweiler, Donnersbergkreis

Gunterßwiler	Güter	in Otterberger Besitz	1433	GGA 58 m Bl. 32

Gundheim, Ldkr. Alzey-Worms

Guntheim	Güter	in Otterberger Besitz		1256	Hdbg. Nr. 2
Guntheim	Güter	Schenkung		1260	OU Nr. 136
Guntheim	Weinberge	Schenkung		1270	OU Nr. 168
Guntheim	Güter	Schenkung	um	1270	OU Nr. 169

Gunzweiler, Wüstung bei Olsbrücken, Ldkr. Kaiserslautern, (Christmann)

Guntzwilre	Haus	Schenkung	1290	OU Nr. 244

Ortsnamen in der Urkunde	Objekt	Kauf, Schenkung usw.	Jahr	Belege
Gutenberg, Ldkr. Bad Kreuznach				
Gudenberg	Feld	in Otterberger Besitz	1284	Dahl S. 111
Hahnweilerhof bei Börrstadt, Donnersbergkreis, (Christmann)				
Heinwilre	Feld	Schenkung	um 1196	MR 2 S. 105
Hamm, Ldkr. Alzey-Worms				
Hammer	Hof	in Otterberger Besitz	1215	OU Nr. 14
Hanauerhof bei Dielkirchen, Donnersbergkreis				
Hagenauwe	Blutzehnt	Schenkung	um 1149	OU Nr. 1
Hagenauwen	Hof	in Otterberger Besitz	1195	OU Nr. 5
Banholtz adiacentem curie dicte Hanauwe	Feld zum Anbau von Reben	Schenkung	1292	OU Nr. 253
Hanbuch, Wüstung zwischen Steinwenden u. Schwanden, (Christmann MHVPf 1959, S. 32)				
Hanbuch	Abgabe	in Otterberger Besitz	um 1430	GGA 58 m Bl. 10
Hangen-Wahlheim, Gemeinde Alsheim, Ldkr. Alzey-Worms[17]				
Hannem	Gülte	Schenkung	1325	Baur Nr. 273
Hangen-Weisheim, Ldkr. Alzey-Worms				
Wissen	Güter	Tausch	1306	OU Nr. 329
Wiszen	Feld	Kauf	1308	OU Nr. 336
Wyssen	Güter	Schenkung	1350	Baur 3 Nr. 1229
Wißheim	Feld, Weinberg	Verpachtung	1441	Gatt. Nr. 1375
Wißheim by Eppelßheym	Abgabe	in Otterberger Besitz	1507	Heßl. Bl. 96
Harxheim, Donnersbergkreis, (Christmann)				
Harwesheim	Korngülte	Schenkung	1242	OU Nr. 75
Harlsheim	Güter	in Otterberger Besitz	1256	Hdbg. Nr. 2
Harwisheim	Feld	Schenkung	1317	OU Nr. 374

Ortsnamen in der Urkunde	Objekt	Kauf, Schenkung usw.	Jahr	Belege
Hattenheim, Kr. Rüdesheim				
Hattensheim	Güter	in Otterberger Besitz	1256	Hdbg. Nr. 2
Heimbach (Ober- und Niederheimbach), Ldkr. Mainz-Bingen				
Heimbach	Hof	in Otterberger Besitz	1215	OU Nr. 14
Heimbach	Weinberge	Schenkung	1221	OU Nr. 39
superiori Heimbach	Hof	Schenkung	1268	OU Nr. 162
Heymbach	Güter	Schenkung genehmigt	um 1268	OU Nr. 163
superiori Heymbach	Gülte	Schenkung	1293	MP 1 S. 396
superiori Heimbach	1 Weinberg	Schenkung	1317	OU Nr. 375
Nidernheimbach	Hofplatz	Verpachtung	1341	OU Nr. 452
Heppenheim a. d. Wiese, jetzt Worms Stadt[18]				
Hepphenheim	Allodium	Schenkung	1230	Baur 5 Nr. 18
Heppenheim	Feld	Schenkung	1270	Baur 5 Nr. 70
Heppenheim	Gülte	Schenkung	1303	MP 6 S. 143
Heppenheim	Güter	Schenkung	1333	Mü Nr. 1392
Heppenheim i. Loch (Gau-Heppenheim), Ldkr. Alzey-Worms[19]				
Heppenheim	Feld	Kauf	1305	OU Nr. 323
Herrnsheim, Worms Stadt				
Herlsheim	Güter	in Otterberger Besitz	1263	OU Nr. 142
Herlisheim (Herlsheim)	Güter	Schenkung	1264	OU Nr. 144
Heßloch, jetzt Dittelsheim-Heßloch, Ldkr. Alzey-Worms				
Heseloch	Güter	Schenkung	1173	Gatt. Nr. 19
Heseloch	Hof	in Otterberger Besitz	1195	OU Nr. 5
Heseloch	Gerichtsbarkeit	Kauf	1220	Baur 5 Nr. 8
Heseloch	Feld, Weinberge	Schenkung	um 1220	OU Nr. 36
Heseloch	Gülten	Vergleich	1227	OU Nr. 46
Heseloch	Weizengülte	Schenkung	1282	OU Nr. 229
Heseloch	Gülte	Schenkung	1315	Rem. 1 S. 330
Heseloch	Hof	Kauf	1444	Gatt. Nr. 1398

Ortsnamen in der Urkunde	Objekt	Kauf, Schenkung usw.	Jahr	Belege
Heubergerhof bei Bischheim, Donnersbergkreis, (Christmann)				
Heydeberg	Hof	in Otterberger Besitz	1195	OU Nr. 5
Heydeberg	Wiese	Tausch	1247	OU Nr. 80
Heideberg	großer Zehnt	Abtretung an Otterberg	1338	OU Nr. 441
Heuchelheim, Ldkr. Ludwigshafen, (Christmann)				
Hunhhelenheim	Güter	in Otterberger Besitz	1256	Hdbg. Nr. 2
Huchilnheim	Gülten	Schenkung	1299	OU Nr. 279
Huchelnheim	Feld	Tausch	1338	OU Nr. 443
Hirschhorn, Ldkr. Kaiserslautern, (Christmann)				
Hunrescherre	Wiese	Schenkung	um 1233	OU Nr. 62
Hunrescherre	Zins	Schenkung	1310	OU Nr. 355
Hunscherre	Gülte, Abgabe	in Otterberger Besitz	um 1430	GGA 58 m Bl. 15
Hünescher	1/3 Gerichtsbarkeit	in Otterberger Besitz	1566	Grimm 1 S. 797
Hochheim, Worms Stadt				
Hochheim	Güter	in Otterberger Besitz	1256	Hdbg. Nr. 2
Hochheim	Hof	Verpachtung	1519	Gatt. Nr. 2444
Hochspeyer, Ldkr. Kaiserslautern, (vgl. auch Münchhof)				
Hospiren	Hof	in Otterberger Besitz	1195	OU Nr. 5
Hohen-Sülzen, Ldkr. Alzey-Worms, (Fabricius, Nahegau S. 498)				
Horsulzen	Güter	Schenkung	1235	OU Nr. 65
Horsultzen	Güter	Tausch	1238	OU Nr. 70
Horsultzen	Güter	Schenkung	1239	OU Nr. 71
Horsulzen	Hof	in Otterberger Besitz	1367	Baur 5 Nr. 460
Horchheim, Worms Stadt				
Horgeheim	Güter, Weinberge	Schenkung	1304	OU Nr. 306
Hornshecken, Wüstung bei Rüssingen, Donnersbergkreis, (vgl. OU Nr. 303)				
Hornshecken	Hof	Verpachtung	1304	OU Nr. 303

Ortsnamen in der Urkunde	Objekt	Kauf, Schenkung usw.	Jahr	Belege

Horterhof bei Heiligenmoschel, Ldkr. Kaiserslautern, (Christmann)

Honwarten	Hof	in Otterberger Besitz	1195	OU Nr. 5

Ibersheim, jetzt Worms Stadt

Ibernsheim	Weiderecht	Pachtung	um 1173	Boos 1 Nr. 84

Immesheim, Donnersbergkreis, (Christmann)

Ymmisheim (Ymmesheim)	Feld	Kauf	1339	OU Nr. 449

Imsbach, Donnersbergkreis

Yhmspach	Abgabe	in Otterberger Besitz	um 1413	GGA 58 m

Imsweiler, Donnersbergkreis

Imsweiler	Hof	in Otterberger Besitz	um 1574	Grimm 5 S. 664

Jettenbach, Kr. Kusel

Gyttenbach	Abgabe	in Otterberger Besitz	um 1430	GGA 58 m Bl. 6

Jugenheim, Ldkr. Mainz-Bingen, (Fabricius, Nahegau S. 561)

Gugenheim	Korngülte	Schenkung	1289	OU Nr. 243
Gugenheim	Gülte	von Gugenheim auf Münsterappel überwiesen	1297	OU Nr. 271

Kaiserslautern

Lutree	Hof	in Otterberger Besitz	1195	OU Nr. 5
Lutree	Hof	Schenkung	1209	OU Nr. 9
Lutre	Feld	Kauf	1251	OU Nr. 100
Lutra	Güter	Schenkung	1262	OU Nr. 138
Lutra	Zollfreiheit	Schenkung	1274	OU Nr. 186
Lutera	Hof, Haus	Schenkung	1274	OU Nr. 187
Lutrea	Feld	Kauf	1275	OU Nr. 191
Lutre	Feld	Kauf	1275	OU Nr. 192
Lutra	Recht des Weinausschanks	Zugeständnis	1306	OU Nr. 327
Lutern	Abgabe	in Otterberger Besitz	1515	Heßl. B. 190

Ortsnamen in der Urkunde	Objekt	Kauf, Schenkung usw.	Jahr	Belege
Kallstadt, Ldkr. Bad Dürkheim				
Kalstadt	Güter	Kauf	1264	OU Nr. 145
Kalstad	¹/₂ Kelterhof, Güter, Weinberge	Kauf	1270	OU Nr. 166
Kalstat	Hof, Hofplatz, Haus	in Otterberger Besitz	1275	OU Nr. 193
Kalstat	Güter	Schenkung	1276	OU Nr. 198
Kalstat	Güter, Weinberge	Schenkung	1309	OU Nr. 349
Kalstat	Gülte	Schenkung	1315	Rem. 1 S. 330
Katzenbach, Donnersbergkreis				
Katzenbach	Weinberg	in Otterberger Besitz	1324	OU Nr. 398
Katzweiler, Ldkr. Kaiserslautern				
Kacewilre	Güter	in Otterberger Besitz	1256	Hdbg. Nr. 2
Katzewilre	Gülte	in Otterberger Besitz	1272	OU Nr. 180
Katzwylre	¹/₄ Mühle	in Otterberger Besitz	1430	GGA 58 m Bl. 12
Kerzenheim, Donnersbergkreis				
Karmtenheim	Güter	in Otterberger Besitz	1256	Hdbg. Nr. 2
Kerzenheim	Feld	Verpachtung	1303	OU Nr. 298
Kernsterßheim	Abgabe	in Otterberger Besitz	um 1491	Heßl. Bl. 180
Kindenheim, Ldkr. Bad Dürkheim				
Kindenheim	Gefälle	Kauf	1250	OU Nr. 93
Chindenheim	Güter	in Otterberger Besitz	1256	Hdbg. Nr. 2
Kindenheim	Mühle	in Otterberger Besitz	1522	Hdbg. Nr. 31
Kindenheim	Hof	in Otterberger Besitz	1564	GLA 65/2327
Kirchheim a. d. Eck, Ldkr. Bad Dürkheim, (Christmann)				
Kirchheim iuxta Karlebach	Güter	Schenkung	1248	OU Nr. 84
Kirchheim[20]	Hof	in Otterberger Besitz	1510	Heßl. Bl. 102

Ortsnamen in der Urkunde	Objekt	Kauf, Schenkung usw.	Jahr	Belege

Kirchheimbolanden, Donnersbergkreis, (Christmann)

Kirchheim	Güter	Schenkung	1244	OU Nr. 76
Kirchheim	Güter	Schenkung	1248	OU Nr. 82
Kirchheim	Korngülte	Kauf	1304	OU Nr. 318
Kirchheim	Gülte	Schenkung	1315	Rem. 1 Urk. 14
Kirchheim prope Bolandiam	großer Zehnt	Abtretung an Otterberg	1338	OU Nr. 441

Kirschgarten, Kloster in Worms

Hortus Cerasorum vulgo Kirschgarten	Aufsicht über Zisterzienserinnenkloster			Schannat S. 170

Kleinniedesheim, Ldkr. Ludwigshafen, (Christmann)

Ucelensheim	Güter	Schenkung	1233	OU Nr. 60
Utzillisheim	Gefälle	Schenkung	vor 1283	Rossel 2 Nr. 296

Klein-Rohrheim, Kr. Groß Gerau, (Müller)

Klein-Rohrheim	Feld	Kauf	1303	Müller S. 394

Kollweiler, Ldkr. Kaiserslautern

Kolwilre	Korngülte	Schenkung	1321	OU Nr. 383
Kolwiler	Abgaben	in Otterberger Besitz	um 1400	GGA 58 m Bl. 7

Kuttenhausen, Wüstung bei Reichenbach-Steegen, Ldkr. Kaiserslautern, (Christmann)

Kottenhusen	Abgabe	in Otterberger Besitz	um 1432	GGA 58 m Bl. 5[21]

Lambsheim, Ldkr. Ludwigshafen

Lambesheim	Güter	in Otterberger Besitz	1256	Hdbg. Nr. 2
Lamßheim	Abgabe	in Otterberger Besitz	1497	Heßl. Bl. 89

Lampertsmühle, Ortsteil von Erfenbach, jetzt Kaiserslautern Stadt[22]

molendinum Lamperti	Güter	in Otterberger Besitz	1265	OU Nr. 146

Laumersheim, Ldkr. Bad Dürkheim

Lumersheim	Gülte	Kauf	1350	Gatt. Nr. 552
Lomersheim	Gülte	Schenkung	1364	Gatt. Nr. 683
Laumersheim	Feld	Kauf	1379	Mü Nr. 1992

Ortsnamen in der Urkunde	Objekt	Kauf, Schenkung usw.	Jahr	Belege

Lautersheim, Donnersbergkreis
Lutersheim	Güter	Verpachtung	1266	OU Nr. 152

Leideradehoba, Wüstung bei Hochspeyer, Ldkr. Kaiserslautern[23]
Leideradehoba	---	in Otterberger Besitz	1217	OU Nr. 20

Limbach, jetzt Fockenberg-Limbach, Ldkr. Kaiserslautern
Limpach	⅓ Zehnt, Abgaben	in Otterberger Besitz	um 1430	GGA 58 m Bl. 5

Lobloch, Ortsteil von Gimmeldingen, jetzt Neustadt a. d. Weinstr. Stadt
Luploch	Weinberg	Verpachtung	1517	Gatt. Nr. 2425

Lohnsfeld, Donnersbergkreis
Lonsvelt	Wiese	Kauf	1277	OU Nr. 203
Lonsfelt	Wiese	Kauf	1279	OU Nr. 215

Lorch, Kr. Rüdesheim
Lorcha	Weinberge	Schenkung	1235	OU Nr. 66
Lorche	1 Weinberg	Schenkung	1247	OU Nr. 79

Mainz
Moguntina	Hof	in Otterberger Besitz	1256	Hdbg. Nr. 2
Moguntina	Hof, Haus, Güter	Schenkung	1257	OU Nr. 128

Matzenbach, jetzt Eisenbach-Matzenbach, Kr. Kusel
Matzenbach	Abgabe	in Otterberger Besitz	um 1430	GGA 58 m Bl. 5 u. 10

Mauchenheim, Ldkr. Alzey-Worms
Mauchenheim	Güter	Schenkung	1271	OU Nr. 173
Mauchenheim	Gülte	Schenkung	1343	StA Darmstadt Rheinhess. Urk.

Mehlbach, Ldkr. Kaiserslautern
Melbach	Güter	in Otterberger Besitz	1256	Hdbg. Nr. 2
Melbach	Abgabe	in Otterberger Besitz	um 1430	GGA 58 m Bl. 2

Ortsnamen in der Urkunde	Objekt	Kauf, Schenkung usw.	Jahr	Belege
Mehlingen, Ldkr. Kaiserslautern				
Melingen	Hof	in Otterberger Besitz	um 1430	GGA 58 m Bl. 31
Meisenheim, Ldkr. Kreuznach				
Meysenheim	Güter	Verkauf	1485	Speyer, Urk. d. Herzogtums Zweibrücken Nr. 68
Messersbacherhof bei Gundersweiler, Donnersbergkreis, (Christmann)				
Mazoldersbach	Hof	in Otterberger Besitz	1195	OU Nr. 5
Massholdersbach	Praedium	Schenkung	1207	OU Nr. 7
Mazholdersbach	Güter	Schenkung	1247	OU Nr. 81
Mazholdersbach	Zehntanteil	Schenkung	1252	OU Nr. 107
Mazholdersbach	Gefälle	Kauf	1277	OU Nr. 207
Messerschwanderhof bei Otterberg, Ldkr. Kaiserslautern, (Christmann)				
Metzelswanden	Hof	in Otterberger Besitz	1195	OU Nr. 5
Metzilswanden	Güter	Tausch	1285	OU Nr. 241
Mestey (?)				
Mestey	Zehnt	in Otterberger Besitz	1459	Canivez S. 43
Mettenheim, Ldkr. Alzey-Worms				
Mettenheim	Korngülte	Kauf	1310	OU Nr. 356
Miesenbach, jetzt Ramstein-Miesenbach, Ldkr. Kaiserslautern				
Miesenbach	Haus	in Otterberger Besitz	1432	MHVPf 1959 S. 26
Mittelrohrbach, Wüstung bei Wartenberg-Rohrbach, Donnersbergkreis, (Christmann)				
Wüste Rohrbach	Güter	in Otterberger Besitz	1247	OU Nr. 78
Mittelrohrbach	Hof, Feld	Kauf	1276	MP 1 S. 343
Mittelrohrbach	Güter	Kauf	1279	MP 1 S. 374
Mölsheim, Ldkr. Alzey-Worms				
Milßheym	Abgabe	in Otterberger Besitz	1507	Heßl. Bl. 89

Ortsnamen in der Urkunde	Objekt	Kauf, Schenkung usw.	Jahr	Belege
Mönchbischheim, Wüstung in der Gemarkung Gundersheim, Ldkr. Alzey-Worms[6] (Frey S. 93)				
Bishovesheim	Gefälle in villa	Tausch an Otterberg gegeben	1173	OU Nr. 3
Bischovesheim	Mühle	in Otterberger Besitz	1300	MP 1 S. 404
Bischovisheim	Gülte u. Rechte an Mühle	Schenkung	1300	MP 1 S. 404
Bishovesheim	Güter	Tausch	1306	OU Nr. 329
Bishovesheim	Hof	in Otterberger Besitz	1334	OU Nr. 434
Monsheim, Ldkr. Alzey-Worms				
Monßheim	Güter	in Otterberger Besitz	1507	Heßl. B. 121
Monzernheim, Ldkr. Alzey-Worms				
Montzenheym	Feld	in Otterberger Besitz	um 1491	Heßl. Bl. 38
Morbach, jetzt Niederkirchen, Ldkr. Kaiserslautern				
Morbach	Hof, Abgaben	in Otterberger Besitz	1431	GGA 58 m Bl. 8
Morlautern, jetzt Kaiserslautern Stadt				
Morlutra	Zehnt	Schenkung	1219	OU Nr. 32
Morlutra	Feld	in Otterberger Besitz	1299	OU Nr. 281
Morlutern	Güter	in Otterberger Besitz	um 1431	GGA 58 m Bl. 22
Morlautern	Hof	in Otterberger Besitz	1560	Widder 4 S. 227
Mörstadt, Ldkr. Alzey-Worms, (vgl. OU Nr. 27)				
Mergestadt	Güter	in Otterberger Besitz	1256	Hdbg. Nr. 2
Mergestat	Güter	Kauf	1257	OU Nr. 127
Mergistat	Gülte	Schenkung	1283	Baur 5 Nr. 122
Mergstadt	Hof, Haus	Verpachtung	1505	Gatt. Nr. 2208
Mülheim a. d. Eis, jetzt Obrigheim, Ldkr. Bad Dürkheim				
Mühlheim	Feld, Weinberge	Verpachtung	1508	Gatt. Nr. 2260
Mülnheim	Hofstatt	Verpachtung	1509	Gatt. Nr. 2294

Ortsnamen in der Urkunde	Objekt	Kauf, Schenkung usw.	Jahr	Belege

Münchhof, Gemeinde Hochspeyer, Ldkr. Kaiserslautern (Häberle)[24]

Sendelburne	Hof	in Otterberger Besitz	1217	OU Nr. 20

Münchschwanderhof bei Otterberg, Ldkr. Kaiserslautern, (Frey S. 117)

wenchels-suuanden	Hof	in Otterberger Besitz	1185	MP 1 S. 256
Münchschwanden	Gerichtsbarkeit	in Otterberger Besitz	1491	GGA 98 a

Münsterappel, Donnersbergkreis

Munsterapplan	Gülte	von Jugenheim übertragen	1297	OU Nr. 271

Neukirchen, Gemeinde Mehlingen, Ldkr. Kaiserslautern, (Christmann)

Nunkirchen	Güter	in Otterberger Besitz	1256	Hdbg. Nr. 2
Nunkirchen	Güter	Schenkung	1260	OU Nr. 134
Nunkirchen	Güter	Tausch	1285	OU Nr. 241

Niederkirchen, Ldkr. Kaiserslautern

Nidkirch	Güter	in Otterberger Besitz	um 1430	GGA 58 m Bl. 23

Niederkirchen bei Deidesheim, Ldkr. Bad Dürkheim, (Christmann)

Nieder-Dideßheim	Weinberg	Verpachtung	1466	Gatt. Nr. 1718

Niedermohr, Ldkr. Kaiserslautern

More	Abgaben	in Otterberger Besitz	um 1430	GGA 58 m Bl. 3
Nider Mor	Hof	in Otterberger Besitz	1432	GGA 58 m

Nierstein, Ldkr. Mainz-Bingen

Nerstein	Güter, Weinberge	Verpachtung	1327	OU Nr. 409
Nerstein	Patronatsrechte von 2 Pfarrkirchen u. 1 Kapelle	Schenkung	1330	OU Nr. 421
Nerstein	Pfarreien von 2 Pfarrkirchen u. 1 Kapelle	Inkorporation	1337	OU Nr. 436
Nirstein	Mauer	Kauf	1452	Gatt. Nr. 1515

Ortsnamen in der Urkunde	Objekt	Kauf, Schenkung usw.	Jahr	Belege
Nierstein	Mauer	Schenkung	1452	Gatt. Nr. 1516
Nierstein	Zehnt	in Otterberger Besitz	1510	Speyer, Heintz-Nachlaß Bd. O-R S. 45

Nußbach, Ldkr. Kusel

Nuszbach	Geldgülte	Schenkung	1309	OU Nr. 347

Oberdiebach, Ldkr. Mainz-Bingen[25]

Dieppach	Güter	in Otterberger Besitz	1256	Hdbg. Nr. 2

Oberhausen, Wüstung bei Rutsweiler, Ldkr. Kusel, (Christmann)

Obnhusen	Abgaben	in Otterberger Besitz	um 1430	GGA 58 m Bl. 8

Obersülzen, Ldkr. Bad Dürkheim, (Christmann)

Obersülzen	Hof bzw. Güter[26]	Schenkung	1266	Frey S. 107
Sutlzen	Korngülte	Kauf	1277	OU Nr. 209

Oberwesel, Rhein-Hunsrück-Kreis

Wesaha	Güter	in Otterberger Besitz	1256	Hdbg. Nr. 2

Obrigheim, Ldkr. Bad Dürkheim

Oberkeim	Abgabe	in Otterberger Besitz	um 1491	Heßl. Bl. 172
Oberckeym	Feld	Verpachtung	1509	Hdbg. Nr. 265

Odenbach, Ldkr. Kusel

Glanodenbach	Güter	Verkauf	um 1485	Speyer, Urk. d. Herzogtums Zweibrücken Nr. 68

Offenheim, Ldkr. Alzey-Worms

Uffenheim	Patronatsrecht	Genehmigung zur Schenkung	1323	OU Nr. 387
Uffenheim	Pfarrei	Inkorporation	1327	OU Nr. 412, 413
Vffenheim	Zehnt	Anspruch	1340	Baur 5, Nr. 323
Offenheim (Offinheim, Uffenheim)	Hof, Haus, Feld, Gülten	Schenkung	1343	OU Nr. 455

Ortsnamen in der Urkunde	Objekt	Kauf, Schenkung usw.	Jahr	Belege
Offstein, Ldkr. Alzey-Worms				
Ufstein	Weinberge	Schenkung	1249	OU Nr. 92
Offestein	Feld	Schenkung	1270	Baur 5 Nr. 70
Offsteyn	Abgabe	in Otterberger Besitz	um 1491	Heßl. Bl. 81
Oppenheim, Ldkr. Mainz-Bingen				
Oppenheim	Hof	in Otterberger Besitz	1256	Hdbg. Nr. 2
Oppinheim	Hof, 2 Häuser	Vergleich	1301	OU Nr. 290
Oppinheim	Hofplatz	Verpachtung	1303	OU Nr. 301
Oppinheim	Gülte	in Otterberger Besitz	1312	OU Nr. 363
Oppensteiner Mühle, Gemeinde Olsbrücken, Ldkr. Kaiserslautern				
Openstein	Mühle	Schenkung	1270	OU Nr. 167
Oppenstein	Abgabe	in Otterberger Besitz	um 1430	GGA 58 m Bl. 15
Ormsheimerhof bei Frankenthal, (Christmann)				
Ormesheim	Hof	in Otterberger Besitz	1215	OU Nr. 14
Ormesheim	Güter, Zehntanteil	Kauf	1232	OU Nr. 58
Ormbsheim	Gülte	Verkauf	1431	MP 1 S. 468
Otterbach, Ldkr. Kaiserslautern				
27	Feld	Kauf	1252	OU Nr. 105
Otterbach	Weideerlaubnis	Schenkung	1271	OU Nr. 172
Otterbach	Wiesen	Kauf	1274	OU Nr. 188
Otterbach	Weiderecht	Kauf	1275	OU Nr. 194
Pfeddersheim, jetzt Worms Stadt				
Peternsheim	Güter	in Otterberger Besitz	1256	Hdbg. Nr. 2
Pedernsheim	Feld	Verpachtung	1304	OU Nr. 304
Pederensheim	Feld	Verpachtung	1304	OU Nr. 305
Pedernsheim	Zehnt	Schenkung	vor 1360	OU Nr. 460
Pfeffingen, jetzt Neustadt a. d. Weinstraße				
Pfeffingen	Wiese	Tausch	1355	Rem. 1 S. 229
Pfeffingen	Weinzehnt	in Otterberger Besitz	um 1491	Heßl. Bl. 74

Ortsnamen in der Urkunde	Objekt	Kauf, Schenkung usw.	Jahr	Belege
Phustmühle beim Ormsheimerhof, Frankenthal Stadt				
Phust attinet Curie nostre Ormesheim	Mühle	in Otterberger Besitz	1253	MP 1 S. 300
Potzbach, Donnersbergkreis				
Potzbach	Fruchtgülte	Schenkung	1292	OU Nr. 254
Quirnheim, Ldkr. Bad Dürkheim				
Quyrnheim	Güter	in Otterberger Besitz	1500	Heßl. Bl. 51
Ramstein, jetzt Ramstein-Miesenbach, Ldkr. Kaiserslautern				
Ramstein	Abgaben	in Otterberger Besitz	um 1430	GGA 58 m Bl. 10
Reichartsweiler, Ortsteil von Rehweiler, Ldkr. Kusel, (Christmann)				
Rychartzwilre	Abgaben	in Otterberger Besitz	vor 1441	GGA 58 m Bl. 4
Reichenbacherhof bei Otterberg, Ldkr. Kaiserslautern, (Christmann)				
Richenbach	Feld	Schenkung	um 1218	OU Nr. 29
Richenbach	Allodium, Zehnt	Kauf	1227	OU Nr. 49
Richebach	Gut	Kauf	1324	OU Nr. 394
Reichenbach	Gerichtsbarkeit	in Otterberger Besitz	1467	MP 1 S. 475
Reiffelbach, Ldkr. Bad Kreuznach				
Ryffelnbach	Güter	Verkauf	1485	Speyer, Urk. d. Herzogtums Zweibrücken Nr. 68
Relsberg, Ldkr. Kusel				
Reilsperge	Abgaben	in Otterberger Besitz	um 1430	GGA 58 m Bl. 11
Rheindürkheim, jetzt Worms Stadt				
Rindurincheim	Hof, Feld, Zehnt	Kauf	1298	OU Nr. 272
Rittersheim, Donnersbergkreis, (Christmann)				
Rudersheim	Gülte	Pfand	1308	OU Nr. 339

Ortsnamen in der Urkunde	Objekt	Kauf, Schenkung usw.	Jahr	Belege
Rockenhausen, Donnersbergkreis				
Rukenhusen	Güter	in Otterberger Besitz	1256	Hdbg. Nr. 2
Roghenhusen	Gülte	Schenkung	1343	Gatt. Nr. 501
Rode, Wüstung bei Otterberg, Ldkr. Kaiserslautern, (Christmann)				
Rode	Feld	wird als Tauschobjekt gegeben	1173	OU Nr. 3 u. Reg. d. Ertbischöfe Köln 2 Nr. 993
Rode	Allodium	in Otterberger Besitz	1195	OU Nr. 5
Rode	Gülte	Schenkung	1260	OU Nr. 137
Rodenbach, Ldkr. Kaiserslautern[28]				
Rodenbach	Geldgülte	in Otterberger Besitz	um 1430	GGA 58 m Bl. 9
Rodenbach, jetzt Gemeinde Ebertsheim, Ldkr. Bad Dürkheim[29]				
Rodenbach	Hof, Haus, Allodium	Schenkung	1252	OU Nr. 101
Roxheim, Ldkr. Bad Kreuznach[30]				
Rohrheim	Feld	in Otterberger Besitz	1284	Dahl S. 111
Rudolphskirchen, jetzt Rathskirchen, Ldkr. Kusel				
Rudolskirch	Güter	in Otterberger Besitz	1432	GGA 58 m Bl. 32
Ruppertsberg, Ldkr. Bad Dürkheim				
Rupprechtsburch	Güter	in Otterberger Besitz	1256	Hdbg. Nr. 2
Ruprechsburg	Hof, Weinberge	in Otterberger Besitz	1265	OU Nr. 148
Ruprechtesburg	Weingülten	Kauf	1321	OU Nr. 382
Rüssingen, Donnersbergkreis				
Russingen	Güter	in Otterberger Besitz	1256	Hdbg. Nr. 2
Russingen	Gülte	Schenkung	1297	Gudenus 3 S. 1184
Russingen	Gülten	in Otterberger Besitz	1304	OU Nr. 315

Ortsnamen in der Urkunde	Objekt	Kauf, Schenkung usw.	Jahr	Belege
Russingen[31]	Hof, Haus, Feld, Hofplatz	Verpachtung	1308	OU Nr. 335
Russingen	Feld	Kauf	1339	OU Nr. 449

Rutsweiler, Ldkr. Kusel

Rützwylre	Abgaben	in Otterberger Besitz	um 1430	GGA 58 m Bl. 8

Sambach, jetzt Gemeinde Otterbach, Ldkr. Kaiserslautern

Santbach	Allodium	in Otterberger Besitz	1214	OU Nr. 12 u. RI 5, Nr. 800
Santbach	Patronatsrecht	Schenkung	1215	OU Nr. 13
Santbach	Heuzehnt	in Otterberger Besitz	um 1218	OU Nr. 26, 27
Santbach	Mühle	in Otterberger Besitz	1229	OU Nr. 54
Santbach	Pfarrei	Inkorporation	1249	OU Nr. 86
Santbach	Weiderecht	Kauf	1275	OU Nr. 194
Santbach	Wiese	Kauf	1284	OU Nr. 233
Santbach	Gülte	in Otterberger Besitz	um 1420	GGA 58 m Bl. 2
Sampach	Hof	in Otterberger Besitz	1429	GGA 58 m Bl. 30

Samuelshof bei Weilerbach, Ldkr. Kaiserslautern

Atzehusen	Hof	in Otterberger Besitz	1462	GGA 58 m Bl. 36

Sandhof, Gemeinde Eich, Ldkr. Alzey-Worms[32]

Sanden	Hof	in Otterberger Besitz	1215	OU Nr. 14

St. Alban, Donnersbergkreis

sancto Albino	Patronatsrecht	Schenkung	1254	OU Nr. 121
sancti Albini	Pfarrkirche	Inkorporation	1290	OU Nr. 245

Sattelhof bei Alsenbrück-Langmeil, Donnersbergkreis

Seidelhoff	Hof	Kauf	1245	MP 1 S. 282

Schierstein, jetzt Stadtteil von Wiesbaden

Schierstein	Güter	Verkauf	1510	Speyer, Heintz-Nachlaß, Bd. O-R, S. 45

Ortsnamen in der Urkunde	Objekt	Kauf, Schenkung usw.	Jahr	Belege
Schimsheim, Gemeinde Armsheim, Ldkr. Alzey-Worms				
Schimmesheim	Güter, Feld, Weinberge	Kauf	1246	OU Nr. 77
Schimmesheim	Allodium, Gülte	Schenkung	1249	OU Nr. 85
Schimmesheim	Güter[33]	Schenkung	1255	OU Nr. 124
Schornsheim, Ldkr. Alzey-Worms				
Schornsheim	Feld, Weinberge	Kauf	1272	OU Nr. 176
Schornsheim	Hof	in Otterberger Besitz		Knobloch S. 102
Schwanden, Südteil von Neukirchen, Gemeinde Mehlingen, Ldkr. Kaiserslautern				
Swanden	Hof	in Otterberger Besitz	1195	OU Nr. 5
Swanden	Güter	Schenkung	1260	OU Nr. 134
Swanden	Güter, Hof?	Kauf	1276	MP 1 S. 351
Schwedelbach, Ldkr. Kaiserslautern				
Swedelbach	Korngülte	Schenkung	1342	OU Nr. 454
Swädelbach	Abgaben	in Otterberger Besitz	um 1430	GGA 58 m Bl. 9b-10
Selgenstad, Wüstung bei Alsenbrück-Langmeil, Donnersbergkreis[34]				
Selgenstad	Hof, Gut,	in Otterberger Besitz	1298	OU Nr. 274
Selgenstad	Vogteirecht	Schenkung	1299	OU Nr. 280
Sippersfeld, Donnersbergkreis				
Sipersfeld	Patronatsrecht	Schenkung	1296	Speyer, Urk. d. Fürtums Nassau, Nr. 1851
Speyer				
Spirem	Hof	in Otterberger Besitz	1256	Hdbg. Nr. 2
Spira	Hof	Schenkung	1309	OU Nr. 353
Spire	Hof, Häuser	Kauf	1319	OU Nr. 377
Spire	Hof mit Kapelle, 3 Häuser, Meßpfründe	Schenkung	1338	OU Nr. 444
Speyer	Gülte	Schenkung	1378	Mü Nr. 3119

Ortsnamen in der Urkunde	Objekt	Kauf, Schenkung usw.	Jahr	Belege
Standenbühl, Donnersbergkreis, (Christmann)				
Steinechtenbohel	Hof, Hofplatz, Haus, Feld, Zehnt	Kauf	1293	OU Nr. 258
Steinbach, Donnersbergkreis				
Steynbach	Gülte	nach Albisheim übertragen	1405	UB Lehmann-Nachlaß Nr. 376
Steinwenden, Ldkr. Kaiserslautern				
Steinwinden	Gülte	nach Beindersheim übertragen	1278	OU Nr. 214
Stetten, Donnersbergkreis				
Steden	Korngülte	Schenkung	1299	OU Nr. 283
Steden	Feld, Gülte	Schenkung	1299	OU Nr. 286
Steden	Gülte	Schenkung	1309?	Gatt. Nr. 35
Steden	Feld	Kauf	1314	OU Nr. 365
Steden	Hof	Tausch gegen Gülte	1412	Kurpfl. Nr. 1898
Stüterhof, Gemeinde Waldleiningen, Ldkr. Kaiserslautern, (Frey S. 106)				
Hulsberg	Hof	in Otterberger Besitz	1195	OU Nr. 5
Hulsberg	Weiderecht	Schenkung	1266	OU Nr. 154
Trechtingshausen, Ldkr. Mainz-Bingen				
Trechtingeshusen	Güter	in Otterberger Besitz	1256	Hdbg. Nr. 2
Uffhofen, Gemeinde Flonheim, Ldkr. Alzey-Worms				
Offhoven	Güter	Vergleich	1240	OU Nr. 74
Ungenbach, Wüstung bei Otterberg, Ldkr. Kaiserslautern, (Christmann)				
Ungenbach	Hof	in Otterberger Besitz	1195	OU Nr. 5
Ungstein, Ldkr. Bad Dürkheim				
Vnchsheim	Güter	in Otterberger Besitz	1256	Hdbg. Nr. 2
Uncstein	Weinberge	Kauf	1341	OU Nr. 451
Vngsteyn	Weinzehnt	in Otterberger Besitz	1503	Heßl. Bl. 74

Ortsnamen in der Urkunde	Objekt	Kauf, Schenkung usw.	Jahr	Belege
Volmersbach[35]				
Volmersbach	1 Weinberg	Schenkung	1268	OU Nr. 162
Wachenheim, Ldkr. Bad Dürkheim				
Wachenheim	Weinberge, Gülte	Schenkung	1310	OU Nr. 354
Waldmark, Waldbezirk bei Otterberg, Ldkr. Kaiserslautern				
Waltmarke	Holzrecht	Schenkung	1209	MP 1 S. 261
Waldmarcke	¼ des Waldes	Kauf	1245	MP 1 S. 282
Waldmarcke Brant	⅜ des Waldes	Kauf	1276	MP 1 S. 342
Waldmarcken, Brando	Zehntanteil	Kauf	1276	MP 1 S. 346
Waltmarcke, Brant, Fronde, Kalberg	⅛ des Waldes	Kauf	1279	MP 1 S. 374
Waltmarcke, Brant, Fronde, Kalenberg	¼ des Waldes	Kauf	1284	MP 1 S. 389
Wallertheim, Ldkr. Alzey-Worms				
Wallertheim	Güter	in Otterberger Besitz	1478	Mz Urk.
Wäschbacherhof, Gemeinde Alsenbrück-Langmeil, Donnersbergkreis, (Christmann)				
Wisenbach	Güter	Kauf	1245	MP 1 S. 286
Wiesenbach	Gerichtsbarkeit	in Otterberger Besitz	1505	GGA 68
Warmsroth, Ldkr. Bad Kreuznach				
Warmensrod	Güter	Schenkung	1281	OU Nr. 221
Wattenheim, Ldkr. Bad Dürkheim				
Wattenheim	Zins	Schenkung	1309	OU Nr. 349
Wattenhey	Güter	in Otterberger Besitz	um 1491	Heßl. Bl. 58
Weiler, Wüstung bei Otterberg, Ldkr. Kaiserslautern, (Christmann)				
Wilre	Hof	in Otterberger Besitz	1195	OU Nr. 5
Weilerbach, Ldkr. Kaiserslautern				
Wilrebach	3 Höfe	in Otterberger Besitz	1265	OU Nr. 147

Ortsnamen in der Urkunde	Objekt	Kauf, Schenkung usw.	Jahr	Belege
Weinheim, Ldkr. Alzey-Worms, (Sturmfels)				
Wihenheim	Korngülte	Kauf	1323	OU Nr. 390
Weinolsheim, Ldkr. Mainz-Bingen				
Wynelßheym	Feld	in Otterberger Besitz	um 1491	Heßl. Bl. 43
Weißenburg, Elsaß				
Weißenburg	Mauritiuskapelle	in Otterberger Besitz Inkorporation		Würdtwein, Subsidia 10 S. 286
Weizwilre[36]				
Weizwilre	Gülte	Schenkung	1224	OU Nr. 44
Westhofen, Ldkr. Alzey-Worms				
Westhenen	Güter	in Otterberger Besitz	1256	Hdbg. Nr. 2
Westouen	Weinberge	Schenkung	1266	Baur 5 Nr. 54
Westhouwen	Weinberge	Schenkung	1282	Baur 2 Nr. 355
Westhofen	½ Haus, Weinberge	Schenkung	1313	Gatt. Nr. 345
Wiesoppenheim, jetzt Worms Stadt[37]				
Offenheym	Abgabe	in Otterberger Besitz	um 1491	Heßl. Bl. 165
Wilenstein, ehem. Burg in der Gemarkung Trippstadt, Ldkr. Kaiserslautern, (Frey S. 78)				
Wyelenstein	Weiderecht	Erlaubnis	1266	OU Nr. 155
Wielenstein	Zins	Schenkung	1310	OU Nr. 355
Worms				
Wormatia	Hof	in Otterberger Besitz	1195	OU Nr. 5
Wormatia	Hof	Schenkung	1222	OU Nr. 42
Wormatia	Haus	Schenkung	1249	OU Nr. 91
Wormatia	Haus	Schenkung	1251	OU Nr. 98
Wormatia	Hof und Nebengebäude	Schenkung	1252	OU Nr. 104
Wormatia	Haus, Güter	Schenkung	1260	OU Nr. 136
Wormatia	½ Hof	Schenkung	1266	OU Nr. 156
Wormatia	Haus	Schenkung	1273	OU Nr. 184

Ortsnamen in der Urkunde	Objekt	Kauf, Schenkung usw.	Jahr	Belege
Wormatia	Gülte	Schenkung	1275	Boos 1 Nr. 373
Wormatia	Güter	Schenkung	1281	OU Nr. 228
Wormatia	Hof	Verpachtung[38]	1303	OU Nr. 297
Wormatia	Haus	Kauf	1308	OU Nr. 342
Wormatia	Weinberg	Verpachtung	1312	OU Nr. 361
Wormatia	Gülten	Kauf	1314	OU Nr. 367

Zeißweiler, Wüstung bei Jettenbach, Ldkr. Kusel

Zeißweiler	Abgabe	in Otterberger Besitz	um 1432	GGA 58 m Bl. 6[39]

Anmerkungen zum Besitzverzeichnis

1 Die Schreibung Albisheim ist dem Kopialbuch des Klosters Rosenthal im StA Speyer entnommen. Im Druck der Urkunde bei Remling, Klostergeschichte 1 S. 331, steht Allrsheim. Einen derartigen Ortsnamen gibt es aber in der in Frage kommenden Gegend nicht.
2 Die Orte Alsenz und Alsenbrück klar zu trennen, ist auch unter Zuhilfenahme der bei Christmann, SN gegebenen Namensformen nicht immer möglich. In der Urkunde Papst Alexanders IV. (Stadtarchiv Heidelberg Urk. Nr. 2) kommt in der Aufzählung der possessiones sowohl der Name Alsenbürg als auch Alsencen vor. Letzterer ist daher wohl auf Alsenz, Donnersbergkreis, zu beziehen.
3 Ein Hof ist zu erschließen, da Pachtzins in Oppenheim, Alzey oder Worms zu entrichten ist und in den beiden anderen Orten Höfe als Ablieferungsstellen bestehen.
4 Crucebach ist kein Ortsname, wie das Kopfregest im Otterberger Urkundenbuch (Nr. 218) und E. M. Merkel, Die Cisterzienserabtei Otterberg in ihrer wirtschaftlichen und rechtlichen Entwicklung (Besitzverzeichnis), annehmen, sondern ein Flurname in Bacharach. Vgl. Seuser, Rheinische Namen, Bonn 1941, S. 114.
5 Das Kopfregest OU Nr. 50 gibt Berzweiler, Kr. Kusel, an. Nach Christmann, SN 1 S. 48 handelt es sich aber um Bertolviswilre, eine Wüstung in der Gegend Grünstadt-Alzey.
6 Die Orte Bischheim, Donnersbergkreis, und Münchbischheim, Wüstung in der Gemarkung Gundersheim, Ldkr. Alzey-Worms, sind nicht immer ganz scharf zu trennen. Bei der Urkunde OU Nr. 441 ist die Deutung auf Bischheim durch die gleichzeitig genannten Orte Kirchheim (Kirchheimbolanden), Heideberg (Heubergerhof), Altenbolanden (Bolanden) und Yedenburne (Edenbornerhof) gesichert. Christmann, SN 1 S. 56 nimmt auch die Urkunde OU Nr. 5 und damit einen Hof für Bischheim in Anspruch. Die Urkunden OU Nr. 434 und 453 setzen jedoch einen Otterberger Hof in Byschovesheim voraus. Nach dem Kopfregest handelt es sich beide Male um Mönchbischheim. Frey 3 S. 93 bezieht die Urkunde OU Nr. 434 ebenfalls auf Mönchbischheim. So könnte es sich möglicherweise auch bei dem 1195 und 1215 bezeugten Hof (OU Nr. 5 und 14) um einen Hof in Mönchbischheim handeln.
7 Die Lage von Chemnaden ist unbekannt. Nach einer schriftlichen Auskunft von Prof. Ernst Christmann könnte man an Kempten bei Bingen denken, das aber von der Waldmark weit entfernt ist.
8 Der Besitz dieses Hofes wird durch ein Saalbuch des Klosters St. Lambrecht im Stadtarchiv Deidesheim belegt. Diesen Hinweis verdanke ich Herrn Dr. Arnold Siben (Bürgermeister i. R. in Deidesheim). Der Hof ist 1310 auch indirekt im OU Nr. 358 belegt. Er wird dort als Nova Curia bezeichnet. Er trat anscheinend an die Stelle des Hofes in Ruppertsberg, der 1325 verpachtet wurde. Vgl. OU Nr. 406. Der Deidesheimer Hof ist heute noch erhalten. Er liegt am Eck Heumarktstraße-Stadtmauergasse.
9 Der Eintrag ist mit dem Zusatz „bei Alsenz" versehen, doch gibt es dort keinen Ort dieses Namens.
10 Nach Theodor Zink, Pfälzische Flurnamen handelt es sich bei der Frankenweide um das Waldviereck zwischen Annweiler, dem Siebeldingertal und Lambrecht. Vgl. PGA Karte 34.

11 Odernheim kann nur Gau-Odernheim, Ldkr. Alzey-Worms, sein. Christmann führt die entsprechende Urkundennummer bei Odernheim am Glan nicht auf und nach Frey 3, S. 109, besaß Otterberg später in Gau-Odernheim (an der Selze) eine Propstei. Als Lageangabe für eines der Felder wird in der Urkunde „ . . . in via Kungernheim . . ." angegeben. Kungernheim ist Gau-Köngernheim unmittelbar südlich von Gau-Odernheim.

12 Vgl. Hans Ramge, Die Siedlungs- und Flurnamen des Stadt- und Landkreises Worms, Darmstadt 1967, S. 350.

13 Nach Remling, Klostergeschichte 1, S. 220, schenkte Bertolf dem Kloster das ganze Dorf Gersweiler. In einer Bestätigungsurkunde Friedrichs II. heißt es, Bertolf habe dem Kloster übereignet „ . . . allodium suum in Gerswilre integraliter tam in villa quam in agris, tam in nemore quam in pratis, sive aquis cum omni iure, liberum et absolutum ab omni iurisdictione advocati sive comitis, . . ." (OU Nr. 19). Gegen den Besitz des ganzen Dorfes sprechen auch ein späterer Kauf und eine Schenkung im gleichen Dorf.

14 Es handelt sich hier möglicherweise um einen der Weiher, die schon unter Eselsfürth aufgeführt sind, da es in der entsprechenden Urkunde heißt; „ . . . Eselsfurt sub villa Gerswilre . . ." (OU Nr. 327).

15 Es ist möglich, daß das Kloster bereits zur Zeit des Abtes Philipp, also um 1200, Güter in Karlebach besaß. In einem Verzeichnis der Urkunden des Klosters Höningen (Druck: MHVPf 13, 1895, S. 177-84) wird erwähnt, daß dieses Kloster eine Urkunde Abt Philipps von Otterberg über Güter in Karlebach inferiori villa (Großkarlbach, vgl. Christmann, SN 1) besaß, was ein Hinweis dafür ist, daß auch Otterberg dort oder in einem Nachbarort begütert war.

16 An Hand des Otterberger Saalbuches (StA Speyer GGA 58 m) wurde von Christmann (MHVPf 57, 1959, S. 23) der Ortsnamen Gudenbach als eine abgegangene Siedlung zwischen Ramstein und Miesenbach erkannt. Eine dem Erzbischof Konrad von Mainz zugeschriebene Urkunde von 1196 über Güterschenkungen in Gudenbach und Hahnweiler ist vermutlich unecht (vgl. Mainzer UB 2, Teil II Nr. 663).

17 Der Ortsname Hannem ist nicht ganz eindeutig. Man könnte außer an Hangen-Wahlheim auch an Hamm, Ldkr. Alzey-Worms, denken, für das im OU Nr. 51 die Namensform Hamme belegt ist. Der in der Urkunde Baur 5 Nr. 273 vorkommende Flurname „vffe walheymergewanden" macht aber die Deutung Hangen-Wahlheim wahrscheinlicher.

18 Die Orte Heppenheim a. d. Wiese, jetzt Worms Stadt, und Heppenheim im Loch (Gau-Heppenheim), Ldkr. Alzey-Worms, sind nicht immer ganz eindeutig zu trennen. In der Urkunde Baur 5 Nr. 70 ist sicher Heppenheim a. d. Wiese gemeint, da es dort zusammen mit Dirmstein, Heuchelheim und Offstein genannt wird.

19 Im OU Nr. 322 werden Eppelsheim und Heppenheim zusammen genannt. Es handelt sich daher vermutlich um Heppenheim im Loch.

20 Möglicherweise ist der Hof auch in Altleiningen. Das Heßlocher Saalbuch (StA Darmstadt Abt. V B 3 Konv. 467) faßt die Besitzungen in beiden Orten zusammen.

21 Der handschriftliche Eintrag für Kuttenhausen ist gedruckt durch Ernst Christmann, Kuttenhausen und Zeißweiler, in: Pfälzer Heimat 5, 1954, S. 76.

22 Vgl. Frey 3 S. 51. In der Urkunde heißt es: „ . . . bonis in Rinsbach . . . apud molendinum Lamperti habuisse dinoscimur . . ." (Qu Nr. 146). Häberle setzt „molendinum Lamperti" mit Lampertsmühle gleich (vgl. Daniel Häberle, Die Dudimannes-Brücke bei Otterbach und die direkte Verbindung aus der Westpfalz nach dem Lande am Donnersberg, in: PfGBl 4, 1908, S. 66). Christmann vertritt die gleiche Meinung, wie er mir auf meine Anfrage mitteilte. Ein Ort Rinsbach ist nicht nachzuweisen, dagegen trägt ein Zufluß der Mooslauter diesen Namen. Er entspringt beim Gosenbergerhof, fließt durch Erzhausen am Samuelshof vorbei und mündet bei der Mückenmühle in die Mooslauter. Vgl. Frey 3 S. 7. Der Samuelshof war 1462 in Otterberger Besitz. Vgl. StA Speyer GGA 58 m Bl. 36; A. Bold, In gutem Bau und Besserung halten. Das mittelalterliche Höferecht dargestellt an pfälzischen Beispielen. In: PfHBl 1, 1953, S. 116. So könnte der entsprechende Otterberger Besitz auch hier zu suchen sein. Im Kopfregest heißt es nur Güter bei Kaiserslautern, was auf jeden Fall unzureichend ist.

23 Vgl. Ernst Christmann, Die „Leiderateshuoba" bei Hochspeyer und eine „Leiderateshalde" bei Böchingen, in: PfHBl 2, 1954, S. 71. Nach Christmann ist der Namen Leiderateshuoba Bezeichnung für den Gesamtbesitz des Hofes Sendelborn, des heutigen Münchhofes in der Gemarkung Hochspeyer.

24 Für die Festlegung dieses Hofes vgl. C. Kleeberger, Sendelborn-Münchhof, in: PfM 25, 1908, S. 1 ff. Die Festlegung dieses Hofes gelang Kleeberger auf Grund der Lageangaben in der Urkunde Ou Nr. 20.
25 Möglicherweise handelt es sich auch um Rhein-Diebach, das aber unmittelbar benachbart ist.
26 Laut Frey 3 S. 107 hat Godelmann von Meze 1266 dem Kloster Otterberg einen Hof bzw. Güter in Obersülzen geschenkt. Aus dem OU sind für das Jahr 1266 nur 2 Bestätigungen einer Güterschenkung in Hohensülzen bekannt. Vgl. OU Nr. 150 und 151. Die ursprüngliche Schenkung erfolgte durch Godelmann von Metz bereits 1239 (vgl. OU Nr. 71).
27 Im Kopfregest der Urkunde OU Nr. 105 wird für die Lage der Güter nur Lautern (= Kaiserslautern) angegeben. Nach dem Text der Urkunde lagen die Felder jedoch „ . . . in superiori et inferiori parte pontis, qui dicitur Dudimannes Brucke iuxta fluvium, qui Lutra nominatur . . .". Lutra bezieht sich hier auf den Fluß Lauter. Die Dudimannes-Brücke ist nach Häberle zwischen Lampertsmühle und dem Lauterhof zu suchen, also in der Gemarkung Otterbach. Vgl. Häberle S. 65, siehe Anm. 22.
28 Da das Verzeichnis GGA 58 m im StA Speyer fast ausschließlich Orte in der Westpfalz aufführt und Rodenbach darin zwischen Morbach und Schwedelbach genannt wird, ist anzunehmen, daß es sich um Rodenbach, Ldkr. Kaiserslautern, handelt und nicht um Rodenbach, jetzt Gemeinde Ebertsheim, Ldkr. Bad Dürkheim, wo Otterberg bereits seit 1252 einen Hof besaß.
29 Die Zeugenreihe in der genannten Urkunde und in der Bestätigungsurkunde OU Nr. 102 machen in diesem Fall Rodenbach, jetzt Gemeinde Ebertsheim, Ldkr. Bad Dürkheim, wahrscheinlich. Auch Christmann führt die Urkunden bei diesem Ort auf.
30 Der Ortsname Rohrheim wird verschieden gedeutet. Dahl hält es für eine Verschreibung aus Rochsheim heute Roxheim. Vgl. Konrad Dahl, Urkundenbuch zur Geschichte und Topographie des Fürstentums Lorsch, Darmstadt 1812, S. 111. In der gleichen Urkunde kommen auch Äcker zu Gudenberg vor. Gutenberg ist eine Nachbarortschaft von Roxheim, beide Ldkr. Bad Kreuznach. Wilhelm Müller, Hessisches Ortsnamenbuch 1, Darmstadt 1937, S. 252, nimmt Rohrheim für Groß-Rohrheim, Kr. Groß-Gerau, in Anspruch, wo Otterberg auch sonst Besitz hatte. Gudenberg müßte dann allerdings als Flurname aufgefaßt werden.
31 In Rüssingen hat es wahrscheinlich sogar 2 Otterberger Höfe gegeben. Außer der genannten Verpachtung aus dem Jahr 1308 (vgl. OU Nr. 335) sind auch für die Jahre 1496 und 1497 Verpachtungen eines Hofes belegt (vgl. Gatt. Nr. 2106 und 2122). In den beiden letzten Fällen handelt es sich um Erbpacht, und ein Heimfall eines Hofes nach einem Jahr ist daher wenig wahrscheinlich.
32 Otterberger Besitz in Sand bei Oppau gab es nicht. Die Angabe im Kopfregest von OU Nr. 37 beruht auf einem Irrtum, wie schon Franz Joseph Mone (ZGO 9, 1858, S. 290) erkannte. Das in der Urkunde genannte Sanden ist der Sandhof, Gemarkung Eich, Ldkr. Alzey-Worms, der auch sonst in Otterberger Urkunden vorkommt. Vgl. Baur 3 Nr. 976 und 987.
33 Die Urkunde OU Nr. 124 ist vielleicht nur eine Bestätigung von OU Nr. 85, da es sich beide Male um ein Jahrgedächtnis handelt, das Philipp von Hohenfels stiftete.
34 Die Lage des Ortes wird in der Urkunde wie folgt angegeben: „ . . . Selgenstad, daz gelegen ist in Alsenzer gerichte . . ." (OU Nr. 274). In einer Bestätigungsurkunde heißt es: „ . . . Selgenstad, in iudicio Alsenze site . . ." (OU Nr. 280). Alsenze ist Alsenbrück (vgl. Christmann, SN). Das Gericht Alsenbrück umfaßte nur ein recht kleines Gebiet um den Ort herum. Vgl. Wilhelm Fabricius, Die Herrschaften des unteren Nahegaues. Erläuterungen zum geschichtlichen Atlas der Rheinprovinz 6, Bonn 1914, Karte II. Häberle erklärt Selgenstad zu einer Wüstung, deren Lage unbekannt ist. Vgl. Daniel Häberle, Die Wüstungen der Rheinpfalz, in: MHVPf 39/40, 1922, S. 196.
35 Die Festlegung dieses Ortes ist nicht sicher möglich. In der Urkunde OU Nr. 162 kommt es gemeinsam mit Oberheimbach vor. Als Zeugen werden unter anderem ein Schöffe aus Trechtingshausen und einer aus Heimbach genannt. Vielleicht ist es ein Flurname ähnlich wie Crucebach (vgl. Anm. 4) oder eine Wüstung bei Oberheimbach. Es wäre dann jedenfalls am Mittelrhein zu suchen.
36 Die Lage dieses Ortes konnte ich nicht feststellen. Seuser, vgl. Anm. 4, führt ein Weisweiler im Kr. Düren auf, das aber kaum in Frage kommt. Außerdem gibt es zwei Wüstungen mit ähnlichen Namen: Weinweiler bei Maikammer, Ldkr. Landau-Bergzabern, 1190 als Winswilre belegt (vgl. Christmann, SN) und Wirzweiler in Rheinhessen (vgl. Heinrich Eduard Scriba, Regesten der bis jetzt gedruckten Urkunden zur Landes- und Ortsgeschichte des Großherzogtums Hessen 3 S. 358). Die Schenkung stammt von Agnes von Neumagen. Ein Priester aus Neumagen ist auch Zeuge. Neumagen liegt im Kr. Bernkastel an der Mosel.

37 Offenheym ist vermutlich Wiesoppenheim, da es im Heßlocher Saalbuch (StA Darmstadt Abt. V, B 3 Konv. 467) mit Heppenheim a. d. Wiese zusammen genannt wird.
38 Diese Verpachtung kann sich auf keinen der schon aufgeführten Höfe beziehen. Er gehörte früher dem Goldschmied Wernzo. Da für alle Höfe mit Ausnahme des schon 1195 genannten die Geber und damit die früheren Besitzer bekannt sind und unter ihnen kein Goldschmied Wernzo auftaucht, dürfte es sich hier um einen weiteren Hof des Klosters handeln.
39 Der handschriftliche Eintrag für Zeißweiler ist durch Ernst Christmann gedruckt, vgl. Anm. 21.

2. Gründungsurkunde des Klosters

Erzbischof Heinrich von Mainz überträgt dem Abt von Eberbach zwecks Gründung eines Klosters die Kirche auf der Burg Otterburg zusammen mit dem Patronatsrecht an der Kirche des benachbarten Dörfchens (Weiler?), bestätigt die Übertragung des Grundeigentums an Burg und Umgebung durch Siegfried, betraut den Pfarrer von Sambach bis zur Bildung eines Konvents mit der Pfarrseelsorge und weist ihm anstelle des Zehnten dreißig Schilling zu.

Text nach Mainzer Urkundenbuch, Bd. 2, hg. von Peter Acht, Darmstadt 1968, Nr. 48, S. 93–95. Original im StA Luzern, Gatterer-Apparat Nr. 12.

In nomine sancte et individue trinitatis. Notum esse cupimus tam futuris quam presentibus, qualiter ego Heinricus divina clementia Mogontine sedis archiepiscopus volens cooperari piis studiis Eberbacensis abbatis[1] ecclesiam in antiquo castro Oterburc[2] sitam necnon beneficium ecclesie in proxima villula[3] cum dono altaris ac decimacionibus simulque cum omni iusticia sinodali ad me respiciente prefato abbati ad construendum ibidem cenobium religiosorum contradidi presente et annuente preposito et consanguineo meo Gerlaco sancti Victoris[4], in cuius archidiaconatu prefata ecclesia consistit. Eiusdem autem ecclesie proprietatem fundi, scilicet castrum cum adiacentibus et contiguis monti terris et silvis quibusdam, prefatus abbas a manu Sigefridi et coheredum suorum pro remedio animarum suarum accepit. Pro paucis vero eiusdem territorii incolis, ne omnino pastore ac provisore animarum suarum destituti esse videantur, presbiterum de Sambach[5] in vice parrochiani preponimus, quatenus ab eo monitis salutaribus ac baptismi cura informorumque visitatione et ceteris, que ad hec respiciunt, misteriis cura pervigili procurentur. Pro decimatione autem eiusdem villule singulis annis prefato presbitero triginta solidos monete terre illius dari instituimus, quoadusque divina favente clemetia novella plantatio crescente fratrum numero corroboretur in domino et secularium negociatorum decrescente populo abbas loci eiusdem nullo deinceps egeat extrinsecus sacerdotis ministerio sicque demum cessante sacerdotis servicio cesset etiam constitute pecunie condito. Ut autem hec tradicio stabilis et inconvulsa permaneat, hanc cartam conscribi iussi et sigilli mei impressione corroboratam subtus firmare precepi. Si qua autem persona magna vel parva contra hec venire vel aliquid, quod factum est, permutare temptaverit, iram omnipotentis dei sanctorumque omnium incurrat et omnibus Christi fidelibus resistentibus votum suum ad unguem non perducat ac divini anathematis ultione dampnetur.

Testes huius rei sunt: Burchardus Argentinensis episcopus[6], Anshelmus Hauelenb[er] gensis episcopus[7]; Hartmannus sancti Stephani prepositus[8], Heinricus custos[9], Gerlacus sancti Victoris prepositus[4], Godescalcus sancte Marie in campo prepositus[10], Willelmus magister scolarum[11], Gozbertus cantor[12], Gotheboldus Fritslariensis prepositus[13], Arnoldus Ascafenburgensis prepositus[14], Lvdewicus prepositus de Frankenefurt[15], Godescalcus prepositus de Muchestat[16]; capellani[17]: Giselbertus, Cvnradus, Godefridus, Sigelo; laici: Emmecho comes de Lin[ingen][18], Dammo[19], Cvnradus comes[20], Bertholfus comes de Nithehe[21], Wiger[22], Godefrit, Vdalric de Horn(ingen)[23], Anshelm; ministeriales: Dvdo[24], Meingoz, Rvthart, Ernest, Helfrich.

Facta est autem hec traditio anno dominice incarnationis M.CXL.IIII, indictione VI, regnante Cvnrado Romanorum rege huius nominis secundo.

---

1 Abt Ruthard von Eberbach im Rheingau, belegt 1131 - 58.
2 abgeg. Burg Otterburg auf dem Schloßberg nö. Otterberg.
3 vermutlich die Wüstung Weiler bei der Beutlermühle, heute Stadt Otterberg.
4 Propst Gerlach von St. Viktor, belegt 1143-62.
5 Sambach Kr. Kaiserslautern.
6 Bischof Burchard von Straßburg 1141-62.
7 Bischof Anselm von Havelberg 1129-55.
8 St. Stephan.
9 Domkustos.
10 St. Marien im Felde.
11 Domscholaster.
12 Domkantor Gozbert.
13 Fritzlar.
14 Aschaffenburg.
15 Frankfurt a.M.
16 Obermockstadt Kr. Büdingen.
17 Kapellane des Bischofs.
18 Leiningen, Burgruine Altleiningen Kr. Frankenthal.
19 von Hanau.
20 von Kyrburg, Burgruine über Kirn Kr. Kreuznach.
21 abgeg. Burg im Dorf Nied, heute Stkr. Frankfurt.
22 Graf Wigger von Wartburg, Burg bei Eisenach, und sein Bruder Gottfried.
23 Oberherrlingen, abgeg. Burg ö. Blaubeuren/Württ.
24 dieser und die folgenden von Mainz.

3. Die Otterberger Kapitulation vom 15. 6. 1579

Druck nach Original im Stadtarchiv Otterberg

Wir Johann Casimir von Gottes gnaden pfaltzgrave bei Rein, Herzog inn Beiern etc. bekhennen und thün khündt offenbar mit disem brieff für uns, unsere erben und nachkhomen, daß wir auff zuvor beschehenes undertheniges flehen und bittlichs ansuchen ettlicher christen, so bißhero im closter Schönaw, Heidelberger ambts, gewohnet und dann anderer veriagten, die aber weder inn gedachtem clöster Schönaw noch ihrem vatterland umb allerhand fürgefallenen ungelegenheiten willen, dißmaln nicht lenger verbleiben khönnen, und aber inn erfahrung gebracht, daß im closter Otterburg unseres ambts Lauttern vielfeltige unbewohnte gebew und plätz, so zu ihren wonungen zuzurüsten nicht undienstlich, welche sie mitt weib und kindern und ihrer handtierung, sich daselbst aufzubringen und heußlich zu wohnen umb gebür zu den zinß zu besitzen und anzunehmen entlich entschlossen, denselben abziehenden und veriagten christen aus gnedigem und christlichen mittleiden und inn betrachtung, daß solche und dergleichen christen uns von unserem herrn vattern hochlöblicher gedechtnus ihe und allwegen zum besten commendiert worden, obernannt closter Otterburg zum underschlaiff, doch mitt diser besonderen capitulation und nachvolgenden conditionen und bedingungen, wie es kunftig zwischen und gegen beiden theilen gehalten werden soll eingeraumbt und verliehen haben, thuen auch daß wissentlich und mitt crafft dises brieffs für uns, unser erben und nachkomen.

Erstlich, daß sie alßbald nach ihrem eintzug ghen Otterburg uns oder an unserer statt unsern befevelch- und gewaldthabern gewönliche huldigung thun und ein leiblichen aid zu Gott schweren sollen, uns und unseren erben die pfaltzgraven bei Rhein sein werden, getreu, hold, gehorsam und allen unseren gebotten, verbotten, satzungen und ordnungen gewerttig und underworffen zu sein, wie solches die verfaßte puncten des eides ferner ausweisen und getrewen underthanen zu laisten gebüren thuet.

Zum andern, dieweill letztgedachte christen nhunmehr unsere underthanen ihre eigene kirch zu Otterburg haben und darinn die predigt deß heiligen evangelii, auch administration der heiligen sacramenten inn ihrer angebornen sprach hören und christlich üben sollen und dann darunder khein mißverstand fürfallen, noch etwas unrichtigkeit darauß erwachsen möge, so ist ihnen von uns außtrücklich aufferlegt, durch sie auch angenommen, bewilligtt und versprochen, daß sie alle sambt und sonders, inn solcher ihrer kirchen, so viel die christliche lheer und ceremonien, auch raichung der heiligen sacramenten belangen thuet, sich inn allwege unsrer habenden kirchenordnung, wie die bei unsern geliebten herrn vattern pfaltzgrave Fridrichen, churfürsten etc., hochlöblichst und christsehligster gedechtnus in churfürstlicher Pfaltz hiervor angestelt und auch gehalten worden, gleichmessig erzaigen, derselben verhalten und kheineswegs einige enderung, noch newerung einführen, noch gebrauchen sollen, auff daß den genachbarten kein ärgernuß, noch sonsten zu uhnnötigen außschreien und gezänckh ursach gegeben werde, daß sie auch bei ihnen keinen pfarrer oder predikanten ohne unser vorwissen und bewilligung ietzt oder künfftig annemen oder beurlauben, dieselben auch iederzeit auff ihren allein kosten underhalten sollen, darzu wir ihnen dann die Otterburger mühl freiwillig bewilligt.

Und da sie auch über kurtz oder lang der religion, lheer oder ceremonien halber mißverstende mit den kirchendienern zutragen und begeben würden, daß solche zwitrachten nicht hin und wider spargirt oder auch auff der cantzel außgebraitet sondern an uns gebracht und christlichen gebürlichen entschaidts und vergleichung erwartt werden; wie sie dann auch unsern synodis und andern geistlichen conventibus und visitationibus underworffen sein sollen, so lang durch verleihung göttlicher gnaden obvermelte raine christliche lheer und confession, dabei sie auch inn allweg gelassen und iederzeit gehand habt werden sollen, geübt und exercirt würdt.

Da aber über kurtz oder lang durch unsere erben oder nachkhommen inn religionssachen enderung vorgenommen werden wolt (was wir doch nicht hoffen), sollen sie guet fug und macht haben, einen pfarrer, der sich zu unserer christlichen religion bekhendt, anzunemen oder ihrer gelegenheitt nach zu beurlauben und auff solchen fall an obige clausul, daß dises mit unserer oder unser erben vorwissen geschehen soll, nitt gebunden, noch auch den angedeuten synodis, conventibus oder visitationibus underworffen sein.

Zum dritten, daß solche underthanen in zutragenden fellen und irrungen, zu rechtlicher und gütlicher eröttterung gewisse austräge und bescheid erlangen mögen, so haben wir ihnen darinnen dise ordnung und maß geben, dieweill solche wonungen zu Otterburg inn unserm ambt Lauttern gelegen, daß sie demselben ambt als underthanen auch incorporirt und angewisen seindt, unsere ambtleute daselbst oder auff wen sie inn geringen sachen von uns bescheidt zu gerwarten gewiesen werden, geheiß und befehl zu gehorsamen schuldig sein, dartzu der gericht, so man ihnen ietzo oder künfftig vermög der statt ordnung, wo wir ihnen geben, benennt und ordnet, sich begnügen und ohne der obrigkeit vorwissen, sich kheines ausländischen rechtens gebrauchen, auch sonst inn allen fällen wie die namen haben oder sich zutragen möchten, obbermelts ambts innwohnern und underthanen gleich geacht und gehalten werden sollen.

Zum vierdten seindt zu handthabung unserer wildtfuhr, auch anderer bewegenden ursachen halben, die Otterburgische amgehörige aigne und gemaine wäld alle durchauß dießmalen auß und vorbehalten. Darumb sie un die ihrige derselben und ihrer nutzbarkeit, in sonderheit der wildtfuhr, kleinen und großen waidwercks, wie das namen gehaben mag, in allweg dermassen enthalten, daß sie darinnen argwöhnig nicht betretten werden, dartzu sich auch in diesen fall anderer underthanen wald und anderer ordnungen und bevelch gemäß verhalten, oder aber hoher straff und ungnad darüber gewertig sein sollen.

Sie sollen auch mit holtzhawen, grasen, aichel auflesen, fruchtbare bäum zu schütteln und dergleichen an obgemelten waldungen und ortten, so ihnen nicht gebürt, sich aller zugeriff entmassen und hierin ihnen selbst zu nachtheiliger weitterung für straff und schaden sein; doch soll ihnen hierdurch unbenommen, sondern frei erlaubt sein, was auff den ungelegenen Otterburgischen wälden für breckholtz ligen thut, desgleich von dürren windfällen an unholz vorhanden, daß sie solches alles auffmachen und gleich andern underthanen heimtragen mögen, aber die stemme und haubthöltzer, es sei ligend oder steend unangegriffen lassen, sich auch hierunder unser förster bevelch und waldordnungen, so jetzo sein oder künfftig gemacht werden, gemeß verhalten, auff daß sie sich aber desto mher mit bedürfftigem holtz zu bestellen, so ist hiermit bewilligt, daß da wir etwas an baw oder brennholtz zu verkauffen, ihnen solches vor andern gegen gebürender bezahlung gefolgt werden soll.

So seind ihnen auch ebenmässig alle unser fisch- und krebsbäch, kleine und große weier und wöge außerhalb hernach spezificirter wög und weyer, so ihnen eingereumet hiemit im geringsten anzugreiffen wissentlich verbotten, also daß auch deren keiner sich einiches eingriffs durch sich selbs oder die seinigen heimlich oder offentlich anzumassen, sondern sich dessen durchauß und allerdings bei obgetrauter uhnnachleßlicher straff und ungnad zu enthalten; und seind diß die wög und weier, so wir ihnen unseren Otterburger underthanen zu geniessen übergeben:

item das oberst sauweglein, ist ein speißwog,
item das underst sauweglein, ist auch ein speißwog,
Sichmeisters wog ist ein speißwog, kan 500 feustling erzeugen,
Trübwog ist ein speißwog, khan auf 300 karpfen erzeugen,
Schwartzwog, darauß die speiswög besetzt werden, khan 300 feustling erzeugen,
Eichwoog ist ein hauptwog, liegt unden am closter Otterburg gegen dem dorff Otterbach, khann 500 kharpfen erzeugen,
Ungenbacherwog ist ein speißwog, khan 400 feustling erzeugen,
Elmeßwog ist ein speißwog, khan 400 feustling ertragen,
Pfeiffer weglein ist ein speißwog, kann an speisung ertragen 200,
Krumb Eschwog ist ein speißwog, khan an speisung ertragen 300 buben,
Oberst Eschwog ist ein speißwog, khan an speisung erzeugen 200 buben,
Schmidtswog über Ungenbach ist ein leichwog, khan an gelaich erzeugen 600 buben,
Weilerhofweglein ist hiebevor zu einem winterbehelter gebraucht worden,
Eschbornwog ligt im Ungenbacher grundt, ist ein laichweier, khan auch an speisung erzeugen 300 buben,
aber alle andern Otterburger wog, weier und bäch sollen sie sich wie obangeregt gentzlich enthalten.
Zum fünften dieweill wir auch zu unser notturfft einer wohnung und dann eins orts, darinn der zehenndt eingesamblet werde, oder auch sunsten allda zu Otterburg bedürfftig seind, so haben wir uns hierzu das newgebaute schewerstückh und deß forsters hauß vor dem closter, so Michels Hannß jetzt bewohnet, desgleichen das gehäuß, sofern es bruder Georg der fischermeister mitt angelegenen halben gartenstück bißher inngehabt und genossen, hiemit wissentlich vorbehalten.
Zum sechsten, damit auch an diesem ort allerhand irrung und beforteilung an maß, eln und gewicht vermitten und deßhalben gebürliche gleichheitt gehalten werde, so sollen alsbald nach ihrem eintzug und gethaner huldigung unsere ambtleute zu Lauttern verordnung thun, daß diese underthanen one ihr sonders vorwissen und bei straff, sich außländischer maß und gewichts nicht gebrauchen, darumb ihnen auch diß orts gelegenheitt nach unserr bevelchhaber gemeine maß an firntzeln, symmern, gantz und halben vierlingen und was dergleichen mehr gebreuchlich, also auch wag mitt zugehörigen gewichtsteinen, sambt einem eisernen stab oder ehlnmaß, alles zu Lautterer eich gerichtet, dergestaltt dem bürgermeister zu Otterburg zugestelt werden und dann von dem-

selben oder sonst ihren verordneten auff begeren den bedurfftigen umb zimbliche belonung, darüber die ambtleut satzung zu machen, außgeliehen und mitgeteilet mögen werden, doch ob einer oder mehr einwohner zu seiner handtierung maß, besondere wagen und gewicht bedürfftig, soll demselben solche auff seinen kosten angemelten orth eichen und ihnnezurichten zu lassen unbenommen sein.

Was aber das waggelt von dem mehl betrifft, haben wir ihnen gnediglich bewilligt, daß sie zur beförderung gemeines nutzens, auch underhaltung der wag zwei theil davon einnehmen und behalten und den dritten theill davon uns raichen und uberlieffern, doch daß sie darüber ordentliche rechnung halten und dieselbe auff jederzeit erfordern uns oder unseren ambtleuthen furzaigen sollen.

Dieweill auch der enden kein weinwachs, darumb besonder wein eych noch zur zeit zu haben unnöttig und sich aber zutrüge, daß ihemandt faß zu eichen hette, man sich solcher eych who nidt in loco, iedoch zu Lauttern oder wie die ambleut dessen uf bequemere mittel anstellung zu thun gebrauchen. Damitt aber daß wein und bierschanks halben, den armen die gebürliche maß fur dem zapffen gegeben, so ist für rhatsam angesehen, daß diß orts besondere eichkhandten von viertelnmäß, halbmäß und echtmäßkhanten gemacht und einem dartzur verordneten der endts zugestellt werden und dann von demselben auff begeren der underthanen auch den wirtten, so wein oder bier vom zapffen geben, ihr geschirr damit zu eichen, wie auch ietzgemelte stauffkhandten den württen und andern, so wein oder bier auszäpffen, ihre khandten zu eychen gebraucht und den underthanen von ihren geeychten geschirren die eich zu geben hiemit abgeschietten sein soll, bei straff.

In gleichem auch mitt dem ehlnmaß zu verhalten, da gedachten bevehlhabern ein besonderer stab wie obgemelt gemacht, den handtierern gezeichnete oder baider endts gebrennte ehln mitzutheilen hab.

Es soll auch ihnen unser gemerch und wappen zur tuchsieglung mittgeteilt und dißfals wie zu Schönaw gehalten werden.

Und soll bei straff bevohlen sein, inn diesen und anderen unsern ambtleuth anstellung und verordnung zu geleben, auch ohne dero vorwissen und zulassen nhiemadts sich anderer noch uhngeeichter maß, mäß, gewicht, noch anders zu gebrauchen.

Also soll es auch mitt belegung des ungelts und was diser ding mehr seind zu der ambtleut verordnung stehen und deß Lautterer ambtsbrauch deßhalben gemäß gehalten werden.

Zum sibenden sollen alle dise ankhommenden underthanen, wie andere inwohnwer des ambts Lauttern, mit frohnen, raisen, schatzungen und dergleichen servituten uns und unseren erben zu laisten schuldig und verbunden sein, jedoch und so viel das fröhnen betrifft, weill dieselbige allererst deß orths von neuen bawen und sich einrüsten müssen, so wollen wir sie auß besonderen gnaden der fröhn funf ihar, die nechste nach dato folgend, erlassen; nach außgang aber solcher funf ihar sollen sie wie andere unseres ambts Lauttern underthanen mitt laistung angedeutter frohn sich zu verhalten schuldig sein oder aber sich hirunder mit uns in andere weg vor oder nach außgang obgesetzter funf ihar vergleichen, darzu dann wir uns geneigt finden lassen wollen.

Zum achten, der frevell und buessen halben, die nitt bürgerlich seind, wo sich deren klein oder groß bei ihnen zutragen werden, soll, abermahls bei uns oder unser ambtleuth verordnung steen, die frevel nach gelegenheitt und verwirchung zu straffen oder künftig deshalb einer jeder frevel ihre besondere mäß gegeben werden.

Zum neundten, den ein- und außzug belangendt, ist von uns zugelassen, daß diese underthanen ietztmahls inn die hundert hausgeseß ersten einzugs frei ohne entgeltnuß alda einziehen mögen, doch mit dieser maß, daß solche hundert einziehende innerhalb iharsfrist, nemblichen von dato an biß ermelte zeit anno achtzigh sich mit ihrem heußlichen wesen dahin begeben und sich solche hundert hausgeseß in specie namhafft machen. Damitt sie aber ihnen selbst zum anfang ihrer notturft desto besser befürdern khönnen, so soll iedeß haußgeseß über das gewhönlich innzuggeld, so wir auff ernanten hundert haußgesessen auß gnaden obgemelter gestalt fallen lassen, den gemainen nutz zum besten in dessen kasten zween gulden erlegen; hernacher aber und nach verfliessung solches ihars, sollen sie bei ihnen weitters nhiemandt einziehen lassen, an- oder auffnehmen, dann mit unserem besonderen vorwissen und bewilligen; und welche also hernach mit solcher bewilligung, es sei durch heirath oder sonsten der endts sich bei ihnen einlassen werden, vonn denselben soll von ieder person des eintzughs vier gulden, daran die zween gulden der obrigkeitt und zween gulden dem fleckhen zur erhaltung nothwendiger gebew gebürt und zusteen, entpfangen werden und gefallen. So viel aber den abzugh betrifft, obwohl dises ambts Lauttern underthanen den zehendten pfenning zu ihrem abzug zu hinderlassen schuldig, wo wöllen wir doch diesen underthanen zu sonder gnaden bei dem zwentzigsten pfenning abzugs verbleiben lassen, also, so offt und wann das geschehe, sollen die abziehenden nach gelegenheitt ihrer haab und nharung khunfftiger verordnung nach der herrschafft abzugkgelt nicht über fünf gulden vom hundert zu geben schuldig sein. Doch hingegen und dieweill wir solche Otterburgische underthanen gleichfals zu sondern gnaden der leibeigenschafft vor andern, so sich in daz ambt Lauttern begeben und heußlich niderthun, freilassen, so sollen die abziehenden, da sie sich hinder andere herrschafft begeben und sich derselben leibeigen machen wolten oder müßten, alßdann uns, unseren erben und nachkhommen die leibeigenschafft vorbehalten und andern pfaltzgräfischen leibeigenen gemeß die gebür hinder sich laisten und raichen. Es sollen auch die ihenigen, so an diesem orth heuslich oder underschlaiffsweiß zu wohnen auff genommen, sobaldt ihres einziehens unsern ambtleuthen zu Lauttern unsert wegen huldigung thuen, also auch eines jeden ihars auff einen benanten tag alles ihr mannliches gesindt, durch unseren schultheissen und burgermeister von obrigkeitt wegen zu pflichten angenommen werden, allerhand unrichtigkeitten dardurch zufürkhommen.

Zum zehendten, dieweill unwidersprechlich der obrigkeitt ihn allweg bevorsteet, auch in chur- und furstlicher Pfalz gebreuchlich, mitt besetzung, zoll, auch weg- und ungelts gegen heimischen und frembden ordnung und auffsatzung zu üben, so ist hierinnen bedingt, daß dise underthanen unsere zoll- und ungeltordnung mit entrichtung dero auffsetzung sich auch gemeß verhalten oder im fall der ubertrettung geburender straff gewartten sollen; und obwohl bei diesem closter herkhommen deß ihars zur kirchwei von deßwegen, daß der bahnwein ausgezapfft, den würten, wie auch allen andern solchen tag der weinschanck verbotten gewesen, so wollen wir doch solches nhunmehr einstellen und fallen lassen. Nachdem auch ihärlich ein zimbliches an bier außgezapfft wirdt und uns daß ungelt darvon gebürt und solches einziehen zu lassen willens gewesen, so haben wir ihnen jedoch auff ihr untertheniges, bittliches ansuchen gnedigklich bewilligt, daß sie dessen so lang sie der frohn geubrigt, nemblich funf ihar lang, die nechste nach dato diß nacheinander volgende ebenmessig auch gefreiet sein sollen.

Zum eilften, haben wir uns auch vorbehalten bei disen innwohnern auff iedes haußgeseß gewhonlichen landtsbrauch rauchhabern, faßnacht oder martinshüner der obrigkeit ihärlichs zu entrichten auffzusetzen, wie wir ihnen dan hingegen die rawwaid und sich mitt unschädlichem brennholtz auff Otterburgischer waldtmarkhung zu beholtzen bewilligt haben, doch sollen sie solcher rauchhabern und martinshüener so viel ihar sie der frohn uberhaben auch gefreiet sein.

Zum zwölfften, ob wir wohl der alten und newen abtey allerdings entrathen und sie diesen underthanen gentzlich einraumen, viel weniger beide hofheuser Ungenbach und Weyler mit angelegener schewer und ställen, sodann auch das wirtzhaus vor dem closter begeben khönnen, jedoch haben wir auff gemelter underthanen bittlichs anhalten, ihnen gnedig bewilligt, daß sie solche ietztgemelte auch alle andere gebew inn- und ausserhalb der ringkmauer sambt dem gantzen platz außgenomen schewerstück, fischerhauß und des forsters hauß, welche alle, wie vorgemelt uns bleiben sollen, erblich innhaben und besitzen, dagegen aber zu erbzinß ihärlichs und eines ieden ihars besonder und auff Michaelis anno achtzig erstmahlß vorgenantenn closter und desselben gefellen bevelchhabern außrichten sollen und wollen zweyhundert gulden grober müntz, damitt wir aber auch, wann wir deß orts anlangen, gelosirt sein mögen, so behalten wir uns bevor eine stuben inn der alten abtei, derhalben dann auch solcher orth mitt denen personen, so mitt den saubersten und reinesten handtierungen umbgehen, bewohnet werden soll.

Was dann die ziegelhütt betrifft, obwohl wir solcher ziegelhütten von wegen unser selbst fürhabenden gebewen nicht wohl entrathen können, so haben wir ihnen doch dieselb neben andern gebewen auch erblich und frei ledig eingeraumbt, daß sie dieselb zu ihren besten nutzen und notturfft innhaben und gebrauchen mögen, auch keinen zinß davon raichen, sondern under den vorgesetzten zweihundert gulden begriffen sein soll.

Sonsten sollen diese underthanen alle behausungen, so ihnen also ingegeben werden, sambt der kirchen (deren sie sich allein zu anhörung der predigten und gahr nicht zu einigen innbauen oder zerbrechung der mauern oder gewelben zu gebrauchen haben sollen) hinfuro inn gebürenden wesentlichen bau zu tach und schwellen auffrichtig und auff ihren kosten jederzeit neben den glocken und uhrwerk erhalten.

Also sollen sie auch die gantze ringkmauern und den gantzen platz sambt beiden obern und undern porten und anliegenden whonungen, alß ihr eingeraumbt eigenthumb zum besten und bestendigsten uf ihren kosten handhaben, bestellen und versorgen.

Und dieweill diß orts ein gemeine landstraß herkhommen, da auch nicht zu zweiffeln, daß zu auffnemung dieser commun, solche ihr mehr gebraucht wirdt werden, so sollen gemelte underthanen die gassen von der undern biß zu der obern pfordten in gleiche und bedürfige weitte, auch solche gebew, so sie beiderseits auffrichten, in ein gleiche ordnung bringen, damit die straß unversperrt und auff den fall die über nacht bleibende gefertt zum ausspahn unverhinderlichen platz geben möge, wie sie dann zu anordnung ihrer gebew und strassen, dergleichen außtheilung der gassen und platz, feuers und anderer gefahr, auch bequemheit halben neben ihrem gudtachten oder abriß von unß iederzeit angewiesen werden sollen.

Zum dreyzehenden, so seind auch gedachten underthanen alle ecker und wiesen, so der pfleger im closter sambt andern ausserhalb fünf morgen wiesen inn Ungenbach und dann acht morgen ecker, deren vir morgen in Münsterthal und dann vir morgen im Guntensiegel gelegen, wie ein forster zu Otterburg verordnet, wie auch beide hofleuth zu Weiler und Ungenbach vermög sonderbarer spezification under handen und in baw an ietzo gehabt und genossen, dergestalt verliehen, daß sie solche nhunmehr erblich innhaben, eigenthumblich zu ihrem besten nutzen, doch ohne schmelerung derselben gebrauchen und iedeß darauß auff alle Michaelis und dieselbe zeitt anno achtzigk das erste mhal gedachts closters gefellen bevelchhabern vierhundert gulden und dann von wegen der vorangedeuten weier auch ubrigen wiesen und anders, so wir inen hernacher vermög sonderbarer ihnen zugestelter specification auch eingeraumbt, hundert gulden und solche anno etc. achtzigkeins auf Michaelis daz erste mhal, alles grober muntz raichen und geben sollen und wöllen mitt diser versprüchnuß, daß solche guetter durch sie an besserung, baw und dung gemeinen landtsbrauch nach nicht mangelhafft gelassen und zu wässerung der wiesen sich inn alleweg dahin richtenn, daß den fisch- und krebsbächen ihr gebürend wasser unentnommen bleibe, alles bei straf.

Dieweyll auch bei diesem closter ein eygenthumblich stück waldes der Langenbusch genannt über dem Weitzenberg nechst angelegen und auff die hundert morgen ungeverlich seien, vorhanden ist, so hatt auch zu erwachsenen brenn- und bauholtz steet, so haben wir ihnen solchen waldt dergestalt bewilligt, daß sie denselben erblichen haben und zu ihrem gebrauch und sonderlich den gebewen, damit anderer wäld desto mehr zu verschonen, nutzen und geniessen mögen, dargegen sie dem closter fur solchen waldt fünfzigk gulden grober mütz jherlichs erbzinß, deßgleichen von dem Lauer wäldtlein sambt dem wöglein zwölff gulden bezahlen und vergnügen sollen. Da sie aber über khurtz oder lang disen platz einstheils oder gahr roden und zu ackerbau richten wurden, sollen sie alßdann von demselben stück nitt wheniger alß von all andern ihnen ubergebenen gütern, so da ihärlich besambt werden, den gewhönlichen zehendt zu geben schuldig und verbunden sein. So dann noch ein grosse ahnzahl uhngebautes feldes hin und wider deß Otterburgischen bezircks verhanden, welchs bißhero von den benachbartten und ingessenen ettwa gebawet und umbgeackert worden und ihren gebürrenden medum, frucht und zehendt dem closter darvon geraicht, so sollen sie die yetzt ankhommende underthanen davon ihnen dergleichen stücke viel oder whenig zu baw gebracht, von den druff erwachssenden früchten den ländlich und gebreuchlichen medum inmassen von andern bescheen zu geben schuldig sein, doch soll sich nhiemand under ihnen der medumfelder eygenthumblich oder nießlich anmassen noch dieselbige gebrauchen ohne unsern und unser erben wissen und consens.

Zum vierzehenden und alß auch diser underthanen handtierung erfordert, daß sie mitt walckmühlen versehen, also haben wir ihnen hiemit gewilligt, derselben zwo von newen, doch auff ihren kosten auffzurichten und zu bawen, die sie frei, ledig und ohne raichung einichs zinß innhaben sollen. Und ist ihnen dabeneben von uns die verträstung geschehen, daß ihnen hierzu mitt bawholtz, sofern sie deß im langen pusch nitt hetten, auff ihr erforderung gegen zimblicher bezahlung die handt gebotten werden soll.

Zum funftzehenden, nachdem vermuetlich, daß ietzo anfangs dise underthanen ihre whonung an orthen und enden haben müssen, welche nitt jedeßmahlen mit notturfftigen schornsteinen und caminen versehen, sondern sie solche herdt- und fewerstett mitt gelegenheitt zurichten lassen müssen, so ist bedingt, auch ihnen sonderlich aufferlegt und bevohlen, daß sie alßbaldt nach ihrem inntzugh zu besserer wahrnemung der Fewerstett under sich selbsten gute wach und huet anstellen und dardurch, so tags und nachts der ding wohl wahrgenommen und khein schad entstehe und sollen sich herinn der gebew, fewer- und dergleichen ordnungen, wie andere deß ambts Lauttern underthanen, gemeß verhalten.

Zum sechtzehenden ist underschiedlich abgeredt und von disen underthanen gewilligt, daß sie die bachsteten, auch weg und steg ihnen selbst zu gutem zu bessern und zu erhalten schuldig sein sollen. Sie sollen auch andere, so sich zu Otterburg häußlich niderthuen und diser capitulation gemeß verhalten wöllen, sonsten auch gutes wesens und wandels sein, nicht außschließen, sondern dieselbige, wie obsteet, mitt unserer ambtleuth vorwissen, annemmen und gemainer waide, wassers und was diser gantzen gemein von uns zugestelt und zugelassen, gleich wie die andern geniessen lassen und soll weder ein noch mher sich jetzo oder künfftig nicht understehen ihme etwas, so gemein ist, selbst zu eignen oder andern darvon außschließen, under kheiner schein. Was aber einem yeden zu loß alß aigenthumb zugefallen, daß soll demselben und ihren erben, oder wenn sie es verlassen möchten, alß eigene güetter bleiben, wie dann alle eygenthumbliche und gemeine güetter inn ihr gerichtsbuch eingezeichnet werden sollen.

Letztlichen haben wir auch disen unsern underthanen auff ihr undertheniges bittliches anhalten unsern Otterburger hof Münchschwanden mit allen seinen ein- und zugehörungen, wie jetziger hoffmann solchen bißhero genossen, sambt den zehenden und einem weierlein daran gelegen, dergestalt erblich gleich andern inn diser capitulation specificirten Otterburgischen stückhen eingereumet, daß sie alle und eines jeden jars auff Michaelis und selbige zeitt anno achtzig zwei daz erste mhal einen jeden unsern Otterburger pflegern und bevelchhabern darauß achtzig gulden auch grober müntz, jeden zu fünffzehen batzen gerechnet, zustellen und außrichten sollen, haben daneben auch ihnen bewilligt, daß diejenige hofleuth, so den hof iederzeit bewhonen werden, zu eckern zeiten sechzehen schwein inn den Otterburger wäldern frei inn eckern schlagen mögen. Und damit wir diser hierinn verschriebenen und von ihnen den underthanen bewilligten zinß desto habhaffter und sicherer sein, auch wissen mögen, von wehne solche durch ein jeder clostersbevelchhabern eingefordert und erhoben werden möge, so haben burgermeister, rath und gantze gemein, auch alle und jeder einwhoner zu Otterburgh für sich und ihre erben, auch für alle und jede, so khunfftig gen Otterburg sich setzen und begeben möchten, versprochen und wissentlich zugesagt vermög ihrer heraußgegebenen reversverschreibung, daß sie für angesatzten ihärlichen zinß auch fur den gantzen Innhalt diser capitulatio bürg und zahler sein, auch einer für alle und alle für einen stehen, mitt dem anhang, daß alle ihre dises orts und anderstwho habende guetter hiefür verschrieben und zum underpfand versetzt seind, sie auch einige außzüg und privilegien, wie die namen haben möchten, geistlich oder weldtlich hiergegen nicht schutzen oder schirmen sollen, dann sie sich deren allen hiemit und inn crafft dises wissentlich geben und verziehen haben. Auff daß aber hiegegen auch diese underthanen, alß nhunmehr der fürstlichen Pfaltz und den ambt Lauttern, sowohl alß andere incorporirt, hinfüro desto sicherer wohnen und bei diser capitulation gehandhabt werden mögen, so versprechen wir, nicht allein für uns dise capitulation in allen ihren puncten furstlich und gnedig handzuhaben und zu haltenn, sondern wollen auch, daß solches nach unserm absterben (welches Gott nach seinem willen lang gnedig verhüeten wolle) durch unsere erben und nachkhommen beschehen und dise innwhoner nitt weitter beschweret, sondern bei allen und jeden hierinn verfaßten puncten und artickeln und begnadigung gelassen, geschützt und geschirmbt, inen auch von denselben unsern erben und nachkhommen zu ebenmessiger haltung unserer inn gegebenen statt und anderer ordnungen geburliche confirmationes zugestelt werden sollen, also und dergestalt, da man sie die underthanen ferner beschweren oder sunst die puncten, so inn diser ihrer capitulation und stattordnung begriffen seindt, einen oder mehr wider ihren nutz und bewilligung verendern wolten, daß sie dardurch sich mitt ihren heußlichen wohnungen von dannen und andere orth und end ihrer gelegenheitt nach zu begeben veruhrsacht, oder aber sie sonsten deß orts auszuziehen geheissen würden, daß alsdann unsere erben und nachkhommen in und mitt crafft diß briefs schuldig und verbunden sein sollen, ihnen ihre angewendte besserung auch außgelegten bawkhosten und allen schaden (dem wehrt nach, wie der zu solcher zeit bei ihnen sein würdt und durch sie selbst bei ihrem ayd geschetzt werden soll) widerumb zu erstatten und zu erlegen. Dagegen dann auch uns, unser erben und nachkhommen khein privilegien, geistlich oder weltlich recht, schützen, schirmen oder furtragen solle. Alles trewlich sonder geferde. Zu urkundt versigelt mit unserem anhangenden secret und eigner handt underschrieben. Dessen sie uns under ihrem stattinnsigel ein reverß heraußgeben. Adtum Lauttern den funffzehendten juny nach Christi unsers lieben herren und seligmachers geburt inn funfzehenhundert neun und siebentzigsten jahr.

Casimir, Pfalzgraf

4. Zweite Otterberger Kapitulation vom 4. 7. 1579

Druck nach einer zeitgenössischen Abschrift im GLA Karlsruhe 67/856, fol. 89b-90a

Wir Johanns Casimir von gottes gnaden pfalzgrave bei Rhein, hertzog in Baiern, bekennen offentlich diesem brief, als wir mit unsern neu aufgenommenen underthanen gen Otterburg nechst verschienen Johannis Baptistae dieses neunundsibenzigsten jahrs ein capitulation, wie es zwischen beiden theilen gehalten werden soll, ufgericht haben und obermelte underthanen seithero bei uns noch allerhand weitere beschwerung, sonderlich so sich in austheilung der gebäu befinden, undertänigst furpracht und um extension angeregter capitulation gebeten, so haben wir ihnen ein solches aus sondern gnaden nachfolgender gestalt getan und tun es auch hiemit und in craft diß briefs.

Erstlich und ob wir uns wohl in angezogener capitulation vorbehalten, dass diese underthanen den Rewenthal gleich anderen gebauen zu ihrer not bewohnen mögen, aber doch denselben unverbaut lassen sollen, so haben wir ihnen doch angesehen, sie uns underthänig furpracht, daß sie in austheilung der gebäu nit könden zukommen, gnedig zugelassen, dass sie auch den Rewenthal gleich andern ihren zugelassenen gebauen nach ihrer notturft und besten verbauen mögen.

Zum andern und dieweil sie auch gern ein theil von der küchen haben und solche underscheiden wollten, so haben wir ihnen ein solches auch gnädig bewilligt, doch sollen sie in allweg den bronnen darinnen ufrichtig und also erhalten, dass demselben hierdurch kein schaden entstehe, auch ein ander thür in die küchen brechen und machen lassen.

Zum dritten und wiewol wir uns den ochsenstall in angezogener capitulation vorbehalten und dardurch das ganz gebau unden und oben verstanden haben, so haben wir ihnen doch gnädig bewilligt und zugelassen, dass sie derjenigen würth einen, so auch ein würth zu Schönau und bei angedeuter capitulation allhie gewesen, oben uff den ochsenstall setzen und daran sein, dass derselb solchen oberbau nicht mit kleinen engen, sondern zimblichen weiten stuben und kammern zu richte, die zween pferdställ unden mag er zu seiner notdurft bei ankommmenden gesten auch geprauchen, doch in allweg dahin sehen, daß wir unsere pferdt, wann wir der enden ankommen, auch in solchen stellen unverhindert haben.

Zum vierten und letzten haben wir uns gleichwol auch die öffnung und losirung in der alten und neuen abtey (welche sich umb deßwillen mit denjenigen personen, so mit den reinsten und saubersten handtierungen umbgehen, besetzen sollen) in oft angezogener capitulation außbehalten, uns aber amjetzo hiemit ferner gnedig gegen ihnen erklärt, daß wir mit der grossen stuben nach dem Reuental, der kleinen stuben und einem kämmerlin dabei sampt der cammern droben under den dach alles in der neuen abtei, wie solches unser amptmann allhie besichtiget, zufrieden sein und unser losament da wir dahin anlangen darinnen haben wollen. Wir mögen auch leiden und haben ihnen hiemit gnädiglich bewilligt, daß ihr pfarrherr auch seine wonung in der neuen abtei hab, und daß sie diese grosse stuben zu ihrem rathaus (doch daß auch unsere amptleut allhie, wann sie zu Otterburg ankommen, ihre geschäft auch darinnen verrichten mögen) geprauchen. Die grosse stuben aber in der alten abtei mögen sie wie ander gebäu bewonen, doch sollen sie dieselbige enger nicht verbauen, sonder so weit die jetzo ist, verpleiben lassen sollen. Dessen alles zu urkundt haben wir unser sekreth hiervor getruckt und uns mit aigner hand underschrieben. Geschehn zu Lautern, den 4. Juli anno 79.

5. Stadtrechtsurkunde von 1581

Druck nach einer zeitgenössischen Abschrift im GLA Karlsruhe, 67/856, fol. 93a-97b

Ufgerichte statüta dern zue Otterburg

Wir Johanns Casimir von gottes gnaden pfaltzgrave bey Rhein, hertzog in Baiern etc., bekhennen und thun khundt mit diesem brief offentlich: Nachdem wir die newe inwohner zu Otterburg in unsern schutz und schirm zu unsern underthanen, gleich andern in unserm ampt Lautern gesessene, gnedig uf- und angenommen, sie aber in jahrsfrist nicht allein zimblichen uncosten zu bawen daselbsten angewendet, sonder auch sich dergestalt gemehret und noch täglich mehren, daß sie uns underthenglichen gebetten, auch ihre hohe notturft erfordert, ihnen allerlei ordnungen, satzungen, anstellungen und freiheiten, so einer commun, sonderlich bei diesen geferlichen zeiten zu wissen gantz nothwendig, zu geben, zu ordnen und zu verstadten, daß wir dem allem nach solches ihr pidten und begehren mit zeitigem rath wolbedächtlich erwogen, es nicht allein ihnen und ihren nachkommen, sonder auch uns und unsern erben und nachkommen nutzlich und ersprießlich zu sein befunden und derselben fur uns und unsere nachkommen, pfaltzgraven bei Rhein etc., nachvolgende ordnung gemacht und ufgericht haben und thun des in craft diß briefs.

Erstlich, dieweil ietzige inwohner nicht allein die ringmaur zu erweitern, sonder auch dieselbige in baw und wesen zu halten, deßgleichen auch die thor und dieselbige, wie auch sonsten den gantzen bezirck, mit pförtner, huet und wacht zu versehen, auch sich sonsten wie städtbürgern in nahrung und rüstung zu schicken begern, und ihnen also gar zu beschwerlich fallen wurde, daß sie wie andere unsere dieses ampts underthanen ufm landt mit besuchung des marckts zu Lautern und andern dergleichen verhinderungen an ihrer arbeit, handtwerck und ernehrung gehalten werden sollen, so setzen und ordnen wir, daß Otterburg hinfuro auch eine stadt unsers ambts Lautern und die einwohner unsere burger daselbsten sein und genent werden sollen. Jedoch unser mit ihnen getroffenen capitulation in allen und jeden derselbigen puncten ohne schmälerung und abbruch, dergestalt, daß ein jeder inwohner, so sich darin begeben wurde nicht allein uns huldigen, geloben und schweren und den aidt unsern amptleuthen zu Lautern thun, auch uns zween und der stadt Otterburg gleicher gestalt zween gulden inzuggelts raichen und gedachter stadt gleichfalls gebürliche pflicht laisten.

Zum andern, daß sie hinfuro zu Otterburg zween freie jahrmärckt uf den dritten sambstag nach Oatern und volgenden tags, und den andern uf sanct Luce des evangelisten und volgenden tags haben und halten mögen. Was auch uf solchen märckten fur gelt an ehln, gewicht und eich, item an standtgelt von den krämern, item an geltfreveln und -straffen gefallen wurdt, daran wollen wir ihnen auß sonderlichen gnaden den halben theil gemeiner stadt zu gutem volgen lassen, doch sollen schultheiß und burgermeister solches alles vleissig und treulich durch die ihrige fordern, einpringen und der schultheiß darvon den halben theil in unser landschreiberei mit einer ordentlichen verzaichnus liefern.

Fürs dritt haben wir ihnen gnedig verordnet und thun das in craft dieses, das zu Otterburg jede wochen uf donnerstag hinfuro ein wochenmarckt soll gehalten und was uf denselbigen an standtgelts gefallen wurdt, gemeiner stadt zu gutem erhaben werden und pleiben.

Zum vierdten, daß sie auch zu Otterburg metzger under sich haben und notdurftig fleisch außmetzeln lassen, auch schätzmeister und ordnung uber den fleischkauf setzen mogen.

Wir bestettigen auch zum *funften* den otterburgischen bezirck vermög eines von uns undersigelten weißthumbs und des undergangs, so unser amptleuth und pfleger samt den anstössern, als Morlautern, Erlenbach und Balborn, dann Wolfsteinischen, Flerßheimischen und andern gehalten. Ordnen auch dabeneben, daß sie, die burger zu Otterburg, solchen undergang alle Jahr oder sooft es nötig halten und den jungen angehenden inwohnern das weißthumb zaigen und sie dasselbige lehren lassen.

Zum *sechsten*, daß sie nicht allein inner solchem bezirck diejenigen, so ihnen einigen schaden zufüegen, durch ihre stadtknecht pfänden, sondern auch die pfandt oder das verwürckt gellt gemeiner stadt zu gutem behalten sollen und mögen. Doch sollen sie nicht höher pfänden als bishere bei und gegen den benachbarten herpracht laut weißthumbs.

Sie sollen und mögen auch zum *sibenden* huet und wacht in- und ausserhalb Otterburg, deßgleichen andere burgerliche ordnungen under sich anstellen, doch daß sie unsern oder unserer erben satzungen und bevelch nicht zuwidder sein.

Zum achten soll die stadt oder gantze burgerschaft in sechs viertheil oder quartier und jedes quartir in rotten und under jede rodt ungeverlich zehen, mehr oder minder nach gelegenheit, genachtbarte haußgesäß außgetheilt werden, damit man also ordnung und gehorsam erhalten und allerlei unordnung vorkommen möge.

Dieweil aber zum *neundten* solches ohne handhab und oberhandt der undergesetzten obrigkeit, so täglich bei und under ihnen sein muß, nit geschehen kann, so wollen wir und unsere erben, pfaltzgraven bei Rhein etc., jederzeit zu Otterburg einen schultheissen setzen und, wenns vonnöthen ist, entsetzen, doch denselbigen auß ihren mittel, solang als jemandts düchtig darzu vorhanden, erwohlen und setzen.

Derselben soll zum *zehenden* uns und unser erben zu solchem ampt sonderlich gelobt und geschworen sein, und soll ein jeder, der je zu zeiten zu Lauttern unser amptmann sein wurdt, ihne den aidt abnehmen, nemblich daß er in unsere obrigkeit recht und gerechtigkeit gegen menniglichen handhaben, die burger und underthanen in gehorsam halten, denen die recht haben darzu helfen, und die unrecht haben straffen, diese unsere ordnung und capitulation halten und thun halten, auch anderm unserm oder unser amptleuth durchaus nachkommen, unsern schaden warnen, frommen und bestes werben und endlich sich, wie einem getrewen schulthaissen gebürt, verhalten wolle und solle.

Zum *elften* gehört under das schultheissenampt, daß er ein jeden inziehenden und abziehenden den amptleuthen zu Lautern zeitlich anzaige, den inzug, abzug, zoll, ungeld, und was wir zu Otterburg bei den burgern und andern einzufordern, fleissig und getreulich einpringe und vermög bevelchs in unsere landschreiberei liefere.

Insonderheit und zum *zwölften* soll er gut ufsehens haben, welche wider unsere kirchenpolicei, ehe-, waldt- und andere ordnungen zu Otterburg und in dessen obangedeuten bezirck handln, dieselbige frevel und straffen laut unserer ordnung. Und da uf einigen fall ihme die straf unbewusst oder aber die mißhandlung etwas grob were, so soll er solches jederzeit unsern ambtleuthen anzaigen und nichts verschweigen, klein oder groß. Wen auch die partheien, so gegeneinander gefrevel haben möchten, sich vertragen, so soll er doch in alle weg uns den frevel oder die straf vorbehalten und in unser landschreiberei einpringen, ein register von solchem allem halten und unsern amptleuthen verrechnen.

Zum *dreizehenden* soll er gleichfalls uf grobe mißhandlungen, darumb einer das leben verwürckt, gut achtung haben, nach den thätern greiffen, dieselbige in hafft ziehen und unsern amptleuthen zu peinlicher straf anzeigen und darstellen.

Er soll auch zum *vierzehenden* darumb den schlüssel zu den gefängnussen zu Otterburg haben, nicht allein solche mißhändler, sondern auch andere freveler und ungehorsamen im fall der noth darein zu setzen, soll aber derselben keinen ohn vorwissen und gehaiss unserer amptleuth und vor bezahlung des Atzes und thurngelts auß solcher verhafftung lassen. Welcher aber sonsten auß schlechten burgerlichen sachen, die nit malefitzisch oder hohes verbrechens sein, in hafft eingezogen, als von wegen der trunckenheit, schulden und nit bezahlung halben oder dergleichen, dieselb mag der schultheiß, wann sie der gebür gestrafft und gebüesset, ohne zuthun unserer amptleuth wol außlassen.

Im fall er auch zum *funfzehenden* zu einigem angriff, einführung, bewachung, ausführung, oder notwendigen gewalt, eines oder mehr burgeren zu hülf bedurfte, so sollen sie ohne außrede oder verwaigerung schuldig sein, alsobalden handt anzulegen und ihme oder den stadtknechten zu helfen.

Wann ihme aber zum *sechzehenden* burgerliche sachen vorkommen, so soll er, wo beide partheien burger sein oder der beclagte theil burger ist, sie vor die burgermeister weisen und, da die burgermeister solche partheien nit vergleichen konden, soll der schultheiß uf eines oder beider theil ansuchen ihnen fur dem gericht, wie hernach volgt, das recht öffnen und was daselbst das urtheil gibt, exequirn, es were dann, daß davon geappellirt wurdt.

Wann dann zum *sibenzehenden* iemandts appellirn wollt, soll solches nach dem urtheil innerhalb zehen tagen geschehen und soll der appellant von dem schultheissen und gericht apostolos oder zeugnus der appellation sampt den versigelden acten unsern amptleuthen zu Lautern zaigen und liefern. Was aber sachen sein, so nicht gerichtlich verhandelt werden, sonder allein durch schultheiß oder burgermeistern entschieden und sich die partheien des entschiedts beschwerth befinden, sollen und mögen sie solches ferners an unsere amptleuth bringen und ihres beschaidts erwardten.

Da aber zum *achtzehenden* zwo frembde partheien oder ein burger gegen ein frembden zu Otterburg etwas zu fordern oder burgerlich zu clagen hedte, so soll solches vor dem schultheissen geschehen. Und da er die sachen nit vergleichen köndte, soll er sie mit bericht zu unsern amptleuthen weisen und daruf beschaidts gewardten, ob der weiters darin procedirn oder die partheien zum gericht daselbsten remidtiren soll.

Zum *neunzehenden,* wann der schultheiß außheimisch oder kranck ist oder sachen fürfielen, die sein aigen person antreffen theten, dabei er nicht sein könte oder solte, soll er einen andern an sein stadt die zeit auß den burgermeistern nehmen, und soll solcher undergesetzter schultheiß schuldig sein alles das zu thun, was der schultheiß thun soll, sich auch nit haben zu entschuldigen.

Zum *zwantzigsten* soll ein stadtknecht oder büdtel uf unsern schultheissen warten und die gebott und verbodt, und was ihme der schultheiß bevehlen wurdt, verrichten, auch uns und unsern erben zu solchem dienst sonderlich gelobt und geschworen sein, und soll ihme unser amptman, so ie zu zeiten sein würdt, den aidt abnehmen.

Volgt zum *einundzwantzigsten,* waß dem schuldtheissen gebürt: soll des waldthäms vor vier schwein frei sein, item des kleinen zehenden, item unser und der stadt frohn, item wachen und hütens, item des rauchhaberns und -hüner. Item von den zehendbeständern zwei malter beder frücht, item von den freveln jedes jahrs ein gulden, item von jedem einziehenden vier albus, item von nachvolgenden stücken der vierde theil, nemblich von jeder ufgab ein albus, von den ersten und zweiten clagen von ieder ein albus, von der dridten clag zween albus, von einem nachgericht vier albus, item wan einer ligende güter erbt zween albus, item wann einer ligende güter verunderpfandt ein albus, item von einem versigelten brief mit des gerichts sigel sechs albus und von einem pergamenen brief acht albus. Von ieder einsatzung soll er allein haben vier albus, von einem, der allein mit dem thurm gestrafft wurdt, zween albus, von ieder pfandung ein albus, von jeder außpfandung zween albus.

Volgt zum *zweiundzwantzigsten,* was dem gericht und dem gerichtschreiber gebürt: Sollen wachtfrei sein, item dhämfrei jeder fur zwei schwein, item von marcksteinen zu setzen fur ein halben tag drei albus, item fur schätzung eins guts drei albus. Item von nachvolgenden stücken sollen sie die drei theil gemein haben, nemblich von jeder ufgab drei alubs, von der ersten und zweiten clag von jeder drei albus, von der dridten clag sechs albus, von einem nachgericht zwölf albus, item wann einer ligende güter ererbt sechs albus, item wann einer ligende güter verunderpfändt drei albus, item fur einen versigelten brief achtzehen albus und von einem pergamenen brief vierundzwantzig albus. Und soll pergamen, papier, dinten und wachs vom schultheissen, gericht und gerichtschreiber gleich bezahlt werden und soll ein gerichtscasten oder truhe sein mit zwei underschiedlichen schlüsseln, darin des gerichts sigel und acta verwarth pleiben sollen und soll der schultheiß den einen und der gerichtschreiber den andern haben.

Dem stattknecht oder büdtel gebürt von jedem gebodt oder verbodt, so er zwischen burgern anlegt zween pfenning und fur einen frembden vier pfening, item von einer pfandung vier Pfenning, item von einer einsatzung vier pfening, item von des gerichts versamblung vier pfening, item ist wacht- und frohnfrei, item thurngellt von jedem, so eingesetzt wurdt, ein albus.*

Zum *vierundzwantzigsten** sollen der gerichtspersonen sechs sein, nemlich funf des alten raths und einer auß dem gemeinen rath, so jedes jahrs zuvorn gemeine burgermeister gewesen, wie hernach volgt von erwöhlung der burgermeister und rathspersonen. Diese gerichtschöffen sollen unsern amptleuthen an unser stat in beisein schultheissen, burgermeister und des grossen raths, daß sie niemand zu lieb noch zu leidt noch umb geschenck, freuntschafft, feindschafft oder ichtwas anders, dem einen wie dem andern, dem armen wie dem reichen recht sprechen wöllen nach ihrem besten verstandtnus ohne einige argelist, wie sie gedächten am jungsten gericht gott dem herrn rede und antwordt darumb zu geben. Und wann ein gericht soll gehaldten werden, so soll schultheiß und die sechs personen solches in der rathstuben besitzen, rede und widerrede hören, uf des schultheissen umbfrag urtheil und recht sprechen. Und da sie nit eins wurden oder ein mehrers machen können, sollen sie underweisung bei unsern amptleuthen holen.

Sie sollen zum *funfundzwantzigsten* einen beständigen gerichtschreiber haben, der gleichfals uns gelobt und geschworen sein soll, ohne partheiligkeit die gerichtsacta und urtheil ufzuschreiben und niemandts zu offenbaren, dann allein denen, so ihme von dem schultheissen und gericht bevolen wurdt. Item soll er den burgermeistern und rath ihr rathsprotocoll ihm rathsäß halten und die brief, so in unsers schultheissen und raths nahmen außgehn, verfertigen, doch umb belohnung, wie an seinem orth stehet.

Dieweil dann zum *sechsundzwantzigsten* nicht allein zu besetzung des gerichts, sonder auch zu allen andern gemeiner stadt sachen ein rath gantz nöttig ist, so sollen, soofft es vonnöthen, auß jedem quartier oder viertheiln zwo personen, so der verständigst, erwöhlet und unsern amptleuthen durch die meiste stim benent werden, auß welchen zwölfen unsere amptleuth uf vorgehenden bericht sechs zu einem alten beständigen rath setzen und beaidigen sollen.

Darnach und zum *sibeundzwantzigsten* soll iede rodt iedes jahrs acht tag vor Joannis Baptistae zwo personen wöhlen und den burgermeister, und dieselbige alspaldt unsern amptleuthen ernennen. Darauß unsere ambtleuth einen zu dem gemeinen rath ziehen, setzen und beaidigen sollen, welcher gemeiner rath iedes jahrs uf Joannis Baptistae tag abgewechselt und also wie vorsteht wider auß andern erwöhlet, gesetzt und beaidigt werden solle. Der alt rath aber obgemelter sechs personen sollen pleiben. Und wann einer mit todt oder sonsten auß ursachen oder entschuldigung abtredten wurde, sollen unsere amptleuth uf vorgehende benennung gedachts raths jemandts von dem gemeinen rath oder sonsten ein düchtigen an seiner stadt verordnen, setzen und beaidigen.

Zum *achtundzwantzigsten* sollen zween burgermeister iedes jahrs uf Joannis Baptistae nach erwöhlung des gemeinen raths also gewöhledt und von unsern amptleuthen verordnet werden, daß einer, nemblich der rathsburgermeister, auß dem alten rath der ein nach dem andern volge, doch das jahraus, als er burgermeister ist, das gericht wie obsteht nicht besitze. Der gemein burgermeister aber soll auß dem gemeinen rath also iedes jahrs gezogen werden, daß die rotten zwo personen darzu erwöhlen und unsern amptleuthen benennen, welche uf bericht des alten raths einen auß den zweien zum gemeinen burgermeister setzen und beaidigen sollen. Und soll dereo vorabgetredtener gemein burgermeister dessen, an dem die ordnung im alten rath ist, altburgermeister zue sein, das schöffenampt das jahrauß versehen und an sein stadt das gericht besitzen.

Zum *neunundzwantzigsten* sollen die vom alten und gemeinen rath ieder an unser stadt unsern amptleuthen geloben und schweren, daß sie der stadt gerechtigkeit, die capitulation, diese und andere verschreibungen, so die stadt von uns haben oder bekommen möchte, steet und vest halten undt nichts dagegen furnehmen, ietz oder khünfftig unser und unser erben und der stadt nutz und bestes zu fürdern und schaden zu warnen, des raths heimlichkeit verschweigen, die gebodt oder verbott, so von uns und unser erben wegen ergehen, handhaben in den glübden und aiden, damit uns die andere burgere verpflicht pleiben und alles das thun wollen, was einer getrewen vleissigen rathspersonen von rechts und gewonheit wegen gebürt.

Zum *dreissigsten* sollen die burgermeister an unser stadt unsern amptleuthen geloben und schweren, gemeiner stadt treulich und vleissig furzustehn, ihren nutzen zu furdern und schaden zu verhindern, die capitulation, diese und andere unsere verschreibungen und satzungen zu handhaben ietz oder khunfftig nicht zu verstadten weder in gemein noch sonsten einigen burger darwider ichtwas zu handeln oder furzunehmen, und endlich ihr ampt wie burgermeistern gebürt, treulich und vleissig außzurichten. Solche beide burgermeister sollen die schlüssel haben zu der stadt thorn, einer zu einem und der ander zu dem andern thor, sollen aber beide alle zeit beieinander sein, wann die thor uf- oder zugeschlossen werden. Insonderheit aber sollen sie bei nacht nicht ufthun, es seie dann uns und unsern amptleuthen und dienern oder andern bekhandt, so merckliche ursachen anzeigen wurden, und sollen iederzeit zum wenigsten acht burger neben dem wachtmeister mit ihrer rüstung der wehren bei sich haben.

Item zum *einunddreissigsten* soll der rathsburgermeister den schlüssel zu der rathstuben haben und alle wercktage zu zweien uhren nachmittag mit dem gemeinen burgermeister ein stundt uf dem rathauß beneben dem gericht- oder stadtschreiber, auch lenger, wo mehr partheien audientz begerten, pleiben und die burgerliche irrungen und mängel anhören undt entscheiden, da sie aber solches nicht thun können, solche fur die amptleuthe weisen. Sonsten aber sollen beide burgermeister und der alt rath einmal in der wochen, nemblich uf donnerstag vormidtag uf der rathstuben zusammenkommen und sich von furgefallenen nothwendigen sachen der stadt oder jemandts in der burgerschafft oder sonsten miteinander zu berathschlagen und den stadtschreiber das protocoll halten lassen. Und soll der rathsburgermeister die umbfrag haben, und wo sie sich nicht vergleichen oder mehrtheils stimmen machen können, soll er noch einmal umbfragen. Und soll ein jeder seine stimen frei ungeirrt, daß sie vom stadtschreiber ufgeschrieben werden könne, aussagen und also geschlossen werde. Gleichfals soll im grossen rath geschehen, nemblich wann der alt und gemein rath beieinander sein, welches geschehen soll, soofft als unser oder gemeiner stadt nutzen oder schaden betreffende sachen oder handlungen furfallen möchten. Es sollen aber kein rathsäß oder gerichtstag uf einen tag gehalten werden. Und mehr sachen furfielen, so einem, der einigen under den rathspersonen mit blutverwandtschafft oder schwägerschafft zugethan were, sollen solche rathspersonen für sich selbsten abtredten.

Beide burgermeister sollen zum *zweiunddreissigsten*, soofft es vonnöthen, die gantze burgerschafft, ein viertheil oder mehr, ein rodt oder mehr, ein handwerck oder mehr, burgere oder ihre angehörige fur sich beschaiden, und da einer ohne erhebliche entschuldigung außplieben, durch den stadtknecht fur sich beschaiden. Der soll gemeiner stadt zum ersten mal zu straf ein orthsgulden geben, zum andern mal ein halben gulden und daneben von dem schultheissen mit dem thrum gestrafft werden. Zum dritten mal aber sollen solche ungehorsame unsern amptleuthen zu ferner straff geliefert werden. Und sollen vorgemelte geltstraffen gemeiner stadt zuhören. Gleichfalls soll es gehalten werden, wann einem viertheil, einer rotten, einem burger oder mehr und ihren angehörigen, von den burgermeistern einig gebodt oder verbodt angelegt und sie demselbigen ungehorsamb sein würden, doch dergestalt, daß ein rodt funfmal so hoch als eine person, und ein viertheil funfmal so hoch als ein rodt gestrafft werde an gellt, gemeiner stadt zu gutem und uns die ubrige straf vorbehalten.

Zum *dreiunddreissigsten* soll der rath oder beede burgermeister beneben unserm schultheissen die frevel, so under sie nidt gehören, helfen thaidingen, andere frevel aber, so wider ihre burgerliche ordnungen von den burgern oder ihren angehörigen begangen würden, mögen die burgermeister ohne den schultheissen thaidingen und der gemeinen stadt zu gutem einnehmen. Wann aber die burgermeister ein burger oder ihre angehörige mit schlechter gefängnus begern zu züchtigen, soll der schultheiß solchen uf ihr erfordern thun und wie obsteht wieder außlassen.

Zum *vierunddreissigsten* sollen alle jahr zween bawmeister, der einer auß dem alten, der ander aber auß dem gemeinen rath genomen und erwöhlet werden, welche dann schultheiß und burgermeistern angeloben sollen, daß sie fleissig uf die gassen, steeg und weg, brunnen und sonderbare gebew achtung geben, sonderlich damit feur und brandt und darauß entstehender schad verhütet, auch die feurstädt und derselben camin der gebür jederzeit versehen und gesaubert werden.

Es sollen auch zum *funfunddreissigsten* jedes jahrs zween wachtmeister gebrüeffet werden, welche auf die wacht, daß dieselbige recht bestellet und ihr ampt verrichten, gut achtung haben.

Ferner und zum *sechsunddreissigsten* sollen die rottmeister zu bestimbten zeiten und soofft es die nott erfordert, nit allein in gemeinem rath ihr ampt verrichten, wie oben, sonder auch ihrer undergebenen rotten wehr besichtigen und daran sein, daß sie iederzeit mit ihren gebürenden rüstungen gefasst und bewehrt sein.

Letzlich und zum *sibenunddreissigsten*, damit die burger und inwohner zu Otterburg desto besser sich miteinander betragen, auch die handwerck, gewerb und handtierung desto mehr zu- und aufnehmen mögen, so sollen die handtwerck underscheiden und abgesondert werden, doch daß dardurch dem gemeinen nutz nichts abgebrochen, auch die unbilliche erstaigerung und gesuchter ubermässiger vortheil und aigner nutz soviel möglich furkommen und abgeschnidten werde.

Undt wir vorbehalten uns, diese unsere ordnung iederzeit, sooft es noth thudt, zu mindern, zu mehren und zu ihrem nutz zu verbessern.

Zu urkhundt versigelt. Datum Lautern den 26ten Martii anno 81.

* Der Punkt 23 fehlt in den Abschriften.

6. Bestätigung und Ergänzung der Kapitulation durch Kurfürst Friedrich IV.

Druck nach einer zeitgenössischen Abschrift im GLA Karlsruhe 67/857, fol. 36a-37b

Churfürstlicher pfaltz befelch an die amptleuth zu Lautern etlicher geenderten puncten wegen in der Otterburgischen capitulation

Friedrich pfaltzgraf churfürst etc. Liebe getreue. Es haben vor diesem unsere auch liebe getreuen burgermeister, rat und gemeine burgerschaft zu Otterburg uns unterthenigst ersucht und gebetten, ihnen ihre capitulation oder stadtordnung nicht allein zu confirmiren, sondern auch zugleich etlich andere gesuchte puncten zu ratifiziren und berürter capitulation mit einverleiben zu laßen. Wie solches alles dir dem landtschreiber bewußt und deswegen in Martio des verschienen 93. jhars dem und vorigen amtmann bericht uns zugefertigt worden. Soviel nun erstlich berürte capitulation oder ordnung anlangdt, gedenken wir dieselbig allerdings bey dem wortlichen inhalt verbleiben zu laßen, wie sie weylandt unserm freundlichen lieben vettern, vatern und gewesenen vormundt herzog Johanns Casimiren, pfaltzgraven etc. christseliger gedechtnus den Otterburgern ubergeben und zugestelt worden, allein haben wir ihnen dieselbige iezo de novo widerum confirmirt und darüber unseres versigelten brief zustellen lassen. Der ubrigen gesuchten und begerten puncten halben aber thun wir uns hiermit nachvolgender gestaldt gnedigst erklären:

Und erstlich betreffend eines pfarhers zu Otterburg underhaltung ist nicht ohne die capitulation austrücklich mit sich bringt, sie denselben allein uf ihren costen underhalten sollen, befinden gleich wohl daß unseres vetters seliger zu besser underhaltung ermelts kirchendieners und aus gnaden zu underschiedtlichen zeiten bewilligt gehabt 50 gulden, 12 malter korns und ein fuder weins darzu ferner reichen zu lassen, doch alles uff ein gewisse zeit und widerrufen gestellt, wan wir aber bedenkens tragen, solche gantze summan und anzahl gelds, korns und weins ihnen weitter volgen zu laßen, sondern darfur halten, sie mit einem geringeren wohl zufrieden sein und das ubrig von dem ihren inhalt der capitulation darzuraichen, sich nicht beschwern werden, so wöllen wir es daher gestellt und hiemit gnedigst bewilligt haben, daß aus unserer schafnerey Otterburg und furohin acht ihar lang nacheinander von dato an zu rechnen in besserer underhaltung eines pfarhers iherlich 25 gulden an gelt, 6 malter korn und ein halb fuder weins gereicht und gegeben werden solle.

Zum andern den fruchtzehenden und zehendtscheuer zu Otterburg anlangendt, weil wir verstehen, daß diese beyde stuck von unseres vettern seligen den Otterburgern in anno 85 uf 20 jhar lang umb 50 gulden iherlichen zinses verliehen worden, so wöllen wir es die ubrigen bestandtihar auß vollendts auch also darbey bewenden lassen.

Bei den dritten puncten der frohn halber, befinden wir so viel, daß die supplikanten zu anfang ihres einzugs gehn Otterburg durch die capitulation solcher frohn uf funf ihar gefreyet, nach außgang aber derselben einem jeden anstatt der frohn ihars ein gewisses geld uf sechs ihar lang zu geben, nemblich einem handtfröhner ein halber gulden, einem kercher einen gulden und einem der mit einem wagen fehrt, anderthalb gulden ufgesetzt worden, mit dem anhang, daß nach ausgang solcher sechs ihar die gleich ander underthanen fröhnen solten. Weil wir aber durch eingenommene bericht befinden, das man der Otterburger fron dieser zeit so hoch nit nötig, sondern deren wohl entraten kann, auch ohne das die burger deren mehrertheils also geschaffen, daß sie als handtwerck und handelßleut wie auch ihr gesind zum fröhnen undüchtig, so wöllen wir sie bey erlegung ob specificierten frongelts noch sechs ihar lang von dato nechstvolgend aus gnaden verpleiben lassen.

Nach dem zum vierdten ein ieder burger zu Otterburg schuldig ist, iherlichs ein halb malter habern, rauchhabern genandt undt ein hun zu lieffern, ihnen gleichwohl vor diesem die bewilligung beschehen, daß sie solches in gelt, nemblich fur ein halb malter habern ein halben gulden und fur ein hun drei albus zalen und erlegen mögen und doch solches allein uf sechs ihar lang gestellt gewesen, so thun wir solches ihar noch uf sechs die nechst volgenden von dato ahn ferner erstrecken, doch mit dem austrücklichen beding, das den supplicanten und burgern zu Otterburg nicht frey stehe, ihres gefallens gelt oder habern zu geben, sondern das sie das gelt zu erlegen schuldig sein sollen.

Der funfte punct trifft dehem oder eckergeldt an. Und befinden wir darbey, das hiebevor die verordnung und bewilligung beschehen sey, das die Otterburger zu eckers zeiten diejhenigen schwein, so sie selbsten erziehen, einschlagen mögen und von einem alten schwein 3 albus und von zwein merzlingen 3 albus geben sollen von Michaelis [Sept. 29] bis Andreae [Nov. 30], wann sie aber schwein erkauffen und einschlagen, soll der herrschaft unbenommen sein ein mehrers darvon zu erfordern, bey welcher verordnung wir es auch noch zur zeit verpleiben laßen und darrein hiemit consentiren. Beneben dieser fernern extension, daß es auch deren schwein halben, so sie in die ecker erkaufen und hernaher zu ihrer haußhaltung verbrauchen werden, bey 3 albus dehem gelts verpleibe, was sie aber sowohl von selbsterzogenen als auch erkauften schweinen wiederumb verkauffen und verhandtieren wöllen, darvon soll auch ein mehrers zu dehem gelt gegeben werden, und solches alles uf widerruffen gestellt.

Zum sechsten und letzten das ungelt betreffend nachdem gemeiner statt zu guten und zu erhaltung derselben nothwendigen gebewen, auch kirchen und andern, den supplikanten der halbe theil desselben bis dahero iherlichs gevolgt und ruwig gelaßen worden, so wöllen wir solches dergestalt auch noch ein zeit lang continuiren und ihnen solches iherlich fallende halb ungelt zu Otterburg die nechst nach dato volgende acht ihar aus gnaden volgen werden lassen, welches sie anderst wohin nicht dann zu gemeiner stadt augenscheinlicher notturft verwenden sollen.

Gnedigst hierauf bevelhendt, ihr wöllet denen zu Otterburg obige unsere underschiedliche resolutiones und begnadigungen zu erkennen geben, sich darnach wissen zu gerichten, ir auch amptshalben daran sein, daß dasihenig, so wir ihnen also versprochen haben, beiderseits würklich volzogen und geleistet werde. An dem allem beschicht unser gnedigster zu verleßiger bevelhl, will und meinung. Datum Heydelberg den 29. Januarii anno 93.

7. Otterberger Bevölkerungsliste

Druck in alphabetischer Ordnung nach den Schatzungsbüchern im StA Speyer, Bestand F 3 Nr. 10 - 11

Schatzung 1592 StA Speyer F 3 Nr. 10	Schatzung 1611 StA Speyer F 3 Nr. 11	
	Heinrich Aberts dochter Vormünder	100 fl.
	Adam, Giffes	100 fl.
	Adam, Heinrich Jean	100 fl.
	Alhardt, Abner	400 fl.

Schatzung 1592 StA Speyer F 3 Nr. 10		Schatzung 1611 StA Speyer F 3 Nr. 11	
Alleman, Leonhardt	25 fl.		
Anthoni, Hennrich	25 fl.		
		Anthonius, Goerg, Ausmärker	300 fl.
		Arnoldt, Peter der Alt	2000 fl.
		Arnold, Peter der Jung	800 fl.
		Aubert, Matthes	100 fl.
		Aubinet, Leonhardt	100 fl.
Bach, Walter	200 fl.		
Bachmann, Niclauß	25 fl.		
Balligann, Ludtwig	600 fl.	Balligam, Ludwig	2000 fl.
Balthasar, Clauß	50 fl.	Balthasar, Clauß	100 fl.
Balthasar, Hennrich	25 fl.		
Bandoye, Thomaß	25 fl.		
Barrna, Dionisius	25 fl.	Barna, Nisius	100 fl.
Barrna, Melchior	100 fl.	Barna, Melchior	600 fl.
		Barouc, Johan pp. Deum	
Barraquin, Nicola	25 fl.		
Bartellin, Johann	25 fl.		
Bartell, Hannß	50 fl.		
Bastian, Hannß Nachf. Clauß	50 fl.	Bastian, Hanß der Alt	100 fl.
		Bastian, Johan der Jung	100 fl.
		Bastin Michael	150 fl.
Bauder, Peter	50 fl.		
		Baudwinet, Clauß	100 fl.
Bauer, Georg	25 fl.	Bauer, Georg	200 fl.
		Bauerle, Georg	100 fl.
Baumhet, Clauß	25 fl.		
		Baurer, Friderich*	100 fl.
		Becco, Isaac	200 fl.
Becco (Berro), Thomaß	100 fl.	de Becco, Thomas	400 fl.
de Becco (Berro), Walter	50 fl.	Becco, Walter	400 fl.
		de le Beche, Christmann	800 fl.
		le Begoun, Johann	200 fl.
		Bene, Johan	100 fl.
Berna, Jean	25 fl.		
Berrna, Thomaß	200 fl.		
		Bietine, Jacob	100 fl.
		Bietine, Johan*	100 fl.
		Bilocque, Peter	100 fl.
		Bindtscheid, Niclauß	200 fl.
le Blann, Peter	25 fl.		
le Blann, Wilhelm	50 fl.		

Schatzung 1592 StA Speyer F 3 Nr. 10		Schatzung 1611 StA Speyer F 3 Nr. 11	
Blaw, Petter	150 fl.		
le Boclett, Simon	25 fl.		
		Boire, Haupert	100 fl.
		Boltz, Peter pp. Deum	
Bombergk, Carrlen	350 fl.		
Bondeschon, Hennrich	1000 fl.		
Bonnie, Janß:	25 fl.		
		Rheinhardt Borors dochter	100 fl.
		Borquei, Lambrecht	100 fl.
Bosset, Clauß	25 fl.	Bosett, Clauß d. Jung, Rotte 3	400 fl.
		Bossette, Clauß d. Jung, Rotte 1	200 fl.
Bosset, Collin	50 fl.		
		Bossete, Gilles	200 fl.
		Bougnisty, Arnoldt	400 fl.
le Boulangier, Francoys	25 fl.	Frantz Boulengiers wittib	100 fl.
le Bourgignon, Pierre	25 fl.		
		Bourgis, Abraham	100 fl.
		Boursy, Heinrich	300 fl.
		Bouter, Jean	100 fl.
		du Boütt, Alexander	300 fl.
		du Bout, Thomas	300 fl.
		Boyer, Jean	100 fl.
Brachle, Hannß	25 fl.		
le Bragor, Clauß	25 fl.		
le Brahy, Haubret	25 fl.		
Brasseur, Peter	150 fl.		
Breuetsch, Peter	25 fl.		
Briaux, Gerhard	25 fl.		
		Brochadt, Hanß	100 fl.
		Brochadt, Johan	100 fl.
		Burckhardt, Jacob	100 fl.
		Bürnotte, Clauß	100 fl.
		dü By, Abraham dochter, Vormunder	100 fl.
		dü By, Esaias	400 fl.
		dü By, Jacob	350 fl.
		dü By, Nisius	400 fl.
		dü By, Pontzelet	100 fl.
Cachott, Philips	25 fl.		
		Camus, Lorentz pp. Deum	
		le Camys, Wilhelm	100 fl.

Schatzung 1592 StA Speyer F 3 Nr. 10		Schatzung 1611 StA Speyer F 3 Nr. 11	
Carbon, Eliaß	25 fl.		
Carbonn, Daniell	25 fl.		
Carra, Bartell	25 fl.		
Carra, Bartell	25 fl.		
		Carrabin, Anthonius	300 fl.
		Castan, Johann	100 fl.
Caun, Wilhelm	25 fl.		
		Cayer, Lorentz	100 fl.
de Champs, Nicola	25 fl.	du Champ, Nicolaus	500 fl.
		Heinrich du Champs Wwe.	200 fl.
		Chaphlier, Olivier	100 fl.
		Charlier, Cuinet	100 fl.
		le Charon, Jacob	100 fl.
		le Charon, Simon	200 fl.
Chemo, Clauß	50 fl.		
		le Cheron, Jean	100 fl.
		Choreßel, Werner	500 fl.
Chreni, Hannß	25 fl.		
Christe, der Becker	200 fl.		
		Chulier, Johann	100 fl.
		Churfürst. Ulrich	300 fl.
Clauß der Jung	25 fl.		
		le Cler, Johan	500 fl.
Cloreck, Hannß	25 fl.		
		Colla, Bodzon	200 fl.
Gillis Collas Wwe.	25 fl.		
Colla, Hennrich	250 fl.	Cola, Heinrich	100 fl.
		Jean Colas Wwe.	100 fl.
		Cola, Johann	100 fl.
Colla, Katherin Hennrich	25 fl.		
Colla, Wilhelm	25 fl.		
		Colet, Arnold	150 fl.
		Colet, Heinrich	400 fl.
		Colet, Servas	300 fl.
		Colin, Gerhardt	100 fl.
Collin, Jean	50 fl.		
		Matthes Colins Erben	100 fl.
le Conde, Gillis	25 fl.		
le Conde, Hannß	25 fl.		
		Conin, Julin	100 fl.
de Conret, Colla	25 fl.		
		le Coquay, Quirin	200 fl.

Schatzung 1592 StA Speyer F 3 Nr. 10		Schatzung 1611 StA Speyer F 3 Nr. 11	
		Corbeau, Adam	100 fl.
		Cordier, Jacob	100 fl.
		Couvrier, Barthel	300 fl.
Crahet, Dionisius	300 fl.		
Hannß Crahets Wwe.	100 fl.		
Crahet, Hennrich	100 fl.		
Crahet, Lambert	50 fl.		
Crahet, Paulnuß	50 fl.		
		Crahay, Heinrich	1200 fl.
		Crahay, Jean	800 fl.
Crahay, Lamprecht	100 fl.	Crahay, Lamprecht d. Alt	400 fl.
Crahay, Lambert	25 fl.	Crahay, Lamprecht d. Jung	100 fl.
Creutzer, Clodt*	200 fl.	Clod Creutz Sohn*	100 fl.
Crohet, Hubert	50 fl.		
		Croße, Peter	100 fl.
Cromm, Clauß	100 fl.		
de Crosset, Pirra	25 fl.		
		Culrin, Jean	150 fl.
Curing, Bernhart	50 fl.		
		le Daglier, Jean	100 fl.
		Dalse, Johan	100 fl.
		Darppier, Caspar	100 fl.
Daudrimot, Daniel	25 fl.		
Dawn, Urbanus	25 fl.		
Debaut, Alexander	25 fl.		
Delsechhaye, Wilhelm	25 fl.		
		Denis, Leonhardt	400 fl.
		Deßloch, Wendel	100 fl.
		Destoumon, Johan	100 fl.
		Diedier, Barthel	300 fl.
		Diedier, Zacharias	100 fl.
Nitzo Disons Wwe.	150 fl.		
		le Dnider, Jean	200 fl.
		Doneau, Wilhelm	200 fl.
Donne, Noe Hannß	75 fl.		
Dosa, Hannß	100 fl.		
		Trois Copines, Johan	200 fl.
Droisschopin, Peter	150 fl.	Peter Dreischopps wittib	100 fl.
Drua, Jacob	25 fl.		
		Dürant, Jeremias	200 fl.
		Ebert, Hanß	200 fl.
		de Fau, Johann	100 fl.

Schatzung 1592 StA Speyer F 3 Nr. 10		Schatzung 1611 StA Speyer F 3 Nr. 11	
		de Fay, Barthel	200 fl.
		de Fay, Heinrich	100 fl.
		de Fer, Gilles	150 fl.
Ferra, Wilhelm	100 fl.		
		de Feuer, Claude	100 fl.
		de Feure, Johann	100 fl.
		Figuen, Barthel	100 fl.
		Figuen, Johan	100 fl.
de Fion, Clauß	150 fl.	Fion, Clauß	300 fl.
		le Fleron, Baudrine	100 fl.
		de Flo, Ludwig	100 fl.
		Florentine, Dieterich	300 fl.
		Fontaine, Johan	200 fl.
		Johan Fontaines wittib	100 fl.
		des Forges, Johan	200 fl.
de Forre, Gillis	25 fl.		
Foucquett, Peter	25 fl.		
de Foy, Bartel	25 fl.		
de Foy, Servaiß	250 fl.		
Frabe, Thomaß Gillis	25 fl.		
Frabus, Niclauß	300 fl.		
Frabus, Thomaß Clauß	25 fl.		
Fradpetz, Jacob	25 fl.		
		de Frameu, Hanß	100 fl.
Framios, Nicolaus	25 fl.		
		Frantz, Niclauß, Ausmärker	200 fl.
		Jean Frappe wittib	100 fl.
		Frappe, Nicolaus	400 fl.
		Frappes, Johan	100 fl.
		Peter Frappes Vormünder	400 fl.
		Frappes, Thomas	400 fl.
		Freineu, Abraham	200 fl.
		Frero, Wilhelm	400 fl.
		le Fres	100 fl.
Fridnotz, Bartell	50 fl.		
Fuchs, Hannß	25 fl.		
		Fucke, Peter	200 fl.
		Ganiel, Jacob	100 fl.
		Gauttir, Servas	300 fl.
		Gebel, Hanß	100 fl.
		Genon, Jean	100 fl.
		Gerau, Haupert	300 fl.
		Gerhardt, Vincent	100 fl.

Schatzung 1592 StA Speyer F 3 Nr. 10		Schatzung 1611 StA Speyer F 3 Nr. 11	
		Geude, Grudkin(?)	100 fl.
		Gieb, Paul	100 fl.
Gilbott, Lorrenz	50 fl.	Lorentz Gillbotts Erben	100 fl.
Gille, Clauß	25 fl.		
		Gilles, Anthoni*	600 fl.
Gillis, Heilgart	1000 fl.	Gillis, Heilgart	6400 fl.
Ginget Wwe.	25 fl.		
		Glottau, Johan	100 fl.
Gniot, Pierson	25 fl.		
		Godin, Paul	100 fl.
Goffin, Mathies	25 fl.		
		Goffniet, Simon	100 fl.
		le Gordier, Heinrich	100 fl.
		Goris, Johan	100 fl.
		Gottale, Johan	100 fl.
Grandam, Clauß	100 fl.		
Grandam, Hennrich	100 fl.	Heinrich Grandoms Erben	300 fl.
Grandam, Jacob	50 fl.	Grandome, Jacob	100 fl.
		Grandome, Johan	100 fl.
		Grandsan, Diether	100 fl.
		Grandsau, Jacob	200 fl.
		Graw, Heinrich	100 fl.
		Eberhardt Grigors wittib	300 fl.
Grigor, Gerhart	50 fl.		
		Grigor, Georg	100 fl.
Grigor, Hannß	100 fl.		
Grofi, Clauß	50 fl.	Grofir, Clauß	200 fl.
		Grofir, Servus	200 fl.
Grosse, Hannß	75 fl.	Groß, Hanß	100 fl.
		Hauprecht Großen wittib	200 fl.
		Grout, Peter	100 fl.
Guerle, Franz	25 fl.		
		Guerle, Jeremias	100 fl.
		Guillaume, Frantz	200 fl.
Guillenit, Claude	25 fl.		
Guillioring, Colla	25 fl.		
Guthin, Caspar	50 fl.		
Gutzier, Hannß	25 fl.		
de Hachi, Frannz	75 fl.		
		Hackh (Haukh), Hanß	100 fl.
Hanß, Adam	175 fl.	Hahn, Hanß	300 fl.
Hanßen, Außwalt	75 fl.		
Hartweill, Adrian	100 fl.		

Schatzung 1592 StA Speyer F 3 Nr. 10		Schatzung 1611 StA Speyer F 3 Nr. 11	
		le Has (Hah?), Jean	200 fl.
		Matthes Haupert dochter, Vormünder	400 fl.
		le Hay, Gilles	100 fl.
		Hecker, Hans	100 fl.
		Heilgart, Tobias	800 fl.
		Heinrich, Jean, zu St. Lamprecht	360 fl.
		Peter Heinrichs wittib	100 fl.
		Heldt, Hanß	100 fl.
Henfarua, Frannck	25 fl.		
de Hensone, Anthoniuß	150 fl.		
		Henys, Johan	200 fl.
Herbier (Horbier), Hennrich	25 fl.	Herbier, Heinrich	200 fl.
		Herbier, Huprecht	100 fl.
		Herbier, Michel	100 fl.
		Herbier, Niclaus	200 fl.
		Herff, Hanß Jacob	4000 fl.
Herff, Hennrich	25 fl.		
Herisben, Remenß	25 fl.		
Hermeau, Wilhelm	200 fl.		
Hermito, Friedrich	175 fl.		
		Hertzog, Hanß	100 fl.
		Hestermann, Heinrich	5000 fl.
		Hestermann, Raß	2500 fl.
		de Heuscup, Anthonius	200 fl.
		Frantz de Heusis wittib	100 fl.
		Hierau, Stephan	300 fl.
		Hilbotte, Jean	200 fl.
		Himbert, Stephan	100 fl.
		de Hogne, Hauprecht	100 fl.
		de Hogne, Heinrich	100 fl.
		de Hogne, Johann	100 fl.
		Houbin, Johan	300 fl.
		Houbotte, Barthel	100 fl.
		Houbotte, Johan	100 fl.
		Hubert, Clauß	100 fl.
		Hubert, Gerhardt	100 fl.
Hubert, Matheiß	100 fl.	siehe auch Hupert	
		Hulde, Jacob	100 fl.
		Hulder, Heinrich	100 fl.
		Hune, Johann	100 fl.
		Hune, Johan der Jung	100 fl.
		Hupert, Hanß	200 fl.
		Jacob, Hanß	100 fl.

Schatzung 1592 StA Speyer F 3 Nr. 10		Schatzung 1611 StA Speyer F 3 Nr. 11	
Jacob, Lambert	50 fl.	Jacob Lampert	300 fl.
Jacob, Thomaß	50 fl.		
		Jaques, Johan	100 fl.
		Jacques, Thomas	100 fl.
		Jarquin, Davidt pp. Deum	
Jarquin, Lampert	25 fl.		
Job, Francoys	25 fl.		
		Joffer, Anthonius	100 fl.
		Johanß, Daniel Johan	200 fl.
Joser (Joster), David	25 fl.	Jose, Davidt	2000 fl.
Joser (Joster), Hannß	100 fl.	José, Jean dit Biette	100 fl.
		Jose, Johan	1200 fl.
Joyense (Joyenke), Gillis	25 fl.		
		Gilles Joyeses wittib	200 fl.
		Julia, Phillips	100 fl.
		Christmann Juckers wittib	1000 fl.
		Juncker, Michel	200 fl.
		Kalb, Hanß	100 fl.
Kauffmann, Gillis	25 fl.		
Keisser, Hanß	25 fl.		
		Keller, Wilhelm	100 fl.
		Klein, Cornelius	100 fl.
		Klein, Friderich	100 fl.
		Klein, Gödel	100 fl.
		Klein, Stephan	100 fl.
		Knie, Johan	100 fl.
		Knie, Oswaldt	200 fl.
		Kohl, Daniel	200 fl.
		Kolfos, Nickel	200 fl.
		Kremer, Hanß	300 fl.
Lacquet, Peter	50 fl.		
		Ladmirant, Arnoldt	100 fl.
Lambertt von Lüttich	100 fl.		
		Lamby, Eberhardt	100 fl.
		Lampert, Hanß	300 fl.
		Lampert, Jacob	100 fl.
		Landerer, Georg	100 fl.
		Langl, Johan	100 fl.
Lanngloy, Philips	25 fl.		
		le Laquai, Johan	200 fl.
		Laurentz, Hanß	100 fl.
		Legat, Jacob	100 fl.
Hanns Leonharts Erben	100 fl.		

Schatzung 1592 StA Speyer F 3 Nr. 10		Schatzung 1611 StA Speyer F 3 Nr. 11	
		Leonhardt, Jeremias	1400 fl.
		Leonhardt, Johann d. Alt	600 fl.
		Leonhardt, Johann d. Jung	300 fl.
		Leonhardt, Paulus	150 fl.
		Jean Liberts wittib	100 fl.
		Ligois, Davidt	100 fl.
		Ligois, Jacob	400 fl.
		Ligois, Lamprecht	100 fl.
		Lielier, Stephan	100 fl.
		von Limpurg, Matthes	100 fl.
		Linpfardt, Hanß Velten	400 fl.
Lonsy, Hannß	100 fl.		
		Lorentz, Gerhardt	100 fl.
de Lorye, Johan	25 fl.		
		le Loup, Barnabe	100 fl.
		Luther, Martin	100 fl.
Luttin, Peter	600 fl.		
Machonn, Clauß	25 fl.		
de Machon, Walt	25 fl.		
		Maiet, Francois siehe Mayot	
		Maistre, Johann	200 fl.
Majohan, Beronandt	25 fl.		
		Mandernel, Hanß d. Alt	100 fl.
		Mandernel, Hanß d. Jung	100 fl.
		Mantz, Veit	100 fl.
		Maqua, Daniel	100 fl.
		Martin, Peter	100 fl.
		Marx, Paulus	300 fl.
		Maßin (Mahsin), Abraham	100 fl.
Masin, Hannß	100 fl.	Maßin (Mahsin), Johann	100 fl.
Massin, Peter	100 fl.	Maßin (Mahsin), Peter	400 fl.
le Massonn, Hennrich	25 fl.		
		le Maßohn (Mahson), Jacob	400 fl.
Matelin, Clauß	25 fl.		
Matheiß, Leonhart	50 fl.	Leonhardt Matheß wittib	100 fl.
Mathy, Hannß	50 fl.		
		Matti, Heinrich	100 fl.
		Mattieu, Johan	300 fl.
		Maujesan, Barthel	100 fl.
		Maujesan, Johan	100 fl.
		Mayot, Abraham	200 fl.
Meiet, Franz	50 fl.	Maiet, Francois	800 fl.

Schatzung 1592 StA Speyer F 3 Nr. 10		Schatzung 1611 StA Speyer F 3 Nr. 11	
Hannß Mertins Nachkomme Hennrich	50 fl.		
Metzger, Hennrich	100 fl.		
Meuerer, Hannß	100 fl.		
Meuerer, Jacob	75 fl.		
Michalet, Johann	25 fl.		
		Michel, Peter	100 fl.
		Mischels, Mathes	600 fl.
		Mollat, Thomas	100 fl.
		Mondelat, Anthoni	100 fl.
Monhin, Gillis	100 fl.		
		Monnan, Hauprecht	100 fl.
		Clauß de Monts wittib	100 fl.
		du Mont, Johan	100 fl.
du Mont, Tiß Clauß	25 fl.		
		Heinrich Morays wittib	100 fl.
		Moray, Phillipe*	100 fl.
Morraw, Hannß	450 fl.		
Morraw, Hennrich	50 fl.		
		Mostert, Martin	100 fl.
Hannß Mothys Wwe.	25 fl.		
		Moyse, Johan	100 fl.
Mühell, Matheiß	50 fl.		
		Müller, Hanß	100 fl.
		Müller, Michel	100 fl.
		Müller, Ruprecht	1000 fl.
Mulner, Hubert	200 fl.		
		Multer, Hanß	100 fl.
Münch, Hanß	800 fl.	Münch, Johann, Schultheiß	4000 fl.
		Nayme, Paulus	100 fl.
Nenfgroz, Jacob	25 fl.		
Neurthan, Walter	25 fl.		
		Nicolas, Johann	100 fl.
Nieuet, Hubert	25 fl.		
Noe, Hannß	125 fl.	Noe, Johan d. Alt	1600 fl.
		Noe, Johan d. Jung	500 fl.
Noe, Peter	100 fl.	Noe, Peter	1600 fl.
		Heinrich Noirs wittib	100 fl.
Noyer, Martin Jean	25 fl.		
		Olivier, Bernhardt	100 fl.
		Olivier, Clauß	200 fl.
		le Pache, Johan	100 fl.

Schatzung 1592 StA Speyer F 3 Nr. 10		Schatzung 1611 StA Speyer F 3 Nr. 11	
		Pacquay, Clauß	200 fl.
		le Page, Gilles	200 fl.
		Johan le Page wittib	1000 fl.
		le Page, Leonhardt	100 fl.
		Pailla, Daniel	100 fl.
		Palla, Johann	2000 fl.
Paneha, Colla	25 fl.		
de Panneur, Matheiß	25 fl.		
Paull, Hanß	25 fl.	Paull, Johann	200 fl.
Pauluß, d. Jung	50 fl.		
Pauschar, Clauß	50 fl.		
Pautz, Quirin	100 fl.		
		Payar, Peter	200 fl.
Petion, Lambrecht	75 fl.		
		Petit, Heinrich	100 fl.
		Petit, Isac	100 fl.
		Petit, Jean Jacob*	100 fl.
Pfaltzgraff, Thomaß	25 fl.	Pfaltzgraff, Thomas	100 fl.
		Picotaine, Claude	100 fl.
		Pier, Abel	100 fl.
		Pier, Daniel	100 fl.
		Pier, Jean	100 fl.
		Piere, Colet	200 fl.
		Piere, Gerhardt	100 fl.
		Piere, Ludwig	100 fl.
		Piere, Martin	600 fl.
		Piere, Peter	100 fl.
		Pieron Heinrich	200 fl.
Pierodt, Grandt	25 fl.		
		Pierot, Clauß	200 fl.
		Pierot, Jean	200 fl.
		Pierot, Jeremias	200 fl.
Pieroll, Hennrich	25 fl.		
Pierra, Hennrich	25 fl.		
Pierro, Gerardt	25 fl.		
Pierro, Jean	25 fl.		
		Pirot, Peter	200 fl.
Pirroul, Gillis	50 fl.	Piroul, Werner	100 fl.
		Polla, Dieterich	100 fl.
Ponti, Joseph	50 fl.		
Porzwick, Paulnuß	50 fl.		

381

Schatzung 1592 StA Speyer F 3 Nr. 10		Schatzung 1611 StA Speyer F 3 Nr. 11	
		Pourfio, Niclauß	300 fl.
		Poustor, Nisius	400 fl.
		du Pre, Leonhard	100 fl.
		Preß, Daniel	150 fl.
Prevost, Isaac	25 fl.		
		Preuost, Johan	100 fl.
Prievest, Hannß	25 fl.		
		Prochott, Dieter	100 fl.
		Proscharr, Peter	100 fl.
		Puson, Haupert	100 fl.
Putz, Hannß	150 fl.	Putz, Johan	900 fl.
Putz, Michel Daguiton	50 fl.		
Pyer, Francoys Jean	25 fl.		
le Quaile, Clauß	100 fl.	le Quaille, Clauß	200 fl.
le Quaill, Clauß	25 fl.		
		le Quaille, Davidt	100 fl.
		le Quaille wittib	600 fl.
Quenenly, Julian	25 fl.		
		Quenet, Johann	100 fl.
Quin, Hans	50 fl.		
Quinett, Hannß	25 fl.		
		Quodron, Johan pp. Deum	
		Quodt, Johan, zu Stromberg	
		Ausmärker	300 fl.
Rabetz, Clauß	25 fl.		
Racket, Peter	800 fl.		
		Racquet, Daniel	100 fl.
		Raquet, Johan, Capitain	2000 fl.
Rassimus, Hennrich	250 fl.		
de Rechen, Goffin	50 fl.		
		Matthes de Rechen wittib	1000 fl.
Regnault, Engelbert	25 fl.		
		Remy, Esaias	100 fl.
		Renard, Gilles	100 fl.
		Renard, Johan	100 fl.
		Renard, Lambrecht	100 fl.
		Renard, Peter	100 fl.
		Renchonet, Johan	100 fl.
le Ressau, Conradt	25 fl.		
Walter Riemerts Wwe.	100 fl.		
		du Ro, Samuel	1600 fl.
		Robin, Peter	100 fl.

Schatzung 1592 StA Speyer F 3 Nr. 10		Schatzung 1611 StA Speyer F 3 Nr. 11	
de la Roche, Christe	50 fl.		
		Roclenge, Jean	100 fl.
		Ludwig Rolands wittib	100 fl.
Rolant, Valentin	25 fl.	Roland, Valentin	100 fl.
		Rose, Anthonius	100 fl.
		le Roßeau (Rohseau), Conrad	100 fl.
		le Rotay, Caspar	200 fl.
		Rouier, Johan	100 fl.
		Anthonius Rübes wittib pp. Deum	
		Paul Rübes wittib	100 fl.
Ruben, Paulus	50 fl.		
		Ruffin, Anthoni	100 fl.
		Ruffin, Boußin	200 fl.
		Ruffin, Heinrich	200 fl.
		Saint, Jean	100 fl.
Schlett, Peter	300 fl.	Schlett, Peter	100 fl.
		Schleich, Andreas	200 fl.
Schloßer, Martin	100 fl.		
Hannß Schmitz Wwe.	200 fl.		
Schreiner, Clauß	75 fl.	Schreiner Clauß	200 fl.
Senntonn, Christe	50 fl.		
		Senton, Genon	100 fl.
Sernois, Deux Pani*	25 fl.		
		Servay, Clauß	100 fl.
		von Sieburg, Matthes	100 fl.
Siemonn	25 fl.		
Siemonn, Clauß	350 fl.		
Siemonn, Hannß	400 fl.		
de Silbrich, Matheiß	50 fl.		
		Simon, Hielgart Johan	400 fl.
		Simon, Jacob	500 fl.
Simon, Jacquin	25 fl.		
Staumann, Hannß	25 fl.		
		Steinmetz, Leonhardt	100 fl.
		Streitt, Peter	300 fl.
		Subit, Francoise	100 fl.
		Subit, Jean	100 fl.
de Taille, Hennrich	25 fl.		
		de Taylly, Peter	100 fl.
Terlein, Daniel	25 fl.		
le Teudeur, Jean	25 fl.		

| Schatzung 1592 | | Schatzung 1611 | |
StA Speyer F 3 Nr. 10		StA Speyer F 3 Nr. 11	
		Teuenin, Isaac	200 fl.
		Teuffel, Georg	600 fl.
		Teumus, Johan	100 fl.
le Theu, Corbeau	25 fl.		
Thomann, Dionisius	25 fl.		
Thomann, Hannß	150 fl.		
Thomann, Peter	50 fl.		
		Thomas, Antonius	100 fl.
		Thomas, Jacob	100 fl.
		Thomas, Peter	200 fl.
		Thonin, Jacob	100 fl.
de Tise, Jacob	25 fl.		
		Leonhardt Toupes wittib pp. Deum	
		Tournere, Andreas	100 fl.
		Toussin (Touhsin), George*	100 fl.
		Toussin (Touhsin), Paull	100 fl.
Toussin, Wilhelm	25 fl.		
		Trois Copines siehe Dreischopp	
		Uban, Thomas	100 fl.
		Heinrich Vecrays wittib	200 fl.
		le Vecray, Weltt	100 fl.
		Vecgray, Peter	200 fl.
Velten, Matheiß	25 fl.		
		Vincent, Johann	100 fl.
de Vinise, Paul	50 fl.		
		Vly, Hanß	100 fl.
Vogenner, Hannß	25 fl.		
		Vogler, Thomas	1400 fl.
		Vonden, Ludwig	100 fl.
		de Wache, Andreas	200 fl.
Walt, Remmeß	100 fl.		
		Quirin Waltters wittib pp. Deum	
de Watsch, Andreas	25 fl.		
de Watsch, Johan	25 fl.		
		Weber, Christmann	400 fl.
Wöber, Hannß	25 fl.	Weber, Hanß	100 fl.
		Weber, Paull	200 fl.
		Wendel, Sixt	100 fl.
Wilhelm, Hennrich	50 fl.		
Wirts, Clauß	200 fl.	Würtz, Clauß	400 fl.
Wöber siehe Weber			
		Woe, Johan Martin pp. Deum	

| Schatzung 1592 | | Schatzung 1611 | |
StA Speyer F 3 Nr. 10		StA Speyer F 3 Nr. 11	
Worin, Fremi	25 fl.		
		Würtz siehe Wirts	
Wynon, Leonhart	25 fl.		
Zier, Queban	50 fl.		
		Zimmermann, Anthonius	100 fl.
Zimmermann, Clauß	25 fl.		
Zimmermann, Georg	100 fl.		
Zimmermann, Hannß	25 fl.		
Zimmermann, Heilgart	200 fl.		

---

* Die Schatzungsbücher nennen im allgemeinen zuerst den Vornamen und dann den Familiennamen, bei diesem Namen gibt es jedoch Gründe dafür, den zuerst genannten Namen als Familiennamen anzusehen.

Quellen- und Literaturverzeichnis

1. Ungedruckte Quellen:

In das Verzeichnis wurden nur die Namen der benutzten Archive und Bibliotheken aufgenommen. Die Signaturen sind aus den Anmerkungen zu ersehen.

Amorbach	Fürstlich Leiningisches Archiv
Darmstadt	Hessisches Staatsarchiv
Heidelberg	Stadtarchiv
	Universitätsbibliothek, Handschriftenabteilung
Kaiserslautern	Stadtarchiv
Karlsruhe	Badisches Generallandesarchiv (= GLA)
Luzern	Staatsarchiv
Mainz	Stadtarchiv
München	Bayerisches Hauptstaatsarchiv, Abt. I, II und III
Otterberg	Stadtarchiv
	Akten des prot. Pfarramtes
Speyer	Staatsarchiv
Wiesbaden	Hessisches Hauptstaatsarchiv
Worms	Stadtarchiv
Würzburg	Bayerisches Staatsarchiv

2. Gedruckte Quellen:

Das Quellenverzeichnis ist ein Auswahlverzeichnis. Die Quellenbelege gehen aus den Anmerkungen hervor.

Baur, Ludwig	Hessische Urkunden. Aus dem Großherzoglich Hessischen Haus- und Staatsarchiv, 5 Bde. Darmstadt 1846–1873.
Böhmer, Johann Friedrich	Regesten der Erzbischöfe von Mainz, bearb. und hg. von Cornelius Will, 2 Bde. Innsbruck 1877–1886.
Glasschröder, Franz Xaver	Urkunden zur Pfälzischen Kirchengeschichte im Mittelalter, München und Freising 1903.
Koch-Wille = Koch, Adolf und Wille, Jacob	Regesten der Pfalzgrafen am Rhein 1214–1400, 1 Innsbruck 1894, 2 hg. von Oberndorff, Innsbruck 1912. Nachträge hg. von Manfred Krebs, Innsbruck 1939.
Mainzer UB 1 =	Mainzer Urkundenbuch 1, hg. von M. Stimming, Darmstadt 1932.
Mainzer UB 2 =	Mainzer Urkundenbuch 2, hg. von Prof. Peter Acht, Teil I Darmstadt 1966, Teil II 1972.
OU =	Urkundenbuch des Klosters Otterberg in der Rheinpfalz, hg. von Michael Frey und Franz Xaver Remling, Mainz 1845.
Vogt =	Regesten der Erzbischöfe von Mainz 1289–1396 1. Abt., bearb. von Ernst Vogt, Leipzig 1913.

Remling, Klostergeschichte = Remling, Franz Xaver	Urkundliche Geschichte der ehemaligen Abteien und Klöster im jetzigen Rheinbayern, 2 Bde. Neustadt a. d. Haardt 1836. Enthält einen Urkundenanhang.
Rossel, H.	Urkundenbuch der Abtei Eberbach im Rheingau, 2 Bde. Wiesbaden 1862–1870.
Würdtwein, Mon. Pal. = Würdtwein, Stephan Alexander	Monasticon Palatinum, 5 Bde. Mannheim 1793–1796.

3. Literatur:

Das Literaturverzeichnis ist ein Auswahlverzeichnis. Die vollständigen Literaturangaben gehen aus den Anmerkungen hervor.

Biundo, Geistliche = Biundo, Georg	Die evangelischen Geistlichen der Pfalz seit der Reformation, Genealogie und Landesgeschichte 15, Neustadt/Aisch 1969.
Biundo, Pfarrerbuch = Biundo, Georg	Pfälzisches Pfarrer- und Schulmeisterbuch, Geschichte der protestantischen Kirche der Pfalz 1, Kaiserslautern 1930.
Bolle, Hermann	Die Otterberger Wirtschaft, in: Otterberg und seine Bürger 1, Ludwigshafen 1956.
Bürgerbuch Kaiserslautern	Bürgerbuch der Stadt Kaiserslautern 1597–1800, bearb. von Fritz Braun und Franz Rink, Kaiserslautern 1965.
Christmann, Dörferuntergang = Christmann, Ernst	Dörferuntergang und -wiederaufbau im Oberamt Lautern, während des 17. Jahrhunderts, Schriften zur Geschichte von Stadt und Landkreis Kaiserslautern 1, 1960.
Christmann, Otterberger Mark = Christmann, Ernst	Die Kultivierung der Otterberger Mark, in: PfHBl, 1953.
Christmann, SN = Christmann, Ernst	Die Siedlungsnamen der Pfalz, Teil 1, Speyer 1952–53, Teil 2: Die Namen der kleineren Siedlungen, Speyer 1964, Teil 3: Siedlungsgeschichte der Pfalz an Hand der Siedlungsnamen, Speyer 1958, Veröffentlichungen der Pfälzischen Gesellschaft zur Förderung der Wissenschaften Band 29, 47 und 37.

Gensicke, Mönche = Gensicke, Hellmuth	Die letzten Mönche von Otterberg, in: Otterberg und seine Bürger 1, Ludwigshafen/Rh. 1956.
Häberle, Otterberg = Häberle, Daniel	Zur Geschichte der Stadt Otterberg und der wallonischen Familiennamen, in: PfM 24, 1907.
Hausen = Hausen, Edmund	Otterberg und die kirchliche Baukunst der Hohenstaufenzeit in der Pfalz. Veröffentlichungen der Pfälzischen Gesellschaft zur Förderung der Wissenschaften 26, Kaiserslautern 1936.
Häusser, Ludwig	Geschichte der rheinischen Pfalz, 2 Bde. 1845, Neudruck Heidelberg 1924.
Jan, Helmut	Wappen und Siegel der Stadt Otterberg, in: Otterberg und seine Bürger 1, Ludwigshafen/Rh. 1956.
Kaiser, Karlwerner	Die Otterburg bei Otterberg, in: Jb Kaiserslautern 7.
Kaller, Archivgeschichte = Kaller, Gerhard	Beobachtungen zur Archivgeschichte von Kloster und Stadt Otterberg, in: Jb Kaiserslautern 5, 1967.
Kaller, Urkundenabschriften = Kaller, Gerhard	Otterberger Urkundenabschriften in den Collectanea Lameyana, in: Jb Kaiserslautern 4, 1966.
Kaller, Kloster = Kaller, Gerhard	Wirtschafts- und Besitzgeschichte des Zisterzienserklosters Otterberg 1144–1561, Heidelberger Veröffentlichungen zur Landesgeschichte und Landeskunde 6, Heidelberg 1961.
Knecht, J.	Die wallonische Gemeinde zu Otterberg, in: Geschichtsblätter des Deutschen Hugenottenvereins Heft 7, 1892.
Kuhn, Manfred	Pfalzgraf Johann Casimir von Pfalz-Lautern 1576 bis 1583, Schriften zur Geschichte von Stadt und Landkreis Kaiserslautern 3, 1959.
Kunstdenkmäler Kaiserslautern	Die Kunstdenkmäler von Bayern, Regierungsbezirk Pfalz 9, Stadt und Landkreis Kaiserslautern, München 1942, bearb. von Anton Eckardt und Torsten Gebhard.
Landkreis Kaiserslautern	Heimatführer der deutschen Landkreise, Handbuch für Landeskunde, Verwaltung und Heimatpflege 1, Landkreis Kaiserslautern, Bonn 1968.
Lehmann, Johann Georg	Urkundliche Geschichte der Bezirkshauptstadt Kaiserslautern und des ehemaligen Reichslandes, 3. Aufl. Kaiserslautern 1950.
Louis, Richard	Aus der Geschichte der Stadt Otterberg, Festschrift zur 375. Jahrfeier der Stadterhebung Otterbergs, Ludwigshafen 1956.
Münch, Ottheinz	Au Nomb de Dieu, Moy Pourvaieur bourgoy dotterberg, in: Pfälzische Familien- und Wappenkunde 1, 1954.
Ney, Ed.	Weisthum der Otterberger Waldgemark von 1567, in: MHVPf 9, 1880.
Riedner, Otto	Aus dem Stadtarchiv Otterberg, in: PfM 26, 1909.
Schelp, Viktoria	Die Otterberger Stadterhebungsurkunde vom 26. März 1581. Schriftliche Hausarbeit zur Ersten Prüfung für das Lehramt an Volksschulen, 1967, Maschinenschrift.

Schreibmüller, Hermann	Das Ergebnis einer Anleihe für den Winterkönig in Kaiserslautern und Otterberg im Jahre 1620, in: Von Geschichte und Volkstum der Pfalz. Ausgewählte Aufsätze. Speyer 1959.
Stock, Glashütten = Stock, Philipp	Glashütten, Rot- und Weißgerberei in Otterberg, in: PfHk 8, 1912.
Stock, Kloster = Stock Philipp	Wie aus dem Kloster ein Städtlein ward, in: NordpfGBl 4.
Stock, Otterberg = Stock, Philipp	Das Wallonenstädtchen Otterberg, in: NordpfGV.1936.
Westrich, Klaus-Peter	Spuren der Otterberger Klosterbibliothek im 15. Jahrhundert, in: Jb Kaiserslautern 8/9, 1970/71, S. 119–123.
Widder, Johann Goswin	Versuch einer vollständigen Geographisch-Historischen Beschreibung der Kurfürstlichen Pfalz am Rheine, 4 Teile, Berlin und Leipzig 1786/88.

Verzeichnis der abgekürzt zitierten Zeitschriften

AmrhKG	Archiv für mittelrheinische Kirchengeschichte
BlpfKG	Blätter für pfälzische Kirchengeschichte
HJb	Historisches Jahrbuch der Görresgesellschaft
Jb Kaiserslautern	Jahrbuch zur Geschichte von Stadt und Landkreis Kaiserslautern
MHVPf	Mitteilungen des Historischen Vereins der Pfalz
MIÖG	Mitteilungen des Institus für Österreichische Geschichtsforschung Wien
NordpfGBl	Nordpfälzische Geschichtsblätter
NordpfGV	Nordpfälzischer Geschichtsverein
PfGBl	Pfälzische Geschichtsblätter
PfHBl	Pfälzische Heimatblätter
PfHk	Pfälzische Heimatkunde
PfM	Pfälzisches Museum
RhVjBl	Rheinische Vierteljahrsblätter
Schr. Kaiserslautern	Schriften zur Geschichte von Stadt und Landkreis Kaiserslautern
StMGBO	Studien und Mitteilungen zur Geschichte des Benediktiner-Ordens
VSWG	Vierteljahreshefte für Sozial- und Wirtschaftsgeschichte
ZbayLG	Zeitschrift für bayerische Landesgeschichte
ZGO	Zeitschrift für die Geschichte des Oberrheins
ZSRG	Zeitschrift der Savigny-Stiftung für Rechtsgeschichte

Bilderverzeichnis

	Seite		Seite
Stadtwappen, mehrfarbig	7	Zisterziensermönche bauen	147
Blick auf die Abteikirche	8	Zisterziensermönche pflügen	148
Menhir	13	Zisterziensermönche beten	149
Kloster Eberbach	22	Klostergebäude	151
Keltische Münze	25	Dormitorium	152
Otterberger Kopialbuch	29	Siegel, Äbte Walthelm,	
Titelblatt des Urkundenbuches	32	Gerhard, Friedrich	159
Schloßberg	36	Kelchblockkapitell, Kirche	162
Gründungsurkunde	39	Palmettenkapitell, Kirche	166
Westfassade, Kirche	46	Kelchblockkapitell,	
Hauptportal, Kirche	49	Kirche	172, 176, 182, 184
Gewändeportal, Kirche	52	Türsturz, Mönchfigur	193
Fensterrose, Kirche	55	Verpachtungsurkunde	194
Innenansicht, Kirche	58	Klosterhof, Worms	198
Querhaus, Kirche	61	Siegel, Abt Johann,	
Blick zum Chor, Kirche	64	Konventssiegel,	
Langhaus, Kirche	69	Gerichtssiegel	200
Dienst-Pfeiler-Vorlagen, Kirche	70	Kurfürst Friedrich III	204
Kaiser Friedrich Barbarossa	72	Kurfürst Johann Casimir	209
Seitenschiff, Kirche	75	Münze des Johann Casimir	210
Grabplatte, Abt Philipp	78	Urkunde	214
Sonnenuhr	80	Haus Trupp	219
Schrift, Westrose, Kirche	82	Stadtrechtsurkunde	224
Wappen, Chorapsis, Kirche	84	Vorstudie zur Stadtansicht	239
Kapitelsaal	89	Otterberg, Merian	242
Grabplatten	90, 91	Gasthaus „Alter Löwe"	244
Kapitelle, Kirche	98, 99	Bürgerhäuser	245
Taufbecken	99	Altes Rathaus	250
Steinmetzzeichen	103	Wohngebäude, um 1600	253
Steinernes Haus	109	Alte Apotheke	256
Karte, Grundbesitz	114	Wallonisches Schulhaus	258
Privileg, Papst	117	Treppenaufgang, Stadtmauer	260
Messerschwanderhof	120	Blaues Haus	264
Messersbacherhof, Horterhof	122	Blick vom Neutor	267
Reichenbacherhof,		Treppe, Stadtmauer	270
Münchschwanderhof	124	Stadtansicht, mehrfarbig	272
Seite aus Güterverzeichnis	126	Tuchpresse	274
Stüterhof	133	Haus Gallecki	276
Mönche flüchten	141	Fachwerkhaus, Lauergasse	279
Bauern plündern	142		

Nachträge und Ergänzungen

Es ist ungewöhnlich und zeugt von der Bedeutung des Platzes, wenn die Auflage einer Stadtgeschichte ausverkauft ist und noch nicht einmal 10 Jahre nach dem Erscheinen eine Neuauflage herausgegeben werden kann. Die mir vom Verlag gebotene Gelegenheit, einige Nachträge und Ergänzungen hinzuzufügen, habe ich gerne ergriffen. Es ist selbstverständlich, daß hier nur Beiträge von Bedeutung berücksichtigt werden können. Ich habe mich daher auf zwei Ereignisse beschränkt.

Nachtrag zu den Abschnitten „Die frühen Äbte" (S. 71) und „Otterberger Äbte und ihre Amtszeiten" (S. 156).

Da für Abt Albero (1185) bisher nur zwei Belege vorlagen, ist es wichtig, daß ein weiterer Beleg in einer undatierten Urkunde für das Kloster Wadgassen bekannt wurde. In der Urkunde, die heute im Landeshauptarchiv Koblenz liegt (Signatur: Abt. 218, Nr. 5) wird Abt Albero von Otterburch als 2. Zeuge in einer von Abt Godefridus von Wadgassen ausgestellten Urkunde erwähnt. Die Urkunde, in der es um Grundbesitz des Klosters Wadgassen in Hundsborn[1]) geht, zeigt den Abt als Beteiligten an einem Rechtsgeschäft außerhalb des engeren Klostergebiets und weist auf eine Reihe von Entwicklungen hin, die später erkennbar werden, aber sich schon früh anbahnten. Die Prämonstratenser-Abtei Wadgassen (Saarland) und das Kloster Otterberg hatten später beide umfangreichen Grundbesitz in Groß- und Kleinbockenheim und an diesen Orten vielfältige Berührungspunkte. Auch die in der Urkunde erwähnten Herren von Flanheim (Flonheim, Kreis Alzey-Worms) finden wir später in Otterberger Urkunden. Weitere Zeugen sind der Abt Volbert von St. Jakob in Mainz, der als Beweis für die engen Beziehungen dorthin gewertet werden kann, und der Graf und Klosterbruder Ludwig von Arnstein. Graf Ludwig gründete 1139 das Prämonstratenserkloster auf seiner Burg, eine interessante Parallele zur Gründung des Klosters Otterberg. Leider ist die Urkunde nicht datiert. In der ältesten Edition[2]) wird die Zeitspanne 1174 – 85 angesetzt, neuere Regestenwerke datieren „um 1180"[3]). In den Regesten von Josef Burg werden auch die gleichfalls als Zeugen genannten Probst Werbold und Prior Lothar für Otterberg in Anspruch genommen. Diese Zuweisung ist aber sehr fraglich. Sie können auch in das Kloster St. Jakob in Mainz gehören, dessen Abt Volbert von 1177 – 89 im Amt war und als erster Zeuge genannt ist (vgl. Mainzer Urkundenbuch, bearb. von Peter Acht, 2. Band, Teil II, Darmstadt 1971, S. 851, Anm. 7).

Nachtrag zu den Abschnitten „Wirtschaftlicher Niedergang" (S. 140) und „Bauernkrieg" (S. 143)

Wie lückenhaft die Quellenlage selbst im 16. Jahrhundert noch sein kann, zeigt der Fund eines Beleges für eine Aktion Franz von Sickingens gegen das Kloster Otterberg. Bei den Bemühungen um nähere Bestimmung eines Einzelschriftstücks aus dem Staatsarchiv Wertheim[4], eines Briefes ohne Absender und Datierung, ergab eine bisher völlig unbekannte Nachricht zur Otterberger Geschichte. Der an „graff michen, meyn hern und schwer" gerichtete Brief konnte an Hand des Verschlußsiegels als ein Schreiben des Grafen Eberhard III. von Erbach identifiziert werden. Die genaue Datierung und den ganzen historischen Zusammenhang stellt die letzte Passage klar. Sie enthält auch die für Otterberg bedeutsame Nachricht: „... dan Frantz ist meynß hern feint worden, wy ir in dem nebenbriff vernemen werd. Lutzelsteyn halber weiß ich eß nit anderst, dan daß man sagt, Frantz hab eß wollen erstygen, hab im gefelt; daß ist aber war, Otterberg daß kloster hatt er außgebrent...". Die Erwähnung des Handstreichs gegen die Burg Lützelstein läßt eine genaue Datierung zu. Sie führt in die Endphase des Kampfes Sickingens gegen die Reichsfürsten. Noch während er Verhandlungen mit dem Pfalzgrafen führte, griff in der Nacht zum 1. November 1522 eine Mannschaft unter Führung seines Sohnes Hans die pfälzische Festung Lützelstein im Elsaß an. Wegen zu kurzer Leitern mißglückte die Überraschung, Hans von Sickingen ließ es auf keinen Kampf ankommen und zog ab[5]. Auf dem Rückzug von dem erfolglosen Unternehmen und auf Streifzügen von Nanstuhl verheerte Sickingen nun das pfälzische Gebiet. Ein Zeitgenosse, der Reichsherold Caspar Sturm, fomulierte folgendermaßen: „Bald darnach er täglich die stat Kaysers Lauthern sampt allen umblygenden doerffern und flecken, sampt auch andern vilen doerffern der Pfaltz zugehoerig, die selben mit brand, name, raub und brandtschatzung beschedigt..."[6].
Sturm erwähnt die Klöster nicht, daß aber auch sie wie das Beispiel Otterberg zeigt zu den Opfern der sickingischen Soldaten gehörten, beweist der Wertheimer Quellenfund. Sicher dürfen wir Sturms Nachrichten nicht überinterpretieren. Sie wurden von der Gegenseite zu Papier gebracht und dienten auch zur Verunglimpfung des Gegners. Sickingen dürfte kaum in der Lage gewesen sein, täglich die ummauerte Stadt Kaiserslautern anzugreifen und sie gar auszurauben oder in Brand zu stecken. Dem widerspricht zu sehr, daß am 23. 1. 1523 in Kaiserslautern stationierte pfälzische Soldaten eine Gruppe sickingischer Reiter, unter ihnen Sickingens zweiter Sohn Hans, überwältigen und gefangen nehmen konnten[7]. Dies gilt aber nicht für das flache Land, die Dörfer und Flekken. Dem Brief ist wegen seiner präzisen Ortsangabe und der direkten Verbin-

dung zwischen dem gescheiterten Überfall auf Lützelstein und wenn man so will, Rachezug gegen ein hilfloses Kloster ein höherer Quellenwert zuzumessen. Aber auch hier muß man nach der Bedeutung des Wortes ‚ausbrennen' fragen. Wenn trotzdem und trotz der erneuten Verwüstung im Bauernkrieg in der Ansiedlungskapitulation von 1579 ein Gebäude Alte Abtei heißt, und die noch vorhandenen Baulichkeiten für die Unterbringung von 100 Familien wenigstens notdürftig ausreichen, so muß einige Bausubstanz auch aus älterer Zeit erhalten geblieben sein, außer der besonders kräftig gebauten und heute noch stehenden Kirche.

Im April 1523 formierten sich die Truppen des Pfalzgrafen, des Kurfürsten von Trier und des Landgrafen von Hessen zum Gegenschlag. Graf Eberhard III. von Erbach, unser Briefschreiber, wurde der Heerführer einer Vorhut, die sofort vor Nanstuhl zog und die Belagerung begann. Nach einem Zusammentreffen in Kreuznach teilten sich die Fürsten wieder und marschierten auf getrennten Wegen Richtung Landstuhl. Der Pfalzgraf zog über Alzey und Grünstadt nach Kaiserslautern, wo er eine Ruhepause einlegte, um die Ankunft des Herzogs Ottheinrich zu erwarten. Dieser kam mit prächtigem Gefolge, 200 wohlgerüsteten Pferden und 40 Wagen und Zelten. Auch hiervon findet sich nichts in Lehmanns Stadtgeschichte. Am 29. April brachen die Fürsten und das Heer auf, zogen vor die Burg Nanstuhl und begannen die Beschießung. Nach dem Fall von Nanstein wurden Zug um Zug die anderen sickingischen Burgen erobert. Die militärischen Operationen spielten sich vor allem in der Südpfalz und im Elsaß ab (Eroberung der Burgen Drachenfels, Hohenburg, Neudahn, Lützelburg), später auch im Norden (Ebernburg). Der Raum Kaiserslautern wurde von ihnen nicht berührt, das Heer des Kurfürsten von Trier zog über Hornbach und Meisenheim zur Ebernburg, das pfälzische und hessische vom Trifels über Neustadt und Deidesheim[8]). Dem Kloster Otterberg waren noch einmal zwei friedliche Jahre gegönnt.

---

1 Christmann SN 1, S. 277 Wüstung bei Waldfischbach.
2 Urkundenbuch zur Geschichte der mittelrheinischen Territorien, bearb. von Heinrich Beyer, Leopold Eltester und Adam Goerz, 2. Band, Coblenz 1865, S. 740.
3 Regesten zur Geschichte der ehemaligen Nassau-Saarbrückischen Lande, hg. von A. H. Jungk, Saarbrücken 1914 – 19, Nr. 129, Regesten der Prämonstratenser-Abtei Wadgassen, hg. von Josef Burg, Saarbrücken 1980, Nr. 24.
4 Staatarchiv Wertheim, Gemeinschaftliches Archiv, Bestand 52, Korrespondenz, Fasz. 8 1/2. Vgl. Gerhard Kaller, Kloster Otterberg wird von Sickingen verbrannt (1522), in: AmrhKG 31, 1979, S. 111 – 113.
5 Die Flersheimer Chronik, hg. von Otto Waltz, Leipzig 1874 S. 75. H. Ulmann, Franz von Sickingen, Leipzig 1872 S. 317, Winfrid Dotzauer, Der „Wahrliche Bericht" des Reichsherolds Caspar Sturm über den Kriegszug der drei verbündeten Fürsten gegen Franz von Sickingen im Jahre 1523, in: BlPfKG, 37/38, 1970 – 71 S. 360.
6 Dotzauer S. 360.
7 Flersheimer Chronik S. 75.
8 Dotzauer S. 361 – 69.

Personen-, Orts- und Sachregister
von Bernhard Woll †

Aachen 205
Abendmahl 221
Abenheim 90
Abgabenbefreiung 216
Ablaß 83, 85, 86, 87
Äbte in Otterberg 155, 156, 157, 158, 159, 160, 161, 162, 163, 164, 165 166, 167, 168, 169
Abtsiegel 1484 200
Abteikirche, Zeichnungen, Urkunden usw. 8, 46, 48, 52, 55, 58, 61, 64, 69, 70, 75, 89 98, 99, 110, 116, 120, 122, 124, 133, 126, 141, 142, 148, 149, 151, 152, 162, 166, 172, 176, 182, 184, 193, 271, 212, 218
Alamannen 18, 19, 21
Alban, St. 83, 93
Albig 95
Albisheim 87, 95, 106
Alsenbrück 23, 81, 88, 94
Alsenz 11, 18, 88
Alsenzenburne 33
Alsheim 97, 99
Altes Testament, Übersetzung 266
Altsteinzeit vor 8000 v. Chr. 12
Altrip 20
Amelunxborn, Kloster 49
Annweiler 239
Andreasberg, höchste Erhebung 11
Anmerkungen zur Ortschronik, Verzeichnis 281–307
Antwerpen 205, 249
Apotheke, alte 256
Arabisch Sprache 266
Archiv, Bibliothek des Klosters 190
Ariovist 17, 19
Alres, Südfrankreich 19
Arnsburg, Schwesternkloster 87, 154

Baalborn 88, 226, 229
Bäche, Wege, Stege 213
Bacharach 90
Bad Dürkheim 21, 59, 71
Bad Kreuznach 18
Badstubenbach 11, 218
Bann 68
Batzen 220

Bauer Siegfried, Zeichnungen, Gestaltung
Bauern 241
Bauernkriege 67, 108, 141, 142, 143
Baufluchtlinie für Großgaß 220
Baulichkeiten, allg. 218
Baumeister des Klosters 171, 228, 234
Baur Ludwig, Schriftsteller 33
Baustil des Klosters 74, 79, 81
Bayern 21, 45
Bayerischer Erbfolgekrieg 67, 107
Bebenhausen, Schwesternkloster 154
Bechtheim 92, 97
Bernhard v. Clairvaux 23, 154
Bernhardt Karl, Bm 10
Bestattungen im Kloster 78, 90, 91, 93, 94, 96, 97, 98, 100, 101, 111
Beutlermühle, früher Gallenmühle 11
Bibelübersetzung 266
Bibliothek 190, 191
Biebelsheim 86
Biebesheim 88
Bischheim 59, 100
Biundo (Pfarrbuch) 265
Blaues Haus, erbaut 1612 264
Blies 19
Bockenheim 28, 83, 85, 86, 87, 90, 110
Böhl 87
Böhmer Friedrich 31, 33
Bolanden, Philipp, von 78, 87, 95, 261
Boppard 78
Boos Heinrich 33
Börrstadt 15
Boxberg 207
Bronnbach, Kloster 37
Bronzezeit, 1800–1200 v. Chr. 17
Bulle d. Pabstes f. Otterberg 102
Bürgerhäuser in O., Zeichn. 245, 276
Bürgermeister 211, 225, 227, 232, 233, 234, 237, 238
Burg, Ritterburg od. Ort m. Mauer 65
Burgunder 19
Büttel 227

Caesar 17, 19
Calvinismus 205, 266
Carisma-Mainz, Stiftung 86

391

◂ Abteikirche, Innenansicht ohne Zwischenwand Foto: Kurt Close
Stand der Restauration im Juni 1984

Casimir Johann 206, 207, 209, 215, 221, 236, 239, 249
Chlodwig 21
Contersiegel 212
Christianisierung 16
Citeaux 23, 108
Colmar 19
Christmann Ernst, Prof. 9, 12, 14, 20, 21, 24, 248
Christmann Jakob, arabische Sprache 266, 268
Chronik Kaiserslautern 31
Crumstadt 88

Dalsheim 95
Daubenheim 95
Daxweiler 90
Deidesheim 86, 94, 97, 105
Deutsche in O. neben den Flüchtlingen 254, 272
Dexheim 99
Dhaun Wirich 90
Dieburg, Ritter 88
Dielkirchen 59, 92
Dienheim 92
Disibodenberg 38, 42, 43, 66, 85, 108, 110, 154
Doll, Archivrat 9
Dörrenbach 90
Dragonerloch, Waldabt. 11
Drehenthalerhof 17
Dreißigjähriger Krieg 236, 239, 261, 271

Eberbach, Kloster 21, 23, 38, 53, 59, 65, 66, 71, 73, 93, 104, 110, 111, 154, 344
Ebertsheim 90
Edenbornerhof 100
Edikt von Natel, 1685 273
Eich 71, 86
Eichwoog 217
Eisenberg 18
Elsaß 16, 20
Elbe 21
Elmstein 86
Emden 205
Ende des Klosters 198, 199
Engel Jakob 16

Enkenbach 18, 54, 59, 73, 77, 107, 188
Enkersloch-Nord, Waldabt. 12
Enzheim 90
Eppelsheim 92, 95, 102
Erfurt, Abtei St. Peter 38, 42
Erlenbach, Bachlauf 11
Erlenbach, Nachbarort 57, 73, 74, 77, 79, 104, 105, 226, 229
Ernst Fritz 9
Ernst von Otterberg 56
Erzbischof von Mainz 37, 38, 42–45, 47, 49, 50, 53, 57, 62, 77, 79, 83, 93, 98, 102, 344
Eschbornwoog 217
Eselsfürth 107
Esselborn 90, 92
Eußerthal, Kloster 53, 74, 97, 107, 222, 223

Faber Heinrich 87
Fachwerkhaus Lauergasse 279, 264
Falck Ludwig 38, 42
Falkenstein, von 54, 93, 229
Feuersteinbeil, Fund 16
Feuerwache, Feuerstellen 212
Flad, Handschrift „Castrum Ottenburgium" 31
Flamen 205, 206
Fischerhaus, Fischen 88, 211, 212, 217, 218, 223
Flandern 205
Fleischverkauf, Schätzmeister 226
Flonheim, Marienkloster 81, 88
Flörsheim 227, 229
Forst 105
Försterhaus b. Kloster 211, 212, 220, 223
Franken 18, 19, 21
Frankenthal 206, 207, 213, 216, 226, 231, 235–237, 249, 252, 254, 269
Franfurt 74, 79, 205, 269
Franziskus Junius, Pfarrer 265, 266, 268
Franzosen 206
Fredelsloh, Kloster 38, 44, 50
Freimersheim 90
Frey Michael 31, 33, 34, 68
Friedrich, Abt 1263, Bild 159
Frondienst 211
Fürstentum Lautern 221
Fürstlich-Leiningsche Archive 30
Fulda 53

Gallenmühle, jetzt Beutlermühle 11
Gallien 16, 17, 19
Gasthaus „Alter Löwe" 244
Gebäude- u. Feuerordnung 213
Geistl. Güterverwaltung 203
Geldentwertung 96
Gemarkung O., 3214 ha groß 11
Gemarkungsbeschreibung 1658 218
Gemeinde, politische 217
Generallandesarchiv Karlsruhe 27
Gengler Gottfried, Schriftst. 226
Gennheim 90
Georgenthal, Kloster 38, 42, 44
Geographische Lage O. 11
Gerberstraße 218
Gerhard, Abt 1294, Bild 159
Gerichtsbuch, -schreiber-Siegel 200, 213, 215, 233
Germanen 18, 19
Gersweilerhof 86, 92, 105
Gewannbuch 1658 231
Gewerbe 273–278
Glan 19
Glaubensflüchtlinge in Roxheim an Land gegangen 204, 205, 206, 254
Glaubensstand, Bekenntnisstand 215, 216
Godts-Dael bei Lüttich, Schwesterkloster 154
Gonbach 90
Gossenheim 85
Goten 18
Grabplatte Abt. Philipp, + 1225 78
Grabplatten von anderen 90, 91
Graf Hermann, Prof., Ausatz 1965 24, 37, 57, 63
Grafen von Boyneburg 54
Grafenthalerhof u. Bachlauf 11
Gräff Walter, Konservator 261
Grangien 71
Gemarkungsgrenzen, Grenzumgang 226
Gilles, Malerschule 262
Groel, Haus 244
Große Gasse 261, 262
Großrohrbach 88
Gründungsurkunde d. Klosters 344, 345
Grundherrschaft d. Klosters 179
Gundersheim 90
Gundheim 87
Güter- u. Zinsverzeichnis 126

Häberle Daniel 14, 249
Hallstattzeit 16
Handel 67, 79, 86
Handwerk u. Landwirtschaft als Erwerbsquelle 112–145, 241
Hangenweisenheim 95, 101
Hartmut, Baumeister um 1230-36 79
Harrer Peter, Chronist, Bauernkrieg 108
Haubrecht David, Pfarrer 272
Hauptstaatsarchiv München 28, 30
Hauptstaatsarchiv Wiesbaden 30
Hauptstraße, früher Großgaß 220
Hausen Edmund Dissertation 1924 35, 74, 79
Häusser 66
Hebräische Sprache 266
Heidelberg 249, 252, 266
Heiligenmoschel, Horterhof 12, 13, 229
Heinrich IV 37
Helderhoff, Maler 261, 262
Heß-Gotthold, Johanna, Arbeit über Kloster 35, 37, 47, 54
Heeresdienst 211
Hersfeld, Kirchenweihe 1144 etc. 57
Heßloch 90, 104, 105
Heubergerhof 100
Heuchelheim 92
Hildegard von Bingen, Heilige 53, 65, 115
Hilwartshausen, Kloster 49
Himmerod, Kloster 154
Himmelsthal, Kloster 79
Hinkelstein mit Zeichnungen 12, 13, 14
Hintergasse 220
Hohenecken 90
Hohenfels 86
Heppenheim 87, 95
Hoheitsrechte, Regale 217
Holz- u. Weiderechte der Waldmark 77
Hördt, Kloster 74, 261
Höringen 12, 13, 229
Homberg 160
Horterhof 122, 231
Hotel nahe beim Kloster für Gäste 223
Hübner 211
Hunnen 20, 21

Ibersheim 59, 71
Innozenz III. 1208 Schutzbrief für Kloster Otterberg 76

Infirmarius-Krankenbetreuer i. Kloster 171
Istanbul 74

Jagd, Jäger 12, 208, 217
Jahrmarkt 226
Janauscheck 38, 65
Johann von Lautern 71
Junius Franziskus, Pfarrer, Bibelübersetzung 265, 266, 268
Johann, Abt, Urkunde 1315 33
Caspar Jonglinius, Abt 35
Jungsteinzeit, 3000–1800 v. Chr. 12, 16

Kaiser 21, 23, 47, 50, 62, 73, 74, 76, 77, 78, 79, 97, 102, 110
Kaiserurkunde 57
Kaiserslautern 11, 12, 18, 23, 78, 86, 88, 107, 109
Kaiser Karlwerner, Landesarchäologe 9, 18, 20
Kaller Gerhard, Verfasser der Ortschronik 10, 34
Kapitelsaal, 1225 vollendet 83, 89
Kapitulationen für Otterberg 206, 207, 213–15, 239, 240, 243, 208
Kallstadt 87, 88, 94
Karch Hermann, Heimatforscher 9, 258 (heute sein Haus)
Karl d. Große, sowie Karl III 21
Karlbach 105
Katalaunische Felder 20
Katzweiler 229
Kelchblockkapitelle, Zeichn. 162, 172, 176, 182, 184
Keller, Hauptkeller (Wirtschaftler) 170
Kelten 16, 17
Kesselberg, 1357 Burg in Jakobsweiler 37
Kesselberg von Volkmar 37
Kindeheim 85
Kirche und Religion 263
Kirchenordnung, pfälz., erlass. 1563 216, 221
Kirchenuhr 212
Kirchner 14, 15, 16
Kirchheim/Eck 83, 86
Kirchheimbolanden 100
Kleinniedesheim 90
Kleinbockenheim 105
Kleinrohrheim 95

Klostergründung, Geschichte, Orden, Gründungsurkunde, Wirtschafts-, Klostergeschichte, Papsturkunde, Waldrechte, usw. 24, 25, 26, 35, 39, 63, 68, 74, 112, 145, 147, 152, 201, 202, 212
Klosterbesitz, Verzeichnis 308–344
Klosterkirche Enkenbach 188
Kolb von Wartenberg 76, 77, 78
Könige 23, 45, 49, 50, 56, 76, 77, 78, 79, 86, 88, 90, 92, 217
Konrad III. 23
Konventssiegel 1489 200
Kopialbuch Otterberg 28, 31
Krebsbach 11
Kreuzgang 73
Kriege der Kurfürsten 105, 239
Kriemhildenstein - Hinkelstein - 14
Kurfürst Friedrich IV, bei Union d. prot. Fürsten 1608 239, 243

Lachner August 18
Laienbrüder 153, 174, 179
Lambrecht 77, 207, 236, 237, 261
Lambsheim 261
Landesherren 217
Landschreiberei Kaiserslautern 232
Landstraße - gemeinde Str. - dch O. 212, 220
Landstuhl 18, 23
Landwirtschaft u. Handwerk als Erwerbsquellen d. Klosters 112–145, 148
Langenbeck Fritz 20
Lange 47, 54
Langobardenreich 21
Lanzenbrunnen, Lanzenbach 11
Lauerbach (Eschbach) 217
Lauerwald 212
Laumersheim 101
Lauerhof 24
Lauter 11, 23
Lebensunterhalt der Mönche 150
Leibeigene 211
Leiningen, Grafen von 44, 66, 67, 95, 98, 105, 107
Lessing Gotthold Ephraim, Dichter 10
Lichtenbruch, Monolith 15
Limburg 266
Lohnsfeld 229
Lonsheim, Ritter 81
Lorch 83
Lothar 16

Louis Richard, Heimatforscher 9, 35, 248
Ludwigshafen 21
Lutherische Kirche 218
Luther Martin 108, 205
Lüttig 249

Maas 19
Machtausübung 238
Mainz 21, 66, 71
Mainzer Urkundenbuch, Synode 1143 42
Malter 243
Marktrecht 228, 229
Maulbronn 218, 104, 107
Marienthal, Kloster 54
Maße, Gewichte 211
Mauchenheim 87, 101
Medding Wolfgang zum Merianstich 261, 262
Meereshöhe Otterbergs 11
Mehlbach 14, 229
Mehlingen 23, 218
Merianstich Otterburg 242, 257
Merkel Maria Elisabeth, Dissertation 34
Merowingerreich d. Franken 19, 21
Messerbacherhof 86
Messerschwanderhof 24, 120, 231
Metz 20
Mikrofilme über pfälz. Urkunden 30
Mirou, Maler u. wallon. Glaubensflüchtling 261, 262
Mittelgebirge 17
Mittelrohrbach 88
Mittelsteinzeit, 8000–3000 v. Ch. 12
Mönchfigur mit Wappen, Zeichnung 193
Mönch u. Laienbrüder, Bauten der Kirche 74, 174
Monolithen 11, 12, 14, 16, 17
Montfort 71
Mörstadt 86
Morlautern 226, 229, 231
Mosbach 207
Moselland 19
Mühlbach, Mühlwoog 11, 218
Mühlstraße 220
Müller Johann 259
Münchschwanderhof, einst ca. 53 Morgen 24, 124, 213, 220
Münsterthal, im Volksmund Gottesackerthal 212
Münsterdreisen, Kloster 56, 59, 73
Münzen, Funde 17, 25, 210, 220

Neckar 19
Namen der Glaubensflüchtlinge 250, 251, 252
Nemeter 17
Neustadt a. d. W. 237
Neutor 262, 263, 267
Niedersachsen 21
Nierstein 97, 99
Nürnberg 88, 92

Oberflörsheim 92
Oberheimbach 87, 92, 94
Obertor 212, 220
Offstein 86, 87
Olsbrücken 11
Oensheim 93
Oppenheim 95, 97
Oppenstein bei Olsbrücken 87
Oranien, Wilhelm von 266
Ordensverband, Ordenszucht 179, 186, 187
Orleans 20
Offenheim 100, 101
Ormesheim, Klosterhof 78, 96
Ortsnamen mit den Endungen -ingen, -heim, -weiler, -rod, -bach, -schwanden 23, 24
Ostsee 21
Otterbach (Lauf u. Nachbarort) 11, 18, 86, 88, 229
Otterberger Bevölkerungsliste 370–385
Otterberger Klosterhof in Worms, Zeichn. 198
Otterberger Kapitulation, Drucke 346–359, 368–370, 215, 221, 222
Otterberger Kopialbuch 83
Otterberger Eigenwald 229
Otterburg 18, 24, 25

Palmettenkapitell i. Langhaus 166
Päbste 21, 28, 62, 74, 76–79, 83, 86, 91, 93, 98, 102, 104, 115, 154, 168
Papiererfindung 26
Pfalz 16, 17, 20, 66
Pfalzgrafen 35, 66, 67, 45, 47, 77, 92, 93, 104, 105, 107, 108, 111, 231, 240, 266, 266, 206, 201, 202, 203
Pfarrer, nach Abwanderung der Mönche 202, 208, 243, 265
Pfalzatlas 9, 34
Pfarrhaus, lutherisches 253
Pfeddersheim 105

Pfeiffer Robert 16
Pfortz 20
Philipp v. Schwaben 76
Philipp, über 30 Jahre Abt in Otterberg 35, 59, 60, 66, 73, 74, 78, 85
Potzbach 92, 229
Prämonstratenserkloster Kaiserslautern 93

Quellen- und Literaturverzeichnis 386–389

Rachelle le Moine 254
Ramstein 18
Randeck, Ritter Theodorich, von 95
Raquet Hans 244
Raquet Dieter 254
Rathaus, altes 250
Ratsherren 227, 233
Rauhweide 211
Reformation 67, 225
Reichenbacherhof 24, 95, 105, 124
Reichsgrenze 17
Reichsmarschall, 1188 bis 1189 71
Reichsministeriale 71, 77, 81
Reipoldskirchen 98
Remling Franz Xaver 31, 33, 35, 37, 54, 56, 68, 86, 93, 100, 102
Remy del Court 254
Richter 232
Riedner Otto, Ordner des stadtarchivs 27, 34, 257
Rhein 19
Rheinhessen 21
Rheindürkheim 92
Rheinzabern 20
Rockenhausen 240
Rodenbach 18, 86
Roller Otto 20
Römerzeit 17, 19, 20
Römisches Reich 17, 18, 19
Römerstraße 23
Rotte, Einteilung in 12 R. 233, 255, 257
Roxheim 204, 206
Rosch, Pfarrer, Festschrift 1925 35
Rudolf u. Rupprecht, Pfalzgraf, Schutzbrief 100

Saale 21
Sachsen 21
Salier 19
Sambach 62, 63, 65, 76, 83, 86, 90, 126
Sandhof 97
Sechsmeisterwoog (Sixmeisterwoog) 218
Seelenstein 16
Seeling Werner, Dr., Oberstudienrat 9, 25
Selz, Kloster 53
Severin, Heil. 20
Siedlerzahl in Otterberg 100
Siegfried, Graf v. Kesselberg 35, 44
Siegfried, Graf v. Peilstein 37
Siegfried, Graf v. Northeim-Boyneburg 47, 49, 50, 51, 53, 63
Siegel d. Klosters, Zeichn. usw. 195, 196, 197, 198, 190, 191, 192, 193, 194, 200
Simmern 240
Sickingen 229
Sion, Kloster 97
Sippersfeld, als Patronatsrecht gesch. 93
Sizzo, Graf von Käfernburg, Stiftung 44, 50
Sonnenuhr, romanische 80
Spanien 18, 21, 240
Speyer 17, 20, 66, 94, 95, 98, 100, 110
Sonnenkopf, Waldabteilung 16
Sprache d. Wallonen französisch 255
Südfrankreich, neuer Mönchsorden 23
Süditalien 18
Südwestdeutschland 16
Sueben 17
Schaab Meinrad, Autor 206
Schallodenbach 218
Scharfenstein, Burg 83
Schatzungs (Steuer) Verzeichnis 243–247, 257
Schelde 19
Schellenthal, Flurname 11
Schenkungen 79
Schimsheim 86
Schippke Martin 18
Schirmheim 83
Schlettstadt (Elsaß) 17, 19
Schloßberg, Aufnahme 36, 65
Schloßberg, spätrömische Festung 18
Schmidtswoog 217
Schneckenhausen 229
Schöffe 233, 236
Schönau, Kloster 67, 73, 77, 95, 107, 111, 147, 154, 206–208, 211, 213, 215, 236, 239, 269

Schornheim 88
Schornsteine 212
Schreibmüller Hermann 30, 71
Schuchhardt, Prähistoriker 16
Schule, Aufbau in Otterberg 272
Schultheiß (staatl. Obrigkeit) 211, 227, 231–233, 236, 255
Schwaben 21
Schwaben, Herzog Otto von 45
Schwanden 88
Schwarzwoog, Badstube 218
Schweineweide 213, 241
Staat 217
Staatsarchiv Darmstadt 30
Staatsarchiv Luzern 28
Staatsarchiv Speyer 27, 30
Stadtarchiv Heidelberg 27, 28
Stadtarchiv Kaiserslautern 30
Stadtarchiv Mainz 28
Stadtarchiv Otterberg 27, 239
Stadtarchiv Worms 30
Stadtarchiv Würzburg 30
Städtische Einrichtungen, Stadtordnung, Stadtsiegel, Stadtmauer, Tore, Feuerwehr 215
Stadtansichten, Gemälde von Mirou u. Stich von Merian 261, 263, 272
Stadttore 233
Stadtgericht 232
Stadtmauer, als Zeichen für Stadt 228
Stadtsiegel 215
Stadtgründung 205, 215
Stadtrechtsurkunde v. 26. 3. 1581 224
Stadtordnung v. 26. 3. 1581 225, 227
Stadtrechtsurkunde, Druck 359–268
Stadterhebung 236–238
Stadtmauer mit Treppenaufgang, Z. 260
Stadtrat 10
Standenbühl 92
Staufer 23, 45
Steinebrei Hans, Heimatforscher 9
Steinernes Haus in Kaiserslautern 109
Stadtwappen 7, 34
Steinmetzzeichen 103
Stephan, erster Abt in Otterberg 65, 71
Stetten 92
Stolzenberg, Georg Raugraf, von 92
Stock Philipp, Pfarrer u. Heimatforscher 34, 249, 259

Straßen, Gassen und Plätze Vorschriften d. Pfalzgrafen 212
Stüterhof 133
Stadterweiterungen um 1615 262

Tacitus, Beschreib. d. Germanen 19
Taufbecken 99
Taufe u. Abendmahl 221
Taunus 19
Tennenbach, Zisterzienserkloster 27
Tremellius Emmanuel, Bibelübersetzer hebräisch-arabisch 266
Treppe durch ehemalige Stadtmauer zwischen Kirche u. Friedhof 270
Trier 18, 19
Trifels, Reichsburg 74
Trupp, Haus erbaut um 1590 219
Tuchballen, Siegelung 215
Tuchpresse um 1570 274

Uffhofen 81
Umschlagbild 272 ff
Ungarn 20
Ungenbach, Unkenbach 24, 212, 220
Universität 273
Untertor 212, 220, 262
Urkundenbuch d. Klosters Otterberg 1845 31, 32
Urnenfelderkultur 17
Ur- und Frühgeschichte 11

Vellmann, Bezirksförster 14, 257, 261
Veldenz, Herzog von 107
Vermögenssteuer 243
Vollmann Remigius 14
Vorderpfalz 21

Wachenheim 94
Wagner Friedrich Ludwig, Landrat und Heimatforscher 9
Waldrechte 208, 217

397

Waldgemark, 1284 Kauf der Kloster 66, 73, 77, 81, 86, 90, 88, 229
Schiedsspruch dch Pfalzgraf Friedrich III am 21. 2. 1567 zw. d. Pfleger u. den Gemeinden Baalborn, Mehlingen, Neukirchen 201, 202
Walkmühlen 212, 215
Walthelm, Abt, 1256 Bild 159, 160
Wallonen 10, 63, 205, 207
Wallonisches Schulhaus, erstes, erbaut 1579, jetzt Haus Karch 258
Wandalen 18, 19
Wangionen 17
Wappen d. Stadt 7
Wappen d. Klosters 190, 191
Wappen mit Adlerklaue 84
Warmsroth 90
Wartenberg, Kolb von 76, 77, 78, 88
Wartenberg-Rohrbach 229
Wasserläufe 213
Weiden 212
Weihe d. Kirche m. Torkapelle am 10. 5. 1254 85
Weiher, Wöge 211
Weiler-Namen 20
Weiler (Weylergrund) 212, 218, 220, 231
Weinbau 211
Weinbrunnerhof 11
Weistum 226, 229
Welfen 45, 77
Weltliche Personen 150
Weldesheim 84
Welschgasse, heute Wallonenstr. im Volksmund heute noch Neugasse 263
Wenschelswanden 73
Werkmeister, Baumeister d. Klosters 171
Wernzo, Goldschmied, Stiftung 94
Werschweiler, Kloster 53
Wesel 205

Westhofen 90, 95
Westpfalz, nordpfälz. Bergland 19
Westrose m. Inschrift 81, 82
Westrosefassade 81, 82
Wetzlar 269
Widder Johann Goswin 24, 34
Wildgraf Conrad 81
Wildgraf Otto 101
Wilensteiner Wald 88
Wirtschaftsgeschichte d. Klosters Otterberg - Aufstieg u. Niedergang - 112–145
Wirtshaus 218
Wirtschaftskrise 100
Wittelsbacher 77
Will, Regestenbearbeiter 38
Wochenmarkt 226
Woll Bernhard, Altbürgermeister 9, 10
Wolfstein 227, 229, 240
Wooge, Weihern 217, 218
Worms, Otterbergerhof dortselbst usw. 17, 18, 19, 21, 33, 62, 66, 67, 74, 77, 85, 88, 90, 95, 107, 110, 111, 198, 207
Würdtwein, Historiker 30, 33, 34, 59, 68

Zeitschriften, gebrauchte Abkürzungen 389
Zeugen bei Beurkundungen
    Bischöfe, Pröbste, Kapläne, Grafen, Freie u. Ministerialen 40, 41
Zerrüttete Finanzen d. Klosters, Verschuldung 104
Ziegelhütte 24, 212, 220
Ziegelscheuer 218
Zimmermann Hans 254
Zisterziensermönche b. Chorgebet 149
Zisterzienserorden 23, 218, 228
Zoll 78, 211, 232
Zweibrücken 67

Verzeichnis der Subskribenten,

die durch ihre Vorausbestellung die Herausgabe des Werkes dankenswerter Weise gefördert haben.

Name	Vorname	Beruf	Ort	Straße
Ackermann	Ludwig	Schreiner	Otterberg	Johannisstraße 27
Albert	Fritz	Rentner	Otterberg	Vogelsang 2
Amend	Werner		Dudweiler/Saar	Neuweiler Straße 8
Anstötz	Artur		Otterberg	Flurstraße 10
Antes	Anni		Otterberg	Alleestraße 12
Appel	Volker		Zw. 17, Mittelbach	Hengstbacher Str. 43
Bach	Bernd	Maschinenbautechniker	Otterberg	Alleestraße 12
Bandel	Kurt	Foto-Kaufmann	Kl. 28, Erlenbach	Erlenbacher Straße
Baron	Ernst		Otterberg	Otterstraße 3
Baron	Hans		Otterberg	Otterstraße 2
Bartenbach	Kurt	Prokurist a.D.	Otterberg	Alleestraße 19
Bauer	Karl		Otterberg	Alleestraße 4
Bänisch	Robert	Rentner	Otterberg	Ph.-Kirchner-Str. 31
Becker	Hugo		Kaiserslautern	Von-Braun-Straße 25
Berckmann	E.		Otterberg	Hauptstraße 58
Berckmann	Buchhandlung		Otterberg	
Berger	Gerit		Otterbach 2	Katzweiler Straße 9
Bernhardt	Karl	Bürgermeister	Otterberg	Neuweg 11
Bernhardt	Norbert	Datenverarb.-Kaufmann	Otterberg	Jakob-Mayer-Str. 13
Bernstorff, Gräfin von	Brigitte		Gerlingen	Pappelweg 18
Berthold	Rosemarie	Hausfrau	Otterberg	Wiesenstraße 17
Binoth	Karl		Otterberg	
Birkelbach	Ulla		Otterberg	Lauterer Straße 14a
Bistumsarchiv	Speyer			Engelgasse 1
Blättner	Emilie		Kaiserslautern	Altenwoogstraße 47
Brand	Hardi	Hauptlokführer	Otterberg	Am Schönblick 2
Brandt	Walter	Fachschullehrer	Otterberg	Wingertsberg 34
Braun	Kurt	Gasthaus Blaues Haus	Otterberg	Kirchstraße 1
Braunbach	Karl		Otterberg	Wingertsberg 3
Braunbach	Susanne		Otterberg	Schulstraße 1
Brill	Kurt	Oberstleutnant a.D.	Otterberg	Hauptstraße 39
Brun	Katharina		Otterberg	Talstraße
Burger	Karl		Otterberg	Althütter Straße

Name	Vorname	Beruf	Ort	Straße
Burkhardt	Friedrich		Otterberg	Baumstraße 26
Burkholder	Albert	Kaufmann	Otterberg	Neuweg 3
Cambeis	Claus	Elektromeister	Erlenbach	
Carra	Armin		Otterberg	Münchschwanderhof 3
Carra	Silke	Studienrätin	Kaiserslautern	Kaisermühler Str. 41
Cherdron	Frieda (Albert)		Homburg	Nußbaumstraße 4
Cherdron	Gabriele		Otterberg	Münchschwanderh. 15
Christmann	Anneliese		Otterberg	Hauptstraße 40
Close	Kurt	Beamter	Otterberg	Jakob-Mayer-Straße 8
Close	Werner	Kaufm. Angest.	Bad Vilbel	Büdinger Straße 39
Cordier	Horst		Otterberg	Alleestraße 22
Danzinger	Karl		Otterberg	Wallonenstr. 3
Daum, Dr.	Elisabeth		Otterberg	Hauptstraße 43
Dein	Oswald		Otterberg	Blumenstraße
Delatrée	Bernd	Pfarrer	Niederkirchen	Schulstraße 9
Denig	Alois		Otterberg	Wingertsberg
Denig	Bernd	Beamtenanwärt.	Otterberg	Luisenstraße 2
Deppert	Franz		Otterberg	Am Vogelsang 8
Dick	Günter	Arbeiter	Otterberg	Lutherstraße 9
Dolch, Dr.	Martin	Ob.-Stud.-Dir.	Kaiserslautern	Leibnizstraße 33
Dunst	Gertrud		Otterberg	Wallonenstraße 1
Eck	Karl		Otterberg	Althütter Straße 3
Edelblut	Heinz	Rentner	Otterberg	Johannisstraße 18
Ehmann	Karl-Heinz	Holzkaufmann	Otterberg	Lauterer Straße 12
Ehmann	Eckard	Holzkaufmann	Otterberg	Althütter Straße 20
Eichert	Helmut	Kaufmann	Drehenthalerhof	Waldstraße 6
Eichert	Karl		Drehenthalerhof	Waldstraße 6
Eichert geb. Umminger	Liselotte		Otterberg	Hauptstraße 21
Eimer	Peter	Rentner	Hirschhorn	Waldstraße 7
Eimer	Robert	Klärwärter	Otterberg	Zimmerstraße 3
Eisert geb. Fritz	Christa-Marie	Zahnärztin	Nienburg/Weser	Hansastraße 6
Endl	Hans	Bundesbahnbeamter	Neustadt/W.	Hans-Geiger-Str. 32a
Engel	Willi	Verw.-Ang.	Otterberg	Sixmeisterwoog 13
Engel	Wolfgang	Bäckerei u. Konditorei	Otterberg	Kirchplatz
Engelbach	Hermann		Otterberg	Hauptstraße
Eymann	Hermann		Otterberg	Hauptstraße 95
Fath	Werner	Studiendirektor	Kaiserslautern	Danziger Straße 64
Fehr	Alois	Hutmachermeister	Lindenberg/Allgäu	Hauptstraße 93
Feigel	Max		Drehenthalerhof	Amseltal 11
Fellner	Rosa	Gastwirtin	Otterberg	Lauterer Straße 28

Name	Vorname	Beruf	Ort	Straße
Fendler	Rudolf	Stud.-Dir.	Landau	Annweiler Straße 14
Ferckel	Siegbert	Chemie-Ing.	München 90	Brünnsteinstraße 2 a
Fettig	Kath.		Otterberg	Ringstraße 2
Fischer	Adolf	OStD	Kaiserslautern	Friedrichstraße 17
Fischer	Friedhelm		Otterberg	Sonnenhang 17
Fischer	Willi		Hamburg	Carl-Peter-Straße 80
Frank	Hugo		Niederkirchen 1	Am Bächel 1 a
Frey	Karl		Rodenbach	
Fuder	Heinz	Stud.-Ing.	Kaiserslautern	
Galeki	August		Otterberg	Mühlstraße 12
Ganseuer geb. Hach	Ilse		Saarbr.-Bischmisheim	Brebacher Straße 40
Gaul, Dr.	Oscar	prakt. Arzt	Otterberg	Hauptstraße 26
Gebhardt	Hans-Joachim	Insp.-Anwärter	Schneckenhausen	Hauptstraße 24
Geerds	Otto		Otterberg	Kirchstraße
Gehm	Paul		Otterberg	Lauerhöfer Straße 15
Gehm/Kaub	Hilga	Realschullehrerin	Otterberg	Kirchstraße 23
Geyer	Willi	Arbeiter	Otterberg	Lauerstraße 12
Gölze	Werner		Otterberg	Wingertsberg 22
Grad	Heinz	Bankangestellter	Otterberg	Hauptstraße 74
Graeber	Ulrich	Prof.	Otterberg	Steinstraße 17
Graf	August	Buchhandlung	Landau	
Gugumus, Dr.	Johannes Emil	Prof. Bistumsarchivar	Ludwigshafen/Rh.	Lagewiesenstraße 29
Haardt	Fritz		Otterberg	Hauptstraße 81
Haffner	Georg	Rentner	Otterberg	Hauptstraße 114
Halfmann	Otto		Otterbach	Am Rambusch 16
Haupt	Ottilie		Otterberg	Baumstraße 7
Hauptschule	Enkenbach-Alsenborn			Am Mühlberg
Heil	Rolf	Stud.-Dir.	Otterbach	Ziegelhütter Straße 9
Heimatfreunde	Oberstein e.V.		Idar-Oberstein	
Heimatstelle	Pfalz		Kaiserslautern	Benzinoring 6
Heller	Philipp	Malergeschäft	Otterberg	Zimmerstraße
Helm	Kurt	Techn. Fernm.-Hauptsekretär a.D.	Ludwigshafen/Rh. 27	Schorkstraße 43
Henn	August		Otterberg	Althütter Straße 24
Henn	Otto		Otterberg	Johannisstraße 10
Henrich	Katharina	Hausfrau	Landau	Jugendwerk St. Josef
Henrich	Bonaventura	Pater	Würzburg	Franziskanergasse 7
Henrich	Alfons	Pfarrer	Landau	Jugendwerk St. Josef
Henrich	Irene	Lehrerin	Otterberg	Alleestraße 11

Name	Vorname	Beruf	Ort	Straße
Henrich	Oswald	Verbandsgem.-Oberinsp.	Kl. 28, Erlenbach	Bergstraße 50
Herbrand	Artur	Pharma-Referent	Otterberg	Talstraße 43
Herrgen	Waltraud	Lehrerin	Heiligenmoschel	Hauptstraße 12
Heusser	Erich		Otterberg	Wiesenstraße 25
Hild	Ernst		Otterberg	Althütter Straße 7
Hinkelmann	Daniel	Burgwart i.R.	Thallichtenberg	Oberthalstraße 3
Hirschbiel	Helene		Otterberg	Althütterhof
Hochwärter	Dieter	Bau-Techniker	Sembach	Kaiserstraße
Hochwärter	Hanns-Dieter	Stadtoberinsp.	Kaiserslautern	Waldstraße 25
Höfli	Kurt	Stadtverwaltung Amt 20	Kaiserslautern	Kaiserbergring 2c
Horlemann			Otterberg	Heiligenmosch. Berg
Hornef	August	Architekt	Kaiserslautern	Alex-Müller-Straße 40
Hornef	Emil		München	Hirschgereuthstraße
Hornef	Erwin		Otterberg	Am Schönblick 12
Hornef	Günther		Otterberg	Mühlstraße
Hornef	Helmuth		Otterberg	Weiherstraße
Hornef	Kurt		Otterberg	Weiherstraße
Hornef	Rolf		Kiel	Schleswiger Straße
Hornung KG	Dr. Jaegersche	Buch- u. Kunsth.	Ludwigshafen/Rh.	Bismarckstr. 112
Huber	Claus	Architekturstud.	Sembach	Marktstraße 26
Huber	Heinrich		Otterberg	Sonnenhang
Huberti	Hans Joachim	Leitender Vermessungsdir.	Kaiserslautern	Rathaus
Hubing	Heinz		Otterberg	Am Gärtering
Hubing	Karl		Otterberg	Alleestraße
Hubing	Otto	Diplomarchitekt	Otterberg	Dreibrunnen 44
Immetsberger	H.		Otterbach	Schloßbergstraße 13
Jastram, Dr.	Hans		Otterberg	Alleestraße 16
Jung	Anna		Otterberg	Althütter Straße 21
Jung	Karl		Mehlbach	Poststraße 2
Jung	Leo		Otterberg	Althütter Straße 21
Jung	Wilhelm	Kaufm. Angest.	Drehenthalerhof	Im Amseltal 10
Kafitz, Dr.	Dieter	Prof., Germanist	Mainz	Freiherr-Pfeiff.-Weg 3
Kafitz	Johanna		Otterberg	Bergstraße 39
Kaiser, Dr.	Karlwerner	Landesarchäol. Ltd. Reg.-Dir. i. R.	Speyer	Prinz-Luitpold-Str. 10
Kall	Willi		Otterberg	Althütter Straße 28
Karch	Arthur		Otterberg	Lauerstraße 25
Karch	Birgitt		Otterberg	Lauerstraße 25
Karch	Hermann	Malerm. a.D.	Otterberg	Mühlstraße 6
Karch	Karl		Otterberg	Am Wingertsberg

Name	Vorname	Beruf	Ort	Straße
Karch	Willi	Webmeister	Otterbach	Etzweidstraße
Karch	Willi		Sambach	Schulstraße
Kamb	Adolf	Rentner	Schwedelbach	Mackenbacher Str. 22
Kaub	Karl	Techn. Stadtangest.	Otterberg	Kirchstraße 23
Keller	Hermann		Niederkirchen	Talstraße 15
Kienzler	Reinhard	Postoberinsp.	Otterberg	Sixmeisterwoog 10
Kimmel	Helmut	Pfarrer (Deutscher Hugenotten-Verein)	Kaiserslautern	Mainzer Straße 46
Kirchner	Fritz	Metzgermeister	Heiligenmoschel	Kirchstraße 11
Kirchner	Hans		Otterberg	Hauptstraße 72
Klein	Heinrich	Postbeamter i.R.	Otterberg	Weiherstraße 2
Klein	Hermann	Bäckermeister	Eschbach	Weinstraße 67
Knickel	Franz	Dachdecker	Otterberg	Neuweg 32a
Korn	Herbert		Drehenthalerhof	
Korn	Katharina		Otterberg	Wallonenstraße 49
Krämer	Friedemann	Bauing. (grad)	Otterberg	Im Schellenthal 13
Krasny	Therese		Hüls/Krefeld	Lerchenstraße 6
Kraus	Albert		Otterberg	Johannisstraße
Kraus	Erich		Otterberg	Zimmerplatz
Kraus	Eugen		Otterberg	Bergstraße 34
Kraus	Otto	Bäckermeister	Otterberg	Kirchstraße 26
Kreissparkasse	Kaiserslautern			Altenhof 12/14
Kronenberger	Ralf	Schüler	Otterberg	Philipp-Kirchn.-Str. 3
Krück	Elke	Verw.-Angest.	Otterberg	Rotenberg 2
Krück	Erwin		Otterberg	Hauptstraße 97
Kuby	Alfred	Pfarrer	Enkenbach	Am Mühlberg 15a
Kuhn	Franz	Vieh- u. Fleischgroßh.	Otterberg	Bergstraße 7
Kuhn	Günter	Elektromeister	Otterberg	Wingertsberg
Kuhn	Werner	Studienrat	Otterberg	Wiesenstr. 43
Kühn	Rudolf	Gipser	Otterberg	Wiesenstraße 3
Kulturamt der Stadt	Kaiserslautern			Fruchthalle
Laier	Armin	Angestellter	Otterberg	Lauterer Straße 37
Laier	Rolf	Kaufmann	Otterberg	Hauptstraße 20
Lang	Karl	Kfm. Angest.	Kl. 26, Erfenbach	Brunnenring 35
Lang, Dr.	Rudolf	Arzt f. Allg.-Med.	Otterberg	Alleestraße 5a
Last	Erwin		Otterberg	Ziegelhütter Straße 6
Lechner	Kurt		Otterbach	Waldstraße 33
Lembach	Heinz	Bundesbahn-beamter	Otterbach	V.-Bodelschwingh-Str.

Name	Vorname	Beruf	Ort	Straße
Lenhard	Margot		Otterberg	Mühlstraße 6
Lenhard	Udo	Ofm.	Otterberg	Bergstraße 38a
Leppla	Rolf		Otterberg	Rotenberg 29
Leppla	Rudolf	Rektor i.R.	Heiligenmoschel	
Leßweng	Wilhelmine		Drehenthalerhof	Hauptstraße 29
Lickteig geb. Krauß	Elisabeth		Landstuhl	Kaiserstraße 17
Liegert	Ludwig	Autohaus	Kl. 27, Morlautern	
Lingohr	Otto	Gärtner	Otterbach 1	Bahnhofstraße 48
Lippmann	Otto		Otterberg	An der Ziegelhütte
Litzenburger, Dr.	L.	Oberst.-Rat i.R.	Waldfischbach-Burgalben	Maria Rosenberg
Loeper	Hans-Ulrich		Otterberg	Althütter Str. 31
Lorenz	Edwin	Steinbildhauermeister	Otterberg	Rotenberg 7
Lutz	Karl	Bischöfl. Archivrat i. R.	Speyer	Ebernburgstraße 19
Lutzi	Karl	Postbeamter	Otterberg	Phil.-Kirchner-Str. 9
Maier	Edwin	Polizei-Amtsrat	Otterberg	Am Rotenberg 25
Mannweiler	Emil		Otterberg	Flurstraße 1
Mannweiler	Franz		Otterberg	Gartenstraße 4
Mannweiler	Hermann		Otterberg	Gartenstraße 2
Mannweiler	Udo	Ing. grad. Stud.-Referendar	Otterberg	Vogelsang 1
Mannweiler	Werner	Automatendreher	Otterberg	Lauerstraße 6
Manz	Edwin	Konrektor	Drehentahlerhof	Hauptstraße 28
Massa	Erwin		Los Angeles USA	
Massa	Harald		Ohio USA	
Maurich	Erwin	Nähmasch.-Monteur	Otterberg	Im Schlehenthal 9
Martin	Heinz		Otterberg	Alleestraße 66
Martin	Martha		Otterberg	Kirchstr. 22
Melzer	Lina	Hausfrau	Otterberg	Lauerstraße 3
Michel	Heinz		Otterberg	Bergstraße
Michel	Willi	Rentner	Otterberg	Talstraße 34
Mitteregger	Edgar	Kundendienst-Techniker	Heiligenmoschel	Kirchstraße 2
Mörsch	Philipp	Gasthaus Waldesruh	Otterberg	Heiligenmosch. Berg
Müller	Karl-Heinz	Eichamtsinsp.	Otterberg	Althütter Straße 11
Müller	Konrad	Steinmetzmeist.	Kaiserslautern 21	Eselsfürth 2
Müller	Otto	Schlossermeister	Otterberg	Hauptstraße 124$^{1/2}$
Nickel	Heinrich		Otterbach 1	Gartenstraße 2
Nicola	Wolfgang	Laborant	Otterberg	Wallonenstraße 6

Name	Vorname	Beruf	Ort	Straße
Nothof	Manfred	Maschinenschl.	Otterberg	Zimmerstraße 11
Oberlinger	Ottofriedrich	Pfarrer	Rodalben	Hauptstraße 61
Ochs geb. Hornef	Ursula		Kiel	Harmstraße 28
Opp	Peter		Otterberg	Klosterstraße 16
Otterbein	Hildegard		Otterberg	Wallonenstraße 1½
Pfeiffer	Robert	Hauptlehrer i. R.	Otterberg	Hauptstraße 116
Pfleger	Karl		Otterberg	Am Schwimmbad
Philipp	Reinhold	Oberlok.-Führer	Otterberg	Lauerhöfer Straße
Profit	Dieter		Otterberg	Hauptstraße 46
Profit	Ella		Otterberg	Hauptstraße 90
Profit	Günter	Kaufmann	Otterberg	Hauptstraße 90
Profit	Heinz		Otterberg	Hauptstraße 96
Profit	Karl		Otterberg	Wiesenstraße 23
Prot. Pfarramt	Otterberg	Popp, Pfarrer		
Puhl	Else		Otterberg	Neumühle
Pupert	Wilhelm		Kl. 27, Morlautern	Franz-Rettig-Str. 20
Rauth	Karl		Otterberg	Lauterer Straße 27
Rehrmann	Wilhelm		Otterberg	Ringstraße 3
Reiland	Günter	Kaufm. Angest.	Otterberg	Hauptstraße 37a
Reiland	Werner		Otterberg	Am Wingertsberg
Reis	Eugen	Stud.-Dir.	Kaiserslautern	Wolfsangel 13
Rettig	Konrad		Otterberg	Hauptstraße 105
Rink	Franz	Rektor	Enkenbach-Alsenborn	Eschenbachstraße 1
Rohe	Erhard		Otterberg	Lauerhöfer Straße 11
Rubel	Richard	Maler	Otterberg	Hauptstraße
Saas	Erich		Otterberg	Hauptstraße 118
Saas	Steffi	Verw.-Angest.	Otterberg	Kirchstraße 2
Schäfer	Herbert	Schreinermeister	Otterberg	Mühlstraße 9
Schäfer	Hermann jun.	Schreinermeister	Otterberg	Mühlstraße 9
Schäfer	Kurt		Otterberg	Lutherstraße 5
Schallmo	Armin	Maurer	Otterberg	Lauterer Straße 17
Scherer	Karl	Leiter der Heimatstelle Pfalz	Mehlingen	Mehlingerhof 12
Scherr	Ludwig		Kaiserslautern	
Scheuermann	Edgar	Malermeister	Rodenbach	Turmstraße 14
Scheuermann	Gerold		Kl. 25, Siegelbach	Sandstraße 15
Schippke	Irmtraud	Gastwirtin	Otterberg	Schloßberg
Schläfer	Willy		Otterberg	Münchschwanderh. 16
Schlegel	Volker	Lehrer	Hüffler	Schulstraße 10
Schlegel, Dr.	Wolfgang	Prof.	Leinsweiler	Slevogtstr. 16
Schlosser		Pfarrer	Otterberg	Klosterstraße
Schmidt	Geschwister	Buchhandlung	Kaiserslautern	
Schmidt	Werner		Drehenthalerhof	Im Rabental 6

Name	Vorname	Beruf	Ort	Straße
Schmitt	Hans		Otterberg	Blumenstraße 7
Schnabel	Berthold	Lehrer	Deidesheim	Kirschgartenstr. 39
Schneider	Jakob	Pförtner	Otterberg	Ringstraße 2
Schneider	Reinhold	Techniker	Otterberg	Hauptstraße 25
Schönmehl	Karl		Schneckenhausen	Hauptstraße 26
Schryver, de	Egon	Metallarbeiter	Otterberg	Lauerhöfer Straße 11
Schubring	Otto		Otterberg	Wallonenstraße 20
Schuff	Friedel		Otterberg	Hauptstraße 44
Schuler	Ernst	Maurer	Otterberg	Am Schönblick 11
Schütz	Karl	Gärtner	Drehenthalerhof	Hauptstraße 56
Schütz	Wilhelmine	Rentnerin	Otterberg	Mühlstraße 20
Schwarzbach	Edgar	Schlosser	Drehenthalerhof	Waldstraße 14
Schwehm	Heinrich		Otterberg	Lutherstraße
Schweikert	Gerhard	Getränkehändler	Otterberg	Gerberstraße 1
Schweikert	Josef	Werkmeister	Otterberg	Lauterer Straße 26
Seeling, Dr.	Werner	Oberst.-Rat und Pfarrer	Kl. 32, Hohenecken	Deutschherrnstraße 59
Seib	Wolfgang	Maschinenbauer	Otterberg	Bergstraße 30
Siegfried	Walter		Mehlbach	Hörnchenstr. 16
Simgen	Edwin		Mehlingen	Poststraße 6
Simgen	Karl Heinz		Drehenthalerhof	
Spies	Gerlinde	Architekturstud.	Otterberg	Mühlstraße 18
Spieß	Pirmin		Neustadt/W.	Ritterbüschel 43
Spitz	Rudolf	Rentner	Otterberg	Alleestraße 13
Stadtverwaltung	Otterberg			
Stalf	Volker		Otterberg	Hauptstraße 86/88
Steinebrei, Dr.	H.	Zahnarzt	Kaiserslautern	Marktstraße 37
Steinebrei	Ottilie		Otterberg	Bachstraße 3
Steinebrei	Elisabeth		Otterberg	Bachstraße 3
Steiner	Jakob		Otterberg	Lauerhöfer Straße 11
Steller	Daniel		Otterberg	Althütter Straße 40
Stepp	Hartmut	Sonderschullehrer	Pfeffelbach	Hauptstraße 29
Strauß	Johann	O.-V.	Otterbach 2	Katzweiler Straße 26
Straus	Luise		Otterberg	Lauerhof 5
Straus	Rosel		Otterberg	Wiesenstraße 2
Stüber	Erna		Otterberg	Ziegelhütter Straße 4
Stumpf	Hans Peter		Otterberg	Althütter Straße 34b
Sunkel	Kurt	Major a.D.	Schwedelbach	Bahnhofstraße 2
Theis	Helmut		Otterberg	Otterstraße 15
Theis	Julius	Schmiedem. i. R.	Otterberg	Kirchstraße 16
Theisinger	Werner	Kirchendiener, Stiftskirche	Kaiserslautern	Stiftsstraße 2
Thines	Alois		Otterberg	Lauterer Straße 10¹/₂

Name	Vorname	Beruf	Ort	Straße
Nothof	Manfred	Maschinenschl.	Otterberg	Zimmerstraße 11
Oberlinger	Ottofriedrich	Pfarrer	Rodalben	Hauptstraße 61
Ochs geb. Hornef	Ursula		Kiel	Harmstraße 28
Opp	Peter		Otterberg	Klosterstraße 16
Otterbein	Hildegard		Otterberg	Wallonenstraße 1 ½
Pfeiffer	Robert	Hauptlehrer i. R.	Otterberg	Hauptstraße 116
Pfleger	Karl		Otterberg	Am Schwimmbad
Philipp	Reinhold	Oberlok.-Führer	Otterberg	Lauerhöfer Straße
Profit	Dieter		Otterberg	Hauptstraße 46
Profit	Ella		Otterberg	Hauptstraße 90
Profit	Günter	Kaufmann	Otterberg	Hauptstraße 90
Profit	Heinz		Otterberg	Hauptstraße 96
Profit	Karl		Otterberg	Wiesenstraße 23
Prot. Pfarramt	Otterberg	Popp, Pfarrer	Otterberg	Neumühle
Puhl	Else			
Pupert	Wilhelm		Kl. 27, Morlautern	Franz-Rettig-Str. 20
Rauth	Karl		Otterberg	Lauterer Straße 27
Rehrmann	Wilhelm		Otterberg	Ringstraße 3
Reiland	Günter	Kaufm. Angest.	Otterberg	Hauptstraße 37a
Reiland	Werner		Otterberg	Am Wingertsberg
Reis	Eugen	Stud.-Dir.	Kaiserslautern	Wolfsangel 13
Rettig	Konrad		Otterberg	Hauptstraße 105
Rink	Franz	Rektor	Enkenbach-Alsenborn	Eschenbachstraße 1
Rohe	Erhard		Otterberg	Lauerhöfer Straße 11
Rubel	Richard	Maler	Otterberg	Hauptstraße
Saas	Erich		Otterberg	Hauptstraße 118
Saas	Steffi	Verw.-Angest.	Otterberg	Kirchstraße 2
Schäfer	Herbert	Schreinermeister	Otterberg	Mühlstraße 9
Schäfer	Hermann jun.	Schreinermeister	Otterberg	Mühlstraße 9
Schäfer	Kurt		Otterberg	Lutherstraße 5
Schallmo	Armin	Maurer	Otterberg	Lauterer Straße 17
Scherer	Karl	Leiter der Heimatstelle Pfalz	Mehlingen	Mehlingerhof 12
Scherr	Ludwig		Kaiserslautern	
Scheuermann	Edgar	Malermeister	Rodenbach	Turmstraße 14
Scheuermann	Gerold		Kl. 25, Siegelbach	Sandstraße 15
Schippke	Irmtraud	Gastwirtin	Otterberg	Schloßberg
Schläfer	Willy		Otterberg	Münchschwanderh. 16
Schlegel	Volker	Lehrer	Hüffler	Schulstraße 10
Schlegel, Dr.	Wolfgang	Prof.	Leinsweiler	Slevogtstr. 16
Schlosser		Pfarrer	Otterberg	Klosterstraße
Schmidt	Geschwister	Buchhandlung	Kaiserslautern	
Schmidt	Werner		Drehenthalerhof	Im Rabental 6

Name	Vorname	Beruf	Ort	Straße
Schmitt	Hans		Otterberg	Blumenstraße 7
Schnabel	Berthold	Lehrer	Deidesheim	Kirschgartenstr. 39
Schneider	Jakob	Pförtner	Otterberg	Ringstraße 2
Schneider	Reinhold	Techniker	Otterberg	Hauptstraße 25
Schönmehl	Karl		Schneckenhausen	Hauptstraße 26
Schryver, de	Egon	Metallarbeiter	Otterberg	Lauerhöfer Straße 11
Schubring	Otto		Otterberg	Wallonenstraße 20
Schuff	Friedel		Otterberg	Hauptstraße 44
Schuler	Ernst	Maurer	Otterberg	Am Schönblick 11
Schütz	Karl	Gärtner	Drehenthalerhof	Hauptstraße 56
Schütz	Wilhelmine	Rentnerin	Otterberg	Mühlstraße 20
Schwarzbach	Edgar	Schlosser	Drehenthalerhof	Waldstraße 14
Schwehm	Heinrich		Otterberg	Lutherstraße
Schweikert	Gerhard	Getränkehändler	Otterberg	Gerberstraße 1
Schweikert	Josef	Werkmeister	Otterberg	Lauterer Straße 26
Seeling, Dr.	Werner	Oberst.-Rat und Pfarrer	Kl. 32, Hohenecken	Deutschherrnstraße 59
Seib	Wolfgang	Maschinenbauer	Otterberg	Bergstraße 30
Siegfried	Walter		Mehlbach	Hörnchenstr. 16
Simgen	Edwin		Mehlingen	Poststraße 6
Simgen	Karl Heinz		Drehenthalerhof	
Spies	Gerlinde	Architekturstud.	Otterberg	Mühlstraße 18
Spieß	Pirmin		Neustadt/W.	Ritterbüschel 43
Spitz	Rudolf	Rentner	Otterberg	Alleestraße 13
Stadtverwaltung	Otterberg			
Stalf	Volker		Otterberg	Hauptstraße 86/88
Steinebrei, Dr.	H.	Zahnarzt	Kaiserslautern	Marktstraße 37
Steinebrei	Ottilie		Otterberg	Bachstraße 3
Steinebrei	Elisabeth		Otterberg	Bachstraße 3
Steiner	Jakob		Otterberg	Lauerhöfer Straße 11
Steller	Daniel		Otterberg	Althütter Straße 40
Stepp	Hartmut	Sonderschullehrer	Pfeffelbach	Hauptstraße 29
Strauß	Johann	O.-V.	Otterbach 2	Katzweiler Straße 26
Straus	Luise		Otterberg	Lauerhof 5
Straus	Rosel		Otterberg	Wiesenstraße 2
Stüber	Erna		Otterberg	Ziegelhütter Straße 4
Stumpf	Hans Peter		Otterberg	Althütter Straße 34b
Sunkel	Kurt	Major a.D.	Schwedelbach	Bahnhofstraße 2
Theis	Helmut		Otterberg	Otterstraße 15
Theis	Julius	Schmiedem. i. R.	Otterberg	Kirchstraße 16
Theisinger	Werner	Kirchendiener, Stiftskirche	Kaiserslautern	Stiftsstraße 2
Thines	Alois		Otterberg	Lauterer Straße 10½

Name	Vorname	Beruf	Ort	Straße
Thines	Jakob		Otterberg	Hauptstraße
Tremml	Wolfgang		Otterberg	
Übel	Otto		Otterberg	Lutherstraße 2a
Ultes	Alfons	Schreinermeister	Drehenthalerhof	Waldstraße 32
Ultes	Heinrich		Otterberg	Münchschwanderh. 14
Ultes	Kurt		Otterberg	Johannisstraße 34
Ultes	Walter	Rentner	Otterberg	Weiherstraße 11
Volksbank	Kaiserslautern EG		Zweigstelle Otterberg	
Wahrheit	Wilhelm		Kaiserslautern	Parkstraße 63
Weber	Eugen		Otterberg	Johannisstraße 1
Weber	Gerhard		Otterberg	Im Schellenthal 18
Weber	Jacob		Otterberg	Kirchstraße 11
Weber	Karl	ARAL-Tankst.	Otterberg	Lauterer Straße 9a
Weber	Tilde		Otterberg	Hauptstraße 48
Weber	Werner	Polizeibeamter	Otterberg	Bergstraße 59
Weinmann	Fred	Dozent i.R.	Kaiserslautern	Mannheimer Str. 152
Werle	Rolf		Otterberg	Wingertsberg 25
Werling	Eugen		Otterberg	Althütterhof
Wernz	Karl Otto		Otterberg	Wingertsberg 29
Wilhelm	Christa	Bauernschenke	Otterberg	Hauptstraße 17
Wirth	Bernhard		Otterberg	Hauptstraße 82
Wirth	Werner	Dipl.-Ing./ Oberpostbaurat	Otterberg	Johann-Roos-Str. 14
Wirts	Hedwig		Wartenberg b. Imsbach	
Wolf	Heinrich		Otterberg	Althütter Straße 30
Woll	Bernhard	Altbürgermeist.	Otterberg	Neuweg 26
Yoder, Dr.	Don	Prof. der Naturwiss.	Logan Hall CN USA	Box 13
Zahler	Friedel	Kaufm. Angest.	Otterberg	Hauptstraße 79
Ziehmer	Karl		Otterberg	Badstube
Zink	Jakob	Studiendirektor	Otterbach	Lauterstraße 50
Zschiedrich	Siegfried	Dipl.-Ing., Dir.	Otterberg	Sixmeisterwoog 31

PALATINATUS RHENI.

Stätte
Flecken
Clöster
Schlosser
Dörffer
Castelhun
SIMMERN
Simmern
S. Goar
Wesel
Catz
S. Goarshausen
Caub
Lorch
Argental
Pfaltz
Oelweiler
Bachrach
DUCATUS
Kirchberg
Gemunne
Dalberg
Montzingen
Bingen
Meintz
Ingelheim
Stadeck
Partenheim
Vlm
Nierstein
Oppeheim
Bruchweiler
Schmitberg
Mentsen
Stromburg
Svanheim
Sobernheim
Now flu
Creutznach
S. Iohan
S. Catharin
Sprinling
Planeeb
Kirn
St. Veit
Naumburg
Arnsheim
Odernheim
Windelheim
Birkenfelt
Meisenheim
Landsperg
Altzey
Sion
Morsen
Pollant
Hirsta
Liechtenberg
Vlm
Odebach
Lautereck
St. Wendel
Weirsweiler
Pfoddersheim
Dirmstein
Cell
Ottweiler
Anweiler
Wolfstein
Rockehausen
Beksbach
Lauter fl.
Alpsen
Franshein
Blies flu.
Kubelberg
N. Leiningen
Turkheim
Limpach
Homburg
Kirchel
Wirsweiler
Elsbach
Hartenberg
Limburg
Otterberg
Enkebach
Wachenheim
Sarbruck
Blescassel
Altem
Zweybruck
Keisers Lauter
Esbach
Speyer bach
Anoult
Homberg
Hornbach
Alt Hornbach
Landsweiler
Munchsweiler
Franckenstein
Neust
Sar flu.
Mosbach
Wollmunster
Grumberg
S Lambert
Gemund
Pitling
Waldhausen
Saralben
Saltzbruck
Lemburg
Welsborn
Than
Landau
Magstat
Maideburg
Buckenheim
Dimering
Riddeningen
Sarwerden
Bitsch
Kaltenhusen
Finsternam
Berg zabern
Weissenburg
Vinstringn
Daunbach
Sulzbach
Hagebach
Reishofen
Lauterburg
PARS
Werdt